OEUVRES

DE

J. F. COOPER,

PARIS. — IMPRIMERIE DE J. CLAYE, RUE SAINT-BENOÎT, 7.

J. F. COOPER

TRADUCTION

par Defauconpret

MŒURS DU JOUR

PARIS,
FURNE & Cⁱᵉ, PERROTIN, PAGNERRE,
Éditeurs
1855

OEUVRES
DE
J. F. COOPER

TRADUITES

PAR

A. J. B. DEFAUCONPRET

TOME TRENTIÈME

LES MŒURS DU JOUR

PARIS
FURNE ET Cᵉ, PAGNERRE, ET PERROTIN
ÉDITEURS

M DCCC LIV

LES
MŒURS DU JOUR

CHAPITRE PREMIER

> Maz. — Lord Aumerle, Harry Hereford est-il armé ?
> Aum. — Oui, de pied en cap, et il lui tarde d'entrer.
> *Richard II.*

Il y a, sous un certain rapport, une visible amélioration dans la bonne ville de Manhattan; elle éclate dans son architecture. Quant à son accroissement, cela ne fait pas question, tandis qu'un grand nombre d'autres villes lui disputent cette prétention au perfectionnement. Un grand développement dans ce qui ne sort pas du médiocre, bien qu'utile et honorable, satisfait rarement le jugement ou le goût; ceux qui possèdent ces qualités exigent qu'on approche plus près de la perfection.

Une ville bâtie en briques rouges, avec des façades de marbre blanc, le tout garni de jalousies vertes, ne peut jamais présenter qu'un faste vulgaire. Ce défaut radical disparaît insensiblement des rues de Manhattan, et les constructeurs modernes comprennent de jour en jour que l'architecture, comme la statuaire, n'admet pas dans les couleurs des contrastes trop tranchés. Horace Walpole nous parle d'un vieux lord, nommé Pembroke, qui avait noirci les yeux des dieux et des déesses dans la fameuse galerie de Wilton, et s'enorgueillissait de ce chef-d'œuvre, comme s'il avait été un autre Phidias. Il y a des milliers d'hommes qui ont travaillé dans le même esprit que le comte de Pembroke dans les rues de toutes les villes de l'Amérique; mais les voyages, les avis, les livres, l'exemple, opèrent peu à peu un changement ; on peut voir aujourd'hui des quartiers entiers où l'œil se repose avec plaisir sur les jalousies, les façades, les briques, le tout fondu dans un même ton, d'une harmonie parfaite et d'une majestueuse sobriété. C'est à nos yeux le premier pas dans la bonne voie, et nous aspirons après le jour où Manhattan aura banni ses splendides haillons, où cette ville deviendra aussi remarquable par la chaste simplicité de ses rues, qu'elle l'avait été jusqu'ici par son défaut de goût. C'est avec cette grande cité, bigarrée comme elle l'est, dans ses habitants comme dans ses teintes, avec sa population indigène ramassée de tous les points de cette vaste république, avec ses milliers d'Européens, que nous allons avoir affaire dans les pages suivantes. Nos recherches, toutefois, porteront plus sur des faits moraux que sur des faits matériels, et nous nous efforcerons de conduire avec nous le lecteur à travers des scènes dans lesquelles, nous regrettons de le dire, il y a plus de vérité que de roman.

Dans une des rues obliques qui communiquent avec Broad-Lane, et plus bas que le canal, se dresse une habitation où se trouvent réunis tous les défauts que nous avons déjà signalés, et certains autres qui n'ont pas encore été nommés du tout. Il y a vingt-cinq ans, la maison en question aurait pu passer pour une demeure patricienne, bien qu'aujourd'hui elle soit perdue au milieu de mille autres qui se sont élevées autour d'elle depuis sa construction. Elle est là, avec ses briques rouges, qu'une peinture annuelle rend plus rouges encore; avec sa façade de marbre, formant une livrée rouge relevée de blanc; avec ses jalousies vertes, son haut portail, son air de propreté et de confort, malgré les vices frappants de son architecture. Il est huit heures du matin, nous entrons.

Le rez-de-chaussée était divisé, comme d'ordinaire, en une salle à manger et un salon, avec de larges portes de communication. C'était, il y a vingt-cinq ans, la construction stéréotypée de toute habitation de quelque prétention à Manhattan, et celle de M. Thomas Dunscomb, le propriétaire et l'occupant de la maison en question, avait été bâtie à la dernière mode d'alors. Esquire Dunscomb, comme il était appelé dans tous les comtés rustiques des environs, où il était bien connu comme un habile et solide conseiller judiciaire ; M. Thomas Dunscomb, comme le qualifiaient quelques vieilles filles qui s'étonnaient qu'il ne se fût jamais marié ; ou Tom Dunscomb, comme le nommaient familièrement une foule de jeunes libertins sur le retour et ayant dépassé la soixantaine, savait se faire distinguer dans chacun de ses rôles. Comme avocat, il était à la tête du barreau, autant que peut l'être un homme sans prétention au titre d'orateur, et dont les plus longs efforts dépassaient rarement une demi-heure. Comme homme du monde, il était bien élevé, quoique un peu cynique, très-agréable, surtout avec les dames, et possédant au plus haut point les manières des premiers cercles de l'endroit pour le ton et l'élégance. Comme gai compagnon, Tom Dunscomb était partout recherché, principalement à cause de son bon cœur, et parce qu'il était toujours prêt pour un bon repas. A ces qualités personnelles, Dunscomb joignait l'avantage d'être connu pour riche, ayant hérité d'une belle fortune qu'il avait beaucoup augmentée par les gains multipliés d'une profession lucrative. Si à ces circonstances nous ajoutons qu'il avait un extérieur des plus avenants, et qu'il était encore dans toute la verdeur de l'âge, le lecteur a tout ce qu'il faut pour l'introduction d'un de nos principaux personnages.

Quoique garçon, M. Dunscomb ne vivait pas seul. Il avait avec lui un neveu et une nièce, enfants orphelins d'une sœur morte depuis plusieurs années. Ils portaient le nom de Wilmeter, qui, dans les conversations de famille, était presque toujours prononcé Wilmington. C'était Jack Wilmington et Sally Wilmington, à l'école, à la maison et avec les intimes, mais, pour nous conformer à l'usage du monde extérieur, nous *leur conserverons* le plus souvent les noms de M. John Wilmeter et de miss Sarah Wilmeter.

A huit heures et demie d'une belle matinée du mois de mai dernier, lorsque les roses commençaient à étaler leurs brillantes couleurs parmi les feuilles verdoyantes qui ombrageaient la cour de M. Dunscomb, les trois personnes dont nous venons de parler étaient assises à déjeuner. Les fenêtres étaient ouvertes, et un air doux et parfumé remplissait l'appartement. La salle à manger donnait sur la cour qui, parsemée de buissons, semblait, par sa dimension, et par les soins de Sarah, une espèce d'oasis dans ce désert de briques.

La famille n'était pas seule ce matin-là. Jack avait invité un nommé Michel Millington, qui, dans ce petit cercle, paraissait être tout à fait chez lui. L'appétit allait bon train, quoiqu'il restât dans les quatre tasses du thé ou du café, et Sarah remuait le sien nonchalamment, pendant que son tendre regard se portait avec intérêt sur les figures des deux jeunes gens. Jack avait une feuille de papier placée entre eux deux, leurs têtes se touchaient, et tous deux étudiaient ce qui y était écrit au crayon. Quant à M. Dunscomb, il était entouré de documents de toutes sortes. Deux ou trois journaux du jour, qu'il regardait sans les lire, étaient étendus, tout ouverts, sur le parquet; de chaque côté de son assiette étaient une requête, quelques baux ou renouvellements d'actes, tandis qu'il tenait à la main une copie du nouveau Code dont on a tant parlé. Il semblait peu partisan de cette grande innovation. Il grommelait çà et là en lisant, posait de temps en temps le livre, et paraissait méditer. Tous ces mouvements étaient entièrement perdus pour Sarah, dont les doux yeux bleus étaient attachés sur la contenance des deux jeunes gens. A la fin, Jack saisit le papier, et écrivit précipitamment une ligne ou deux avec le crayon.

— Voilà, Michel, dit-il d'un air de satisfaction; je pense que cela fera bien.

— Ça a le mérite d'un bon toast, répondit l'ami, d'un léger air de doute; c'est sentencieux.

— Comme tout toast doit l'être. Si nous devons avoir ce dîner, et les discours, et les publications qui s'ensuivent d'ordinaire, je préfère que nous nous produisions avec quelque autorité. De grâce, Monsieur, dit-il, levant les yeux sur son oncle, qu'en pensez-vous maintenant?

— Absolument ce que j'en ai toujours pensé, Jack : cela n'ira jamais. La justice clocherait misérablement avec un pareil système en vigueur. Quelques formes de plaidoiries sont infernales, si on peut les qualifier de plaidoiries. Je déteste même les noms qu'ils donnent aux procédures : plaintes et répliques.

— Ils ne sont certainement pas aussi redoutables à l'oreille que les anciens termes, reprit Jack ; mais je ne songeais pas au Code, Monsieur ; je vous demandais votre opinion sur mon nouveau toast.

— Je ne donne pas mon opinion, même en recevant des honoraires, avant d'avoir entendu.

— Eh bien, Monsieur, le voici : « La Constitution des États-Unis, le palladium de nos libertés civiles et religieuses. » Maintenant, je ne crois pas pouvoir beaucoup mieux, oncle Tom.

— Je suis fâché de t'entendre parler ainsi, Jack.

— Pourquoi cela? Je suis sûr que c'est le sentiment d'un bon Américain. Il y a plus : il y respire une saveur des vieux principes anglais que vous admirez si fort, à ce sujet surtout. Pourquoi ne l'aimez-vous pas?

— Pour plusieurs raisons : ce serait un lieu commun, ce qu'un toast ne doit jamais être, fût-il vrai; mais il arrive qu'il n'y a pas un mot de vrai dans votre phrase, toute sonore qu'elle est.

— Pas un mot de vrai! La Constitution ne garantit-elle pas aux citoyens la liberté religieuse?

— Pas le moins du monde.

— Vous m'étonnez! Voyons, Monsieur, écoutez son langage, s'il vous plaît.

Là-dessus Jack ouvrit un livre, et lut la clause sur laquelle il comptait pour confondre un des plus habiles avocats, une des plus fortes têtes de l'Amérique. Ce n'est pas que M. Dunscomb fût ce qu'on appelle un logicien, mais il ne se trompait jamais sur le sujet qui l'occupait, et avait souvent rappelé dans la vraie route les logiciens les plus renommés. Quant à son neveu, il ne connaissait du grand document qu'il tenait en main que ce qu'il en avait recueilli dans les colonnes de journaux mal digérés, dans les discours vaporeux du congrès, et dans les traditions erronées qui courent le pays, venant on ne sait d'où et ne menant littéralement à rien.

— Voici la clause, veuillez l'écouter, Monsieur, s'il vous plaît, poursuivit Jack : « Le congrès ne fera pas de loi concernant l'établissement d'une religion, ou en défendant le libre exercice ; ou abrogeant la liberté de la parole et de la presse, ou le droit du peuple de s'assembler paisiblement et d'adresser des pétitions au gouvernement pour le redressement des abus. » Voilà qui ira loin, je crois, pour la justification de tout le toast, Mike !

Ces derniers mots furent prononcés d'un petit air de triomphe et de contentement. Pour toute réponse, M. Dunscomb fit entendre un expressif, hum ! Quant à Michel Millington, il n'osait donner son opinion, et cela pour deux raisons. Il avait souvent éprouvé la sagesse supérieure de M. Dunscomb, et il savait que Sarah entendait toute la conversation. — Je voudrais bien que votre oncle mît un instant ce Code de côté, Jack ; et tâchons de savoir ce qu'il pense de nos autorités, dit Michel d'un ton bas.

— Allons, oncle Tom, s'écria le neveu plus hardi, sortez de votre réserve, et faites face à la Constitution de votre pays. Sarah elle-même peut voir que pour cette fois nous avons raison, et que mon toast est à l'épreuve.

— C'est une très-bonne épreuve, non-seulement de votre esprit, mais de la moitié des esprits du pays. On ne peut proférer, pourtant, de plus grande absurdité que de prétendre que la Constitution des États-Unis est le palladium de quoi que ce soit concernant la liberté civile ou religieuse.

— Vous ne contestez pas la fidélité de ma citation, Monsieur !

— En aucune manière. La clause que vous lisez est un exposé fort inutile de certains faits qui existaient aussi distinctement, avant qu'elle fût rédigée, qu'aujourd'hui. Le congrès n'avait pas le pouvoir d'établir une religion, de supprimer la liberté de la parole ou celle de la presse, ou le droit de pétition, avant l'introduction de cet article, et par conséquent la clause elle-même est surérogatoire. Vous ne gagnez rien à votre motion, Jack.

— Je ne vous comprends pas, Monsieur. Il me semble que j'ai toute raison.

— Le congrès n'a de pouvoir que celui qui lui a été confié directement, ou par des circonstances nécessaires. Aujourd'hui, il ne s'agit nullement d'accorder une pareille autorité au congrès, et par conséquent la prohibition n'est pas nécessaire. Mais en admettant que le congrès possédât le pouvoir d'établir une religion préalablement à l'adoption de cet article, ce ne serait pas une preuve que la Constitution soit le palladium de la liberté religieuse, à moins qu'elle ne défendit à toute personne de se mêler des opinions de ses concitoyens. Chaque État de cette Union peut, s'il le veut, établir une religion, et contraindre ses citoyens à l'accepter.

— Cependant, Monsieur, la Constitution particulière de notre État a un article semblable qui s'y oppose.

— C'est vrai; mais la Constitution particulière de notre État peut être altérée à ce sujet, sans en demander la permission à d'autres qu'à nos propres concitoyens. Je crois que Sarah elle-même comprendra que les États-Unis ne sont pas le palladium de la liberté religieuse, puisqu'on ne peut empêcher un État particulier d'établir le mahométisme lorsqu'on se sera soumis à certaines formes légales.

Sarah rougit, et jeta un timide regard sur Michel Millington sans rien répliquer. Elle ne comprenait pas grand'chose à ce qu'elle venait d'entendre, bien qu'elle fût intelligente, mais elle avait espéré que Jack et son ami étaient plus près d'avoir raison qu'il ne semblait résulter de la tournure que prenait la conversation.

Jack lui-même, nouvellement admis au barreau, comprit ce que son oncle voulait dire; il rougit aussi de la manière dont il avait manifesté son ignorance touchant le grand pacte national. Voulant sortir de ce dilemme, il s'écria avec une adroite vivacité:

— Eh bien, puisque cela ne peut aller, essayons du jury : « le jugement par le jury, palladium de nos libertés! » Comment trouvez-vous cela, Monsieur?

— Pis que l'autre, mon garçon. Que Dieu protége le pays qui n'a pas de meilleure égide contre l'injustice, que celle qu'un jury peut tenir devant lui!

Jack regarda Michel, et Michel regarda Jack, tandis que Sarah les regardait tous deux alternativement.

— Vous ne nierez pas, Monsieur, que le jury soit un des plus précieux bienfaits que nous aient légué nos ancêtres? dit Jack d'un ton légèrement dogmatique, tandis que Sarah s'applaudissait de cette question, dans la pensée que son frère venait de se placer sur un terrain solide.

— Jack, je ne puis répondre à votre question tout d'une haleine, reprit l'oncle. Le jugement par jury fut sans contredit le plus précieux don octroyé à un peuple chez qui existait le gouvernement d'un pouvoir héréditaire; pour en corriger les abus, c'était la plus salutaire garantie.

— Eh bien, Monsieur, n'y a-t-il pas ici la même garantie, assurant aux citoyens une justice indépendante?

— Qui compose le pouvoir gouvernemental en Amérique, Jack?

— Le peuple, à coup sûr, Monsieur!

— Et les jurés?

— Le peuple aussi, j'imagine? reprit le neveu, hésitant un peu avant de répondre.

— Eh bien! supposons maintenant qu'un citoyen ait un conflit de droits avec le public, qui est le gouvernement; qui composera le tribunal appelé à décider la question?

— Un jury, assurément, Monsieur. Le jugement par jury nous est garanti à tous par la Constitution.

— Sans doute, fit M. Dunscomb en souriant, à peu près autant que le sont nos libertés religieuses et politiques. Mais, selon ce que vous admettez vous-même, c'est précisément faire une des parties juge dans sa propre cause. A, par exemple, affirme qu'il a droit à certaines terres que le public réclame. Dans un cas pareil, une partie du public forme le tribunal.

— Mais n'est-il pas vrai, monsieur Dunscomb, insinua Millington, que le préjugé populaire est habituellement contre le gouvernement, dans tous ses procès avec des particuliers?

— Certainement, c'est vrai dans certains genres de procès, mais faux dans les autres. Dans une ville commerçante comme celle-ci, le sentiment général est contre le gouvernement, dans tous les procès en matière de contribution, j'en conviens; et vous verrez que ce fait prouve, sous un autre rapport, contre le jugement par jury, puisqu'un juge doit être strictement impartial, et au-dessus de tout préjugé.

— Mais, mon oncle, un juge et un juré sont deux choses différentes, dit Sarah, secrètement entraînée à se faire l'auxiliaire de Michel, quoiqu'elle fût à peine au courant du sujet qui se discutait.

— C'est juste, ma chère, répondit l'oncle en jetant à sa nièce un regard malicieux qui la fit rougir, parfaitement juste; un juge et un juré devraient être deux choses très-différentes. Ce que je déplore est ce fait, que les jurés tendent beaucoup à devenir des juges. Bien mieux, par George, ils deviennent législateurs, faisant la loi au lieu de l'interpréter. Combien de fois n'arrive-t-il pas aujourd'hui que la cour avertit le jury que telle chose est la loi, et le jury sort avec un verdict qui dit à la cour que telle chose n'est pas la loi. C'est un fait de tous les jours, dans l'état actuel de l'opinion publique.

— Mais la cour peut ordonner la révision du procès, si le verdict est contre la loi et l'évidence, dit Michel, venant à son tour au secours de Sarah.

— Sans doute, mais un autre jury recommencera la même histoire. Non, le jugement par jury n'est pas plus que la Constitution le palladium de nos libertés.

— Vous ne voyez pas les choses couleur de rose, oncle Tom, dit Sarah en souriant.

— Parce que je ne suis pas une jeune fille de vingt ans, très-contente d'elle-même et de ses avantages personnels; il n'y a qu'un seul caractère pour lequel je professe plus de mépris que pour l'homme toujours mécontent qui regarde tout de travers, et qui s'écrie qu'il n'y a rien de bon dans le monde.

— Et quelle est l'exception, Monsieur?

— L'homme qui est gonflé de vanité et qui s'imagine que tout est perfection autour de lui, lorsqu'il devrait penser le contraire; qui parle toujours de liberté au sein de la plus cruelle oppression.

— Mais ces mots ne peuvent s'appliquer à rien de ce qui existe à New-York.

— Vous croyez cela! Que diriez-vous d'un état de société dans lequel la loi ne s'applique à une classe de citoyens que comme contrainte, et jamais comme protection?

— Je ne vous comprends pas, Monsieur; nous nous vantons au contraire ici que la protection de la loi est égale pour tous.

— Sans doute, s'il s'agit de se vanter, nous sommes toujours forts. Mais attachons-nous aux faits. Voici un homme qui doit de l'argent. On fait appel à la loi pour le contraindre au paiement. Le verdict est rendu, un commandement est signifié. Le shériff pénètre dans sa maison et vend son mobilier pour lui arracher le montant de la dette.

— C'est sans doute un malheur pour lui, Monsieur, mais ces choses arrivent à tous les débiteurs qui ne peuvent ou ne veulent pas payer.

— Si tel était le cas, je n'aurais rien à dire. Mais supposez que ce même débiteur soit aussi créancier, et qu'il lui soit dû des sommes de beaucoup supérieures à ce qu'il doit, mais pour la rentrée desquelles la loi ne veut pas l'aider. Pour lui assurément, la loi est toute oppressive et nullement protectrice.

— Mais sûrement, oncle Tom, rien de pareil n'existe ici.

— Sûrement, miss Sarah Wilmeter, des choses pareilles existent ici en pratique, quelles que soient les théories sur ce sujet. Différents propriétaires ont tout récemment ressenti toutes les rigueurs de la loi comme débiteurs, tandis qu'elle est une lettre morte pour eux dans leur caractère de créanciers. Un citoyen voit vendre ses meubles et sa maison pour ce qu'il doit, et quand il demande lui-même appui à la loi, comme créancier de ses locataires, on le lui refuse. Et tout cela vient de ce que l'on courtise la multitude, et que chaque juge, chaque législateur ne songe qu'à s'assurer des votes. N'est-ce pas là une cruelle oppression, une oppression de la pire espèce, où le petit nombre est opprimé par le grand? C'est ce qui a donné naissance à cette funeste doctrine de l'anti-rentisme; c'est ce qui a encouragé tous les excès des anti-rentiers.

La longue tirade de M. Dunscomb fut interrompue par la

venue d'un quatrième personnage, le docteur Mac-Brain, qui était non-seulement le médecin de la famille, mais l'ami de cœur de l'avocat. Ces deux hommes s'aimaient en vertu de l'attraction des contraires. L'un, vieux garçon, l'autre sur le point de se marier pour la troisième fois; l'un tant soit peu cynique, l'autre philanthrope; l'un prudent à l'excès, l'autre impétueux et confiant. Leurs points de ressemblance consistaient en un amour sincère de leurs semblables, une grande bonté de cœur, et une intégrité à toute épreuve. Si une de ces qualités essentielles avait manqué à l'un, l'autre n'aurait pu le supporter.

CHAPITRE II.

> Où gît l'argile inerte, ô prodige! ô merveille!
> Pénètre du soleil le rayon éternel;
> Au même instant, un nouvel immortel
> Avec son créateur s'éveille!
>
> Soumet.

Lorsque le docteur Mac-Brain entra, les deux jeunes gens et Sarah, après l'avoir salué avec la familiarité de vieilles connaissances, se dirigèrent vers ce qu'elle appelait son jardin. Là elle mit aussitôt ses ciseaux à l'œuvre, coupant des roses, des violettes et d'autres fleurs printanières dont elle fit des bouquets pour ses compagnons, celui de Michel, le mieux fourni et le plus beau; mais son frère ne s'en aperçut pas, absorbé qu'il était dans ses pensées, et se demandant comment il se faisait que la Constitution des États-Unis ne fût pas le palladium des libertés politiques et religieuses.

— Eh bien, Ned, dit l'avocat en étendant amicalement la main, mais sans se lever de sa chaise, qu'est-ce qui vous amène de si bonne heure? Est-ce que la vieille Marthe a gâté votre thé?

— Pas du tout; ceci est une visite de profession.

— De profession? je ne me suis jamais senti mieux portant; et je vous signale comme un faux prophète, ou un mauvais médecin si vous l'aimez mieux, car la goutte ne m'a pas donné de ce printemps un seul avertissement, et j'espère, maintenant que j'ai renoncé au sauterne, et que je ne prends à mon dîner que quatre verres de madère.....

— Deux de trop.

— Je m'engage à ne boire que du xérès, Ned, si vous voulez en permettre quatre.

— Accordé. Le xérès contient moins d'acidité, et conséquemment moins de goutte que le madère. Mais ma visite ce matin ne concerne pas ma profession, mais la vôtre.

— Ah! c'est une affaire de loi; au fait, maintenant que je vous regarde bien, je vois un certain trouble dans votre physionomie. Faut-il enfin formuler le contrat de mariage?

— Il ne doit pas y avoir de contrat; nos nouvelles lois donnent à la femme la direction sans contrôle de tous ses biens, et je suppose que ma future ne s'attend pas à prendre la direction des miens.

— Diable, oui, elle doit être satisfaite de la tournure que prennent les choses; car elle restera maîtresse de ses tasses et de ses soucoupes, et même de ses maisons et de ses terres. Que je sois pendu, si jamais je consens à me marier, aujourd'hui que les avantages se trouvent d'un seul côté.

— Vous ne l'avez jamais fait, quand les avantages se trouvaient de l'autre. Pour moi, Tom, je suis disposé à laisser une femme maîtresse de son bien. L'expérience est bonne à faire, ne fût-ce que pour voir l'usage qu'elle fera de son argent.

— Vous aimez à faire des expériences parmi les femmes, et c'est pour cela que vous allez essayer d'un troisième mariage. Dieu merci! me voici arrivé à l'âge de soixante ans, parfaitement heureux, sans en avoir essayé un seul.

— Vous n'avez goûté que la moitié de la vie. Aucun vieux garçon ne sait ce que c'est que le vrai bonheur. Il faut nécessairement être marié pour pouvoir l'apprécier.

— Je m'étonne que vous n'ajoutiez pas, marié deux ou trois fois. — Allons, allons, Ned, tâchez de sortir de ce mauvais pas, et conservez votre indépendance pour le reste de vos jours. Je pense bien que la veuve pourra rencontrer quelque cœur empressé auquel elle donnera son affection. Il importe peu quel homme la femme aime, pourvu qu'elle aime. Un homme, au contraire, n'a besoin que d'un peu de fermeté, et il peut défier Cupidon. Il n'en est pas ainsi de la femme : aimer est un besoin de son existence ; sans quoi, il ne se trouverait pas de femmes pour vous admirer à l'âge que vous avez.

— Je ne sais pas, je ne suis pas du tout certain de cela. Chaque fois que je devins veuf, j'étais bien décidé à passer le reste de mes jours à méditer sur les mérites de celle que j'avais perdue; mais de manière ou d'autre, je ne sais comment il se faisait qu'avant une année écoulée, je me trouvais entraîné dans de nouveaux engagements. Au fait, il n'est rien de plus heureux que le mariage, et je suis résolu à ne pas rester seul une heure de plus qu'il n'est nécessaire.

Dunscomb rit beaucoup de la sérieuse vivacité avec laquelle parlait son ami, et son accès de gaieté étant passé, il reprit : — Mais si vous venez pour une affaire qui est du ressort de la loi, et que cette affaire ne soit pas un contrat de mariage, qu'est-ce donc? Est-ce que le vieux Kensborough maintient ses prétentions sur la terre d'Harlem ?

— Non, il y a renoncé. Mon affaire, Tom, est d'une nature toute différente. Où allons-nous? et quelle sera la fin de tout ceci?

Comme le docteur avait des regards encore plus expressifs que ses paroles, Dunscomb fut frappé de cette exclamation.

— Où nous allons! dit-il. Voulez-vous parler du nouveau Code ou de la loi sur les droits des femmes? Je ne pense pas que vous voyiez assez loin devant vous pour sentir les terribles conséquences de l'élection des magistrats.

— Ce n'est pas cela; je ne m'occupe pas des Codes, ou des Constitutions, ou des droits des femmes. Où va le pays, Tom Dunscomb? voilà la question que je vous adresse.

— Mais si vous ne vous alarmez ni des Codes, ni des Constitutions, ni des magistrats électifs, de quoi donc vous alarmez-vous?

— L'accroissement des crimes, Tom, les meurtres, les incendies, les vols, et autres abominations qui semblent prendre racine parmi nous, comme autant de plantes exotiques transportées dans un sol primitif.

— Au diable les exotiques et les primitifs; les hommes sont partout les mêmes : mais quel rapport y a-t-il entre l'affaire qui vous amène ce matin, et cet affaiblissement général de notre moralité?

— Quel rapport? vous allez le voir, quand vous aurez écouté ce que j'ai à vous raconter.

Alors le docteur Mac-Brain se mit en devoir de se délivrer du sujet qui pesait si lourdement sur son esprit. Il était possesseur d'une petite propriété dans un comté voisin, et il avait l'habitude, pendant la belle saison, d'y passer tout le temps que lui laissait la clientèle très-étendue qu'il avait en ville. Il est vrai qu'il n'y en passait pas beaucoup, quoique le digne médecin sût disposer si bien ses occupations, que ses visites à Timbully, nom de l'endroit en question, si elles n'étaient pas longues, étaient passablement nombreuses. Doué d'un bon cœur, jouissant d'une assez jolie fortune, il ne refusait jamais les services de sa profession à ses rustiques voisins, qui s'empressaient de lui demander son avis, chaque fois qu'ils en avaient besoin. Cette portion de la clientèle du docteur était des plus florissantes, et cela pour deux raisons : la première, c'est qu'il était d'une adresse éprouvée; la seconde, c'est que sa générosité était connue. En un mot, Mac-Brain ne recevait aucun honoraire pour les avis qu'il donnait aux proches voisins de sa maison de campagne. Cette circonstance le rendait extrêmement populaire, et il aurait bien pu être envoyé sur les bancs législatifs, n'eût été un peu d'eau froide versée sur le projet par un malin patriote, qui insinua que le temps consacré par le médecin aux affaires de l'État ne pourrait plus être employé à la guérison de ses voisins de Timbully. Ceci avait pu entraver l'avancement du docteur, sans lui rien ôter de sa popularité.

Il arriva que le futur époux était parti pour Timbully, à une distance de moins de quinze milles de sa maison de Blecker-Street, dans l'intention de faire les préparatifs pour la réception de sa fiancée, le futur couple ayant le projet, immédiatement après la cérémonie nuptiale, d'y passer quelques jours. Or, pendant son séjour à sa maison de campagne, au milieu des occupations nécessitées par ce devoir important, un exprès vint de la ville requérir sa présence devant le coroner; on l'attendait pour donner son témoignage comme expert médical. Il paraît qu'une maison avait été brûlée, et que les propriétaires, couple d'un certain âge, avaient eu le même sort. On avait trouvé les restes des cadavres, et une enquête allait avoir lieu à ce sujet. C'est à peu près tout ce que le messager put dire, quoiqu'il pensât plutôt que, d'après les soupçons, on avait mis le feu à la maison, et en même temps égorgé les deux vieillards.

Le docteur Mac-Brain obéit naturellement à la sommation. Comme les événements de ce roman sont encore récents, et les localités bien connues d'un grand nombre de personnes, nous préférons donner le nom de Biberry au village, théâtre du drame que nous allons raconter, et celui de Dukes au comté; c'est d'ailleurs le nom d'un ancien comté de New-York.

Le docteur Mac-Brain trouva le village de Biberry dans un émoi et une animation extraordinaires ; un émoi tel, qu'il était loin d'être favorable à l'enquête judiciaire qui allait se poursuivre dans le palais de Justice. Le vieux couple, qui était victime dans cette affaire, était fort respecté de tous ceux qui le connaissaient; l'un, comme un bon homme d'une capacité fort restreinte, l'autre, comme une excellente ménagère, femme pieuse et discrète, dont le plus grand travers était un amour de la propreté quelquefois par trop féroce. Néanmoins mistress Goodwin était généralement plus respectée même que son mari, car elle avait plus d'esprit, s'occupait plus de sa maison, et était habituellement douce et attentive pour tous ceux qui venaient chez elle, pourvu, toujours, qu'ils essuyassent bien leurs pieds sur les paillassons, dont il ne fallait pas traverser moins de six avant d'arriver au petit parloir, pourvu qu'ils ne crachassent pas sur son tapis, et n'eussent pas besoin de son argent. Cette popularité ajoutait beaucoup à l'exaltation.

Le docteur Mac-Brain trouva les restes charbonnés de ces époux infortunés étendus sur une table du palais de Justice, le coroner en fonctions et le jury d'enquête tout formé. La plupart des témoignages concernant la découverte de l'incendie avaient été donnés et inscrits, et ne présentaient rien d'extraordinaire. Un individu qui s'était levé plus tôt que les autres, avait vu la maison toute en flammes, avait donné l'alarme, et s'était porté avant la foule vers le lieu de l'incendie. La résidence des Goodwin était un cottage retiré, à deux milles environ de Biberry, quoiqu'en vue du village; et avant que l'homme en question eût atteint l'endroit, le toit était tombé, et le matériel en très-grande partie consumé. Une douzaine ou plus des plus proches voisins étaient assemblés autour des ruines et quelques articles d'ameublement avaient été sauvés; mais, en somme, on considérait ce feu comme l'un des plus soudains et des plus destructeurs qu'on eût jamais vus dans cette partie du pays. Lorsque la pompe arriva du village, on la fit jouer à coups redoublés sur le feu, et bientôt tout, excepté les murs extérieurs qui étaient en pierre, fut réduit en un monceau de débris noircis et fumants. On devait à cette circonstance d'avoir pu retrouver quelques restes des derniers propriétaires, ce qui fut fait comme va le décrire, dans son témoignage, le vieux Pierre Bacon, celui qui le premier avait donné l'alarme dans Biberry.

— Sitôt que je vis que c'était la maison de Pierre Goodwin qui donnait cette lumière, dit cet intelligent témoin dans le cours de son interrogatoire, je donnai l'alarme, et me mis à courir, pour voir ce que je pouvais faire. Arrivé au haut de Brudler-Hill, j'étais joliment hors d'haleine, je vous l'assure, monsieur le coroner et messieurs du jury, et de cette façon je fus obligé de souffler un brin. Le feu n'en brûla que mieux, et quand j'atteignis l'endroit, il y avait peu de chance de faire grand bien. Nous tirâmes dehors une commode, et l'on fit sortir par la fenêtre la jeune femme qui habitait avec les Goodwin, et la plus grande partie de ses vêtements fut sauvée, autant que je sache.

— Arrêtez, dit le coroner en l'interrompant : il y avait une jeune femme dans la maison, dites-vous.

— Oui ; ce que j'appelle une jeune femme, quelque chose

comme une jeune fille, quoique d'autres l'appellent une jeune femme. Pour lors donc, on la fit sortir, on fit sortir ses habits, mais personne ne put faire sortir les vieux. Aussitôt que la pompe arriva, nous nous mîmes à faire de l'eau, et cela éteignit le feu assez promptement. Après cela, nous nous mîmes à creuser, et bientôt nous trouvâmes ce que certains appellent les restes, quoiqu'à mon sens il ne reste que très-peu de ces bonnes gens.

— Vous avez déterré les restes, dit le coroner en écrivant; dans quel état les avez-vous trouvés?

— Dans ce que j'appelle un bien pauvre état, à peu près comme vous les voyez là sur la table.

— Qu'est devenue la jeune dame dont vous avez parlé? reprit le coroner.

— Je ne puis vous le dire, Monsieur; je ne l'ai plus revue après sa sortie par la fenêtre.

— Voulez-vous dire que c'était une jeune fille à gages attachée à la famille, ou la vieille dame n'avait-elle pas d'aide?

— Je crois plutôt que c'était quelque chose comme une locataire, une femme qui payait son loyer, répondit le témoin, qui n'était pas homme à établir de bien fines distinctions, comme le lecteur n'aura pas de peine à le concevoir d'après son langage. Il me semble que j'ai entendu parler d'une autre servante dans la famille des Goodwin, une espèce d'Allemande ou d'Irlandaise.

— Vit-on une femme de ce genre autour de la maison le matin, pendant la fouille des ruines?

— Non pas que je sache. Nous retournâmes en tous sens les brandons et les poutres, et nous finîmes par tomber sur les vieux; alors chacun parut penser que la besogne était à peu près terminée.

— Dans quel état ou situation trouva-t-on ces restes?

— Brûlés jusqu'aux os, juste comme vous les voyez, Esquire, comme je l'ai déjà dit, en bien pauvre état pour des créatures humaines.

— Mais où étaient-ils étendus? étaient-ils près l'un de l'autre?

— Pressés l'un contre l'autre. Leurs têtes, si on peut appeler têtes des crânes noircis, se touchaient presque, si elles ne se touchaient pas tout à fait l'une l'autre : leurs pieds gisaient plus loin à part.

— Croyez-vous pouvoir placer les squelettes de la même manière, l'un par rapport à l'autre, qu'ils l'étaient quand vous les vîtes la première fois ? — Mais laissez-moi demander s'il y a d'autres personnes présentes qui ont vu ces restes avant qu'on les remuât.

Plusieurs hommes, et une ou deux femmes, qui attendaient qu'on les interrogeât, s'avancèrent et affirmèrent qu'ils avaient vu les restes comme ils se trouvaient, quand on les découvrit tout d'abord. Choisissant les plus intelligents de la bande, après les avoir interrogés à tour de rôle, le coroner manifesta le désir qu'on pût placer les squelettes, aussi approximativement que possible, dans la même position respective où ils avaient été trouvés. Il y avait divergence d'opinion parmi les témoins sur des points moins importants, mais tous reconnaissaient que les corps, ou ce qui en restait, avaient été trouvés côte à côte; les têtes se touchant, les pieds à part, à plus de distance. C'est dans cette première position que les squelettes furent maintenant remis ; on venait de terminer cet arrangement, quand le docteur Mac-Brain entra dans la salle d'audience. Le coroner pria sur-le-champ les témoins de se tenir de côté, pendant que le médecin ferait l'inspection des os calcinés.

— Voilà de la vilaine besogne, s'écria le docteur presque aussitôt qu'il commença l'inspection. Les crânes de ces deux personnes ont été fracturés, et si cette position approche de celle où on trouva les squelettes, le même coup les a frappés.

Il fit alors remarquer au coroner et au jury une légère fracture dans l'os frontal de chaque crâne, et à peu de chose près, tellement en ligne droite, que cela rendait sa conjecture des plus probables. Cette découverte donna une couleur toute nouvelle à l'événement, et chacun des assistants commença à réfléchir sur la probabilité d'un incendie et d'un meurtre se liant à cette malheureuse affaire. Les Goodwin étaient connus pour avoir vécu à l'aise, et la bonne femme, en particulier, avait la réputation d'être un peu avare. Comme l'ordre avait momentanément disparu de la salle d'audience, et que les langues allaient dans toutes les directions, une foule de choses furent débitées, sous la forme d'insinuations très-curieuses, surtout par les femmes. Le coroner ajourna l'interrogatoire pour donner cours aux conversations irrégulières, en vue d'obtenir d'utiles renseignements pour l'enquête à venir.

— Vous dites que la vieille mistress Goodwin avait un bon nombre d'espèces? demanda le fonctionnaire à une certaine veuve, mistress Pope, qui avait été libre dans ses confidences, et pouvait fort bien en savoir plus que le reste du voisinage, à cause de l'extrême propension qu'elle avait toujours montrée à s'immiscer dans les affaires de tous ceux qui l'entouraient. Ne dites-vous pas que vous avez vu l'argent de vos propres yeux?

— Oui, Monsieur, et bien des fois. Elle le gardait dans un bas du vieux bonhomme, qui n'était plus que reprises; il en était si plein que personne n'aurait pu le porter. Mistress Goodwin n'était pas femme à mettre de côté quelque chose qui pouvait encore servir. Pas moyen de trouver autre part quelqu'un de plus ladre dans tous les environs de Biberry.

— Et une partie de ces espèces était en or, à ce que je crois vous avoir entendu dire. Un bas bien rempli d'or et d'argent.

— Le pied en était bourré quand je le vis, il n'y a pas de cela trois mois. Je ne puis dire s'il y en avait beaucoup dans la jambe. Oui, il y avait aussi de l'or. Elle me montra le bas la dernière fois que je la vis, dans le dessein de me demander quelle pouvait être la valeur d'une pièce d'or presque aussi grosse qu'un demi-dollar.

— Reconnaîtriez-vous cette pièce d'or en la revoyant?

— Ah! ça, oui. Je ne connaissais ni son nom ni sa valeur, car je n'avais jamais vu auparavant une si grosse pièce; mais je dis à mistress Goodwin que je pensais que c'était de la pure Californie, car il en vient beaucoup de ce pays, et j'espère que les pauvres gens en auront leur part. Vieille comme je suis, c'est-à-dire pas tant si vieille, ma foi, mais telle que je suis, je n'ai jamais eu une pièce d'or de ma vie.

— Vous ne sauriez alors dire le nom de la pièce en question?

— Impossible; on me la donnerait pour le dire que je ne le pourrais pas; tout ce que je sais, c'est que ce n'était pas une pièce de cinq dollars, car la vieille dame en avait un bon nombre, et celle-ci était plus large, plus jaune aussi; meilleur or, je suppose.

Le coroner était habitué au bavardage et aux suppositions des femmes, et il savait comment les faire jaser.

— Où mistress Goodwin gardait-elle ses espèces? lui demanda-t-il. Si vous l'avez vue sortir son bas, vous devez savoir la place ordinaire du dépôt.

— Dans sa commode, répondit la femme avec vivacité; cette même commode qu'on a retirée de la maison en aussi bon état que le jour où elle y entra, et qu'on a portée au village pour qu'elle fût en sûreté.

Tous ces détails étaient vrais; des mesures furent prises pour pousser les recherches plus loin et dans cette direction. Trois ou quatre jeunes gens, de bonne volonté dans un pareil cas, apportèrent le meuble dans la salle d'audience, et le coroner voulut que chaque tiroir fût publiquement ouvert en présence des jurés. La femme prêta serment la première, et donna son témoignage en forme pour ce qui concernait le bas, l'argent et la place habituelle du dépôt.

— Ah! vous ne le trouverez pas là, fit observer mistress Pope, voyant que l'ébéniste du village appliquait une clef qui s'adaptait à merveille à la serrure en question; elle gardait son argent dans le dernier tiroir. Je l'ai vue en retirer e bas au moins une douzaine de fois.

En conséquence le dernier tiroir fut ouvert. Il contenait des ornements de femme et une foule d'objets dont se sert une respectable matrone entre cinquante et soixante ans; mais pas de bas rempli de reprises, pas d'argent, pas d'or. Les doigts rapides et agiles de mistress Pope se glissèrent dans un coin du fond du tiroir, et une robe de soie fut ouverte sans cérémonie, laquelle était le réceptacle du trésor, ainsi qu'elle l'avait vu souvent.

— Il n'y est plus! s'écria la femme; il faut que quelqu'un l'ait pris.

Cet incident semblait expliquer beaucoup de choses. Les crânes brisés, l'absence de l'argent, confirmèrent presque le cas de meurtre et de vol à ajouter au crime affreux d'incendie. Les hommes, qui avaient eu des contenances graves et solennelles toute la matinée, prirent alors une expression d'impatience et d'animation. Le désir de recourir à la justice était vif et général, et à la pensée du crime les morts devinrent doublement chers.

Pendant tout ce temps, le docteur Mac-Brain avait été exclusivement préoccupé de la partie qui concernait le plus sa profession. Quant à une fracture des deux crânes, il en avait la certitude, bien que l'aspect des restes fût tel qu'il défiait presque l'investigation. Il était moins certain d'un autre fait important. Tandis que tout ce qu'il entendait le préparait à trouver les squelettes d'un homme et de sa femme, les os, selon lui, étaient ceux de deux femmes, autant qu'il pouvait en juger dans l'état de détérioration où ils se trouvaient.

— Connaissiez-vous ce M. Goodwin, monsieur le coroner ? demanda le docteur, interrompant avec très-peu de cérémonie l'enquête régulièrement commencée, ou était-il bien connu de quelqu'un ici ?

Le coroner n'avait pas une parfaite connaissance du défunt, bien que chacun des jurés se le rappelât parfaitement : quelques-uns l'avaient connu toute leur vie.

— Était-ce un homme d'une taille ordinaire ? demanda le docteur.

— Il était très-petit, pas plus haut que sa femme, qui pouvait passer pour grande.

Il arrive souvent en Europe, et surtout en Angleterre, que le mari et la femme sont d'une taille à laisser entre eux une différence très-peu sensible ; mais cela se voit rarement dans ce pays. En Amérique, la femme est ordinairement délicate, et comparativement d'une petite stature, tandis que la stature moyenne de l'homme est de quelque chose supérieure au type européen ; aussi sortait-il des voies habituelles de rencontrer un couple d'une taille si rapprochée, comme ces restes semblaient l'indiquer, en ce qui était de Goodwin et de sa femme.

— Ces squelettes sont presque de la même longueur, reprit le docteur après les avoir mesurés pour la cinquième fois. L'homme ne devait pas être, s'il l'était, de beaucoup plus grand que sa femme.

— Il ne l'était pas, répondit un juré. Le vieux père Goodwin n'avait pas plus de cinq pieds; et Dorothée avait, je pense, la même mesure. Quand on les voyait ensemble, il n'y avait pas de différence.

Le docteur Mac-Brain, plein de promptitude et de décision dans la pratique, était facilement effrayé par les théories de toute espèce, et en face d'un public, il se sentait peu disposé à entrer en controverse. Cette particularité dans son caractère fit que dans la circonstance actuelle, en présence de tant de témoins, qui soutenaient que les deux squelettes étaient celui de l'homme et de la femme, il hésitait à soutenir d'une manière catégorique sa propre opinion. Il pouvait certainement se tromper en présence de ces débris à demi consumés, mais la science a un œil clairvoyant, et le docteur était un anatomiste habile et expérimenté. En conséquence, dans son esprit, il restait peu de doute à ce sujet.

Dès que le médecin, après avoir terminé son examen, eut fixé son attention sur la contenance de ceux qui se pressaient dans la salle, il vit que presque tous les regards se portaient sur une jeune femme assise à part, et qui semblait en proie à une émotion que pouvait naturellement expliquer le spectacle qu'elle avait sous les yeux. Mac-Brain s'assura d'ailleurs du premier coup d'œil que cette personne appartenait à une classe de beaucoup supérieure, même aux plus élevés de ceux qui se tenaient autour de la table. Sa figure était cachée par un mouchoir, et sa tournure révélait non-seulement la jeunesse, mais aussi une haute distinction; ses vêtements étaient simples et d'une modestie étudiée, mais il y avait autour de tout cela un air qui surprenait un peu le bon docteur.

Il eut assez de peine à apprendre de ceux qui l'entouraient, que cette jeune femme avait eu pour résidence pendant quelques semaines la maison des Goodwin, à titre de locataire, suivant l'assertion des uns, comme amie, selon les autres. Quoi qu'il en fût, il y avait un mystère autour d'elle, et la plupart des jeunes filles de Biberry l'avaient traitée d'orgueilleuse, parce qu'elle ne s'associait pas à leurs frivolités, à leurs coquetteries, à leurs visites.

Il était évident que les soupçons étaient tombés sur cette jeune inconnue, privée d'amis, selon toute apparence. Si le feu avait été mis avec intention, à en juger par les probabilités, qui était plus coupable qu'elle ? Si l'argent n'y était plus, qui avait eu autant de moyens de se l'approprier qu'elle-même ? Telles étaient les questions qui circulaient de bouche en bouche, jusqu'à ce que les soupçons prissent une telle consistance, que le coroner jugea convenable d'ajourner l'enquête, tandis qu'on pourrait recueillir les preuves et les présenter dans la forme voulue.

Le docteur Mac-Brain avait naturellement bon cœur ; de plus, il ne pouvait se défaire de ce fait scientifique, qui lui revenait sans cesse : c'est que les deux squelettes étaient ceux de deux femmes. Il est vrai que cette supposition, fût-elle juste, jetait très-peu de lumière sur l'affaire, et ne détruisait en rien les soupçons qui pesaient sur la jeune femme ; mais cette opinion le séparait de la foule, et plaçait son esprit dans cette condition intermédiaire, où il pensait qu'il serait aussi prudent que charitable de douter. Voyant que la foule se dispersait, non sans des discussions animées et à voix basse, et que le sujet de toute cette conversation roulait toujours sur cette jeune fille retirée seule dans un coin, sans qu'elle se doutât apparemment de ce qui se passait autour d'elle, le digne docteur s'approcha de l'immobile figure, et lui adressa la parole.

— Vous êtes venue ici comme témoin, je suppose, lui dit-il d'une voix douce ; s'il en est ainsi, votre présence n'est pas nécessaire plus longtemps, le coroner ayant remis l'enquête à demain après midi.

Au premier son de cette voix, la jeune femme solitaire écarta de son visage un fin mouchoir de batiste, et permit à son nouveau compagnon d'y jeter un regard. Nous ne dirons rien, pour le moment, ni de son extérieur, ni des autres particularités de sa personne, vu qu'il en sera donné une description suffisamment détaillée dans le chapitre suivant, par les communications du docteur Mac-Brain à Dunscomb. Après avoir remercié son interlocuteur de sa question, et avoir échangé quelques mots sur la triste affaire qui les avait amenés tous deux en cet endroit, la jeune femme se leva, fit un léger mais gracieux salut, et disparut.

Le parti du docteur Mac-Brain fut arrêté sur-le-champ. Il vit clairement que de graves soupçons planaient sur cette charmante et jeune créature, qui lui paraissait sans amis. Il résolut de retourner au plus vite à la ville, et d'obtenir de son ami d'aller à Biberry, dans le plus bref délai, afin qu'il pût y arriver dans l'après-midi pour servir de conseil à cette jeune fille délaissée.

CHAPITRE III.

> La cause me paraît suffisamment instruite?
> Lequel est ici le marchand? lequel est le juif?
> *Le marchand de Venise.*

TELLE fut en substance la communication que le docteur Mac-Brain fit à Dunscomb. Celui-ci avait écouté avec un intérêt qu'il ne cherchait pas à dissimuler, et quand le docteur eut fini, il s'écria joyeusement :

— Je le dirai à la veuve Updyke, Ned !

— Elle connaît déjà toute l'histoire et elle est très-inquiète ; elle craint que vous n'ayez quitté la ville pour vous rendre à Rockland, où elle a appris que vous aviez un important procès à plaider.

— La cause est remise, l'avocat adverse étant occupé à la cour d'appel ; d'ailleurs, je n'ai pas de plaisir à conduire une cause, depuis que le Code de procédure a innové sur toutes nos bonnes et respectables manières de traiter les affaires. Je crois que je renoncerai au métier, et que je me retirerai aussitôt que je pourrai mener à fin tous mes vieux procès.

— Si vous pouvez mener à fin tous ces vieux procès, vous serez le premier avocat qui le fît jamais.

— C'est vrai, Ned, repartit Dunscomb en prenant froidement une prise de tabac ; vous autres docteurs, vous avez sur nous l'avantage à cet égard : vos cas, à vous, ne durent certainement pas toujours.

— Assez sur ce chapitre, Tom ; vous irez à Biberry, je le tiens pour accordé.

— Vous avez oublié les honoraires. Dans le nouveau Code, la rétribution est un point sur lequel on s'entend à l'avance.

— Vous ferez une charmante excursion, sur de bonnes routes, au mois de mai, dans une voiture douce et traînée par une paire de chevaux aussi alertes qu'il en trotta jamais sur la Third-Avenue.

— Les bêtes que vous avez précisément achetées en l'honneur de mistress Updyke, c'est-à-dire de la future mistress Mac-Brain ; — puis touchant la sonnette, il dit au respectable nègre qui répondit sur-le-champ à son appel : Annoncez à M. Jack et à mademoiselle Sarah que je veux les voir. — Ainsi, Ned, vous avez mis la veuve au courant de tout ce qui se passe, et le soupçon ne lui fait pas faire la grimace ; c'est un bon symptôme, au moins.

— Je n'épouserai pas une femme jalouse, dussé-je rester veuf à jamais.

— Alors vous n'épouserez pas. Voyons, docteur Mac-Brain, il est dans la nature de la femme d'être soupçonneuse, jalouse, de s'imaginer mille chimères, pures créations de son cerveau.

— Vous ne les connaissez en rien, et il serait très-sage à vous de vous taire. Mais voici les jeunes gens : ils se rendent à vos ordres.

— Sarah, ma chère, reprit l'oncle d'un ton de voix doux et affectueux, ton que le vieux garçon employait d'ordinaire avec sa jeune parente, il me faut vous donner un peu d'embarras. Allez dans ma chambre, mon enfant, et placez dans ma plus petite valise une chemise propre, un mouchoir ou deux, trois ou quatre cols, et un rechange complet, pour une courte expédition à la campagne.

— A la campagne ! Nous quittez-vous aujourd'hui, Monsieur ?

— Dans une heure au plus tard, dit-il en regardant à sa montre. Si nous partons d'ici à dix heures, nous pouvons arriver à Biberry avant que l'enquête commence. Ned, avez-vous dit à vos fameuses bêtes de venir ici?

— J'ai dit à Stephen de les prévenir à ce sujet. Vous pouvez compter sur leur ponctualité.

— Jack, vous feriez bien d'être de la partie. Je vais pour une affaire légale d'extrême importance, et cela vous ferait du bien de nous accompagner, à cette fin de ramasser une idée ou deux.

— Et pourquoi pas Michel, aussi, Monsieur? Il a autant besoin d'idées que moi-même.

Il s'éleva un rire général, bien que Sarah, qui était sur le point de quitter la chambre, ne s'y joignît pas.

— Aurons-nous besoin de livres? demanda le neveu.

— Mais, oui; nous prendrons le Code de procédure. Par le temps qui court, on ne peut pas plus bouger sans cela, qu'on ne peut voyager dans certains pays sans passe-port. Oui, prenez le Code, Jack, et nous l'éplucherons en trottant, jusqu'à le mettre en morceaux.

— Il n'en est guère besoin, Monsieur, si ce qu'on dit est vrai. J'entends dire de tous côtés qu'il tombe de lui-même en morceaux et au galop.

— Honte à toi, garçon, j'ai presque envie de t'exiler à Philadelphie. Mais prends le Code, qui est une plaisanterie presque aussi mauvaise que la tienne. Quant à Michel, il peut nous accompagner s'il le désire; mais vous devez être prêts tous deux à dix heures. A dix heures précises, nous quittons la porte, sur le char de Phœbus: n'est-ce pas, Ned?

— Appelez-le comme il vous plaira, mais arrangez-vous pour partir. Allons, de l'activité, jeunes gens, car nous n'avons pas de temps à perdre. Le jury se réunit à deux heures, et nous avons quelques heures de route devant nous. Je vais faire un tour et jeter les yeux sur mon calepin; je serai ici avant que vous soyez prêts.

A cette injonction, chacun se mit en mouvement. John courut à ses livres, et alla remplir un petit sac de voyage pour lui;

Michel en fit de même, et Sarah s'occupait dans la chambre de son oncle. Quant à Dunscomb, il fit quelques arrangements nécessaires pour certains papiers, écrivit deux ou trois notes, et se tint aux ordres de son ami. Cette affaire était précisément de celles que dans sa profession il aimait le plus. Non pas qu'il eût quelque sympathie pour le crime ; il avait une profonde aversion pour tout rapport avec les fripons ; mais il lui semblait, d'après le tableau qu'avait tracé le docteur, que c'était là une mission de miséricorde. Une femme, seule, jeune, sans amis, accusée, ou soupçonnée du plus détestable crime, et cherchant autour d'elle un protecteur et un conseiller, était un objet trop intéressant pour être dédaigné par un homme de cette trempe, après l'appel qui lui avait été fait. Toutefois, il n'était pas dupe de ses sentiments. Tout son calme, sa sagacité, sa connaissance du cœur humain, toutes les ressources de sa profession étaient chez lui en activité, comme elles ne l'avaient jamais été de sa vie. Il comprenait parfaitement deux choses : la première, que nous sommes souvent trompés par les signes extérieurs et l'art des paroles ; que ni la jeunesse, ni la beauté, ni le sexe, ni les grâces personnelles, n'étaient d'infaillibles garants contre les plus noirs forfaits ; la seconde, que souvent l'homme nourrit en lui la défiance et le soupçon, jusqu'à ce qu'ils grossissent au point de ne pouvoir plus être cachés, et cela, grâce à cette propension naturelle de se monter l'imagination et de la repaître de chimères. Contre ces deux faiblesses il résolut en ce moment de s'armer lui-même, et quand toute la bande sortit de la porte, notre conseiller avait la tête aussi nette et aussi impartiale, que s'il eut été un juge.

Pendant ce temps, les jeunes gens avaient acquis une connaissance générale de l'affaire pour laquelle ils se mettaient en route, et le premier sujet qui surgit en quittant le seuil de la maison, fut une question posée par John Wilmeter ; c'était la continuation d'une discussion commencée entre lui et son ami : — Mike et moi nous différons légèrement d'opinion sur un point concernant cette matière, et je serais bien aise de vous le voir éclaircir à titre d'arbitre. Supposez que vous ayez des raisons pour croire que cette jeune femme a réellement commis ces horribles crimes, quel serait votre devoir en pareil cas? de lui continuer votre protection, vos conseils, de mettre en œuvre votre expérience, vos talents, afin de la défendre contre les rigueurs de la loi, ou de l'abandonner absolument?

— En bon anglais, Jack, votre compagnon d'études et vous, vous désirez savoir si je vais être dans cette affaire un palladium ou un renégat. Comme vous êtes des novices dans le métier, il est bon de vous apprendre tout d'abord que je n'ai pas encore reçu d'honoraires. Et je n'ai jamais vu conscience d'avocat se troubler à propos de questions de théorie avant qu'il ait rien touché.

— Mais vous pouvez supposer la somme payée, Monsieur, et, en ce cas, répondre à notre question.

— Pareille supposition est inadmissible. Si Mac-Brain m'avait donné à entendre que j'avais affaire à un client dont la bourse est bien garnie, et qui est accusé d'incendie et de meurtre, je l'aurais vu marié à deux femmes, en même temps, avant de bouger. C'est l'absence d'honoraires qui me pousse hors de la ville, ce matin.

— Et cette même absence, je l'espère, Monsieur, vous excitera à résoudre notre difficulté.

L'oncle se mit à rire, et branla la tête comme s'il voulait dire : « Pas mal pour vous. » Puis il accorda une pensée au point de morale pratique qui divisait les deux jeunes gens.

— C'est une vieille question dans le métier, Messieurs, répondit Dunscomb avec un peu plus de gravité. Vous trouverez des hommes qui soutiennent qu'un avocat a moralement le droit de faire tout ce que ferait son client; qu'il se met à la place de l'homme qu'il défend, et qu'on demande de lui qu'il fasse exactement tout ce qu'il ferait si lui-même était l'accusé. Je suis assez porté à croire qu'une notion aussi vague, aussi souple que celle-ci, prévaut assez généralement parmi ceux qu'on peut appeler les moralistes secondaires de la profession.

— J'avoue, Monsieur, qu'on m'a donné à entendre qu'une règle de cette espèce doit diriger notre conduite, dit Michel Millington, qui n'était dans le cabinet de M. Dunscomb que depuis six mois.

— Alors vous avez été instruit d'une manière très-lâche et très-mauvaise de vos devoirs d'avocat, Michel. On ne débita jamais de doctrine plus pernicieuse et plus propre à rendre les hommes vils. Laissez un jeune homme commencer à pratiquer avec de pareilles notions, et deux ou trois voleurs pour clients le prépareront à commettre de petits larcins, et un cas ou deux de parjure le formeraient à merveille à prêter de faux serments. Non, mes enfants; voici votre règle à ce sujet : un avocat a le droit de faire tout ce qu'a droit de faire son client, non tout ce que voudrait faire son client. — Mais pendant que nous posons les principes, nous oublions les faits. Vous ne m'avez rien dit de votre cliente, Ned?

— Que désireriez-vous savoir?

— Vous la dites jeune, je me le rappelle; quel peut être son âge au juste?

— C'est plus que je n'en sais; quelque chose entre seize et vingt-cinq.

— Vingt-cinq!... Est-elle aussi âgée que cela?

— Je ne le crois pas; mais j'ai beaucoup songé à elle ce matin; et, en réalité, je ne me souviens pas d'avoir vu jamais un être humain plus difficile à décrire.

— Elle a des yeux, n'est-ce pas?

— Deux, et des plus expressifs encore, quoique, d'honneur, je n'en puisse dire la couleur.

— Et des cheveux?

— En très-grande profusion; elle en a tant, ils sont si beaux et si brillants, que c'est la première chose qui m'a frappé dans sa personne; mais je n'ai pas la moindre idée de leur couleur.

— Sont-ils roux?

— Non; ni jaunes, ni dorés, ni noirs, ni bruns, et cependant ils offrent un mélange de toutes ces nuances, j'imagine.

— Ned, je le dirai à la veuve Updyke, scélérat!

— Dites-le-lui en guise de bonjour. Elle m'a fait toutes ces questions elle-même ce matin.

— Oh! est-ce possible? Hum! la femme ne change jamais sa

nature. Vous ne pouvez rien dire de plus au sujet des yeux, sinon qu'ils sont très-expressifs?

— Et charmants; plus que cela, voire même séduisants; enchanteurs est un meilleur terme.

— Ned, vous êtes un coquin, vous n'avez jamais dit à la veuve la moitié de tout ceci.

— Mot pour mot. J'allai même plus loin, et lui déclarai que je n'avais jamais vu une figure qui, dans une si courte entrevue, eût fait sur moi une si profonde impression. Quand même je ne devrais plus revoir cette jeune femme, je n'oublierai jamais l'expression de sa physionomie si animée, si triste, si ravissante, si fine et si intelligente. Elle m'a fait l'effet d'être ce que j'appellerais un visage inspiré.

— Joli?

— Non, pas extraordinairement; à la comparer à nos délicieuses jeunes filles américaines, excepté pour l'expression; la sienne était étonnante, bien que je l'aie vue, veuillez vous le rappeler, dans des circonstances toutes particulières.

— Oh! tout à fait particulières. Pauvre vieux! quel coup elle vous a donné. Comment étaient sa bouche, ses dents, son teint, sa taille, sa figure, son sourire?

— Je ne peux vous renseigner que vaguement sur ces points. Ses dents sont belles, car elle me donna un faible sourire, tel qu'une dame en adresse à un homme en le quittant, et je vis assez de ses dents pour voir qu'elles étaient des plus belles. Vous souriez, jeunes gens; mais, en vérité, vous devez faire attention à vos cœurs; car, si cette étrange jeune fille intéresse l'un de vous à moitié autant qu'elle m'a intéressé, elle sera mistress John Wilmeter ou mistress Michel Millington, avant douze mois d'ici.

Michel parut certain qu'elle n'occuperait jamais la place promise à miss Sarah Wilmeter; quant à John, il éclata de rire.

— Nous le dirons à mistress Updyke à notre retour, quand nous serons enfin sortis de cette affaire, s'écria l'oncle en faisant signe à son neveu, mais de manière à être vu de son ami; cela fera un mariage de moins dans le monde.

— Mais est-ce une femme comme il faut, docteur? demanda

John après une courte pause: Ma femme doit avoir quelques frivoles prétentions en ce genre, je vous l'assure.

— Pour ce qui est de sa famille, de son éducation, de son entourage, de sa fortune, je n'en puis rien dire, je n'en sais rien. Néanmoins, je prendrai sur moi de dire que c'est une femme comme il faut, et cela, dans la stricte signification du mot.

— Maintenant vous n'êtes pas sérieux, Ned, s'écria vivement le conseiller. Vous ne pouvez vouloir dire exactement ce que vous dites.

— Oui, vraiment; et cela à la lettre.

— Et elle est soupçonnée d'incendie et de meurtre! Où sont ses parents, ses amis, ceux qui l'ont faite une femme comme il faut? Pourquoi est-elle là, seule, et, comme vous le dites, sans amis?

— C'est ce qui me semblait. Vous pourriez aussi bien me demander pourquoi même elle est là. De tout cela, je ne sais rien. J'ai entendu dans la rue une foule de raisons pour lesquelles elle doit inspirer de la défiance, bien plus, être condamnée; car les sentiments en sa défaveur étaient très-prononcés avant mon départ de Biberry; mais aucun ne put me dire d'où elle venait, ou pourquoi elle était là.

— Avez-vous appris son nom?

— Oui; il était dans toutes les bouches, et je n'ai pu m'empêcher de l'entendre. Le peuple de Biberry l'appelait Marie Monson; mais je doute fort que ce soit là son véritable nom.

— Ainsi votre ange déguisé va être jugée sous un pseudonyme! Cela ne parle pas beaucoup en sa faveur, Ned. Je ne vous ferai plus de questions, mais j'attendrai patiemment pour voir et pour juger par moi-même.

Les jeunes gens posèrent encore quelques questions, auxquelles on répondit avec politesse, et la conversation en resta là. On a dit avec raison—c'est l'homme qui fit la ville, c'est Dieu qui fit la campagne. Personne ne ressent plus vivement cette distinction que celui qui, après avoir été renfermé pendant quelques mois entre des murs de briques et de pierre, prend son premier essor dans les plaines ouvertes, dans les champs étendus, et dans les routes sinueuses. Ainsi en était-il pour Dunscomb. Il n'était pas sorti de la ville depuis l'été précédent, et son contentement était vif en jouissant du délicieux parfum des vergers et en repaissant ses yeux de leur beauté. A ces charmes devenus nouveaux pour lui s'unissaient ceux de la saison, et, pendant que la voiture roulait dans la longue, nous pourrions même dire l'unique rue de Biberry, Dunscomb se trouvait dans un état d'esprit calme et plein de satisfaction. Il venait pour assister une femme sans appui; il venait spontanément et sans songer au sacrifice de temps ou d'argent; en réfléchissant cependant à certaines circonstances, il se prenait à douter quelque peu de l'entière sagesse de sa démarche. Toutefois il persistait, heureux de pouvoir empêcher un acte d'injustice et d'oppression.

Biberry se trouvait dans un état d'émotion générale. Il y avait là rassemblés au moins une douzaine de médecins appartenant tous au comté, et cinq ou six journalistes accourus de la ville. Il circulait des rumeurs de toutes sortes, et le nom de Marie Monson était dans toutes les bouches. Elle n'était cependant pas encore en état d'arrestation, mais on la surveillait avec soin; et deux grandes malles qui lui appartenaient, ainsi qu'une boîte d'une certaine dimension, couverte en toile cirée, quoiqu'elles ne fussent pas absolument saisies, étaient placées de manière à ce qu'elle ne pût en rien distraire. Toutes ces circonstances, ne semblaient pourtant causer à la jeune fille aucune espèce d'inquiétude : elle se contentait de ce que contenait son sac de nuit, disant que cela lui suffisait. C'était parmi les fortes têtes de l'endroit un problème de savoir si elle savait ou non qu'elle était soupçonnée.

Si Dunscomb avait cédé aux sollicitations de Mac-Brain, il se serait immédiatement transporté à la maison où s'était retirée Marie Monson; mais il préféra suivre une autre marche. Il jugea prudent de prendre le rôle d'observateur, jusqu'au moment où s'ouvrirait l'enquête. Circonspect par habitude, et calme par tempérament, il préférait examiner l'état des choses avant de se commettre. La présence des journalistes le troublait : ce n'est pas qu'il redoutât la basse tyrannie que cette classe d'hommes a coutume d'exercer; car aucun membre du barreau n'avait plus de dédain pour eux et pour les manœuvres qu'ils employaient lorsqu'il s'agissait d'élever ou de détruire une réputation. Mais il n'aimait pas à voir son nom mêlé à une cause de cette importance, avant qu'il fût définitivement résolu de s'en charger. En raison de ces motifs, il n'eut aucune communication avec Marie Monson, avant leur rencontre dans la salle d'audience, à l'heure fixée pour l'enquête.

La salle était comble, la foule étant accourue de tous les côtés pour assister à l'enquête annoncée. Dunscomb remarqua que le coroner avait l'air grave, comme un homme persuadé qu'il avait sur les bras une grosse affaire; tandis que l'expression générale qui dominait dans le public était une vive curiosité. Notre avocat lui-même était inconnu à tous les assistants, excepté à deux ou trois journalistes, qui à son aspect prirent rapidement leurs plumes et se mirent à griffonner. C'était probablement pour écrire la phrase ordinaire: « Nous avons remarqué dans la foule Thomas Dunscomb, l'avocat bien connu de la ville. » Mais Thomas Dunscomb s'inquiétait peu de ces vulgarités, et il demeura passif.

Dès que s'ouvrit l'enquête, le coroner appela à la barre un médecin du voisinage. Le bruit avait couru « qu'un médecin de la ville » avait donné à croire qu'aucun des deux squelettes n'était celui de Pierre Goodwin, et il y avait un désir unanime de le confronter avec une haute autorité locale. Ce fut pendant qu'on allait chercher cet expert, que Mac-Brain signala Marie Monson à Dunscomb. Elle était, comme le jour précédent, assise dans un coin, probablement dans le dessein de rester seule. Cependant elle n'était pas absolument isolée, une dame d'assez bonne mine, entre deux âges, se tenant à ses côtés: c'était mistress Jones, femme d'un ministre protestant, qui avait charitablement offert à l'étrangère soupçonnée un asile chez elle pendant la durée de l'enquête. On croyait généralement que Marie Monson n'avait pas conscience des soupçons qui planaient sur elle; et il entrait dans le plan de ceux qui exerçaient toutes leurs facultés à découvrir un criminel, de ne l'instruire de sa situation qu'en public, de manière à la placer sous l'impression d'une surprise qui pourrait amener des signes extérieurs de culpabilité. Lorsque Dunscomb fut instruit de ce projet artificieux, il en aperçut tout le danger : il se figura facilement combien d'émotions pouvaient, dans une pareille circonstance, se trahir chez une femme, et paraître autant de symptômes révélateurs. Il regretta vivement alors de ne pas avoir pu, dans une entrevue préalable, mettre sur ses gardes la malheureuse accusée. Mais il était trop tard, et il se contenta pour le moment d'étudier tous les signes, toutes les impressions qui pourraient l'éclairer sur la femme mystérieuse qui était devant ses yeux.

Quoique rien ne pût être plus simple et plus modeste que la tenue de Marie Monson, on y découvrait certainement la femme du grand ton. Tout révélait en elle une position ou au moins une origine élevée ; et en même temps il semblait à Dunscomb que tout chez elle trahissait un désir de descendre au niveau des personnes qui l'entouraient, afin de ne pas attirer l'attention. Notre avocat ne fut pas entièrement satisfait de cette preuve de condescendance apparente. Il n'avait pu apercevoir la physionomie de cette personne étrange qui faisait l'objet de ses investigations, sa figure étant encore cachée dans un mouchoir de batiste, retenu par une main non gantée. Cette main était petite, blanche, bien proportionnée et délicate. Il était évident que ni les proportions, ni la blancheur n'avaient été altérées par des travaux d'aucune espèce. On n'y voyait aucune bague, chose étrange dans ce siècle de bijoux. C'était en outre la main gauche, et le quatrième doigt ne portait aucun signe d'ornement nuptial. Dunscomb en conclut qu'elle n'était pas mariée. Le pied correspondait à la main ; étant décidément le plus petit et le mieux tourné de tous ceux de Biberry. John Wilmeter pensa que c'était le plus joli qu'il eût jamais vu. La tournure, en général, autant qu'on en pouvait juger sous un ample châle, était bien prise, gracieuse, et remarquable par une grande régularité de proportions.

Une ou deux fois mistress John adressa la parole à sa compagne, et ce fut pendant une des réponses de celle-ci que Dunscomb put jeter un coup d'œil sur la figure de sa cliente, au moment où elle dérangeait le mouchoir qui masquait ses traits. Ce fut alors qu'il sentit la parfaite justesse de la description de son ami. C'était une physionomie indéfinissable; mais les effets en furent les mêmes sur l'avocat que sur le médecin.

L'arrivée du docteur Coe mit fin à ces investigations, et tous les regards se dirigèrent sur cet individu qui prêta serment. Après toutes les questions préliminaires sur les noms, l'âge, la profession et la demeure du témoin, le coroner l'interrogea directement sur ce qui faisait la matière de l'enquête.

— Vous voyez, dit-il, les objets qui sont sur cette table. Que pensez-vous que ce soit?

— *Ossa hominum*; des os humains fort endommagés et carbonisés par le feu.

— Voyez-vous quelques signes de violence commise, outre l'action du feu?

— Certainement. *L'os frontis* de chacun est fracturé par un coup; un coup commun, je suppose.

— Qu'entendez-vous, docteur, par un coup commun? Est-ce un coup par accident, ou un coup par intention?

— Par un coup commun, j'entends que le même coup a endommagé les deux crânes.

— Maintenant, docteur Coe, ayez la bonté d'examiner les deux squelettes, reprit le coroner, et dites-nous s'ils appartiennent à des hommes, des femmes ou des enfants? Sont-ils les restes d'adultes ou d'enfants!

— D'adultes, à coup sûr. Sur ce point, il ne peut s'élever aucun doute.

— Et quant au sexe?

— Je pense que c'est également clair. Je n'ai aucun doute que l'un ne soit les restes de Pierre Goodwin, l'autre ceux de sa femme. La science peut distinguer les sexes dans des cas ordinaires, je l'avoue; mais ceci est un cas où la science est en défaut par l'absence des faits; et prenant en considération toutes les circonstances connues, je n'hésite pas à dire que voilà devant vous les restes de l'homme et de la femme qui ont disparu de ce monde le mari et l'épouse.

— Dois-je en conclure que vous reconnaissez les individus par quelques signes extérieurs et visibles ?

— Oui ; c'est juste la stature. Les deux défunts m'étaient bien connus ; et je puis dire qu'en tenant compte de l'absence des *musculi*, *pellis* et autres substances connues.....

— Docteur, ne vous serait-il pas aussi agréable d'employer le dialecte ordinaire ? demanda un malicieux fermier qui faisait partie du jury, et qui semblait en même temps amusé et vexé de ce déploiement de science.

— Certainement, Monsieur ; certainement, monsieur Blose, *musculi* signifient des muscles et *pellis* la peau. Retranchez des os les muscles, la peau et autres substances intermédiaires, la matière apparente sera naturellement réduite. En tenant compte de ces choses, je vois dans ces squelettes les restes de Pierre et de Dorothée Goodwin. Sur ce fait, je n'ai aucune espèce de doute.

Le docteur Coe était très-sincère dans ce qu'il disait, il s'exprimait avec une certaine chaleur. Beaucoup de regards se tournaient triomphalement vers l'étranger qui s'était permis d'insinuer que les deux squelettes appartenaient à deux femmes, quand chacun dans Biberry connaissait si bien Pierre Goodwin, et savait que sa femme était au moins aussi grande que lui. Personne dans la foule ne conservait de doutes, excepté Mac-Brain et son ami ; et ce dernier doutait sur la foi qu'il avait en la science du docteur. Il ne l'avait jamais vu commettre d'erreurs, quoique souvent interrogé dans les cours ; et le barreau et la magistrature le considéraient comme un des expert les plus solides et les plus éprouvés qu'ils pussent consulter dans les cas difficiles.

L'interrogatoire du docteur Coe continua :

— Avez-vous une connaissance directe de quelque circonstance concernant ce feu ? demanda le coroner.

— Une légère, peut-être. Appelé à visiter un malade vers minuit, je fus obligé de passer droit devant la porte de la maison de Goodwin. Le jury sait qu'elle est située sur un chemin peu frayé, et qu'il n'est guère probable d'y rencontrer quelque passant de si grand matin. Toutefois je dépassai deux hommes qui marchaient très-vite dans la direction de la maison de Goodwin. Je ne pus voir leurs figures, et je ne les reconnus ni à leur tournure ni à leurs mouvements. Comme je vois tout le monde et connais presque tout le monde dans les environs, j'en conclus que c'étaient des étrangers. Sur les quatre heures, je retournais en longeant la même route, et comme mon cheval gagnait le sommet de Windy-Hill, j'étais en vue de la maison de Goodwin. Les flammes se déployaient à l'extrémité est du toit, et la petite aile à ce bout du bâtiment, où dormaient les vieux, était toute en feu. L'autre extrémité n'était guère atteinte, et je vis à une fenêtre supérieure la forme d'une femme ; elle ressemblait, autant que je pouvais en juger par cette clarté et à cette distance, à la jeune dame ici présente, et qui, dit-on, occupait depuis quelque temps une chambre sous le toit dans la vieille maison, bien que je ne puisse dire l'y avoir jamais vue, si ce n'est cette fois dans les circonstances mentionnées. Les vieux ont pu n'être pas malades ce printemps comme ils l'étaient d'ordinaire, car je ne me rappelle pas avoir été mandé une seule fois chez eux. Ils n'avaient pas l'habitude d'envoyer chercher le docteur, mais ils me laissaient rarement passer devant la porte sans me faire entrer.

— Vîtes-vous d'autres personnes ?

— Oui ; il y avait deux hommes sous la fenêtre, et ils me paraissaient s'entretenir avec la femme ou avoir quelque communication avec elle. Je vis des gestes, je vis un ou deux articles jetés par la fenêtre. Cette vue ne dura qu'une minute, et quand j'atteignis la maison, une foule considérable était réunie, et je n'eus plus occasion de faire des observations individuelles au milieu d'une telle confusion.

— La femme était-elle encore à la fenêtre à votre arrivée près de la maison ?

— Non ; je vis la dame ici présente, debout près du bâtiment en flammes, et tenue par un homme (c'était, je crois, Pierre Davidson) qui me dit qu'elle voulait se précipiter dans la maison à la recherche des vieux.

— Lui vîtes-vous faire des efforts de ce genre ?

— Certainement; elle s'efforçait de se débarrasser de Pierre, et agissait comme une personne qui désirait se précipiter dans la maison enflammée.

— Ces efforts étaient-ils naturels, ou ne pouvaient-ils pas être affectés ?

— Ils pouvaient l'être; mais si c'était joué, c'était bien joué. Cependant j'ai vu aussi bien dans ma vie.

Il y avait dans la voix du docteur une certaine intention de malice qui en disait plus que ses paroles. Il parlait très-bas, si bas qu'il ne pouvait être entendu de ceux qui étaient assis dans les parties éloignées de la salle ; c'est ce qui expliquera la parfaite indifférence avec laquelle son témoignage fut accueilli par la personne qui y était le plus intéressée : toutefois il fit impression sur un jury composé d'hommes très-disposés à changer leurs soupçons en certitude.

Le coroner jugea qu'il était temps de faire agir le principal ressort qui avait été soigneusement disposé pendant l'intervalle de l'enquête, et il ordonna d'appeler Marie Monson, qui avait été assignée en due forme.

CHAPITRE IV.

Que mes actions retombent sur ma tête ! La loi, la peine, et les clauses stipulées dans mon billet, voilà tout ce que je réclame.

SHYLOCK.

Les yeux de Dunscomb se fixèrent avec attention sur l'étrangère à mesure qu'elle s'avançait vers la place occupée par les témoins. Ses traits dénotaient l'agitation à coup sûr, mais il n'y vit pas les indices d'un crime. Il était si peu probable d'ailleurs qu'une jeune femme de cet âge et de cet extérieur fût coupable d'un si noir forfait, et cela pour de l'argent, que toutes les chances étaient en faveur de son innocence. Pourtant il y avait, sans aucun doute, dans sa situation, des circonstances qui provoquaient le soupçon ; il avait trop d'expérience dans les voies étranges et inexplicables du crime pour n'être pas circonspect dans ses conclusions.

La figure de Marie Monson était en ce moment tout à fait découverte, car l'usage veut que les femmes qui servent de témoin ôtent leur chapeau, afin que les jurés puissent observer leur physionomie. Et quelle physionomie que la sienne ! Délicate, ouverte, ayant à peine une trace des passions ordinaires, inspirée comme par une lumière intérieure, ainsi que nous l'avons déjà donné à entendre. La jeune fille pouvait avoir vingt ans, bien que plus tard elle déclara en avoir un peu plus de vingt-un ; la période la plus intéressante peut-être dans l'existence de la femme. Les traits en détail n'étaient pas réguliers, et un artiste aurait pu découvrir dans sa beauté, sinon des défauts positifs, du moins quelques imperfections ; mais nul être humain ne pouvait lui disputer l'expression et l'éclat. C'était un mélange d'intelligence, de douceur, d'animation, de candeur féminine qui ne manqua pas de faire impression même sur une foule déjà presque convaincue de son crime. Quelques-uns commencèrent à le mettre en doute, et la plupart des assistants trouvèrent la chose des plus étranges.

Les journalistes prirent des notes en jetant des regards empressés sur le témoin, et John Dunscomb, assis auprès d'eux, découvrit qu'il y avait des différences matérielles dans leurs descriptions ; mais tous s'accordaient dans l'éloge de sa grâce et de sa beauté.

Marie Monson trembla un peu lorsqu'elle prêta serment, mais elle avait évidemment fortifié ses nerfs pour l'épreuve. Les femmes sont très-capables de se maîtriser, même dans des situations aussi étrangères à leurs habitudes, si elles ont le temps de se composer et de s'avancer sous l'influence de résolutions mûrement prises. Telle était probablement la disposition d'esprit de cette jeune femme solitaire et en apparence sans amis ; bien que pâle comme la mort, elle avait l'air calme. Nous disons — sans amis, — car mistress Jones elle-même avait donné à entendre à tous qu'elle avait recueilli l'étrangère dans sa maison par un sentiment de devoir général, mais nullement poussée par un intérêt particulier ou individuel pour sa position : elle lui était aussi inconnue qu'à tout autre dans le village.

— Voulez-vous avoir la bonté de nous dire votre nom, l'endroit de votre résidence ordinaire et votre occupation habituelle? demanda le coroner d'un ton sec et froid, après toutefois avoir offert un siége au témoin par déférence pour son sexe.

Si la figure de Marie Monson était pâle un moment auparavant, elle devint alors écarlate. La teinte du ciel, dans une soirée du mois d'août, quand des rayons de feu embrasent l'horizon, est à peine plus brillante que ne le fut celle qui remplaça sur ses joues la pâleur première. Elle ne voulait pas plus dire son vrai nom qu'en donner un faux sous la solennelle responsabilité d'un serment. Dunscomb comprit l'alternative où elle se trouvait.

— Comme membre du barreau, j'interviens en faveur du témoin, dit-il en se levant; selon toute évidence, elle est ignorante de sa véritable position ici, et conséquemment de ses droits. Jack, procurez-vous un verre d'eau pour la jeune dame; — et jamais Jack n'obéit avec plus de vivacité à une injonction de son oncle. — Un témoin ne peut convenablement être traité comme un criminel ou comme suspect sans être informé que la loi n'exige pas de lui, dans de semblables circonstances, des réponses qui puissent le compromettre.

Dunscomb avait plus écouté ses sentiments que ses connaissances légales en faisant cette objection, d'autant plus qu'on n'avait pas encore adressé à Marie Monson une question bien insidieuse. Le coroner le comprit, et ne manqua pas de faire entendre qu'il sentait toute la faiblesse de l'objection.

— Les coroners ne sont pas précisément astreints aux mêmes règles que les magistrats ordinaires, fit-il observer tranquillement, quoique nous respections également les règles de l'évidence. Nul témoin n'est tenu, dans une enquête, de répondre à une question qui puisse l'incriminer. Si la dame déclare qu'elle ne désire pas dire son vrai nom, *comme pouvant l'incriminer*, je n'insisterai pas moi-même sur la question, et ne permettrai pas à d'autres d'insister.

— C'est très-vrai, Monsieur ; mais la loi ne requiert, dans ces formalités préliminaires, que les renseignements convenables pour dresser le procès-verbal. Je conçois que, dans ce cas particulier, on puisse varier la question en demandant : « Vous êtes connue sous le nom de Marie Monson ? »

— Quel grand mal peut-il y avoir pour cette jeune femme à donner son vrai nom, monsieur Dunscomb, puisque j'apprends que vous êtes cet avocat distingué, si elle est parfaitement innocente de la mort des Goodwin ?

— Une personne parfaitement innocente peut avoir de bonnes raisons pour désirer cacher son nom. Ces raisons se corroborent en regardant autour de nous, et en apercevant un comité de journalistes, tout prêts à donner de la publicité à tout ce qui se passe ; — mais, on servirait mieux la fin de la justice, si l'on me permettait de conférer avec le témoin en particulier.

— Très-volontiers, Monsieur. Emmenez-la dans une des salles du jury, et je ferai comparaître un autre médecin à la barre. Quand vous aurez terminé votre consultation, monsieur Dunscomb, nous serons disposés à poursuivre avec votre cliente.

Dunscomb offrit son bras à la jeune fille, et la conduisit à travers la foule, pendant qu'un troisième médecin prêtait serment. Ce témoin confirma toutes les opinions du docteur Coe, traitant avec très-peu de respect les suppositions que les squelettes étaient ceux de deux femmes. Il faut convenir que l'étrangère soupçonnée perdit beaucoup de terrain dans le cours de cette demi-heure : d'abord, la discussion à propos du nom fut reçue en grande partie comme un aveu de culpabilité ; car l'argument de Dunscomb, que des personnes très-innocentes pouvaient avoir bien des raisons de cacher leur nom, n'eut pas beaucoup de poids auprès du bon peuple de Biberry ; de plus, tous les doutes levés par la suggestion du docteur Mac-Brain concernant la nature des squelettes, furent de fait écartés par le témoignage du docteur Short, témoignage qui corroborait et soutenait si pleinement celui du docteur Coe. Tellement les Américains sont accoutumés, dans toutes les questions, à en référer de leur décision au nombre! Et ce n'est pas exagérer la vérité sur ce point, que de dire que l'opinion d'une demi-douzaine d'arpenteurs campagnards, touchant un problème de géométrie, serait bien capable de l'emporter sur celle d'un professeur des observatoires de Paris ou de Londres. Les majorités sont le premier mobile de la plupart des esprits, et celui qui peut avoir le plus grand nombre de son côté a tout ce qu'il faut pour paraître dans le vrai, et recueillir les avantages de cette position.

Un quatrième et cinquième médecins furent interrogés, et partagèrent l'opinion du docteur Coe et de ses voisins. Tous donnèrent comme résultat de leurs recherches, que, selon eux, les deux crânes avaient été brisés par le même instrument, et que le coup, s'il ne causa pas une mort instantanée, avait dû éteindre tout sentiment. Au sujet du sexe, les réponses furent données d'un ton quelque peu hautain :

— La science est une bonne chose à sa place, fit observer l'un des derniers témoins ; mais la science travaille sur des faits connus. Nous savons tous que Pierre Goodwin et sa femme vivaient dans cette maison ; nous savons tous que Dorothée Goodwin était une forte femme, et que Pierre Goodwin était un petit homme ; qu'ils étaient à peu près de la même taille, en réalité, et que ces squelettes représentent exactement leur stature respective. Nous savons aussi que la maison est brûlée, que le vieux couple n'est plus, que ces os furent trouvés dans l'aile de bâtiment où ils dormaient, et qu'on n'y trouva pas d'autres os. Maintenant, à mon jugement, ces faits ont beaucoup de poids, et même plus de poids que tous les raisonnements de la science. J'en conclus donc que ce sont là les restes de Pierre et de Dorothée Goodwin, et je n'ai pas le moindre doute à cet égard.

— M'est-il permis d'adresser une question à ce témoin, monsieur le coroner? demanda le docteur Mac-Brain.

— Très-volontiers, Monsieur. Le jury désire avoir toutes les certitudes possibles, et notre seul objet est la justice. Nos interrogations ne sont pas très-rigides, quant à la forme, et il vous est loisible d'interroger le témoin à votre ase.

— Vous connaissiez Goodwin? demanda directement le docteur Mac-Brain au témoin.

— Oui, Monsieur, parfaitement.

— D'après vos souvenirs, avait-il toutes ses dents?

— Je le crois.

— Supposé que toutes les dents de la mâchoire supérieure soient tombées, et que le squelette que vous supposez être le sien ait encore toutes ces dents, regarderiez-vous encore les faits que vous avez avancés comme une preuve meilleure, ou même aussi bonne que l'évidence donnée par la science, qui nous dit que l'homme qui a perdu ses dents ne peut plus les avoir?

— J'ai peine à appeler cela un fait scientifique en aucune manière, Monsieur : le premier venu peut juger de cette circonstance aussi bien qu'un médecin. S'il en était comme vous le dites, je considérerais la présence des dents comme une assez bonne preuve que le squelette était celui d'une autre personne, à moins que les dents ne fussent l'œuvre d'un dentiste.

— Alors pourquoi ne pas mettre tout autre phénomène anatomique, d'une certitude égale, en opposition avec ce qu'on rapporte généralement touchant l'aile du bâtiment, la présence de l'homme, et toutes les autres circonstances que vous avez mentionnées?

— S'il y avait quelque autre fait anatomique avéré, je le ferais. Mais dans l'état où se trouvent ces restes, je ne crois pas que le meilleur anatomiste ose dire qu'il peut distinguer s'ils ont appartenu à un homme ou à une femme.

— J'avoue que le cas a ses difficultés, répondit tranquillement le docteur Mac-Brain ; cependant, j'incline vers ma première opinion. J'espère, monsieur le coroner, que les squelettes seront soigneusement conservés, aussi longtemps qu'il peut y avoir quelque raison de continuer cette enquête légale.

— Assurément, Monsieur. Une boîte a été faite à ce dessein, et ils y seront enfermés avec soin, dès que l'enquête aura fixé un jour. Il n'est pas extraordinaire, Messieurs, qu'il y ait désaccord entre docteurs.

Ceci fut dit avec un sourire, et eut pour effet de maintenir la paix. Le docteur Mac-Brain, pourtant, avait toute la modestie du savoir et ne cherchait jamais à faire montre de la supériorité de ses talents devant des personnes qu'on pouvait supposer moins instruites que lui-même. D'ailleurs, il n'était ici nullement certain de son fait, quoique très-enclin à croire que c'étaient deux squelettes de femmes. Le feu avait été assez violent pour déranger, jusqu'à un certain point, sinon pour effacer ses preuves entièrement ; et il n'était pas homme, dans un cas de cette importance, à préciser un fait sans une suffisante justification. Tout ce qu'il voulait pour le moment, c'était de réserver un point qui pouvait plus tard avoir une influence matérielle, en passant à l'état d'une conclusion formelle.

Il s'écoula une bonne heure avant le retour de Dunscomb conduisant Marie Monson à son bras. John suivait cette dernière d'assez près ; car, bien qu'il n'eût pas été admis dans la salle où cette longue conférence avait eu lieu, il n'avait pas cessé d'arpenter tout le temps la galerie qui se trouvait devant la porte. Dunscomb avait l'air soucieux, et, suivant la pensée de Mac-Brain, très-habile à interpréter le langage de la physionomie de son ami, Dunscomb semblait désappointé. La jeune fille avait évidemment pleuré, et même à chaudes larmes. Il y avait sur son visage une pâleur, et dans sa personne un tremblement, qui firent supposer au clairvoyant docteur, que pour la première fois elle avait été à même de comprendre qu'elle était l'objet d'une si affreux soupçon. Ils ne furent pas plus tôt assis tous deux sur leurs siéges, que le coroner s'apprêta à renouer l'interrogatoire interrompu.

— Témoin, répéta le fonctionnaire avec une affectation marquée, quel est votre nom ?

La réponse fut donnée d'une voix tremblante, mais avec assez de promptitude, comme si elle avait été préparée à l'avance.

— Je suis connue à Biberry, et dans les environs, sous le nom de Marie Monson.

Le coroner fit une pause, passa la main sur son front, réfléchit un instant, et renonça au projet à demi formé qu'il avait eu de pousser, aussi loin qu'il le pouvait, cette enquête spéciale. A dire vrai, il redoutait un peu M. Thomas Dunscomb, dont la réputation au barreau était trop bien établie pour avoir échappé à son attention. Aussi se décida-t-il, après tout, à accepter le nom de Marie Monson, se réservant le droit de pousser plus loin, dans la suite, son investigation.

— Quel est le lieu de votre résidence?

— Pour le moment, ici; dernièrement dans la famille de Pierre Goodwin, dont les restes sont supposés être dans cette salle.

— Combien de temps êtes-vous restée dans cette famille?

— Neuf semaines jour pour jour. J'arrivai le matin, et le feu prit dans la nuit.

— Racontez tout ce que vous savez concernant ce feu, Mademoiselle, s'il vous plaît. Je vous appelle mademoiselle, parce que je suppose que vous n'êtes pas mariée.

Marie Monson se contenta d'incliner légèrement la tête, comme on le fait pour reconnaître qu'une remarque est entendue et comprise. Ceci ne satisfit qu'à moitié le coroner; car sa femme, pour des raisons à elle, avait surtout désiré qu'il demandât à la jeune Monson, lorsqu'elle serait à la barre, si elle était mariée ou non. Mais il était trop tard alors de s'informer de ce fait intéressant, et l'interrogatoire continua :

— Racontez tout ce que vous savez concernant le feu, je vous en prie, Madame.

— J'en sais très-peu de chose. Je fus éveillée par une vive clarté; je me levai et m'habillai comme je pus, et je me disposais à descendre les escaliers, quand je vis qu'il était trop tard. Je m'approchai alors d'une fenêtre, dans l'intention de jeter mon lit dehors et de me précipiter dessus, lorsque deux hommes apparurent, et dressèrent une échelle, grâce à laquelle je sortis saine et sauve.

— Quelques-uns de vos effets furent-ils sauvés?

— Tous, je crois. Les deux mêmes personnes entrèrent dans ma chambre et en jetèrent dehors mes malles, une boîte, un sac de nuit, une écritoire, et d'autres articles, ainsi que la plus grande partie de l'ameublement. C'était la partie du bâtiment qui prit feu la dernière, et on put impunément entrer dans la chambre que j'occupais, pendant près d'une demi-heure après ma sortie.

— Combien de temps avez-vous connu les Goodwin?

— Depuis le jour où je vins pour la première fois habiter dans leur maison.

— Avez-vous passé dans leur compagnie la soirée de la nuit de l'incendie?

— Non, je passais très-peu de temps dans leur compagnie, si ce n'est aux repas.

Cette réponse causa une légère agitation dans l'auditoire, dont la plus grande partie pensa qu'il y avait là une observation à noter. Pourquoi une jeune femme, qui vivait dans une maison si écartée de tout voisinage, ne passait-elle pas la majeure partie de son temps en compagnie de ceux avec qui elle habitait?
— S'ils étaient assez bons pour demeurer ensemble, il me semble qu'ils pouvaient être bons assez pour se réunir, murmura une des plus actives bavardes de Biberry, d'un ton de voix assez haut pour être entendue de ses voisins.

Ceci était une simple allusion à une susceptibilité nationale augmentant de jour en jour et ayant trait à des prétentions personnelles : on considère généralement comme aristocratique de refuser de se mêler avec tout un chacun, lorsque la personne sujette à être remarquée a en apparence quelques avantages qui rendent ce commerce désirable. Tous autres peuvent agir suivant leur fantaisie.

— Vous n'étiez pas, alors, un membre ordinaire de la famille; mais vous n'y étiez que pour un besoin tout personnel? reprit le coroner.

— Je pense, Monsieur, que vous verrez, en y réfléchissant, que cet interrogatoire prend un cours très-irrégulier, dit Dunscomb en intervenant. Cela ressemble plutôt à l'interrogatoire d'un accusé qu'à une enquête.

— La loi permet les formes les plus libres dans tous les interrogatoires de cette nature, monsieur Dunscomb. Rappelez-vous, Monsieur, qu'il y a eu incendie et meurtre, les deux plus grands crimes dont les lois fassent mention.

— Je ne l'oublie pas, et je reconnais non-seulement tous vos droits, Monsieur, mais tous vos devoirs. Toutefois, cette jeune dame a des droits aussi, et elle doit être traitée d'une manière distincte suivant qu'on la considère ou comme témoin ou comme accusée. Si c'est à ce dernier titre, je vais l'avertir une fois pour toutes de ne pas répondre davantage aux questions dans l'état où sont les choses. Mon devoir, puisque je suis son conseil, m'oblige à le faire.

— Elle a donc régulièrement fixé son choix sur vous, monsieur Dunscomb? demanda le coroner avec intérêt.

— Ceci est une affaire entre elle et moi. J'apparais ici comme conseil, et je réclamerai tous les droits de ce titre. Je sais que vous pouvez poursuivre l'enquête, sans que j'intervienne si vous le jugez convenable; mais on ne peut priver un citoyen du bénéfice d'un conseil. Même le nouveau Code, l'invention la plus folle et la plus extravagante qu'enfanta jamais le génie égaré de l'homme, admettra ce point.

— Je n'ai nulle envie, monsieur Dunscomb, de vous créer aucun obstacle. Que chaque homme fasse son devoir. Votre cliente peut certainement refuser de répondre à toute question qu'il lui plaira, du moment que la réponse peut tendre à l'incriminer.

— Je vous demande pardon, Monsieur; la loi est encore plus indulgente dans ces formalités préliminaires. Quand la partie se sait soupçonnée, elle a le droit d'éviter les questions qui peuvent militer contre ses intérêts; autrement la protection si vantée que la loi étend si loin sur tout le monde qu'elle ne permet à personne d'être son propre accusateur, devient une pure fiction.

— Je m'efforcerai de poser mes questions de manière à lui laisser le bénéfice de tous ses droits. Miss Monson, on dit que, depuis ce feu, on vous a vu de l'or entre les mains; avez-vous quelque objection à laisser voir cet or par le jury ?

— Pas le moins du monde, Monsieur. J'ai quelques pièces d'or : elles sont ici dans ma bourse. Elles ne forment pas une grande somme. Vous avez toute liberté de les examiner à votre aise.

Dunscomb avait trahi un peu de malaise à cette question;

mais la manière calme et ferme dont répondit la jeune femme, et la froideur avec laquelle elle mit sa bourse dans la main du coroner le rassura, ou plutôt le surprit. Aussi resta-t-il silencieux, sans faire d'objection à cet examen.

— Il y a, dit le coroner, sept demi-aigles, deux quart-d'aigles et une pièce étrangère que je ne me rappelle pas avoir jamais vue auparavant. Comment appelez-vous cette pièce, monsieur Dunscomb?

— Je ne saurais le dire, Monsieur; je ne me souviens pas moi-même d'avoir jamais vu semblable pièce.

— C'est une pièce italienne, de la valeur d'environ vingt dollars, m'a-t-on dit, répondit tranquillement Marie. Je crois qu'elle prend le nom du souverain régnant, quel qu'il soit. Je la reçus d'un émigrant européen en échange de quelques pièces de notre monnaie, et je l'ai gardée comme une chose curieuse.

La simplicité, la distinction, pour ne pas dire la fermeté avec laquelle ces paroles furent prononcées, mit Dunscomb encore plus à l'aise, et dès lors il laissa l'interrogatoire suivre librement son cours. Tout cela ne l'empêcha pas d'être étonné qu'un être si jeune, et en apparence si privé d'amis, pût déployer tant de froideur et se posséder aussi bien dans des circonstances si critiques. C'est ce qui était, cependant, et il fut obligé d'attendre de plus complets développements afin de mieux comprendre le caractère de sa cliente.

— Mistress Pope est-elle présente? demanda le coroner, la dame qui nous a dit hier avoir vu les espèces de feu mistress Goodwin, pendant la vie de la défunte.

Il était presque superflu de demander si une personne en particulier était présente, vu que tout Biberry à peu près était dans le palais de justice ou dans les environs. La veuve se leva donc à cet appel, et s'avançant avec empressement, prêta serment sur-le-champ, ce qu'elle n'avait pas fait la veille, et vint à la barre comme un témoin régulier.

— Votre nom? demanda le coroner.

— Abigaïl Pope; on ajoute: veuve de John Pope, décédé, dans tous mes papiers légaux.

— Très-bien, mistress Pope; le simple nom suffira pour le moment. Votre résidence est-elle dans ce voisinage ?

— A Biberry. J'y naquis, j'y fus élevée, mariée ; j'y devins veuve, et je l'habite encore, et le tout à un demi-mille d'ici. Mon nom de fille était Dickson.

Tout absurdes et inconsidérées que ces réponses puissent paraître à bien des personnes, elles influèrent sur l'interrogatoire qui se poursuivait à Biberry. La plus grande partie de l'auditoire vit et sentit la différence entre les franches déclarations du présent témoin et les réserves manifestées par le précédent.

— Ah ça! pourquoi cette Marie Monson ne pouvait-elle pas répondre à toutes ces questions aussi bien qu'Abigaïl Pope? dit une bavarde à une troupe d'auditeurs. Elle a une langue assez bien pendue, quand elle juge à propos de s'en servir. Je parierais que personne ne peut répondre plus vivement qu'elle, quand elle veut obtenir quelque chose. Il y a une terrible histoire derrière le rideau, à mon avis, si l'on pouvait le soulever.

— M. Sanford le soulèvera, avant d'en avoir fini avec elle; je vous le garantis, répondit un ami. J'ai entendu dire que c'était le coroner le plus perspicace de l'État, quand il s'occupe chaleureusement d'une affaire. Il sera très-apte à se tirer de celle-ci, car nous n'avons jamais eu à Biberry rien d'à moitié aussi émouvant que ces meurtres. J'ai longtemps pensé, jusqu'à ce jour, que nous étions en dehors du reste du monde; mais notre temps est venu, et nous ne sommes pas encore à la fin.

— C'est déjà dans tous les journaux, s'écria une troisième. Biberry est en aussi gros caractères qu'York et Albany dans les colonnes de chaque journal de ce matin. Je déclare que cela me fit du bien de voir que notre petit endroit élevait sa tête parmi les grandes cités de la terre...

On ne peut savoir tout ce qui serait échappé à notre particulière en voie de patriotisme local, si le coroner ne lui eût enlevé ses auditeurs par la question suivante, adressée à la veuve :

— Avez-vous vu jamais quelque pièce d'or entre les mains de mistress Goodwin ?

— Plusieurs fois. Je ne sais si je pourrais dire souvent. Cinq ou six fois au moins. J'avais l'habitude de coudre pour la vieille dame, et vous savez que lorsqu'on travaille de cette manière dans une famille, on devient, en fait de secret, presque aussi familier qu'un médecin.

— Reconnaîtriez-vous quelques-unes de ces pièces, si vous les revoyiez, mistress Pope?

— Je pense que oui. Il y en a surtout une que je reconnaîtrais partout. C'est une pièce merveilleuse, et en vrai Californie, je crois.

— Quelques-unes des pièces d'or de mistress Goodwin ressemblaient-elles à celle-ci? montrant un demi-aigle.

— Oui, Monsieur, c'est une pièce de cinq dollars; j'en ai possédé une moi-même dans le cours de ma vie.

— Vous dites donc que mistress Goodwin avait des pièces semblables à celle-là?

— Elle en avait au moins cinquante, je pense; en somme, elle me dit qu'elle avait bien quatre cents dollars dans ce bas; je me rappelle la somme, car cela sonne bien haut pour quelqu'un qui n'a jamais été dans la banque.

— Y avait-il quelque pièce semblable à celle-ci? montrant à la veuve la pièce italienne.

— Voilà la pièce, la voilà. Je la reconnaîtrais entre mille. Je l'ai tenue dans mes mains plus de cinq minutes, essayant de lire le latin qui s'y trouve, et de le traduire en anglais. Tout le reste était de l'or américain, me disait la vieille dame; mais cette pièce, disait-elle, était étrangère.

Cette déposition produisit une grande sensation dans la salle; quoique mistress Pope fût bavarde, commère, et très-connue pour se mêler des affaires de ses voisins, personne ne la soupçonna d'avoir fabriqué une telle histoire après avoir prêté serment. La pièce d'or passa de main en main sur le banc des jurés, et chacun d'eux se sentit convaincu qu'il reconnaîtrait la pièce après une intervalle de plusieurs semaines. Dunscomb ajoutait probablement moins de foi au témoignage de la veuve Pope que toutes les personnes présentes, et il était curieux d'en examiner l'effet sur sa cliente. A sa grande surprise, elle ne manifestait aucun embarras : sa physionomie conservait un calme qui en ce moment lui semblait même aller jusqu'à l'adresse, et il témoigna le désir d'examiner lui-même la pièce d'or. Elle fut mise entre ses mains, et devint l'objet de sa plus vive attention. C'était une pièce rare, mais elle n'avait aucun défaut, aucune marque particulière, qui pût permettre à quelqu'un de la distinguer d'une autre pièce du même modèle. Le coroner devina ce qui se passait dans son esprit, et suspendit l'interrogatoire de la veuve, pour s'adresser à Marie Monson elle-même.

— Votre cliente, dit-il à M. Dunscomb, voit l'état de la question, et vous défendrez tous ses droits; les miens m'autorisent à lui faire quelques questions, en rapport avec cette pièce de monnaie.

— Je répondrai à vos questions, Monsieur, sans aucune hésitation, répliqua l'accusée avec un degré de calme que Dunscomb trouvait étonnant.

— Depuis combien de temps cette pièce d'or est-elle en votre possession, Mademoiselle?

— Depuis environ un an; c'est à partir de cette époque que j'ai fait collection de l'or que je possède.

— A-t-elle été en votre possession sans interruption depuis lors?

— Oui, Monsieur, autant du moins que je sache. Dans l'intervalle, cependant, elle n'est pas toujours restée dans ma bourse; mais je ne pense pas que personne ait pu la toucher lorsqu'elle se trouvait ailleurs.

— Avez-vous quelques observations à faire sur la déposition que vous venez d'entendre?

— Elle est parfaitement vraie. La pauvre mistress Goodwin avait certainement l'amas de pièces dont parle mistress Pope, car elle me l'a une fois montré. Je suis portée à croire qu'elle avait du plaisir à amasser, et non moins de plaisir à compter ses pièces et à les montrer à ses voisines. Je les ai examinées avec elle, et voyant qu'elle aimait beaucoup celles qui étaient rares, je lui en ai donné une ou deux qui m'appartenaient. Sans doute mistress Pope a vu une pièce semblable à celle-ci, mais certainement pas cette pièce elle-même.

— Vous prétendez donc qu'elle avait une pièce semblable à celle-là, laquelle pièce vous lui auriez donnée vous-même? Qu'est-ce que mistress Goodwin vous a donné en échange?

— Monsieur?

— A quoi estimez-vous la valeur de la pièce italienne, et en quelle monnaie mistress Goodwin vous l'a-t-elle payée? Il est nécessaire de ne rien oublier dans des cas de cette nature.

— Elle ne m'a rien rendu, Monsieur; c'était un cadeau de ma part, et, par conséquent, il n'y avait rien à recevoir en échange.

La réponse fut accueillie avec peu de faveur. Il ne paraissait pas probable au peuple de Biberry qu'une femme inconnue et isolée donnât sans rétribution une pièce d'or de cette dimension, elle surtout qui s'était contentée de demeurer pendant deux mois sous les toits de la maison Goodwin, faisant maigre chère, et renonçant à tant de logements et de tables supérieures, qui auraient pu être à sa disposition. Le coroner lui-même partageait à cet égard les pensées du public, et Dunscomb vit que l'explication donnée par sa cliente aggravait les soupçons.

— Êtes-vous dans l'habitude, Mademoiselle, de faire ainsi des cadeaux de pièces d'or? demanda l'un des jurés.

— La question est inconvenante, s'écria M. Dunscomb; personne ne peut avoir le droit de la poser.

Le coroner reconnut la vérité de cette objection, et aucune réponse ne fut faite. Comme mistress Pope avait dit que d'autres voisines avaient vu le bas de mistress Goodwin, quatre autres témoins furent interrogés sur ce point. C'étaient quatre femmes qui avaient été admises par la défunte à régaler leurs yeux de la vue de son trésor. Une d'entre elles cependant avoua qu'elle avait un souvenir exact de la pièce particulière, qui était devenue le pivot de l'enquête; encore ses souvenirs n'étaient-ils pas aussi précis que ceux de la veuve. Elle croyait avoir vu une pièce semblable en la possession de mistress Goodwin, quoiqu'elle convînt qu'il ne lui avait pas été permis d'y toucher; chaque pièce lui passant devant les yeux sans sortir des mains de la propriétaire. Dunscomb crut devoir profiter de cette déposition pour faire remarquer au coroner « qu'il n'était pas du tout surprenant qu'une femme si disposée à faire étalage de son trésor eût été volée et assassinée. » Cette remarque, cependant, manqua son effet par suite des développements que prenaient les soupçons à chaque déposition. L'impression générale faite sur le public fut qu'il y avait eu une longue préméditation, et que l'étrangère était venue demeurer dans la maison, tout exprès pour avoir les facilités de commettre le crime.

Il restait encore à interroger un témoin, parent de la défunte, qui pour le moment se trouvait absent, mais qui avait été averti par le télégraphe de se rendre à l'enquête. Il y eut donc encore une suspension d'une heure, afin de donner le temps à la diligence d'arriver de la ville. Pendant cet intervalle, Dunscomb put voir avec quelle force les soupçons s'étaient enracinés dans l'esprit public; mais ce qui lui semblait le plus étrange, c'était la parfaite tranquillité de la jeune fille, accusée de crimes si odieux. Il lui avait fait connaître la nature des soupçons qui pesaient sur elle, et elle avait reçu cette confidence avec un degré d'émotion qui l'avait d'abord alarmé, mais un calme inexplicable avait bientôt succédé à cette première explosion, et il avait besoin de chercher des preuves d'innocence dans cette physionomie si étrangement inspirée, qui semblait devoir soumettre tous les hommes à sa puissante influence. Lorsqu'il regardait l'étrangère, il ne pouvait la supposer coupable; mais lorsqu'il réfléchissait à tous les faits de la cause, il voyait combien il était difficile de faire partager aux autres la même opinion. Différentes circonstances, d'ailleurs, faisaient naître des doutes. Marie Monson avait refusé d'entrer dans aucun détail sur sa vie antérieure; elle avait évité d'avouer, même à lui, son nom, son véritable nom; elle s'était soigneusement abstenue de toute allusion qui aurait pu faire pressentir l'endroit de sa résidence antérieure, de tout fait qui aurait pu trahir son secret.

A l'heure fixée, la diligence arriva avec le témoin attendu. Sa déposition ne fit que confirmer ce qui avait été dit sur le petit trésor de sa parente, et sur l'endroit particulier où elle le renfermait. La commode avait été sauvée, car elle n'était pas dans la chambre à coucher de la défunte, mais formait le meuble principal de son petit parloir, et, ainsi que nous l'avons dit, on n'y avait pas trouvé l'argent. Ce qui semblait étonnant encore, c'est que chaque tiroir était soigneusement fermé à clef, et aucune clef n'avait été trouvée. Comme ces articles n'étaient pas susceptibles d'être fondus, quelque intense que fût la chaleur, on fit de longues et inutiles recherches parmi les ruines, on ne les trouva nulle part.

Vers neuf heures du soir, le jury revint pour prononcer le résultat de l'enquête. C'était un verdict de meurtre avec préméditation commis, dans l'opinion des jurés, par la femme connue sous le nom de Marie Monson. Quant à l'accusation d'incendie, l'enquête du coroner n'y avait aucun rapport.

Un mandat fut immédiatement rédigé, et l'accusée mise en état d'arrestation.

CHAPITRE V.

> Ce furent les Anglais, cria Kaspas, qui mirent les Français en déroute; mais pourquoi se tuèrent-ils les uns les autres? C'est ce que je ne pourrais vous dire. Chacun cependant s'écriait : Ce fut une fameuse victoire!
>
> SOUTHEY.

Le jour suivant, après un déjeuner matinal, Dunscomb et son ami le docteur se mirent en route pour retourner à la ville. Le premier avait des clients et des procès, le second des malades qui ne devaient pas être négligés, sans parler des droits de Sarah et de mistress Updyke. John et Michel restèrent à Biberry; le premier retenu par diverses commissions qui avaient rapport au bien-être et au traitement de Marie Monson, mais encore plus par sa propre inclination; et le second demeurant quelque peu contre son désir, comme compagnon du frère de celle qui l'attirait si fortement à New-York.

Comme l'emprisonnement avait lieu pour les crimes les plus graves que la loi reconnût, une caution n'eût pas été acceptée, quand même on l'aurait trouvée. Sur ce dernier point, toutefois, nous ne devons pas parler avec trop d'assurance ; car le docteur Mac-Brain, homme dans une belle position, résultat d'une profession libérale exercée avec zèle et intelligence, était plus qu'à moitié disposé à s'offrir lui-même comme un des garants, et à aller chercher le second parmi ses amis. Rien ne l'eût détourné, à coup sûr, de ce dessein, sans les assurances réitérées de Dunscomb qu'on ne recevrait pas de caution ; même de charmantes jeunes femmes, sous le poids d'accusations d'incendie et de meurtre, doivent se soumettre à l'incarcération, jusqu'à ce que la loi ait établi leur innocence en due forme, ou, ce qui est la même chose en réalité, jusqu'à ce que le caprice, les influences, l'ignorance ou la corruption du jury prononcent leur acquittement.

Les amis n'étaient pas entièrement d'accord, dans la manière d'envisager cette affaire. Le docteur était fermement convaincu de l'innocence de Marie Monson ; tandis que Dunscomb, qui avait plus d'expérience dans les voies du crime et dans les faiblesses du cœur humain, avait ses doutes. De si nombreux motifs de soupçon s'étaient rencontrés et avaient été mis à nu pendant l'heure de la conférence particulière, qu'il n'était pas facile à un homme qui avait tant vu le mauvais côté de la nature humaine, de repousser ces soupçons, sous la simple influence d'une forme gracieuse, de manières engageantes, et d'une séduisante tournure. Puis, les faits secondaires bien établis, et, sur un point important, admis par l'accusée, n'étaient pas d'un caractère à dédaigner. Il arrive souvent, et Dunscomb le savait bien, que l'innocence apparaît sous un extérieur repoussant, tandis que le crime se cache sous des formes si brillantes qu'il trompe tout le monde, excepté l'homme prudent et expérimenté.

— J'espère qu'on a pourvu convenablement au bien-être de miss Monson, puisqu'elle doit être enfermée pour quelques jours, dit Mac-Brain en jetant un dernier regard sur la petite prison, comme la voiture passait sur le sommet de la colline. La justice ne peut demander rien de plus que sécurité contre l'évasion.

— C'est une tache sur le caractère du temps et sur ce pays en particulier, répondit froidement Dunscomb, qu'on fasse si peu attention aux prisons. Nous sommes bourrés de fausse philanthropie pour ce qui concerne des scélérats déclarés, qui devraient ressentir la peine de leurs forfaits, tandis que nous ne sommes même pas justes à l'égard de ceux qui ne sont qu'accusés, et dont un grand nombre est réellement innocent. Sans mon intervention, cette jeune fille délicate et sans amis aurait, selon toute probabilité, été claquemurée dans un cachot.

— Quoi! avant que sa culpabilité soit bien établie! Son traitement après condamnation serait donc relativement beaucoup plus humain qu'auparavant! Des appartements confortables, bien garnis, mais sûrs, devraient être préparés pour les accusés dans tous les comtés de cet État, comme acte de pure justice, avant qu'un seul mot d'une humanité mal entendue fût proféré au sujet du traitement des criminels reconnus.

— Et cette pauvre fille est jetée dans un cachot?

— Non, ce n'est pas tout à fait aussi mauvais que cela. La prison a un appartement convenable, qui a été arrangé confortablement pour un boxeur qui y était confiné il n'y a pas longtemps; et, comme la chambre est suffisamment sûre, j'ai persuadé la femme du geôlier d'y placer Marie Monson. Sauf la privation d'air et d'exercice, et le bonheur de se savoir respectée et chérie, la jeune femme n'y sera pas trop mal. La chambre est assurément aussi bonne que celle qu'elle occupait sous le toit de ces infortunés Goodwin.

— Quelle chose étrange qu'une femme de son apparence ait été la locataire d'une telle maison! Avec cela, elle ne semble pas manquer d'argent; vous avez vu l'or qu'elle avait dans sa bourse?

— Hélas! il eût mieux valu que cet or ne fût pas là, ou ne fût pas vu. J'aurais franchement voulu qu'il n'y eût que de la monnaie d'argent.

— Vous ne partagez sûrement pas l'opinion de cette sotte

femme, la veuve Pope, comme ils l'appellent, en croyant qu'elle s'est approprié l'argent des personnes qui ont été assassinées ?

— A cet égard, je préfère suspendre mon opinion; cela se peut, ou ne se peut pas; c'est selon comme les affaires tourneront. Elle a de l'argent, et en suffisante quantité pour se racheter du danger. Du moins, elle m'a offert, comme honoraires, cent dollars en bon papier de banque.

— Que vous n'avez pas pris, Tom?

— Pourquoi pas? C'est mon métier, et j'en vis. Pourquoi ne pas prendre son argent, s'il vous plaît, Monsieur? Est-ce la veuve Updyke qui vous enseigne de semblables doctrines? Irez-vous dans les environs de la ville pour rien? Pourquoi ne pas prendre des honoraires, maître Ned?

— Pourquoi pas, au fait? Cette jeune fille m'a ensorcelé, je crois; voilà l'explication.

— Je vous dis, Ned, que si vous ne mettez fin à cette folie, j'en instruirai mistress Updyke tout au long, et romprai le mariage n° 3. Jack se jette déjà dans l'amour à corps perdu; et vous voilà à mille lieues de vos engagements et des devoirs de votre profession, pour tomber aux pieds d'une inconnue de vingt ans, qui vous apparait, dans une première entrevue, sous le jour attrayant d'une femme accusée des plus grands crimes.

— Et dont je ne la crois pas plus coupable que je ne vous le crois vous-même.

— Hum! nous verrons. Oui, vous dis-je, elle a de l'argent pour acheter trois ou quatre journaux afin d'obtenir la sympathie en sa faveur, et alors son acquittement serait presque certain, si son jugement ne devenait une impossibilité. Je ne réponds pas que ce ne soit la marche la plus sûre pour elle dans l'état actuel des faits.

— Voyons, Dunscomb, si quelqu'un s'adressait à vous pour un conseil, l'engageriez-vous à suivre cette marche?

— Non, assurément, et vous le savez bien assez, Mac-Brain; mais cela ne diminue ou n'augmente en rien les chances de l'expédient. Les journaux ont grandement affaibli leur propre puissance par la manière dont ils en ont abusé; mais il en reste assez encore pour aveugler et même obscurcir entièrement la justice.

— Obscurcir entièrement la justice, dit Mac-Brain, me paraît un mot un peu fort.

— Peut-être l'est-il; mais obscurcir souvent, trop souvent, est un terme dont je puis justifier l'emploi. Tout être pensant voit et sent la vérité de cette opinion; mais voilà où est le côté faible d'un gouvernement populaire. On renforce les lois au moyen de la vertu publique, et la vertu publique, comme la vertu privée, est bien fragile. Nous admettons assez volontiers la dernière, pour ce qui regarde nos voisins du moins, tandis qu'il semble exister dans la plupart des esprits une espèce de vénération idolâtre pour le sentiment public.

— Vous ne méprisez pas, à coup sûr, l'opinion publique, Tom, et vous ne la dédaignez pas comme indigne de tout respect.

— En aucune manière, si vous parlez de cette opinion qui résulte d'un jugement réfléchi, et qui a des rapports directs avec notre religion, nos mœurs, nos manières. C'est là une opinion publique pour laquelle nous devons avoir de la déférence, quand elle est noblement produite, quand elle est nettement et librement formulée, surtout quand elle vient d'en haut, et non d'en bas. Mais le pays est plein de ce que j'appellerai une opinion publique artificielle, et dont un homme sage ne doit tenir aucun compte, s'il peut s'en empêcher. Voyez aujourd'hui notre manière d'administrer la justice. Douze hommes sont pris dans le sein de la communauté par une espèce de loterie; ils siègent à part pour prononcer sur votre fortune ou la mienne, que dis-je? pour proférer les terribles mots de coupable, ou non coupable. Tous les accessoires de ce plan, tels qu'ils existent ici, s'opposent à ce qu'il réussisse. D'abord les jurés sont payés, et cela, juste assez pour engager les derniers de la liste à exercer, pas assez pour retenir les hommes d'éducation et d'intelligence, qui préfèrent se laisser mettre à l'amende.

— Pourquoi ne remédie-t-on pas à un mal si flagrant? J'aurais cru que tout le barreau aurait protesté contre cet abus.

— Quel en serait le résultat? Qui se soucie du barreau? Les législateurs seuls peuvent changer ce système, et il faut que des hommes très-différents de ceux qu'on envoie maintenant aillent au palais législatif, avant qu'on en trouve un assez honnête, ou assez hardi, pour se lever et dire au peuple que tous ne sont pas capables de cette mission. Non, non, ce n'est pas là la manière du jour. A vous dire vrai, Ned, l'État se soumet à l'influence des deux plus absurdes motifs qui puissent gouverner les hommes : l'ultrà-réaction et l'ultrà-progrès ; ni l'un ni l'autre ne sont appropriés aux besoins actuels de la société, et tous les deux sont pernicieux à son développement. Au milieu de ce conflit d'intérêts, le courant nous emporte, et tandis que les uns, par peur ou par indifférence, ne sont que spectateurs passifs du mouvement, les autres, partisans effrénés d'innovations, poussent au changement, avec l'arrière-pensée d'en profiter, du moment que les institutions seront aussi populaires que possible.

— Et n'est-ce pas la vérité ? La masse ne gagnera-t-elle pas à exercer le pouvoir autant qu'elle le peut ?

— Non ; et par la raison simple que dans la nature des choses les masses ne peuvent exercer qu'une puissance très-limitée. Vous-même, par exemple, un de la masse, vous ne pouvez exercer le pouvoir de choisir un juge comme il doit l'être, et, par conséquent, vous êtes sujet à faire plus de mal que de bien.

— Le diable si je ne le puis ! Mon vote n'est-il pas aussi bon que le vôtre, ou que celui de qui que ce soit ?

— Par la raison bien simple que vous êtes complétement ignorant du sujet. Posez-vous vous-même la question, et répondez-y en honnête homme : voudriez-vous, pourriez-vous, avec les connaissances que vous avez, mettre le doigt sur un homme de ce pays, et dire : « Je vous fais juge ? »

— Oui ; je mettrais le doigt sur vous à la minute.

— Ah ! Ned, cela ira pour un ami ; mais ce choix serait-il judicieux s'il tombait sur un juge que vous ne connaissez pas ? Ignorant de la loi, vous devez nécessairement ignorer les qualités requises pour en être l'interprète. Ce qui est vrai de vous, l'est également de l'immense majorité de ceux qui sont aujourd'hui les électeurs de nos juges.

— Je ne suis pas peu surpris, Tom, de vous entendre, vous, parler dans ce sens ; car vous vous donnez pour un démocrate !

— Oui, en tant qu'il faut donner au peuple tout le pouvoir dont il peut faire un usage utile et intelligent; mais non jusqu'à lui permettre de faire les lois, d'exécuter les lois, d'interpréter les lois. Tout ce dont le peuple a besoin, c'est d'un pouvoir suffisant pour sauvegarder ses libertés. Il vaudrait bien mieux pour lui et pour l'État, avoir exclusivement le choix d'agents principaux, sur le caractère desquels il peut connaître quelque chose, et conférer ensuite les autres pouvoirs à ceux que nommeraient les principaux agents, sous une responsabilité sévère. Quant aux juges, ils auront bientôt un caractère politique, et les hommes les accuseront et les défendront avec le même aveuglement qu'ils le font aujourd'hui à l'égard de tous les autres chefs politiques. Avec nos élections de juges et nos élections de jurés, nous aurons bientôt un pandémonium légal.

— Cependant il y en a encore qui croient que le jugement par jury est le palladium de nos libertés.

Dunscomb rit à gorge déployée, car il se rappelait sa conversation avec les jeunes gens, conversation que nous avons déjà rapportée. Puis, mettant fin à cet accès d'hilarité, il reprit d'un air grave :

— Oui, un ou deux journaux bien payés avec les épargnes de cette jeune fille, lui feraient plus de bien que tous mes services. J'imagine que les articles publiés aujourd'hui, ou qui vont bientôt l'être, laisseront contre elle de fortes préventions.

— Pourquoi ne pas payer un journaliste aussi bien qu'un avocat? eh! Tom. Il n'y a pas grande différence, à ce que je puis voir.

— Si fait, vous pouvez le voir, et vous le verrez, dès que vous examinerez la question. Un avocat est payé pour un secours connu et autorisé, et le public reconnaît en lui un homme engagé dans les intérêts de son client, et accepte en conséquence ses assertions et ses efforts. Mais le directeur d'un journal public établit sa prétention à une stricte impartialité, dans l'exercice de sa profession, et il ne devrait avancer rien que ce qu'il croit la vérité, sans inventer ni supprimer. Dans ses actes, il n'est qu'un rapporteur; dans son raisonnement, c'est un juge et non un avocat.

Le docteur rit alors à son tour, et avec raison ; car peu d'hommes sont assez ignorants au point de ne pas comprendre combien sont éloignés de ce type la plupart de ceux qui dirigent les journaux.

— Après tout, s'écria-t-il, c'est une puissance trop redoutable pour être confiée à des hommes irresponsables.

— C'est vrai ; et il n'y a rien parmi nous qui démontre si complétement combien l'esprit public est en arrière des faits du pays que la manière aveugle et inconsidérée avec laquelle on permet à la presse de tyranniser la communauté au milieu de nos hosannas à la déesse de la Liberté. En vérité, de ce qu'une presse libre est utile, et a été utile en abaissant, dans d'autres mains, un pouvoir irresponsable et héréditaire, nous sommes assez stupides pour croire qu'elle est d'une égale importance ici, où n'existe aucun pouvoir de cette nature, où tout ce qu'il reste à faire est de maintenir rigoureusement les droits égaux de toutes les classes de citoyens. Si nous nous comprenions nous-mêmes, et nos véritables besoins, on n'imprimerait pas un journal dans l'État avant qu'il ait déposé un cautionnement destiné à faire face aux peines légales qu'il peut encourir en abusant de la confiance qu'on lui accorde. Cela a lieu, ou avait lieu, en France, le pays qui, plus que tous les autres, respecte l'égalité des droits en théorie sinon en pratique.

— Vous ne voudriez assurément pas imposer des restrictions à la presse ?

— J'en mettrais, certes, et de très-sévères, comme de salutaires barrières à l'immense pouvoir qu'elle confère. Je prohiberais, par exemple, la publication de tout document concernant les parties en procès, soit au civil, soit au criminel, tant que durerait l'action ; afin que l'esprit public ne fût pas influencé par calcul. Donnez le droit de publier, on en abusera, et on en abuse, et cela de la manière la plus flagrante, afin d'aller au-devant de la corruption. Je vous le dis net, du moment que vous faites un commerce de nouvelles, vous créez un marché qui aura sa hausse et sa baisse, sous les influences de la peur, du mensonge, de la faveur, absolument comme vos transactions pécuniaires. C'est une perversion de la nature des choses de faire des nouvelles autre chose qu'un simple exposé des événements qui ont eu lieu.

— Le mensonge aussi est dans la nature des choses.

— C'est vrai; et voilà pourquoi nous ne devrions pas accorder une protection extraordinaire à des milliers de langues qui parlent au moyen de caractères, quand nous la refusons à la langue elle-même. Le mensonge débité par la presse est dix mille fois un mensonge, en comparaison de celui qui sort de la bouche de l'homme.

— Par George! Tom, si j'avais votre manière de voir, je ferais en sorte qu'une partie de l'argent de cette étrange jeune femme fut employée à la défendre par le moyen des agents que vous mentionnez.

— Cela ne se peut pas. Ceci est un des cas où le défaut de principe a un avantage sur le principe. L'homme droit ne peut consentir à se servir d'indignes instruments, quand les malhonnêtes gens les saisissent avec avidité. C'est une nécessité de plus pour la loi de surveiller les intérêts des premiers avec une extrême attention. Mais, malheureusement, nous nous contentons du son des choses, et nous en négligeons le sens.

Nous avons rapporté tout au long cette conversation, qu'une certaine partie de nos lecteurs trouvera probablement fastidieuse, mais elle était nécessaire pour bien comprendre les différentes nuances du tableau que nous sommes en train de tracer. A la *Tête-du-Cerf*, les amis s'arrêtèrent pour laisser souffler leurs chevaux, et pendant que les animaux se rafraîchissaient, grâce aux soins de Stephen Hoof, cocher de Mac-Brain, les maîtres firent une petite promenade dans le hameau. A différents endroits de leur route, ils entendirent les entretiens rouler sur les meurtres, et virent quelques journaux dans les mains de plusieurs individus, qui lisaient avec avidité les comptes-rendus du même événement; quelquefois entre eux, le plus souvent à des groupes d'auditeurs attentifs. Les voyageurs étaient maintenant si près de la ville qu'ils se trouvaient complétement dans son atmosphère morale, pour ne pas dire physique, vu qu'ils étaient dans un faubourg de New-York.

A leur retour à l'auberge, le docteur s'arrêta sous le hangar pour examiner ses chevaux avant que Stephen les eût bridés pour le prochain départ. Stephen n'était ni Irlandais ni nègre, c'était un cocher à l'ancienne mode, un Manhattanois pur sang, classe à part, et de ceux dont il reste un petit nombre dans la confusion de langues qui envahit cette Babel moderne; ils sont là comme ces monuments du passé épars le long de la voie Appienne.

— Comment vos chevaux supportent-ils la chaleur, Stephen? demanda le docteur d'une voix douce, parlant toujours des bêtes comme si elles étaient la propriété du cocher et non la sienne; Pill a l'air d'avoir eu bien chaud ce matin.

— Oui, Monsieur, il le prend un peu plus chaudement que Bolus, dans le printemps de l'année, comme tout en général. Pill travaillera crânement si on lui donne sa nourriture, et d'une façon distinguée. Mais les auberges de village n'offrent rien de bon, pas même une mangeoire propre; et un cheval de ville, accoutumé à une belle étable et à une compagnie convenable, ne se tiendra pas au râtelier dans un de leurs trous comme il le devrait. Pour en revenir à Bolus, c'est ce que j'appelle un fameux mangeur; peu lui importe où il se trouve, à la maison ou dans une ferme, il finit son avoine; mais il n'en est pas de même de Pill, Monsieur, son estomac est délicat, et le cheval qui n'a pas la nourriture qui lui convient suera, été ou hiver.

— Parfois je pense, Stephen, qu'il vaudrait mieux leur retirer l'avoine pour quelques jours et les saigner, peut-être; on dit que la flamme fait autant de bien au cheval que la lancette à l'homme.

— N'y pensez pas, Monsieur, je vous prie. L'avoine est une médecine suffisante pour un cheval, et quand les créatures ont besoin de quelque chose de plus, laissez-m'en le soin, Monsieur. Je connais une boisson particulière comme il n'en entre jamais dans le gosier d'un trotteur, sans m'embarrasser de l'académie de Barclay-Street, où tant de savants vont deux ou trois fois par semaine, et où l'on dit qu'il en entre beaucoup qui n'en sortent pas avec toute l'intégrité de leur bon sens.

— Eh bien, Stephen, je n'interviendrai plus dans votre traitement, car j'avoue que je m'entends très-peu aux maladies des chevaux. Qu'avez-vous vu dans ce journal, que vous venez de lire, à ce qu'il me paraît?

— Eh, Monsieur, répondit Stephen en se grattant la tête, ça roule en entier sur notre affaire de là-bas.

— Notre affaire! Oh! vous voulez dire l'enquête et l'assassinat; ah ça, qu'en dit le journal, hein?

— Il dit que c'est une triste affaire et une terrible tragédie, et il s'étonne que de jeunes femmes en viennent là. Je partage assez moi-même sa manière de penser, Monsieur.

— Vous avez l'habitude d'avoir tout à fait la même opinion que le journal, Stephen, n'est-il pas vrai? demanda Dunscomb.

— Vous l'avez dit, Esquire Dunscomb. C'est étonnant la ressemblance qu'il y a dans nos pensées. Je ne me mets jamais à lire un papier sans qu'avant d'être arrivé au milieu, je trouve qu'il pense juste comme moi. Ça me confond de savoir comment ceux qui y écrivent trouvent si bien les pensées des autres.

— Ils ont une manière de faire cela; mais ce serait une trop longue histoire à vous raconter. Ainsi ce journal a quelque chose à dire à propos de cette jeune femme, n'est-ce pas, Stephen? et il parle de l'affaire de Biberry?

— Beaucoup, Esquire, et ce que j'appelle même, avec bon sens. Qu'allons-nous devenir, Monsieur, si des jeunes filles de quinze ans nous frappent à la tête, en tuent deux d'un coup, et puis mettent le feu à l'étable et font de nous des momies?

— Quinze ans! L'article dit-il que miss Monson n'a que quinze ans?

— Elle paraît avoir l'âge tendre de quinze ans, et elle est douée d'agréments personnels peu communs. Ce sont les propres expressions, Monsieur. Mais peut-être aimeriez-vous à le lire vous-même, Esquire.

En faisant cette remarque, Stephen offrit avec beaucoup de politesse le journal à Dunscomb; il le prit, mais il n'était pas disposé à laisser tomber la conversation, bien qu'il jetât un coup d'œil sur l'article en continuant l'entretien. C'était son habitude; ses clercs disaient de lui qu'il pouvait suivre le fil du raisonnement sur deux sujets à la fois. Son but, pour le moment, était de se renseigner près de cet homme sur les sentiments populaires à l'égard de sa cliente dans l'endroit qu'ils venaient de quitter, et qui était le théâtre même des événements.

— Que pense-t-on, que dit-on à Biberry parmi ceux avec qui vous avez causé, Stephen, sur cette affaire?

— Que c'est un terrible événement, Esquire! un des plus criminels qui soit arrivé dans ces temps des plus pervers. J'ai entendu un monsieur énumérant tous les meurtres qui ont eu lieu dans les environs de New-York pendant ces dix dernières années, et Dieu merci il y en avait un fameux nombre; il y en eut tant que je commence à m'étonner de n'en avoir pas été la victime moi-même; il les comptait sur ses doigts, et prétendait que celui-ci était le plus abominable de tous. Ça, il l'a dit, Monsieur.

— Était-ce un journaliste, Stephen? un de ceux que les journaux envoient en avant pour recueillir les nouvelles?

— Je le crois, Monsieur; tout à fait un homme comme il faut et ayant quelque chose à dire à tous ceux qu'il rencontrait. Il vint souvent à l'écurie, et eut une longue conversation avec un pauvre diable comme moi.

— Que pouvait-il avoir à vous dire, s'il vous plaît, Stephen? demanda le docteur avec un peu de gravité.

— Oh! une foule de choses, Monsieur. Il commença par faire l'éloge des chevaux et demander leurs noms. Je lui donnai mes noms à moi et non les vôtres, car je pensai qu'il pouvait se faire qu'on imprimât que le docteur Mac-Brain appelle ses chevaux de voiture Pill et Bolus; comme s'il avait consulté pour cela son dictionnaire de médecine. Oui, Monsieur, je ne voulais pas que les noms que vous aviez donnés se trouvassent dans les journaux; c'est pourquoi je lui dis que Pill s'appelait Marygoold, et Bolus Dandelion. Il me promit un article sur eux, Monsieur, et je lui donnai l'âge, la race, les père et mère de ces deux merveilles. Il me dit que ces noms lui semblaient charmants, et j'espère, Monsieur, que vous renoncerez à vos noms, après tout, et que vous prendrez les miens.

— Nous verrons. Et il vous a promis un article?

— Oui, Monsieur, de la meilleure grâce du monde. Je savais qu'on n'en pouvait dire trop de bien, et je ne m'en fis pas faute; car je pensai, puisqu'ils étaient sur le tapis, qu'il valait autant les faire ressortir dans tout leur avantage. Peut-être que, quand ils deviendront trop vieux pour travailler, vous pourrez désirer vous en défaire, Monsieur; et alors une bonne recommandation de journal ne leur fera pas de mal.

Stephen était, en général, un parfait honnête garçon; mais il avait la maladie qui semble si commune parmi les hommes, le penchant à tromper dans le commerce des chevaux.

Dunscomb s'amusa de ce trait de caractère, qui l'avait frappé souvent dans sa vie, et se sentit disposé à pousser son interrogatoire plus loin.

— Je crois que vous avez eu quelque difficulté à vous procurer l'un des chevaux, Stephen? — Mac-Brain autorisait son cocher à faire tous les marchés de ce genre, et n'avait jamais rien perdu à cette confiance. — C'était Pill, je crois, qui n'était pas aussi bien dressé qu'il aurait pu l'être?

— Je vous demande pardon, Esquire; ce n'était pas lui, mais Marygoold. Voici le fait. Un homme d'église avait acheté Marygoold pour aller à un tilbury; mais il eut bientôt besoin de s'en défaire, parce que l'amiral était ombrageux, attelé tout seul; ce qui effrayait sa femme, à ce qu'il disait. Maintenant, toute la difficulté consistait en un point : non pas que je me préoccupasse le moins du monde de le savoir ombrageux, ce qui n'est guère inquiétant dans un double attelage, et vu qu'un cocher habile pouvait facilement lui faire passer ce défaut; mais la difficulté était ceci : Si le propriétaire d'un cheval dit tant de mal de sa bête, elle doit avoir beaucoup de défauts sous-entendus qu'on trouvera comme on pourra. J'ai connu un animal ruiné, auquel on avait fait la réputation d'être ombrageux.

— Et le propriétaire était un homme d'église, Stephen?

— Peut-être que non, Monsieur; mais cela ne fait pas grand'-

chose dans le commerce des chevaux : l'Église et le monde, c'est tout un.

— Le journaliste vous fit-il quelques questions sur le propriétaire des chevaux comme sur les chevaux eux-mêmes?

— Mais, oui, Monsieur. Après en avoir fini avec les animaux, il me fit quelques observations sur le docteur. Il voulait savoir s'il était déjà marié, et quand cela devait avoir lieu ; et combien je pensais qu'il avait de fortune, et quel était l'apport de mistress Updyke ; s'il y avait des enfants ; quelle maison on devait habiter ; combien la clientèle du docteur lui valait ; et par-dessus tout, il voulait savoir pourquoi lui et vous, Monsieur, vous aviez été à Biberry au sujet de ce meurtre.

— Que lui avez-vous répondu, Stephen, pour ce qui est de la dernière question?

— Que pouvais-je lui répondre, Monsieur? je ne le sais pas moi-même. J'ai mené bien des fois le docteur, pour voir des personnes qui sont mortes peu après notre visite ; mais jusqu'à ce jour je ne l'avais jamais mené pour visiter les morts. Ce monsieur paraissait croire qu'il y avait une grande erreur touchant les squelettes. Mais tout cela est dans le journal, Monsieur.

A ces mots, Dunscomb parcourut de nouveau les colonnes du journal, dont il lut tout haut le contenu à son ami. Pendant ce temps, Stephen remit Marygoold et Dandelion en route.

Le compte-rendu était à peu près conçu comme Dunscomb s'attendait à le trouver : écrit de manière à ne pouvoir faire du bien, tandis qu'il pouvait faire beaucoup de mal. Le but était de nourrir cette passion mauvaise parmi le peuple, pour les récits exagérés de faits révoltants : le motif, c'était le gain. Tout ce qu'on vend devient du grain pour le moulin ; et plus l'histoire est surprenante et terrible, plus le succès promet d'être grand. Les allusions à Marie Monson étaient conduites avec beaucoup d'adresse ; car, tandis qu'on semblait respecter ses droits, on induisait le lecteur à conclure que son crime était non-seulement hors de question, mais de la teinte la plus sombre. Ce fut pendant que les deux amis lisaient et commentaient ces articles, que la voiture entra à Broadway, et déposa Dunscomb à sa porte. Le docteur en descendit aussi, et préféra marcher jusqu'à la maison de mistress Updyke, plutôt que de fournir à Stephen de nouveaux matériaux pour le journaliste.

CHAPITRE VI.

> Alors aucun homme ne sacrifiait à un parti ; alors tous étaient dévoués à l'État ; alors le grand homme secourait le pauvre et le pauvre aimait les grands ; alors les terres étaient justement partagées, et les dépouilles vendues en commun. Les Romains étaient comme des frères dans les bons jours du vieux temps.
> MACAULAY.

Nous avons dit que John Wilmeter avait été laissé à Biberry par son oncle, afin de pourvoir au bien-être de leur cliente. John, ou Jack comme l'appelaient familièrement ses intimes, en y comprenant sa jolie sœur, était en somme un excellent garçon, bien que loin d'être exempt des infirmités auxquelles est sujette la portion mâle de la famille humaine, quand elle approche de trente ans. Il était franc, brave, généreux, disposé à penser pour son compte ; et, ce qui est quelque peu extraordinaire parmi ses compatriotes, d'un tempérament qui le portait à se faire une opinion sur-le-champ, sans se laisser aisément entraîner par celles qui pouvaient circuler dans le voisinage. Peut-être qu'un peu d'esprit d'opposition au sentiment qui se développait si rapidement à Biberry, l'engageait à s'intéresser plus chaudement à cette femme singulière, accusée de crimes si énormes.

Les instructions laissées par M. Dunscomb à son neveu avaient aussi donné à ce dernier quelque malaise. D'abord, elles avaient été très-détaillées et très-attentives au sujet du bien-être de la prsionnière, et l'on y avait pourvu d'une manière peu usitée dans une prison. L'argent, il est vrai, avait contribué pour sa part à obtenir ce résultat ; mais, en dehors des grandes villes, l'argent, dans de semblables conjonctures, a moins de prix en Amérique que dans la plupart des autres contrées. Le peuple a généralement bon cœur ; il est plein d'égards pour les besoins d'autrui ; et de bonnes paroles feront autant, d'ordinaire, que les dollars. Dunscomb, toutefois, avait fait une judicieuse application des deux moyens ; et à l'exception de son emprisonnement et de la nature des terribles charges élevées contre elle, Marie Monson avait très-peu à se plaindre de sa position.

La partie des instructions qui donnait le plus d'inquiétude à John, qui le tourmentait réellement, avait trait à l'innocence ou à la culpabilité de la prisonnière. L'oncle doutait ; le neveu était toute confiance. Tandis que le premier avait considéré froidement les circonstances, et penchait vers l'opinion qu'il pourrait y avoir du vrai dans les charges, le second voyait dans Marie Monson une séduisante jeune femme, dont l'air innocent était le gage d'une âme innocente. Aux yeux de John, il était absurde d'intenter une accusation de cette nature à un être si admirablement doué.

— Je songerais autant à accuser Sarah de si noirs délits, que d'accuser cette jeune dame ! s'écria John à son ami Michel Millington, pendant qu'ils prenaient leur déjeuner le lendemain. Il est absurde, impie, monstrueux, de supposer qu'une femme, jeune, bien élevée, voudrait ou pourrait commettre de semblables crimes ! Ah ça, Mike, elle comprend le français, l'italien, l'espagnol, et il est fort probable qu'elle peut aussi lire l'allemand, si elle ne peut le parler.

— Comment savez-vous cela ? vous a-t-elle fait l'étalage de ses connaissances ?

— Pas le moins du monde ; cela se découvrit aussi naturellement que possible. Elle demanda quelques-uns de ses livres, et lorsqu'on les lui apporta, je vis qu'elle avait choisi des ouvrages dans ces quatre langues. J'étais, je vous assure, tout à fait honteux de mon ignorance qui va jusqu'à n'avoir qu'une teinture du français, en face de son espagnol, de son italien, de son allemand !

— Ma foi ! je m'en serais fort peu soucié, répliqua Michel très-froidement, la bouche à moitié pleine de beefsteak. Les jeunes filles ont naturellement le pas sur nous en pareille matière. Nul homme ne songe à rivaliser avec une jeune dame qui possède les langues vivantes. Miss Wilmeter pourrait nous en remontrer à tous les deux, et rire de notre ignorance par-dessus le marché.

— Sarah ! ah ! c'est une assez bonne fille dans son *genre*, mais pas à être comparée...

Jack Wilmeter s'arrêta court, car Millington laissa tomber son couteau avec grand bruit sur son assiette, et il regardait son ami dans une sorte de sombre étonnement.

— Vous n'y songez pas, de comparer votre sœur à cette étrangère inconnue et suspecte ! balbutia à la fin Michel, parlant absolument comme un homme dont la tête a été tenue dans l'eau jusqu'à ce que sa respiration soit presque épuisée : vous devez vous rappeler, John, que la vertu ne devrait jamais sans nécessité être mise en contact avec le vice.

— Mike, croyez-vous aussi à la culpabilité de Marie Monson ?

— Je crois qu'elle est en prison sous un verdict rendu par une enquête, et je crois plus sage de suspendre mon opinion quant au fait capital, en attendant plus ample évidence. Rappelez-vous, Jack, que de fois votre oncle nous a dit qu'après tout de bons témoins étaient le fond de la loi. Attendons, et voyons ce qu'un jugement peut mettre au jour.

Le jeune Wilmeter se couvrit la figure de ses mains, baissa sa tête sur la table, et cessa tout à fait de manger. Son bon sens l'avertissait de la prudence du conseil qu'il venait de recevoir ; tandis que ses sentimens impétueux, et excités presque jusqu'à la rage, le poussaient à aller en avant et à combattre quiconque niait l'innocence de l'accusée. Pour ne rien cacher, John Wilmeter allait à grands pas s'enlacer dans les filets de l'amour. Et, à dire vrai, malgré l'extrême fausseté de sa situation, malgré les sentiments de colère qui s'élevaient si rapidement contre elle à Biberry et dans les environs, malgré tout le mystère qui enveloppait son vrai nom, sa réputation et son histoire, il y avait autour de Marie Monson, dans sa tournure, et surtout dans ses manières et dans sa voix, d'autres avantages personnels qui pouvaient très-bien captiver l'imagination d'un jeune homme et toucher son cœur tôt ou tard. De plus, John était entièrement sous l'influence de cette situation nouvelle; s'il avait été éloigné de Biberry, il est probable que les sentiments et l'intérêt, qui s'étaient éveillés en lui d'une manière si soudaine et si puissante, se seraient évanouis, ou seraient restés dans l'ombre en sa mémoire, comme un mélancolique et pourtant agréable souvenir des heures passées, dans des circonstances où les hommes vivent vite, s'il ne leur arrive pas toujours de vivre bien. L'oncle songeait peu à quel danger il exposait son neveu en le plaçant comme une sentinelle de la loi, près de la porte de sa cliente emprisonnée. Mais l'expérimenté Dunscomb se préoccupait beaucoup de pousser John dans la vie active, et de le mettre dans des positions qui pussent l'amener à penser et à agir pour son compte; il avait toujours eu l'habitude, précédemment, de produire le jeune homme, toutes les fois que les circonstances le lui avaient permis. Bien que le conseiller eût plus que de l'aisance, et que John et Sarah possédassent chacun une fortune très-respectable, qui les rendait tous deux indépendants, il était excessivement jaloux de voir son neveu lui succéder dans le barreau.

Il avait, pour ainsi parler, les mêmes principes à l'égard de sa nièce; il aurait voulu la voir devenir la femme d'un homme dans les affaires; et la circonstance même que Millington, bien qu'avec de hautes et belles relations, se trouvait presque sans fortune, n'était pas une objection à ses yeux à l'union que Sarah avait tant de penchant à contracter. Les deux jeunes gens avaient donc été laissés sur le terrain pour prendre en main les intérêts d'une cliente qui inspirait à Dunscomb un intérêt si puissant, quelque disposé qu'il fût à craindre que les apparences ne fussent trompeuses.

Nos jeunes gens n'étaient pas oisifs. Non contents de faire tout ce qui était en leur pouvoir pour contribuer au bien-être personnel de Marie Monson, ils déployaient toute leur activité et leur intelligence à recueillir, en les annotant, tous les faits qui avaient été produits par l'enquête du coroner, ou qu'ils pouvaient glaner dans les environs. Ces faits et ces bruits étaient classés par John en « faits prouvés » « rapportés » « probables » « improbables »; il accompagnait chaque division d'annotations, qui formaient une espèce de résumé très-utile à celui qui voulait pousser ses recherches plus loin.

— Voilà, Millington, dit-il quand ils arrivèrent à la prison, à leur retour d'une promenade qu'ils avaient faite après leur dîner, jusqu'aux ruines de la maison brûlée; voilà, je crois, d'assez bon ouvrage pour un jour; et nous sommes passablement en voie de donner à l'oncle Tom des renseignements assez complets sur cette misérable affaire. Plus je la vois et l'étudie, plus je suis convaincu de la parfaite innocence de l'accusée. J'espère que vous en êtes frappé comme moi, Mike?

Mais Mike n'était pas d'un sang aussi chaud que son ami. Il sourit légèrement à cette question, et tâcha d'esquiver une réponse directe. Il vit combien étaient vives les espérances de Tom, combien ses sentiments prenaient à ce sujet un intérêt de plus en plus profond, tandis que son propre jugement, influencé peut-être par l'exemple de M. Dunscomb, penchait fortement à pressentir le plus triste résultat. Mais il se faisait un honnête plaisir de dire au frère de Sarah tout ce qui pouvait contribuer à lui être agréable, et une bonne occasion se présentant en ce moment, il ne la laissa pas échapper.

— Il est une chose, Jack, qui paraît avoir été étrangement négligée, dit-il, et dont on peut tirer quelque parti, si on l'examine à fond. Vous pouvez vous rappeler qu'il a été établi par quelques-uns des témoins qu'il y avait une Allemande dans la famille des Goodwin le jour qui précéda le feu; elle s'occupait du soin de la maison.

— Maintenant que vous le mentionnez, je m'en souviens : c'est vrai; qu'est devenue cette femme?

— Pendant que vous traciez votre plan des ruines, et que vous preniez le dessin des bâtiments extérieurs, du jardin, des champs, etc., je me rendis à la maison la plus voisine, et je jasai avec les femmes. Vous pouvez vous rappeler que je vous ai dit que c'était pour boire un verre de lait; mais je vis des jupons, et je crus que je pouvais tirer quelque chose du penchant de la femme à bavarder.

— Je sais que vous me quittâtes; mais j'étais trop occupé en ce moment pour voir à quel sujet, et dans quel endroit vous alliez.

— C'était dans la vieille ferme qui n'est éloignée que de cinquante perches des ruines. La famille en possession se nomme Burton, et je ne rencontrai de ma vie une troupe en jupons plus loquace.

— A combien aviez-vous affaire, Mike? demanda John, jetant les yeux sur ses notes, en posant la question d'une manière qui montrait combien il attendait peu de cette entrevue avec les Burton. — Si c'était à plus d'une de cette bande babillarde, je vous plains, car j'en ai eu un échantillon moi-même hier matin, dans une entrevue passagère.

— Il y en avait trois qui causaient et une qui gardait le silence. Comme d'habitude, je crus que la silencieuse en savait plus que les bavardes, si elle avait voulu dire quelque chose.

— C'est le moyen qu'on emploie pour juger l'un ou l'autre, mais il est aussi souvent faux que vrai, vu que beaucoup de personnes se taisent parce qu'elles n'ont rien à dire, aussi bien que parce qu'elles réfléchissent; et parmi celles qui *ont l'air* très-sensé, il y en a la moitié, autant que j'en puis juger, qui prennent cet air, comme une sorte d'excuse de leur sottise.

— Je ne puis dire ce qu'il en était, en cette occasion, de mistress Burton, le membre silencieux de la famille. Mais tout ce que je sais, c'est que ses trois dignes belles-sœurs doivent être rangées parmi les vierges folles.

— N'avaient-elles pas d'huile pour remplir leurs lampes?

— Elles l'auraient toute employée à rendre leur langue souple. Jamais trois donzelles ne verseraient à flot un courant de paroles comme celui dont elles m'honorèrent pendant les cinq premières minutes. A la fin il me fut permis de poser une question ou deux; après quoi elles aimèrent mieux me laisser interroger, tandis qu'elles se contentaient de répondre.

— Avez-vous appris quelque chose, Mike, pour vous dédommager de tout cet ennui? dit John en regardant toujours ses notes.

— Je le crois. Avec beaucoup de difficulté à éliminer le surplus, j'obtins ces détails : Il paraîtrait que l'Allemande était une émigrante nouvellement débarquée, qui avait couru le pays, et s'était offerte à travailler moyennant sa nourriture, etc. Mistress Goodwin s'occupait ordinairement de tous les soins domestiques; mais elle eut une attaque de rhumatisme qui l'engagea à accepter cette proposition, et cela d'autant plus volontiers, qu'elle ne devait pas payer son aide. Il paraît que la défunte était un bizarre mélange de penchant à l'avarice et de passion pour l'étalage. Elle amassait tout ce qui lui tombait sous la main, et prenait un plaisir peu commun à montrer son-magot. En conséquence de cette faiblesse, tout le voisinage connaissait non-seulement son or, car elle changeait en ce métal tout son argent avant de le déposer dans son bas, mais encore le montant à un dollar près, et l'endroit où elle le gardait. Sur ce point toutes étaient d'accord, même la silencieuse matrone.

— Et qu'est devenue cette Allemande? demanda John avec un soudain intérêt, et renfermant ses notes. Pourquoi ne l'a-t-on pas interrogée avant l'enquête? Et où est-elle maintenant?

— On n'en sait rien. Elle a disparu depuis le feu, et quelques-uns pensent qu'après tout, elle peut bien être l'auteur de tout le mal. Il me semble bien étrange qu'on n'en ait pas vu de trace.

— Il faut y regarder attentivement, Mike. Il est très-surprenant qu'on n'ait pas davantage parlé d'elle devant le coroner. Toutefois, je crains une chose. Le docteur Mac-Brain est un homme des plus profonds en anatomie, et vous vous rappelez qu'il inclinait à penser que les squelettes appartenaient à des femmes. Maintenant, il peut se faire que ce soient les restes de cette Allemande qu'on ait trouvés, ce qui mettra sa culpabilité hors de question.

— Assurément, Jack; vous ne seriez pas fâché qu'on découvrît que tout être humain est innocent de semblables crimes!

— Nullement; quoi qu'il me paraisse plus probable qu'une vagabonde inconnue est plutôt coupable dans cette occasion, qu'une jeune femme bien élevée, qui, sous le rapport des talents, a l'air tout à fait comme il faut. D'ailleurs, Michel, ces émigrants allemands ont apporté plus que leur part de crimes parmi nous. Examinez les rapports des meurtres et des vols pendant ces dix dernières années, et vous trouverez que dans une proportion exorbitante, ils ont été commis par cette classe d'émigrants. Il me paraît plus que probable que l'origine de cette affaire remonte précisément à cette femme.

— Je conviens que vous avez raison de tenir ces propos sur les Allemands. Mais il serait bon de se rappeler que quelques-uns de leurs États ont, dit-on, adopté la mesure d'envoyer leurs mauvais sujets en Amérique. Si l'Angleterre voulait les imiter, j'imagine que Jonathan ne voudrait pas le permettre.

— Il ne devrait le permettre d'aucune nation de la terre. S'il y avait jamais une cause légitime de guerre, c'est bien celle-là. Oui, oui, il faut avoir l'œil sur cette Allemande et faire des recherches.

Michel Millington sourit légèrement de cette disposition de John Wilmeter à croire pis que pendre des Allemands.

— Si l'un de ces squelettes était celui de l'Allemande, et que le docteur Mac-Brain prouvât qu'il a raison, dit John Wilmeter avec vivacité, que seraient devenus les restes de M. Goodwin? Il y avait mari et femme dans cette famille.

— C'est vrai, répondit Millington, et j'ai appris aussi quelque chose sur son compte. Il paraît que le vieux buvait sec, parfois, quand sa femme et lui se prenaient à disputer. Tous les Burton convinrent de cette particularité concernant le vieux couple. Le défaut de Goodwin n'était pas généralement connu, et n'avait pas encore été assez loin pour affecter la réputation du vieux, bien que les plus proches voisins en fussent instruits.

— Et l'on ne trouvera pas un mot de tout ceci dans aucun des comptes-rendus des journaux de la ville! pas une parcelle de témoignage sur ce point devant l'enquête! Eh quoi! Mike, ce simple fait peut donner l'explication de toute la catastrophe.

— De quelle manière? demanda tranquillement Millington.

— Ces os sont des os de femme; le vieux Goodwin a volé la maison, y a mis le feu, a assassiné sa femme et l'Allemande dans la folie de l'ivresse, et s'est enfui. Voilà pour l'oncle Tom une histoire qui le charmera ; car s'il n'est pas tout à fait certain de l'innocence de Marie Monson, il serait enchantée de l'apprendre.

— Vous faites beaucoup de peu, Jack, et vous en imaginez plus que vous ne pourriez prouver. Pourquoi le vieux Goodwin aurait-il mis le feu à sa propre maison, car on me dit que cette propriété lui appartenait? pourquoi aurait-il dérobé son propre argent, car quoique des femmes mariées puissent avoir des biens séparés dans ce qu'on appelle leur propre, la loi ne peut pas concerner les accumulations de quelques pièces d'or ou d'argent. Pourquoi enfin aurait-il assassiné une pauvre étrangère, qui ne pouvait ni donner ni emporter rien de ce que contenait le bâtiment? Le voilà donc brûlant sa propre maison, et faisant de lui-même un vagabond dans ses vieux jours, et cela parmi des étrangers. J'ai appris qu'il était né dans cette même maison, et qu'il y avait passé sa vie. Il n'est pas probable qu'un tel homme l'eût détruite.

— Pourquoi pas, pour cacher un meurtre? Le crime doit être caché, ou il est puni.

— Quelquefois, reprit sèchement Michel. Cette Marie Monson sera pendue, sans aucun doute, si les circonstances tournent contre elle ; car elle comprend le français, l'italien et l'allemand, dites-vous ; chacune de ces langues suffirait pour la faire pendre; mais si la vieille mistress Goodwin l'avait assassinée, *elle*, la philanthropie eût été aux abois et se serait remuée, et il n'y aurait pas eu de corde tendue.

— Millington, vous avez parfois une manière de parler des plus choquantes! Vous me feriez plaisir de la modifier. Quelle utilité, ici, de mettre une jeune dame comme miss Monson au niveau des criminels ordinaires?

— Elle sera mise aussi bas, soyez-en sûr, si elle est coupable. Il n'y a pas d'espoir pour une personne qui porte dans son air, ses manières, son langage et sa conduite, des signes non équivoques de distinction. Toutes nos sympathies sont réservées pour ceux qui s'éloignent moins du troupeau commun. La sympathie, comme autre chose, va par majorités.

— A tout événement, vous la croyez une femme de distinction, dit Jack vivement. Comment, alors, pouvez-vous supposer possible qu'elle se soit rendue coupable des crimes dont on l'accuse ?

— Simplement parce que mon père, homme aux mœurs antiques, m'a donné sur la signification des termes des notions qui se ressentaient de ses mœurs. Un homme, une femme de distinction, s'entendent de personnes d'un esprit cultivé et d'un certain raffinement dans les goûts et les manières. La morale n'a rien à faire avec l'un ni avec l'autre ; un homme, une femme de distinction peuvent être très-pervers et très-corrompus ; ils s'abstiendront, il est vrai, de certains actes qui sentent la bassesse, mais il en est mille autres qui, pour n'être pas défendus, sont beaucoup plus criminels. Je vous le répète, John, cette distinction sera, selon toute apparence, des plus préjudiciables à votre cliente, si le jury la déclare « coupable. »

— Le jury ne peut jamais rendre, ne rendra jamais un pareil verdict ; je ne crois même pas que le grand jury prononce de jugement. Pourquoi le ferait-il ? Il n'y a pas de quoi justifier à peine un soupçon.

Michel Millington sourit un peu tristement peut-être, car John était l'unique frère de Sarah, mais il ne répliqua rien en voyant qu'un vieux nègre, nommé Sip ou Scipion, qui vivait dans les environs de la prison par une sorte de tolérance, se dirigeait vers eux comme s'il était porteur d'un message. Sip était un noir de la vieille école, à tête grise, et en ayant plus vu que ses soixante-dix ans. Il n'y avait donc rien d'étonnant que son dialecte se ressentit, à un degré considérable, des traits caractéristiques autrefois si prononcés dans un nègre de Manhattan. Contrairement à ses frères d'aujourd'hui, c'était la courtoisie même à l'égard des personnes comme il faut, tandis que son respect pour les gens du commun était beaucoup plus équivoque. Mais le vieillard avait un profond mépris pour les hommes de couleur ; il les regardait comme une race bâtarde qui ne pouvait ni prétendre au teint pur de la race circassienne, ni avoir des droits à la couleur brillante de l'Afrique.

— Mistress Gott a besoin de vous, Monsieur, dit Scipion faisant un salut à John et en grimaçant, et se tournant avec politesse vers Millington, en inclinant respectueusement une tête aussi blanche que la neige ; oui, Monsieur, elle a besoin de voir maître aussitôt qu'il pourra venir.

Mistress Gott était la femme du sheriff ; mais, hélas ! pour la dignité de l'office, le sheriff est le gardien de la prison du comté. C'est un des fruits nés sur les vertes branches de l'arbre de la démocratie. Auparavant, un sheriff à New-York avait une grande ressemblance avec son homonyme d'Angleterre ; il était pris dans la petite noblesse du comté, et remplissait les devoirs de sa charge avec une certaine apparence et un extérieur imposant ; il paraissait au palais avec une épée, et avait avec son nom un poids et une autorité qui lui manque presque aujourd'hui. De pareils hommes eussent été peu empressés de devenir des geôliers ; mais la source de tout mal, l'amour de l'argent, a découvert qu'il y avait profit à être préposé à la nourriture des prisonniers, et des hommes d'une classe inférieure aspirèrent à la charge et l'obtinrent ; depuis ce temps, plus de la moitié des sheriffs de New-York ont été leurs propres geôliers.

— Savez-vous pourquoi mistress Gott désire me voir, Scipion ? demanda Wilmeter.

— Je crois, Monsieur, que la jeune femme qui a assassiné le vieux sieur Goodwin et sa femme, demande d'envoyer chercher maître.

C'était assez clair, et ce simple mot fut poignant pour Jack ; il lui montrait avec quelle logique et quelle sévérité l'esprit populaire avait assis son opinion sur la culpabilité de Marie Monson. Toutefois il n'y avait pas de temps à perdre, et le jeune homme se dirigea en hâte vers le bâtiment attaché à la prison, tous deux situés près du palais. Sur la porte de ce qui était son habitation éventuelle, se tenait mistress Gott, la femme du haut sheriff du comté, et la seule personne dans tout Biberry qui, comme il le parut à John, crût à l'innocence de l'accusée. Mais mistress Gott avait naturellement bon cœur, et, bien que si déplacée dans son double caractère officiel, elle était précisément une personne comme il en faudrait pour avoir la charge des femmes dans une prison. Elle n'avait été séparée que depuis deux mois du sein de la société, et n'en avait pas vu assez dans les voies de sa triste et nouvelle position pour avoir perdu aucune des qualités de son sexe : une extrême douceur, une nature aimante, de tendres sentiments, toutes choses peu rares parmi les femmes d'Amérique.

—Marie Monson vous a envoyé chercher, monsieur Wilmeter, dit d'abord mistress Gott d'un ton bas et confidentiel, comme si elle croyait que John et elle étaient principalement les gardiens de cette jeune inconnue, dont la destinée paraissait si triste. C'est étonnant comme elle est patiente et résignée, beaucoup plus que je ne le serais si j'étais obligée de vivre dans cette prison, c'est-à-dire de l'autre côté de ces portes de fer ; mais elle m'a dit il y a une heure qu'elle n'est pas sûre, après tout, que son emprisonnement ne soit pas la meilleure chose qui puisse lui arriver.

— Voilà une étrange remarque, répliqua John. La fit-elle sous l'impression d'un sentiment, comme qui dirait de repentir, ou de toute autre vive émotion ?

—Avec un doux sourire, un calme, une voix si suave et si tendre qu'on n'en vit, qu'on n'en entendit jamais de semblables. Quelle tendresse infinie, quelle musique il y a dans sa voix, monsieur Wilmeter !

— Vous avez raison. J'en fus frappé la première fois que je l'entendis parler. Avec quelle distinction elle en fait usage, mistress Gott! quelle élégance, quelle correction dans ses paroles !

Bien qu'au fond mistress Gott et John Wilmeter eussent des idées très-différentes sur les qualités qui constituent la distinction, et que la prononciation de la bonne femme ne laissât pas d'être défectueuse, elle applaudit de tout cœur à la vérité de l'éloge du jeune homme. En effet, Marie Monson, pour le moment, était son thème favori, et bien que jeune elle-même, et d'un extérieur agréable, elle ne tarissait pas sur ses louanges.

— Elle a eu beaucoup d'éducation, monsieur Wilmeter, bien au-dessus de nos dames d'ici, continua la bonne femme. On a apporté ses livres et j'y ai regardé; il n'y en a qu'un sur quatre dans lequel je puisse lire. Ce qui est plus fort, c'est qu'ils ne semblent pas être tous dans la même langue, mais dans trois ou quatre.

— Elle connaît certainement plusieurs langues vivantes et les connaît bien. Je m'y entends peu moi-même, mais mon ami Millington est très-fort sur les langues mortes et vivantes, et, selon lui, ce qu'elle sait, elle le sait bien.

— C'est consolant; car une jeune dame qui parle tant de langues différentes songerait difficilement à voler et à assassiner deux vieilles gens dans leur lit. Peut-être, Monsieur, feriez-vous mieux d'aller à la porte et de la voir, bien que je voulusse rester ici et parler d'elle tout le jour. De grâce, monsieur Wilmeter, quelle est d'entre les langues celle qui est réellement morte?

John sourit, et après avoir éclairé sur ce point la femme du sheriff, s'avança, précédé par elle, vers la porte principale qui séparait l'habitation de la famille des chambres de la prison. Une fois ouverte, une communication imparfaite s'établissait avec le dedans de la prison au moyen d'un grillage à la porte inférieure. La prison du comté de Dukes est une construction récente bâtie sur un plan de plus en plus en faveur, bien que défectueux au point de vue de la civilisation, qui voudrait qu'on séparât suffisamment les criminels, et qu'on traitât les accusés avec la considération qui leur est due jusqu'à ce qu'un verdict du jury les ait déclarés coupables.

La construction de cette prison était très-simple. Un bâtiment solide, bas, oblong, a été élevé sur des fondations tellement remplies de pierres, qu'il était impossible de creuser. Le sol se composait d'énormes pierres massives, qui s'étendaient dans toute la longueur du bâtiment, à une distance d'une trentaine de pieds; ou, si elles étaient jointes, c'était par les murs de séparation, qu'elles rendaient aussi sûrs que solides. Les cellules n'étaient pas vastes, certainement, mais d'une grandeur suffisante pour admettre l'air et la lumière. Les plafonds étaient formés de pierres plates, aussi énormes que celles du sol, et assurées par une charge de pierres et des poutres pour les fortifier; les séparations étaient en solide maçonnerie. Le prisonnier était littéralement enfermé dans la pierre, et rien n'offrait de chances à une tentative d'évasion, pourvu que le geôlier donnât une attention même la plus ordinaire. Au-dessus et autour d'eux s'élèvent les murs extérieurs de la prison. La demeure du gardien se compose d'une maison de pierre, avec toit, fenêtres, et les autres commodités habituelles d'une habitation humaine. Comme ces murs s'élèvent de quelques pieds au-dessus de ceux de la prison elle-même, et par conséquent la dominent, la prison fait un *imperium in imperio*, une maison dans une autre. L'espace entre les murs des deux bâtiments forme une galerie qui s'étend autour de cellules voûtées; des grilles en fer divisent les différentes parties de cette galerie en une foule de compartiments, indépendants les uns des autres.

L'air pénètre au moyen de fenêtres extérieures, tandis que la hauteur du plafond dans les galeries, et l'espace au-dessus du faîte des cellules, contribuent abondamment au bien-être et à la santé. Comme les portes des cellules sont en face des fenêtres, la prison tout entière est claire et aérée; des poêles dans les galeries préservent de la rigueur de la température, et écartent toute humidité malsaine. En un mot, c'est un lieu propre, commode et convenable, comme doit l'être toute prison de condamnés. Un seul point laisse à désirer : c'est la juste distinction à établir entre ces derniers et ceux qui sont simplement accusés.

CHAPITRE VII.

Monsieur, voici la maison, vous plaît-il que j'appelle?

Les prudes corrigées.

La fenêtre grillée dont s'approchait en ce moment John Wilmeter avait vue sur presque toute la galerie qui communiquait avec la cellule de Marie Monson; on pouvait même apercevoir une partie de la cellule. En regardant à travers la grille, il vit combien cette cellule avait été rendue propre et confortable, grâce aux soins de mistress Gott, aidée, sans aucun doute, par l'argent de la prisonnière, par cet or qui, en définitive, était contre elle la circonstance la plus forte et la seule matérielle. Mistress Gott avait mis un tapis dans la cellule, divers objets de mobilier indispensables, et deux ou trois pour l'ornement; ce qui rendait ce petit appartement passablement gai. La galerie, à la grande surprise de John, avait été garnie aussi : des pièces de tapis neufs avaient été posées sur les dalles ; on l'avait ornée de chaises et d'une table, et parmi d'autres articles de cette nature, on remarquait une assez belle glace. Wilmeter estima qu'on n'y avait pas dépensé moins de cent dollars. L'effet était surprenant; il ôtait à ce lieu son aspect glacé, son air de prison, et lui donnait ce qu'il n'avait jamais eu auparavant, le confort d'un ménage.

Marie Monson se promenait dans cette galerie, à pas lents et pensifs, la tête un peu penchée, les mains pendantes devant elle, et les doigts entrelacés. Elle était si complétement perdue dans sa pensée, qu'elle n'entendit point les pas de John et ne remarqua non plus sa présence à la grille ; il eut occasion de l'observer pendant près d'une minute sans être vu lui-même. Cette occupation n'était pas absolument excusable; mais dans de telles conjonctures, le jeune Wilmeter s'y crut autorisé : c'était son devoir de s'assurer de tout ce qui pouvait lui fournir des éclaircissements sur sa cliente.

Nous avons déjà dit que cette étrange jeune fille, extraordinaire par sa position comme accusée de crimes si affreux, et peut-être encore plus par sa manière de supporter les terreurs et les mortifications de sa situation, aussi bien que par le mystère qui enveloppait si complétement sa vie passée, n'était point une beauté dans l'acception ordinaire de ce mot. Cependant sur dix mille femmes, pas une n'aurait plus tôt gagné le cœur d'un jeune homme. Ce n'était ni la régularité des traits, ni la richesse du teint, ni l'éclat des yeux, ni aucun des charmes ordinaires, qui lui donnait ce pouvoir, mais un mélange indéfinissable d'attraits féminins dans lesquels les dons de l'intelligence, l'animation, la tendresse, la modestie, étaient si singulièrement confondus, qu'on ne savait décider lequel avait l'avantage. A l'état de repos, ses yeux étaient d'une expression douce et tendre; quand ils étaient animés, ils pénétraient au fond de l'âme. Sa tournure était irréprochable; elle tenait le milieu entre une santé vigoureuse et une délicatesse féminine, ce qui dans ce pays implique moins de force et de vigueur que dans l'autre hémisphère. Il n'est pas facile de dire comment nous acquérons ces habitudes intimes qui deviennent pour nous une sorte de seconde nature, et nous donnent presque de nouveaux instincts. C'est par ces secrètes sympathies, par ces goûts qui envahissent le système moral comme les nerfs forment un télégraphe dans le système physique, qu'on sent plutôt qu'on ne voit quand on est en compagnie de personnes de sa condition. John Wilmeter, fréquentant toujours la meilleure société de son pays et ayant aussi beaucoup voyagé, avait acquis cette espèce de seconde vue. Bien que son âge et les projets de son oncle pour son bien-être à venir l'eussent empêché de rester assez longtemps en Europe pour ressentir tout le bienfait qu'un tel voyage peut donner, il y avait séjourné suffisamment pour pousser ses études au delà des choses purement matérielles. Il avait fait sous d'autres rapports certains progrès plus essentiels au point de vue du goût, sinon du caractère. Quand un Américain, au retour d'une excursion dans le vieux monde, dit : Je reviens plus satisfait que jamais de mon pays, — c'est un signe infaillible qu'il n'est pas resté assez longtemps à l'étranger; tout au contraire, quand il ne trouve que des imperfections, c'est une preuve qu'il y a séjourné trop longtemps. Il est un heureux milieu qui nous apprend un fait plus approchant de la vérité, c'est qu'il y a mille choses à modifier et à perfectionner chez nous, tandis que souvent il en est presque autant que peuvent nous envier les peuples les plus anciens et les plus policés de la terre. John Wilmeter n'en était pas venu au point de faire les plus fines distinctions, mais il était assez avancé pour reconnaître à des signes certains que cette jeune et étonnante créature, inconnue de tous, mal secourue de ceux qui semblaient s'intéresser à elle, à l'exception de lui-même et de connaissances accidentelles formées dans les plus tristes circonstances, pour reconnaître, dis-je, que cette jeune femme avait été en pays étranger, peut-être même y avait été élevée. L'accent si pur de la plus douce voix qu'il eût jamais entendue, l'élégance et la correction de sa prononciation, étrangère à toute affectation grammaticale, étaient autant de preuves qu'elle avait fait son éducation en Europe; et la fin de la semaine n'était pas écoulée que John était pleinement convaincu que Marie Monson, quoique sans contredit Américaine de naissance, avait été élevée dans une des écoles du vieux monde. Il n'arriva pas à cette conclusion tout d'un coup. Il lui fallut être favorisé de plusieurs entrevues, et se glisser insensiblement dans la confiance de la cliente de son oncle avant de pouvoir se former une opinion si positive.

Lorsque Marie Monson aperçut la tête de John Wilmeter à la grille, où il se tenait respectueusement découvert, une légère rougeur passa sur son visage. Mais comme elle l'attendait, sa surprise ne pouvait être bien grande.

— Ceci ressemble assez, monsieur Wilmeter, à une entrevue de couvent, dit-elle avec un léger sourire, mais avec un calme parfait. Je suis la novice, et novice en effet je suis à des scènes comme celle-ci; vous, vous êtes l'ami exclus, forcé de rendre visite à travers une grille. Je dois m'excuser de tout l'embarras que je vous donne.

— N'en parlez pas; je ne puis être mieux employé qu'à votre service. Je suis ravi de voir que vous supportiez si bien le malheur le plus inouï pour une personne comme vous, et je ne puis m'empêcher d'admirer la parfaite sérénité avec laquelle vous soutenez votre cruelle fortune.

— Sérénité! répéta Marie avec emphase, et trahissant légèrement le profond sentiment qui la dominait; s'il en est ainsi, monsieur Wilmeter, elle doit venir de la sécurité que j'éprouve. Oui, pour la première fois depuis des mois, je me sens sauve et en sûreté.

— Sauve! en sûreté! eh quoi! dans une prison?

— Assurément; les prisons sont destinées à être des places de sécurité, n'est-il pas vrai? répondit Marie en souriant, mais faiblement, et avec un rayon de tristesse sur sa figure; cela peut vous paraître étonnant, mais je ne dis que la pure vérité en vous répétant que pour la première fois depuis des mois, je me sens en sécurité. Je suis ce que vous appelez dans les mains de la loi; et l'on est ici à l'abri de tout, si ce n'est des coups portés par la loi. Je ne les redoute en aucune façon, et je me sens heureuse.

— Heureuse!

— Oui; par comparaison, heureuse. Je vous le dis avec d'autant plus de plaisir, que je vois clairement que vous portez à mon bonheur un généreux intérêt, un intérêt qui surpasse celui d'un conseil pour sa cliente.

— Qui le surpasse mille fois, miss Monson! Mais, non, il n'en faut pas parler.

— Je vous remercie, monsieur Wilmeter; je vous remercie du fond du cœur, reprit la prisonnière, rougissant légèrement et les yeux baissés sur le sol, je crois que vous êtes un homme à sentiments énergiques et à généreux instincts, et je suis reconnaissante que vous les ayez déployés en ma faveur dans des circonstances où vous pouvez être excusé de penser de moi tout le mal possible. Si j'en crois cette brave femme, mistress Gott, j'ai peur que l'opinion à Biberry soit moins consolante.

— Vous devez savoir ce qu'il en est dans un village, miss Monson. Chacun a quelque chose à dire, et chacun met tout au niveau de ses connaissances et de son intelligence.

Marie Monson sourit de nouveau, cette fois plus naturellement, et sans aucune expression pénible qui affaiblit l'espèce d'inspiration intérieure qui resplendissait sur ses traits.

— N'en est-il pas des villes comme des villages, monsieur Wilmeter? demanda-t-elle.

— Peut-être; mais je veux dire que le cercle des connaissances est plus restreint dans un endroit comme celui-ci que dans une grande ville.

— Biberry est si près de New-York qu'à prendre classe pour classe, il ne me semble pas qu'on doive trouver une grande différence dans leurs habitants. Ce que les bonnes gens de Biberry pensent de ma situation, les habitants de votre ville, j'en ai peur, le penseront aussi.

— De ma ville? N'êtes-vous pas réellement de New-York?

— Nullement, répondit Marie, souriant de nouveau; cette fois pourtant parce qu'elle comprenait avec quelle modestie et quel empressement son compagnon ouvrait une porte par laquelle elle pouvait laisser échapper le secret qu'elle avait refusé de révéler à l'oncle. Je ne suis pas ce que vous appelez une Manhattanoise, ni par mes ancêtres, ni par ma naissance, ni par ma résidence, ni en quoi que ce soit.

— Mais sûrement vous n'avez pas été élevée à la campagne. Vous devez être de quelque grande ville, vos manières le montrent; je veux dire que vous...

— N'êtes pas de Biberry. En cela vous avez tout à fait raison, Monsieur. Je n'avais jamais vu Biberry il y a deux mois; mais pour ce qui est de New-York, je n'y ai pas passé un mois dans toute ma vie. La plus longue visite que je vous fis fut une visite de dix jours à mon arrivée du Havre, il y a environ dix-huit mois.

— Du Havre! Sûrement vous êtes Américaine, miss Monson, notre propre compatriote?

— Votre propre compatriote, monsieur Wilmeter, par ma naissance, mes ancêtres et mes sentiments; mais une Américaine peut visiter l'Europe?

— Certainement, et y être élevée comme j'ai déjà soupçonné que c'était votre cas.

— D'un côté c'est vrai, mais non de l'autre.

Ici Marie fit une pause, prit un petit air mutin, sembla hésiter et douter un peu si elle devait continuer ou non; enfin elle ajouta:

— Vous avez été en pays étranger, vous-même?

— C'est vrai; j'ai passé près de trois ans en Europe, et ne suis de retour chez moi que depuis un an.

— Vous avez voyagé dans l'Orient, je crois, après avoir passé quelques mois aux Pyrénées? continua la prisonnière avec distraction.

— Vous avez parfaitement raison; nous avons voyagé aussi loin que Jérusalem. Le voyage est si commun aujourd'hui qu'il a cessé d'être dangereux. Des dames mêmes peuvent aujourd'hui le faire sans crainte.

— Je le sais, l'ayant fait moi-même.

— Vous, miss Monson, vous avez été à Jérusalem?

— Pourquoi pas, monsieur Wilmeter? Vous dites vous-même que les femmes font fréquemment ce voyage. Pourquoi pas moi comme les autres?

— Je n'en sais trop rien moi-même; mais c'est si étrange, tout, autour de vous, est si extraordinaire...

— Vous croyez extraordinaire qu'une personne de mon sexe, qui en partie a été élevée en Europe, et qui a voyagé dans la Terre-Sainte, puisse être enfermée dans cette prison à Biberry, n'est-il pas vrai?

— Sous un rapport, j'en conviens; mais il n'est guère moins étrange qu'une personne telle que vous ait habité dans le galetas d'un cottage comme celui de ces infortunés Goodwin.

— Cela touche à mon secret, Monsieur; il n'en faut pas parler davantage; vous devez juger quelle importance j'attache à ce secret, quand, pour le garder, je me soumets aux plus cruels soupçons, et cela dans l'esprit de ceux auprès de qui je serais si heureuse de conserver ma réputation : votre excellent oncle et vous-même.

— Je serais très-flatté si je pouvais croire votre dernière parole ; je puis à peine prétendre à faire partie de vos connaissances..

— Vous oubliez dans quelle situation votre respectable et digne oncle vous a laissé ici, monsieur Wilmeter; elle vous donne de plus grands droits à mes remerciements et à ma connaissance que ne vous en eût accordés une simple confiance. D'ailleurs nous ne sommes pas —un autre sourire malin et presque imperceptible éclaira de nouveau cette remarquable physionomie— aussi entièrement étrangers l'un à l'autre que vous semblez le croire.

— Nous ne sommes pas étrangers! Vous me surprenez! Si j'avais eu l'honneur...

— L'honneur ! interrompit Marie avec un peu d'amertume; c'est vraiment un grand honneur de connaître une personne dans ma position.

— Je l'estime un honneur, et nul n'a droit de mettre en question ma sincérité. Si nous nous sommes jamais rencontrés auparavant, je vous avouerai franchement que j'ignore également et l'époque et le lieu.

— Cela ne me surprend pas du tout. Il y a de longues années pour des personnes aussi jeunes que nous, et le lieu est bien loin d'ici. Ah! ce furent d'heureux jours pour moi, et j'y retournerais avec bien du plaisir! Mais nous en avons assez dit à ce sujet. J'ai refusé de raconter mon histoire à votre excellent et respectable oncle, vous m'excuserez donc plus facilement si je refuse de vous la raconter à vous.

— Qui ne suis ni excellent ni respectable.

— Vous êtes trop près de mon âge pour faire de vous un confident, n'y eût-il pas d'autre objection. Ce que j'ai entendu dire de vous, lors de notre rencontre, il y a des années, monsieur Wilmeter, n'est pas de nature à vous faire rougir.

Cela fut dit vivement, mais avec grâce, et accompagné d'un séduisant sourire que suivit immédiatement une légère rougeur. John Wilmeter se gratta le front d'un air, il faut l'avouer, assez niais, comme s'il comptait sur ce geste pour éveiller ses souvenirs. Un autre tour fut donné soudainement à la conversation par la prisonnière elle-même, qui continua tranquillement :

— Nous reprendrons ce sujet une autre fois. Je n'ai pas pris la liberté de vous envoyer chercher sans motif, monsieur Wilmeter; votre oncle m'a autorisée à vous donner tout cet embarras.

— Et ne vous ai-je pas priée aussi de me permettre de vous servir de tous mes moyens?

— Je n'ai pas oublié cette offre et ne l'oublierai jamais. Un homme qui se fait le serviteur empressé d'une femme que tous regardent d'un mauvais œil, a de justes droits à son souvenir. La bonne mistress Gott et vous, vous êtes les deux seuls amis que j'aie à Biberry; votre compagnon même, M. Millington, est assez disposé à me juger sévèrement.

John tressaillit; le mouvement était si naturel, que son honnête contenance l'aurait trahi, eût-il eu l'intention de nier l'imputation.

— Millington est tombé dans l'erreur populaire des environs, je dois en convenir, miss Monson; mais au fond, c'est un excellent garçon et il entendra raison. Les préjugés qui défient tout raisonnement sont détestables, et je fuis généralement ceux dont le caractère manifeste cette faiblesse; mais Mike se rendra toujours à ce qu'il appelle les lois et les faits, et de cette manière nous nous entendons parfaitement.

— C'est heureux, puisque vous êtes sur le point d'être si proches alliés.

— Allié! est-il possible que vous connaissiez cette circonstance?

— Vous trouverez à la fin, monsieur Wilmeter, — reprit la prisonnière en souriant cette fois naturellement comme une personne qui manifeste sa joie sans peine d'aucune sorte, — que j'en connais plus sur vos affaires privées que vous ne l'avez supposé. Mais de grâce, Monsieur, venons-en aux affaires. J'ai grand besoin ici d'une femme de chambre; croyez-vous que miss Wilmeter puisse m'en envoyer une de la ville?

— Une femme de chambre? j'en connais une qui vous conviendra tout à fait, un vrai bijou dans son genre.

— C'est un type parfait de ménagère, reprit Marie riant aux éclats, en dépit des murs de sa prison et des terribles charges portées contre elle; un vrai type comme j'aurais pu m'attendre à l'avoir de la fiancée du docteur Mac-Brain, mistress Updyke.

— Vous savez cela aussi! Pourquoi ne pas vouloir nous en dire plus, puisque vous nous en dites tant!

— Tout cela viendra, je l'espère, en temps opportun. Allons, je m'efforce de me soumettre à ma destinée, ou à la volonté de Dieu!

Il n'y avait plus de gaieté dans sa voix, dans sa figure et dans ses manières, mais il y avait un singulier mélange de passion simple et naturelle dans l'accent avec lequel elle prononça ces quelques paroles. Se levant alors, elle reprit gravement le sujet qui l'avait engagée à envoyer chercher John.

— Vous me pardonnerez, dit Marie, si je vous dis que je préférerais une femme choisie et recommandée par votre sœur à une choisie et recommandée par vous. Quand j'aurai besoin d'un valet de pied, je prendrai votre avis. Il est très-important pour moi d'arrêter une femme honnête et respectable, et je me hasarderai à écrire un mot moi-même à miss Wilmeter, si vous voulez avoir l'obligeance de le lui envoyer. Je sais que ce n'est pas le devoir d'un conseil, mais vous voyez ma position. Mistress Gott m'a offert de me procurer une jeune fille, il est vrai; mais la prévention est si forte contre moi à Biberry, que je doute de pouvoir obtenir la personne qui me convient. Dans tous les cas, je recevrai une espion dans mon petit ménage, au lieu d'une domestique en qui je puisse placer ma confiance.

— Sarah se joindrait à moi pour recommander Marie, qui est restée avec elle plus de deux années, et ne l'a quittée que pour soigner son père dans sa dernière maladie. Elle en a pris une autre également excellente; et aujourd'hui que Marie désire retourner au service de ma sœur, il n'y a plus de place pour elle. Mike Millington meurt d'envie de retourner à la ville, et s'y rendra de grand cœur ce soir. A l'heure du déjeuner, demain matin, la femme pourrait être ici, si...

— Si elle consent à servir une maîtresse dans une telle position. Je sens tout le poids de l'objection, et je sais combien il me sera difficile de me procurer une femme, jalouse de sa réputation comme domestique, qui veuille accepter une semblable condition. Vous avez appelé cette femme Marie; d'après cela, je vois que c'est une étrangère.

— Une Suissesse. Ses parents avaient émigré; je l'ai connue à l'étranger au service d'une famille américaine, et je me la suis procurée pour Sarah. C'est la meilleure créature du monde, si on peut la décider à venir.

— Si c'avait été une Américaine, j'aurais désespéré du succès, à moins qu'on n'eût touché la corde du sentiment; mais comme c'est une étrangère, l'argent peut-être m'obtiendra ses services. Si miss Wilmeter approuvait votre choix, je la prie d'aller jusqu'à cinquante dollars par mois plutôt que de manquer la personne dont j'ai besoin. Vous pourrez comprendre l'importance que j'attache à la réussite. Afin d'éviter les remarques et les caquetages, la personne engagée peut se rendre vers moi à titre de compagne et d'amie, et non de domestique.

— Je ferai partir Mike dans une demi-heure, et Sarah fera au moins un effort. Oui, Marie Moulin, comme les jeunes filles l'appellent, est justement votre affaire.

— Marie Moulin! est-ce là le nom de la femme? N'était-elle pas au service des Barringer à Paris? cette personne répondrait-elle au signalement suivant: Visage un peu marqué de la petite vérole; yeux bleus; cheveux blonds; plus semblable à une Allemande que son nom français ne le donnerait à supposer?

— C'est bien elle, et vous la connaissez aussi. Pourquoi ne pas vous entourer de suite de tous vos amis, miss Monson, et ne pas rester ici une heure de plus qu'il ne le faut?

Marie était trop occupée au sujet de l'engagement de cette domestique pour répondre à ce dernier appel. Aussi s'empressa-t-elle de continuer ses instructions avec une vivacité de manières que John Wilmeter n'avait jamais remarquée en elle.

— Si Marie Moulin est la personne désignée, dit-elle, je n'épargnerai rien pour obtenir ses services. Ses attentions pour la pauvre mistress Barringer, dans sa dernière maladie, furent admirables; et je puis dire que nous l'aimions tous. Priez votre sœur de lui dire, monsieur Wilmeter, qu'une vieille connaissance dans le malheur implore son aide. Cela décidera Marie plutôt que l'argent, toute Suissesse qu'elle est.

— Si vous lui écriviez un mot en y mettant votre vrai nom, car nous sommes persuadés que ce n'est pas Monson, cela pourrait avoir plus d'effet que toutes vos sollicitations en faveur d'une inconnue.

La prisonnière s'éloigna lentement de la grille et se promena de long en large dans la galerie une minute ou deux, comme si elle pesait cette proposition. Une fois elle sourit, ce qui donna une sorte d'éclat à sa remarquable physionomie; puis un nuage passa sur son visage, et de nouveau elle parut triste.

— Non, dit-elle en s'arrêtant près de la grille, je ne ferai pas cela ; ce serait trop périlleux. Pour le moment, je ne puis rien faire qui parle plus en ma faveur que ne le feront les recommandations de votre sœur.

— Si Marie Moulin vous a déjà vue, elle vous reconnaîtra à votre première rencontre.

— Il sera même plus sage de donner un peu au hasard. Je confie tout à votre habileté de négociateur, et je resterai aussi tranquille que possible jusqu'à demain matin. Il y a encore une petite affaire dont il me faut vous donner l'embarras, monsieur Wilmeter. Mon or est sequestré, comme vous savez, et je suis réduite à une monnaie insuffisante. Puis-je vous demander la faveur de changer ceci sans dire pour qui vous le faites ?

Pendant qu'elle parlait, Marie tendit à travers la grille un billet de cent dollars, sur une des banques de New-York, d'une manière si naturelle et si simple, que John Wilmeter, si enclin d'ailleurs à la juger en tout à son avantage, demeura convaincu qu'elle était accoutumée à faire usage de sommes considérables, ou de ce qui pouvait être considéré comme tel, appliqué aux besoins et aux habitudes d'une femme. Heureusement qu'il avait presque assez d'argent dans sa valise pour changer le billet, moins une légère balance qu'il établit en tirant cinq demi-aigles de sa bourse. La prisonnière prit l'or dans une des plus charmantes petites mains qu'œil d'homme eût jamais vue.

— Ce métal a été mon fléau de plus d'une manière, monsieur Wilmeter, dit-elle en regardant tristement la pièce. Je ne puis parler aujourd'hui d'une de ses funestes influences sur ma destinée, mais vous me comprendrez quand je dis que cette pièce d'or italienne est la principale cause, je le crains, de mon séjour ici.

— Sans aucun doute. Elle a été considérée comme un des faits le plus matériels contre vous, miss Monson ; bien que ce ne soit pas aussi concluant que l'évidence, même aux yeux des plus malheureusement prévenus.

— J'espère que non. Maintenant, monsieur Wilmeter, je ne vous retiens pas plus longtemps ; je vous supplie de faire ma commission près de votre sœur, comme vous le feriez pour elle près de moi. J'écrirais bien, mais j'ai une main si reconnaissable qu'il est mieux de ne pas le faire.

Marie Monson congédia le jeune homme d'une manière qui décelait le ton de la bonne société, terme qu'il est de mode de tourner en ridicule aujourd'hui, mais qui entraîne une signification dont les railleurs feraient mieux de se pénétrer. Elle s'excusa de l'embarras qu'elle lui occasionnait, et le remercia avec effusion de l'intérêt qu'il prenait à ses affaires. Marie Monson, grâce à cet instinct de femme qui découvre un sentiment plus délicat que l'intérêt ordinaire, était déjà certaine que John Wilmeter ne la regardait pas avec cette froide indifférence qu'il aurait ressentie pour une autre cliente de son oncle. Aussi, en le remerciant, sa manière réfléchit un peu le sentiment qu'un tel état de choses est à peu près sûr de produire. Elle rougit et hésita légèrement, comme si elle s'arrêtait pour choisir ses expressions avec plus de soin que d'habitude, mais, en somme, elle s'en acquitta bien. Le départ trahit l'intérêt, peut-être le sentiment, de part et d'autre ; mais rien de significatif n'échappa à aucun des deux jeunes gens.

Jamais John Wilmeter n'avait été plus embarrassé pour interpréter les faits, qu'il ne le fut en quittant la grille. La prisonnière était vraiment l'être le plus incompréhensible qu'il eût jamais rencontré. Malgré la nature terrible des charges portées contre elle, charges qui auraient pu effrayer l'homme le plus énergique, elle semblait actuellement aimer sa prison. Il est vrai que mistress Gott avait enlevé à ce lieu beaucoup de ses aspects ordinaires et repoussants ; mais c'était encore une prison, et on ne pouvait voir le soleil qu'à travers les grilles, et des murs massifs la séparaient du monde extérieur. Comme le jeune homme était prédisposé à regarder de bon œil tout ce qui avait rapport à cette jeune femme extraordinaire, il ne vit que les signes les plus certains d'innocence dans plusieurs points qui auraient augmenté la défiance de son oncle, dont la tête était plus froide ; mais la plupart des personnes auraient considéré cette douce tranquillité, qui semblait en ce moment caractériser un esprit qui avait été dernièrement si agité, comme une marque que sa main n'aurait jamais pu commettre les atrocités dont on l'accusait.

— N'est-ce pas une délicieuse personne, monsieur Wilmeter? s'écria la bonne mistress Gott en refermant les portes après John, comme il se retirait de la grille. Je regarde comme un honneur pour la prison de Biberry, d'avoir une telle prisonnière dans ses murs.

— Je crois que vous et moi nous avons seuls une opinion si favorable de miss Monson, en tant qu'il s'agit de Biberry, répondit John. L'excitation contre elle semble être au comble, et je doute qu'un jugement impartial puisse être rendu dans le comté.

— Les journaux n'amélioreront pas les choses, Monsieur. Les papiers de ce matin, venant de la ville, sont remplis de cette affaire, et ils paraissent tous s'engager dans la même voie. Mais c'est une longue route, qui n'a pas de détours, monsieur Wilmeter.

— C'est vrai; et rien ne tourne plus vite que l'espèce d'opinion publique qui se forme d'après un cri général, et se précipite jusqu'à perdre haleine. J'espère voir Marie Monson la femme la plus respectée et la plus honorée du comté!

Mistress Gott désirait de tout son cœur qu'il en pût être ainsi, quoiqu'elle eût certainement des doutes que ne partageait pas le jeune homme. Une demi-heure après le départ de John de la prison, Michel Millington était sur la route de la ville, portant une lettre à Sarah, avec les plus vives instances d'user de son influence sur Marie Moulin pour l'engager à accepter le service peu ordinaire qu'on lui demandait pendant quelques semaines, sinon pour plus longtemps. Cette lettre arriva à sa destination en temps voulu, et la sœur fut aussi étonnée de la chaleur du contenu que de la nature de la demande.

— Je n'ai jamais vu jusqu'à ce jour John écrire si ardemment! s'écria Sarah lorsque Michel et elle eurent causé de l'affaire quelques moments; eût-il été amoureux, je n'eusse pas reçu de lui un message plus pressant.

— Je ne jurerais pas qu'il ne le fût, reprit l'ami en riant. Il voit chaque chose d'un œil si différent du mien, que je sais à peine que penser de lui. Je n'ai jamais connu John si profondément intéressé à un être humain, qu'il l'est en ce moment à cette étrange créature.

— Créature! Vous autres hommes n'appelez pas souvent de jeunes dames des créatures; et mon frère m'affirme que cette Marie Monson est une femme comme il faut.

— C'en est une, assurément, pour tout ce qui touche à l'extérieur, aux manières, à l'éducation et aux goûts, je suppose. Néanmoins, il y a trop de raisons de croire qu'elle a, d'une manière à nous inconnue, des relations avec le crime.

— J'ai entendu parler de personnes douées de ces talents, qui s'étaient liguées ensemble, et avaient organisé pour des années un vaste système de pillage, avec un prodigieux succès. C'était, néanmoins, dans de plus vieilles contrées, où les nécessités d'une population compacte jettent les hommes dans les extrêmes. Nous sommes à peine suffisamment avancés, ou civilisés, comme on dit, pour une scélératesse si audacieuse.

— Un soupçon de cette nature m'a traversé l'esprit, répliqua Millington, regardant de travers au-dessus de son épaule, comme s'il craignait que son ami pût l'entendre. Il sera inutile, toutefois, d'en donner avis à John; son esprit est au-dessus de l'influence du témoignage.

Sarah ne savait comment agir dans cette circonstance, bien que son affection de sœur l'engageât à faire tout ce qu'elle pouvait pour obliger son frère. Il ne fût pas facile néanmoins de persuader à Marie Moulin de consentir à servir une maîtresse qui était en prison. Elle leva les mains, tourna les yeux, laissa échapper cinquante exclamations, et prononça mille et mille fois « c'est impossible »; elle s'étonnait qu'une femme, dans une semblable situation, pût supposer qu'une domestique honnête entrât à son service, ce qui l'empêcherait, à coup sûr, d'avoir une place plus tard. Cette dernière objection frappa Sarah comme tout à fait raisonnable, et si son frère n'avait pas été si pressant avec elle, elle aurait renoncé à toute tentative de persuasion. Marie, pourtant, finit par éprouver un vif sentiment de curiosité, quand même l'appât de l'argent ne l'aurait pas séduite : John avait dit que la prisonnière la connaissait, l'avait connue en Europe, et elle mourait d'envie de savoir quelle pouvait être, parmi ses nombreuses connaissances du vieux monde, la personne qui était tombée dans de si formidables difficultés. Il était impossible de résister à ce sentiment, si bien dans la nature de la femme, et fort encouragé par un secret désir de Sarah, dans le but d'apprendre elle-même quelle pouvait être cette mystérieuse inconnue; aussi ne manqua-t-elle pas de presser Marie et de déployer toute sa rhétorique pour l'engager à consentir de se rendre à l'endroit indiqué, et d'y voir au moins la personne qui désirait si vivement la prendre à son service. La Suissesse n'eut pas grande peine à le lui accorder, pourvu qu'il lui fût permis d'ajourner sa dernière décision jusqu'à son entrevue avec la prisonnière; elle pourrait alors satisfaire sa curiosité, et retourner à la ville, prête à éclairer miss Wilmeter, et tous ses autres amis, sur un sujet devenu si intéressant.

Ce fut le lendemain, de bonne heure, que Marie Moulin, accompagnée de John Wilmeter, se présenta chez mistress Gott, et demanda à être admise dans la galerie de miss Monson. Le jeune homme ne se montra pas en cette occasion, bien qu'il fût assez près pour entendre le grincement des gonds quand s'ouvrit la porte de la prison.

— C'est donc bien vous, Marie! dit la prisonnière avec un salut empressé et joyeux.

— Mademoiselle! s'écria la Suissesse.

On entendit les baisers des deux femmes; la porte se referma, et John Wilmeter n'en apprit pas davantage ce jour-là.

CHAPITRE VIII.

>Et ne pouvez-vous pas, dans une conférence
>habile, savoir de lui d'où naît sa confusion?
>*Hamlet.*

Il y a quelque chose de frappant pour l'imagination, sinon de pittoresque, dans la manière dont les avocats de Manhattan occupent les maisons de Nassau-Street, passage qui fait communiquer Wall-Street avec les Tombs. C'est là qu'ils se rassemblent, pareils à ces nombreux débris que l'on rencontre sur la voie Appienne, avec un *siste viator*, de leur façon, pour arrêter la marche du passant. Nous devons maintenant transporter la scène dans une maison de cette rue qui se trouve à moitié route entre Maiden-Lane et John-Street; sur sa façade sont plaquées de petites marques d'étain dont quelques-unes offrent une lecture aussi amusante que celle d'un almanach; parmi les plus modestes il y en avait une qui portait cette simple et intelligible inscription :

« Thomas Dunscomb, au second sur le devant. »

Les bureaux de Dunscomb occupaient entièrement la moitié du second étage d'une immense maison double en profondeur; elle avait été habitée par quelque famille de distinction qui l'avait cédée aux ministres de la loi. C'est dans ces bureaux qu'il est maintenant de notre devoir d'accompagner un individu assez étrange, mais qui néanmoins dans ce repaire de la chicane semblait se trouver tout à fait chez lui.

— L'avocat Dunscomb y est-il? demanda cette personne qui avait un air des plus rustiques, bien que ses habits eussent une sorte de teinte légale, en s'adressant à l'un des cinq ou six clercs qui levèrent la tête à l'entrée de l'étranger.

— Il y est, mais en consultation, je crois, répondit celui qui, étant payé pour ses services, était le clerc travailleur du bureau; la plupart des autres étant des étudiants non rémunérés, et par conséquent peu exacts à la besogne.

— J'attendrai qu'il soit libre, répliqua l'étranger s'avançant froidement vers une chaise vacante, et s'asseyant au milieu des dangers qui auraient effrayé un homme moins familiarisé avec les procès, les chicanes et les quiddités de la loi. Les clercs, après avoir chacun considéré leur hôte, baissèrent leurs yeux sur leurs livres ou leur pancarte, et semblèrent abîmés dans leurs occupations respectives. La plupart de ces jeunes gens, membres de familles respectables en ville, prirent l'étranger pour un client rustique; mais le clerc travailleur vit de suite, à un certain air assuré et malin, qu'il avait affaire à un praticien campagnard.

Au bout d'environ une demi-heure, Daniel Lord et George Wood sortirent du sanctuaire, accompagnés jusqu'à la porte par Dunscomb lui-même. En échangeant un bonjour avec ses confrères, Dunscomb aperçut son patient visiteur, qu'il salua sur-le-champ du nom court et familier de Timms, en l'invitant instamment et avec chaleur à franchir les limites du sanctuaire. M. Timms se rendit à cette prière, entrant dans la pièce indiquée de l'air d'un homme qui y a été précédemment, et sans paraître nullement confus de l'honneur qu'on lui accordait. Et maintenant, à titre de fidèle historien, c'est pour nous un devoir triste, pour ne pas dire révoltant, de raconter un acte de la part d'un homme connu dans tout le comté de Dukes sous le nom de Esquire Timms, acte qu'on ne doit pas négliger, depuis qu'il est devenu, de fraîche date, la marque distinctive et caractéristique non d'une classe à part, mais des classes nombreuses qui peuplent le barreau, le pupitre, les paquebots, les tavernes, les rues. On a écrit des milliers d'articles sur le défaut qu'ont les Américains de cracher ; mais pas une ligne, à ce que je puis me rappeler, au sujet d'un manque aussi commun, mais plus grossier encore, aux bonnes manières. On comprendra mieux notre pensée après que nous aurons raconté les premiers mouvements de l'étranger en entrant dans le sanctuaire.

— Prenez un siége, monsieur Timms, dit Dunscomb montrant une chaise, tandis qu'il reprenait son élégant siége de cuir, et qu'il s'apprêtait à allumer un cigare, non sans en avoir pressé quelques-uns, avec une espèce de tendresse intelligente, entre le doigt et le pouce ; prenez un siége, Monsieur, et un cigare.

Ici s'opéra le grand tour de force dans les manières de Esquire Timms. Tournant sa personne tout à fait de côté, et se saisissant par le nez, absolument comme s'il se querellait avec ce membre de son visage, il se moucha avec grand bruit et un succès complet. Il était difficile de trouver un homme de meilleur ton que Dunscomb. Ce n'était pas un modèle de distinction et d'élégance, mais il était très-bien élevé. Néanmoins, il ne broncha pas devant cet acte d'insigne vulgarité, et resta impassible. A dire la vérité, la base de la société s'était tellement élargie depuis vingt-cinq ans dans les habitudes de ceux qui jadis se fréquentaient exclusivement, qu'il était fait même à cette innovation. Le fait ne doit pas être caché, et comme nous n'avons pas l'intention d'en reparler jamais, nous dirons clairement que M. Timms se moucha avec ses doigts, et qu'en le faisant il n'innova pas à moitié autant, aujourd'hui, dans les usages des gens comme il faut, qu'il l'eût fait il y a vingt-cinq ans en se mouchant avec le pouce seul.

Dunscomb supporta cette grossièreté en philosophe, et il fit bien, car il n'y avait pas de remède. Attendant que Timms se servît de son mouchoir, que celui-ci tira un peu tardivement pour une semblable opération, il entama tranquillement le sujet de leur entrevue.

— Ainsi, le grand jury a rendu actuellement un verdict de meurtre et d'incendie, m'écrit mon neveu, fit observer Dunscomb, jetant sur son compagnon un regard scrutateur, comme s'il était réellement avide d'une plus ample explication.

— A l'unanimité, me dit-on, monsieur Dunscomb, répondit Timms. A ce qu'il paraît, un seul hésita et fut bien facilement gagné avant leur arrivée au palais. Cette pièce d'or perd notre cause dans le vieux Dukes.

— L'or sauve plus de causes qu'il n'en perd, monsieur Timms; et personne ne le sait mieux que vous.

— C'est vrai, Monsieur. L'or peut même défier le nouveau Code. Donnez-moi cinq cents dollars, changez l'affaire en action civile, et j'entraînerai tout dans mon comté, à l'exception de vingt ou trente jurés que je pourrais nommer. Il y a environ trente hommes dans le comté avec lesquels je ne puis rien faire; en conséquence, je ne m'y frotté pas.

— Comment diable se fait-il, Timms, que vous conduisiez vos causes avec tant de succès? car je me rappelle que vous m'avez donné bien de l'embarras dans des procès où la loi et le fait étaient assez clairement tous deux de mon côté.

— Je présume que ce doivent être des causes où l'on a mis en jeu le hangar et le chevet.

— Le hangar et le chevet ! Ce sont là des termes légaux dont je n'ai pas connaissance.

— Ce sont des termes campagnards, et des habitudes campagnardes adaptées au sujet. Un homme peut pratiquer de longues années en ville et ne rien connaître à cet égard. Les Cours de justice ne sont pas immaculées, mais elles n'ont rien à nous apprendre sur le hangar et le chevet. Elles font les affaires d'une façon que nous autres de la campagne nous ne connaissons pas mieux que vous ne connaissez notre méthode.

— Ayez la bonté, Timms, de m'expliquer la signification de vos termes. Je ne jurerais pas qu'ils ne se trouvent point dans le Code, mais assurément ils ne sont ni dans Blackstone, ni dans Kent.

— Hangar, Esquire Dunscomb, s'explique de lui-même. A la campagne, la plupart des jurés, des témoins, etc., etc., ont plus ou moins affaire avec les hangars, ne serait-ce que pour voir comment leurs bêtes sont nourries. Nous y envoyons de fins discoureurs, et il faudrait une cause bien entortillée pour qu'on ne pût pas y introduire un doute ou un argument ingénieux. Pour être franc avec vous, j'ai vu trois procès assez difficiles terminés en un jour dans un hangar, et six autres qui y ont pris naissance.

— Mais comment cela se fait-il ? Présentez-vous directement vos arguments comme au Palais ?

— Dieu merci, non. Au Palais, à moins que le jury ne soit par extraordinaire excellent, le conseil se préoccupe peu du témoignage et de la loi ; mais, dans le hangar, on n'a besoin ni de l'un ni de l'autre. Un habile discoureur de hangar, par exemple, mettra une partie en pièces, sans dire un mot de la cause. C'est le chef-d'œuvre du genre. Il est contre la loi, vous le savez, monsieur Dunscomb, de parler d'une cause devant un juré ; c'est un très-grave délit, mais on peut s'entretenir en général du caractère de la partie, de ses ressources, de sa lésinerie, ou de son aristocratie ; et il sera bien difficile de ne pas donner prise au discoureur sur quelques-uns de ces points. Depuis peu d'années, l'aristocratie est un argument magnifique et convient à presque tout état de faits, à tout procès qu'on peut intenter. Persuadez seulement aux jurés que le plaignant ou le défendeur se croit au-dessus d'eux, et le verdict est certain. J'ai eu mille dollars dans l'affaire de Springer, seulement sur ce terrain. L'aristocratie m'a valu cela. Elle va nous faire beaucoup de mal dans cette accusation de meurtre et d'incendie.

— Mais Marie Monson n'est pas une aristocrate; c'est une étrangère inconnue. Quels sont les priviléges dont elle jouit pour qu'elle soit exposée au reproche d'aristocratie?

— Plus qu'il n'en faudrait dans son intérêt. Son aristocratie lui fait presque autant de mal dans le vieux Dukes que la pièce d'or. Je considère une cause comme à moitié perdue, quand l'aristocratie y est en jeu.

— Aristocratie signifie des priviléges politiques mis exclusivement dans les mains de quelques-uns; et le mot n'a pas d'autre signification. Maintenant, quels sont les priviléges politiques et exclusifs dont jouit cette infortunée jeune femme? Elle est accusée des deux plus grands crimes reconnus par la loi; elle est accusée, emprisonnée, et va être jugée.

— Oui, et par ses *pairs*, dit Timms.

— C'est étonnant, Esquire Dunscomb, combien la pairie s'étend dans ces campagnes! J'ai vu un jugement, il y a un an ou deux, dans lequel une des plus hautes intelligences du pays était l'une des parties, et dans lequel un juré demanda au juge de lui expliquer la signification du mot « dépouillé ». Voilà donc un citoyen qui était jugé par ses pairs; beaux pairs, ma foi!

— Oui, la vénérable maxime de la loi commune est parfois un peu défigurée parmi nous; cela provient de ce que nous nous attachons à des opinions vieillies, après que les faits qui leur donnèrent naissance ont cessé d'exister; mais d'après la manière dont vous traitez la question, Timms, je conclus que vous faites bon marché de l'aristocratie.

— Pas le moins du monde. Notre cliente courra plus de risques à cause de cela, que pour tout autre côté faible de sa cause. Je crois que, comme une vie est en jeu, nous pourrions nous tirer de la pièce d'or; mais il n'est pas aussi facile de se débarrasser du reproche d'aristocratie.

— Et cela en présence de son emprisonnement, de son isolement, de son abandon, de son sort à venir? Je ne vois pas dans tout cela une ombre d'aristocratie.

— Mais j'en vois beaucoup, et le voisinage avec moi; c'est déjà la conversation de la moitié du comté; en un mot, nous en parlons tous, à l'exception de quelques hommes intelligents. Vous verrez, Esquire Dunscomb, qu'aux yeux de la foule il y a deux espèces d'aristocratie: votre espèce et la mienne. La vôtre est un état dans la société, qui donne privilége et puissance à un petit nombre, et s'en tient là : c'est ce que j'appelle de la vieille aristocratie, dont on ne se soucie guère dans ce pays. Nous n'avons pas de tels aristocrates, j'en conviens, et par conséquent ils sont tout à fait insignifiants.

— Cependant ce sont, après tout, les seuls vrais aristocrates. Mais quelle est la vôtre, et de qui se compose-t-elle?

— Voyez, maintenant. Vous, Esquire, vous êtes dans votre genre une espèce d'aristocrate. Je ne sais comment cela est; — je comparais à la barre comme vous, j'ai tout autant de droits que vous.

— Plus, Timms, si le hangar et la faculté de conduire les jurés par le nez peuvent être comptés parmi les droits.

— C'est vrai, plus, sous certains rapports, c'est possible. Néanmoins, il y a une différence entre nous, une différence dans nos allures, dans notre langage, dans nos idées, dans notre manière de penser et d'agir, qui vous élève au-dessus de moi d'une façon que je n'aimerais pas dans tout autre homme. Comme vous avez beaucoup fait pour moi, Monsieur, quand je n'étais qu'un enfant, et que vous m'avez porté à la barre sur vos épaules, pour ainsi dire, je vous considérerai toujours, quoiqu'il me faille avouer ue je n'aime pas toujours même *votre* supériorité.

— Je serais fâché, Timms, d'oublier assez mes propres imperfections, au point de faire avec dureté parade des quelques petits avantages que je puis avoir sur vous ou sur tout autre, grâce aux hasards de la naissance et de l'éducation.

— Vous n'en faites pas parade avec dureté, Monsieur; vous n'en faites pas même parade du tout. Cependant, ils se montrent d'eux-mêmes; et c'est précisément ce que je n'aime pas regarder. Maintenant, ce qui est vrai de moi, est vrai de tous mes voisins. Nous appelons aristocratie tout ce qui est au-dessus de nous, quoi que ce soit. Je pense quelquefois que Esquire Dunscomb est une sorte d'aristocrate dans le barreau. Pour ce qui est de notre cliente, elle a cent manières, qui ne sont pas celles de Dukes, à moins que vous n'alliez dans la haute volée.

— Mais les mille...

— Allons donc; nous savons mieux que cela, Esquire. Ce n'est pas de « mille » que se compose la classe privilégiée, comme on le croit d'ordinaire, mais d'un, ou de deux, à le bien prendre. Tout inculte et grossier que j'étais, avant que vous me prissiez par la main, Monsieur, je puis dire la différence qui existe entre ceux qui on des gants paille et un tilbury, et ceux qui sont faits pour en avoir. Notre cliente n'a ni l'un ni l'autre, et c'est ce qui m'étonne. Elle n'a rien autour d'elle qui sente les hauts quartiers de nos villes; mais elle est du bon coin. Il y a une chose en particulier qui, j'en ai peur, peut lui être préjudiciable.

— C'est le bon coin qui circule plus facilement de main en main. Mais quelle est donc cette source particulière de persécutions?

— C'est que notre cliente a une dame de compagnie.

— Que voulez-vous dire avec votre dame de compagnie?

— La Française qui est avec elle depuis quinze jours. Soyez-en sûr; elle ne nous fera pas de bien dans le cours de notre procès. Je vous le dis, votre cliente a aussi des façons trop aristocratiques.

Dunscomb rit aux éclats. Puis, passant la main sur son front, il parut méditer.

— Tout cela est très-sérieux, reprit-il enfin, et n'est réellement pas risible. Nous avons à traverser un pas difficile, si l'administration de la loi doit être influencée par de telles considérations. C'est une doctrine reconnue, que le riche ne pourra pas, ne devra pas mettre à ses plaisirs un prix que le pauvre ne peut atteindre; et voilà un membre du barreau qui nous dit qu'une prisonnière n'obtiendra pas justice parce qu'elle a une femme de chambre étrangère.

— Une femme de chambre! Mais donnez-lui n'importe quel nom, plutôt que celui-là, si vous désirez réussir. Une prisonnière accusée de crimes capitaux, avec une femme de chambre, serait sûre d'être condamnée. Même le Palais aurait peine à supporter *cela*.

— Timms, vous êtes un fin et rusé matois, et, tel que je vous connais depuis longtemps, vous êtes capable de rire dans votre barbe de toutes les folies de cette nature; et vous insistez ici sur la plus grande de toutes les absurdités.

— Les choses sont changées en Amérique, monsieur Dunscomb. Le peuple commence à gouverner; et quand il ne peut le faire légalement, il le fait sans la loi. Ne voyez-vous pas ce que les journaux disent sur la nécessité d'avoir des opéras et des théâtres à bas prix, avec le droit pour le peuple de siffler. Voilà une Constitution! Je voudrais savoir ce que Kent et Blackstone diraient à *cela*.

— C'est vrai. Ils trouveraient une nouvelle physionomie à une liberté qui dit qu'un homme ne fixera pas le prix des places dans son propre théâtre, et qu'un auditoire des rues pourra siffler. Le fait est, Timms, que tous ces abus et le contrôle des actions d'autrui, sous prétexte que le public a des droits là où il n'en a pas du tout, vient de la réaction d'une demi-liberté dans les autres pays. Ici, où le peuple est réellement libre, ayant tout le pouvoir, et où nul droit politique n'est héréditaire, le peuple doit au moins respecter ses propres ordonnances.

— C'est étonnant, Esquire, combien il y a de personnes qui voient le côté faible de la démocratie sans avoir la moindre notion du côté fort. Mais, pendant tout ce temps, notre cliente est en prison à Biberry, et doit être jugée la semaine prochaine. Est-ce qu'il n'y a rien à faire, Esquire, pour effacer l'impression des journaux qui ont presque tous les jours quelque chose à dire sur son compte ? Il est bien temps de faire entendre la contre-partie.

— Il est bien extraordinaire que les directeurs de ces journaux soient assez indifférents aux droits d'autrui pour permettre que de tels paragraphes trouvent place dans leurs colonnes.

— Indifférents ! que leur importe, pourvu que le journal se vende ? Dans ce cas, néanmoins, je soupçonne plutôt qu'un journaliste aura été blessé ; et quand des gens de cette classe sont offensés, comptez que leur colère se déteindra dans leurs articles. N'est-il pas étonnant, Esquire Dunscomb, que le peuple ne voie ni ne sente qu'il soutient de bas tyrans, dans presque tous ses cris insensés pour la liberté de la presse ?

— Bien des gens le voient ; et je crois que cet instrument a perdu beaucoup de son influence pendant ces dernières années. Pour ce qui concerne les procès du Palais, il n'y aura jamais de vraie liberté dans le pays, jusqu'à ce que les journaux aient pieds et poings liés.

— Vous avez raison sur un point, Esquire, et cela, c'est sur le terrain que la presse a perdu. Elle n'est pas mal usée dans Dukes, et pourtant j'emploierais volontiers hangar et chevet à lui intenter un procès, le meilleur qui aurait jamais vu le jour.

— A propos, Timms, vous ne m'avez pas expliqué le procédé du chevet.

— J'aurais cru que le mot s'expliquait de lui-même. Vous savez comment cela se passe à la campagne. Une demi-douzaine de lits sont placés dans la même chambre, et les jurés sont deux par lit. Eh bien, supposez trois ou quatre jurés dans une de ces chambres, et deux gaillards parmi eux, avec leurs instructions sur la manière de causer. La conversation est la plus innocente et la plus naturelle du monde ; pas un mot de trop ou de moins ; mais tout porte coup. Le juré est un campagnard tout rond et simple d'esprit ; il avale tout ce que lui racontent ses compagnons de chambrée, et va à l'audience le lendemain dans une jolie disposition d'esprit à entendre la raison et l'évidence. Non, non, donnez-moi deux ou trois de ces conseillers du chevet, et dans une simple conversation, je déferai tout ce que les journaux peuvent faire. Vous vous rappellerez, Esquire, que nous avons le dernier mot par ce système; et si, en guerre, le premier coup est la moitié de la bataille, dans la loi le dernier mot est l'autre moitié. Oh! c'est une superbe affaire que ce jugement par le jury.

— Tout cela est très-mal, Timms. Depuis longtemps je sais que vous avez exercé une influence extraordinaire sur les jurés de Dukes; mais c'est la première fois que vous avez eu assez de franchise pour me révéler le procédé.

— Parce que c'est la première fois que nous ayons eu ensemble une cause capitale. Dans l'état actuel de l'opinion publique à Dukes, je me demande si nous pouvons même avoir, dans ce jugement, un jury constitué.

— La cour suprême nous enverra alors à la ville pour redresser la procédure.

— Ce serait pitié, monsieur Dunscomb, qu'une jeune femme, si belle et si séduisante, fût pendue.

— Timms, vous êtes une fine mouche dans votre genre, je le sais. Vos connaissances en matière de loi ne vont pas loin, et vous ne saisissez pas souvent les côtés forts d'une affaire; mais vous faites des prodiges avec les côtés faibles. Quand il s'agit d'opinion sur faits, j'en connais peu sur qui on puisse plus compter que sur vous. Dites-moi donc franchement ce que vous pensez de la culpabilité ou de l'innocence de Marie Monson?

Timms se pinça la bouche, passa une main sur son front et ne répondit pas pendant près d'une minute.

— Peut-être est-il bon, après tout, que nous nous entendions l'un l'autre à ce sujet, dit-il. Nous sommes associés comme conseils, et je me sens très-flatté de cette association, Esquire Dunscomb, parole d'honneur; et il convient que nous soyons l'un avec l'autre aussi libres que frères. D'abord, j'ai rarement vu précédemment une cliente comme cette dame; car il nous faut l'appeler dame, je suppose, jusqu'à sa condamnation.

— Sa condamnation! vous ne pouvez penser qu'il y ait grand danger de cela, Timms?

— On ne sait jamais, Monsieur, on ne sait jamais. J'ai perdu des procès dont j'étais sûr, et j'en ai gagné dont je désespérais, des procès que je n'aurais certainement pas dû gagner, contre toute loi et contre les faits.

— Cela vint sans doute du hangar et du chevet.

— Peut-être, Monsieur, répliqua Timms riant en toute liberté quoique sans faire de bruit, peut-être. Quand la petite vérole court, on ne peut dire qui l'attrapera. Pour ce qui est de notre affaire, Esquire Dunscomb, je suis d'avis que nous aurons des désagréments à essuyer. Si nous pouvons faire que les jurés soient en désaccord une fois ou deux, et obtenir une remise de session, du diable si un homme de votre expérience ne les serre pas de si près qu'ils renoncent à l'affaire, plutôt que d'en avoir encore l'ennui. Après tout, l'État ne peut gagner beaucoup à faire pendre une jeune femme que personne ne connaît, fût-elle même légèrement aristocratique. Néanmoins, il nous faut obtenir d'elle qu'elle change ses vêtements et ses manières; ce qui, dans les circonstances où elle se trouve, s'appelle des cas de pendaison, et plus tôt elle s'en débarrassera, mieux ce sera.

— Je vois que vous ne nous croyez pas très-forts sur les mérites de la cause, Timms, ce qui équivaut à admettre la culpabilité de notre cliente. J'inclinais beaucoup moi-même à soupçonner le pire; mais deux ou trois entrevues, et ce que me dit mon neveu Jack Wilmeter, ont produit en moi un changement. Je suis fortement porté aujourd'hui à la croire innocente. Elle a des motifs de crainte cachés et sérieux, j'en conviens; mais je ne pense pas que ces infortunés Goodwin y soient pour quelque chose.

— Ma foi, on ne sait jamais. Un verdict de non culpabilité vaudra tout autant que si elle était aussi innocente qu'un enfant d'un an. Je vois ce qu'il y a à faire. Toute la partie légale et l'ensemble de la procédure sera votre lot, tandis que l'ouvrage extérieur retombera sur moi. Nous pouvons la sortir de là; bien que mon opinion soit que, si nous y arrivons, ce sera plutôt par les petits moyens que par les grands. Il y a une chose très-essentielle, Monsieur; l'argent.

— Avez-vous besoin d'être rafraîchi si vite, Timms? Jack me dit qu'elle vous a déjà donné deux cent cinquante dollars.

— Je le reconnais, Monsieur, ce sont des honoraires très-respectables; vous, vous devez en avoir mille, Esquire.

— Je n'ai pas reçu une obole, ni n'ai l'intention de rien toucher de son argent. Mes sentiments sont engagés dans ce procès, et je consens à travailler pour rien.

Timms jeta sur son vieux maître un regard rapide, mais scrutateur. Dunscomb, sous tous les rapports, était jeune pour son âge; et plus d'un homme a aimé, s'est marié, est devenu père d'une florissante famille, après avoir vu tous les jours qu'il avait vus. Ce regard tendait à découvrir s'il était possible que l'oncle et le neveu devinssent rivaux, et à en savoir autant qu'on pouvait le saisir et le deviner dans un rapide coup d'œil. Mais le conseiller était aussi calme que d'habitude; nulle altération de couleur, nul signe, nulle vivacité d'expression ne trahirent l'existence de la passion. On racontait parmi les intimes du vieux garçon, qu'autrefois, à l'âge d'environ vingt-cinq ans, il avait eu une affaire de cœur, qui avait fait sur lui une si profonde impression, que le mariage de la jeune femme avec un autre homme ne l'avait pas effacée. Ce mariage, disait-on, n'avait pas été heureux, et fut remplacé par un autre, qui le fut encore moins, quoique les parties fussent riches, bien élevées, et disposassent de toutes les ressources qu'on suppose d'ordinaire devoir procurer le bonheur. Une seule enfant fut le fruit du premier mariage, et sa naissance précéda de peu la séparation qui suivit. Trois années après mourut le père, laissant toute son immense fortune à cette enfant, avec l'étrange prière que Dunscomb, jadis le fiancé de la mère, fût le tuteur et le gardien de la fille. Cette singulière demande ne fut pas accueillie, et Dunscomb n'avait vu aucune des parties depuis sa rupture avec sa bien-aimée. L'héritière se maria jeune, mourut dans l'année en laissant une autre héritière; mais nulle allusion ne fut faite à notre conseiller dans aucune des volontés et des dispositions testamentaires. Une seule fois il avait été consulté comme homme du métier, sur les legs en faveur de la petite fille Mildred Millington, cousine au second degré de Michel Millington, et aussi riche qu'il était pauvre. Pendant quelques années on s'attendait vaguement à une union entre les deux jeunes Millington; mais une rivalité survint entre les deux familles. Et, d'ailleurs, l'éloignement de la jeune personne, qu'on envoya de bonne heure à l'étranger pour son éducation, s'opposa à ce résultat; et Michel, sur ces entrefaites, ressentit l'influence de la gentillesse, de la beauté et de l'affection de Sarah.

Timms en conclut que son vieux maître n'était pas amoureux.

— C'est très-agréable d'être riche, remarqua cet être singulier, et je suis sûr que c'est charmant d'exercer pour rien, quand on a la poche bien garnie. Je suis pauvre, et j'éprouve un plaisir tout particulier à toucher de bons honoraires. A propos, Monsieur, mes attributions dans l'affaire demandent beaucoup d'argent. Je ne crois pas pouvoir commencer de telles opérations avec moins de cinq cents dollars.

Dunscomb se pencha en arrière, étendit un bras, prit son livre de comptes courants, signa un mandat sur son banquier, puis le tendit tranquillement à Timms sans demander de reçu; car, s'il savait que dans les affaires du métier il ne fallait pas plus se fier à son vieil élève et copatricien qu'à une anguille dans la main, il savait aussi qu'il était d'une honnêteté scrupuleuse en matière de comptes. Il n'y avait pas un homme dans l'état à qui Dunscomb eût confié la garde d'or non compté, ou le paiement d'un legs, de préférence à cet individu; il savait bien aussi qu'il aurait mis à néant toutes les prescriptions de la loi, pour obtenir un verdict quand ses sentiments étaient réellement engagés.

— Voilà, Timms, dit le conseil senior, regardant de nouveau le mandat qu'il tendait à l'autre pour voir s'il était en bonne forme, voilà ce que vous demandez: cinq cents pour les dépenses, et moitié autant pour les honoraires.

— Merci, Monsieur. J'espère que ceci n'est pas gratuit de votre part, comme les services.

— Non. On ne manque pas de fonds, et on m'a mis en possession de l'argent nécessaire pour nous comporter convenablement; mais c'est à titre de dépôt, et non d'honoraires. C'est bien là le côté le plus extraordinaire de cette affaire, de trouver une jeune femme délicieuse, bien élevée, acccomplie, les poches bien garnies, et cela dans une semblable position.

— Mais, Esquire, dit Timms passant sa main sous son menton, et s'efforçant de prendre un air naturel et désintéressé, j'ai bien peur que des clients semblables ne soient sujets à caution. Il y a beaux jours que je suis employé au Palais, et j'ai généralement trouvé que les plus riches clients étaient les plus grands scélérats.

Dunscomb contempla longtemps son compagnon. Il vit que Timms n'avait pas une opinion aussi favorable de Marie Monson qu'il avait lui-même, ou plutôt qu'il était très-disposé à avoir d'elle ; car sa défiance n'était guère moindre dans l'origine que celle de ce courtier mercenaire des vices de l'humanité. Il examina ensuite longtemps avec soin et attention tous les faits de Timms, faits qui avaient été glanés en recueillant des renseignements sur place ; puis suivit une consultation, dont il serait un peu prématuré de faire connaître les détails.

CHAPITRE IX.

> .... Sa parole n'est rien. Mais la manière étrange dont elle s'en sert, intéresse les auditeurs. Ils en sont avides, et semblent adapter les mots à leurs propres pensées.
> *Hamlet.*

Le lecteur ne doit pas être surpris de l'intimité qui existait entre Thomas Dunscomb et cet être mi-poli et mi-grossier, qui avait été associé avec lui comme conseil dans la cause importante qui allait bientôt être jugée. De semblables intimités ne sont nullement rares dans le cours des événements ; car les hommes souvent tiennent peu de compte de ces grandes diversités, aussi bien dans les principes que dans les qualités personnelles, en combinant leurs associations, en tant qu'elles ne concernent que les affaires de ce monde. La circonstance que Timms avait étudié dans les bureaux de notre conseiller devait naturellement établir certains rapports entre eux dans les années qui suivirent; mais l'élève s'était rendu utile à son premier maître dans une foule d'occasions, et était employé souvent par lui, toutes les fois qu'il y avait un procès dépendant de la cour de Dukes, comté dans lequel s'était fixé le praticien inculte, mais rude à la besogne et réussissant dans ses entreprises. On peut demander si Dunscomb connaissait réellement toutes les manigances de son coadjuteur dans les cas difficiles; mais qu'il en fût instruit ou non, il est bien certain que la plupart d'entre elles n'étaient pas d'un caractère à voir le jour. Pour tout ce qui regarde les juges, il y a parmi eux une surprenante fidélité au devoir, quand il ne s'agit que de corruption, vu qu'il n'existe pas de classe d'hommes sur terre moins passible d'imputations de cette nature que ce corps innombrable des officiers judiciaires, mal payés, pauvres, travaillant fort, et nous devrions presque ajouter peu considérés, comme ils le sont. Il y a des cas de corruption, sans aucun doute; prétendre le contraire serait avoir de la nature humaine une trop flatteuse opinion; mais, avec le système de publicité en vigueur, ce vice ne pourrait facilement s'étendre loin sans être découvert. Cela fait grand honneur au vaste corps judiciaire des États que la corruption soit une faute qui semble ne lui être nullement imputée; ou, s'il y a des exceptions à la règle, elles n'existent que dans quelques cas rares et isolés. Ici, toutefois, doivent cesser nos éloges sur la justice en Amérique. Toutes les révélations de Timms, toutes les assertions de Dunscomb touchant le jury, sont de la plus pure vérité, et le mal croît de jour en jour. La tendance de tout ce qui tient au gouvernement est de jeter le pouvoir directement dans les mains du peuple, qui, dans presque tous les cas, s'en sert comme on peut supposer que le font des hommes entièrement irresponsables, et qui n'ont à son exercice qu'un intérêt éloigné, et la moitié du temps invisible; qui ne sentent ni ne comprennent les conséquences de leurs actes, et se font un plaisir d'assumer un semblant d'indépendance tout en agissant souvent pour leur compte. Sous un tel régime, il est évident que les principes et la loi doivent souffrir; c'est ce que les résultats prouvent chaque jour, sinon à chaque heure.

L'institution du jury, d'une utilité très-contestable, considérée sous ses meilleurs aspects, devient presque intolérable dans un pays où les institutions sont réellement populaires, à moins que la magistrature n'exerce sur l'accomplissement de ses devoirs une énergique et salutaire influence. Malheureusement cette influence, depuis cinquante ans, a diminué peu à peu parmi nous, jusqu'à ce qu'elle soit arrivée à un point où rien n'est plus commun que de trouver des juges expliquant la loi d'une manière, et le jury l'appliquant d'une autre. Dans bien des cas, il est vrai, il y a un remède à cet abus de pouvoir, mais il est ruineux, et toujours accompagné de ce retard dans l'espérance « *qui rend le cœur malade.* » Tout homme, même de l'intelligence la plus bornée, doit voir, à la moindre réflexion, qu'un état de choses où les *fins* de la justice sont annihilées, ou tellement remises qu'elles ont pour résultat l'annihilation, est un des moins désirables de tous ceux dans lesquels les hommes peuvent se trouver sous un pacte social, pour ne rien dire de ses effets corrupteurs et démoralisateurs sur l'esprit public.

Dunscomb sentait plus vivement tout cela peut-être que la plupart des hommes de sa profession; car on s'accoutume petit à petit aux abus, au point non-seulement de les tolérer, mais d'en venir à les considérer comme des maux inséparables de l'humaine fragilité. Il était certain toutefois que, si notre digne conseiller se soumettait à la force des choses, jusqu'à fermer souvent les yeux sur les manœuvres de Timms, faiblesse dont sont coupables presque tous ceux qui sont mêlés aux hommes et aux choses, il était certain, dis-je, qu'il ne fut jamais connu pour avoir fait lui-même quelque chose d'indigne de sa haute et juste réputation au barreau.

Dunscomb avait vu sur-le-champ qu'il était nécessaire d'employer un conseil local dans le procès de Marie Monson, et Timms se recommandait à son vieux maître comme l'homme le plus capable de rendre les services particuliers dont on avait besoin. La plupart des formalités à remplir étaient purement légales, bien que nous ne devions pas cacher qu'il s'en présenta bientôt qui n'auraient pu supporter la lumière. John Wilmeter communiqua à Timms l'exposé détaillé des témoignages, autant que Michel et lui avaient été à même de se les procurer ; et, entre autres points, il établit sa conviction que les habitants de la ferme la plus voisine de l'ancienne maison des Goodwin seraient, selon toute apparence, les plus dangereux témoins contre leur cliente. Cette famille consistait en une belle-sœur, mistress Burton, dont nous avons déjà parlé, trois sœurs non mariées, et un frère qui était le mari de la première personne nommée. Sur cet avis, Timms se mit immédiatement en communication avec ces voisins, leur cachant, comme à tous autres, excepté à la bonne mistress Gott, qu'il était employé dans le procès.

Timms fut frappé des révélations comme des réticences des personnes de cette habitation, surtout des confidences des femmes. L'homme lui parut avoir moins observé que sa femme et ses sœurs ; mais encore avait-il beaucoup à déclarer, plutôt, comme le pensa Timms, sur ce qu'il avait recueilli dans les environs, que d'après ses propres observations. Les sœurs, néanmoins, parlaient beaucoup, tandis que la femme, quoique silencieuse et circonspecte, parut, à Timms ainsi qu'au jeune Millington, en savoir davantage. Quand on la pressait de tout raconter, mistress Burton montrait de la tristesse et de la répugnance, revenant souvent d'elle-même sur le sujet s'il venait à tomber, mais ne parlant jamais d'une manière explicite, quoiqu'on l'y invitât fréquemment. Ce n'était pas le plan du conseil de défense de mettre au jour un témoignage défavorable ; et Timms employa certains agents de confiance, dont il se servait souvent dans ses combinaisons, pour sonder ce témoignage, autant que faire se pouvait, sans la contrainte puissante de la loi. Le résultat ne fut satisfaisant en aucun sens, et plutôt de nature à être supprimé que rapporté. Il était à craindre que les officiers légaux de l'État ne réussissent beaucoup mieux.

Les investigations du conseil junior ne s'arrêtèrent pas là. Il vit que le sentiment public était emporté dans un courant si rapide contre Marie Monson, qu'il résolut bientôt de le contrecarrer autant qu'il le pouvait, en produisant une réaction. C'est là un agent très-commun, pour ne pas dire très-puissant, dans la combinaison de tous les intérêts qui sont sujets à l'opinion populaire dans la démocratie. Celui même qui aspire à la faveur publique n'en fait pas plus mal en débutant par un peu de désaffection, pourvu qu'il s'arrange à donner l'air d'une réaction au changement qu'il espère devoir s'opérer en sa faveur.

La première mesure de Timms fut de contrebalancer, autant qu'il le put, l'effet de certains articles qui avaient paru dans quelques journaux de New-York. Un homme naturellement aussi rusé n'est pas en peine de comprendre les manœuvres plus que vulgaires d'une presse quotidienne. Malgré la prétention de celle-ci à représenter l'opinion publique et à protéger les intérêts communs, il comprenait fort bien que c'était simplement une manière de mettre en avant des vues particulières, de soutenir des projets personnels, et souvent de servir la basse malignité d'un seul individu; car la presse, en Amérique, diffère de celle des autres contrées en ce qu'elle n'est pas contrôlée par des associations, et ne réfléchit pas les décisions d'un grand nombre d'esprits, ou ne lutte pas pour des principes qui, de leur nature, tendent à élever les pensées. Ainsi, en règle générale, les grandes questions politiques qui ailleurs sont le thème principal des journaux, qui élargissent leurs vues, élèvent leurs articles, peuvent être considérées comme non avenues parmi nous. Dans le cas particulier de Timms, il n'y avait ni faveur, ni malice à contrecarrer. L'injustice, et il y en avait une bien cruelle, consistait simplement à encourager dans le vulgaire une passion mauvaise pour le merveilleux, dans le but d'en tirer profit.

Parmi les journalistes, il y a la même diversité de qualités que parmi les autres hommes, cela ne fait pas doute; mais la tendance de tout pouvoir en exercice est d'abuser; et Timms savait parfaitement que ces hommes avaient plus d'orgueil de l'influence qu'ils possédaient, que de conscience dans l'usage qu'ils en faisaient. Un billet de dix ou vingt dollars, judicieusement employé, pouvait faire beaucoup de bien avec ce « Palladium de nos libertés, » vu qu'il y avait au moins une demi-douzaine de ces importants gardiens intéressés dans le jugement qui allait avoir lieu, et notre conseil en second le savait bien.

Aussi Dunscomb soupçonna-t-il qu'on avait fait quelque usage du grand argument, en voyant peu de temps après la consultation un ou deux articles judicieux et bien tournés. Mais les manœuvres de Timms s'adressaient en grande partie aux journaux du comté. Il y en avait trois ; et comme ils étaient mieux famés que la plupart des journaux de Manhattan, ils avaient aussi plus d'autorité. Il est vrai que les lecteurs du *Whig* ne faisaient nulle attention à ce que pouvait dire *le Démocrate*, du comté de Dukes ; mais les amis de ce dernier prenaient leur revanche en discréditant tout ce qui paraissait dans les colonnes du *Wigh*, de Biberry. A cet égard, les deux grands partis du pays allaient de pair ; chacun manifestant une foi qui, dans une meilleure cause, suffirait à mouvoir les montagnes ; et, d'autre part, une incrédulité qui les poussait dans la dangereuse folie de dédaigner leurs adversaires. Comme Marie Monson n'avait rien à faire avec la politique, il ne fut pas difficile d'obtenir des articles convenables, inserés dans les colonnes hostiles, ce qui fut fait quarante-huit heures après le retour du conseil junior chez lui.

Timms, néanmoins, était loin de se fier seulement aux journaux. Il sentit que ce serait assez bien — d'employer le feu pour combattre le feu ; — mais il comptait surtout sur les services que pouvait lui rendre l'emploi opportun et judicieux — de la langue. — Il avait besoin de *discoureurs*, et il savait bien où les trouver, et comment les mettre à l'œuvre. Quelques-uns furent payés directement, sans reçu, le lecteur peut en être assuré ; mais il en tint un compte rigoureux dans un petit *memorandum* qu'il gardait pour son instruction privée. Ces agents, strictement confidentiels, se mirent à l'œuvre avec une discrétion éprouvée et une activité sans bornes, et disposèrent bientôt de dix ou quinze femmes dévouées, chargées de faire circuler les *on dit* dans leurs voisinages respectifs.

Timms avait beaucoup songé à la nature de la défense qu'il serait le plus prudent d'adopter et de poursuivre. La folie était un moyen usé, parce qu'on s'en était beaucoup servi dans les dernières années ; et il donna à peine à ce genre de plaidoyer une seconde pensée. Ce mode particulier de défense avait été discuté entre Dunscomb et lui, il est vrai; mais l'un et l'autre conseil sentaient une vive répugnance à y recourir; le premier, à cause de son amour déclaré pour la vérité; le second, parce que, disait-il, on ne pouvait plus attraper les jurés avec ce prétexte. Il y a eu une infinité de fous et de folles...

— Meurtriers de qualité, ajouta séchement Dunscomb.

— Je vous demande pardon, Monsieur; mais puisque vous me permettez de faire usage de mon nez à ma guise, je ne vous ennuierai pas avec ma langue; quoique je sois disposé à conclure que, si le verdict venait à la déclarer — coupable, — vous m'accorderiez, je l'espère, qu'il peut y avoir au monde une grande dame criminelle.

— C'est la plus extraordinaire créature, Timms; elle me tourmente plus que jamais aucune de mes clientes.

— En vérité; eh bien! elle me fait précisément l'effet contraire; car elle me paraît aussi calme que si les vingt-quatre sages ne l'avaient pas présentée à la justice, au nom du peuple.

— Ce n'est pas en ce sens que je suis tourmenté; nulle cliente n'a donné à son conseil moins d'embarras que Marie Monson; à mes yeux, Timms, elle ne paraît avoir aucune inquiétude sur le résultat. C'est la suprême innocence, ou une pratique consommée. J'ai défendu bien des personnes que je savais coupables, et deux ou trois que je croyais innocentes; mais je n'ai jamais vu précédemment une cliente aussi indifférente que celle-ci.

Et cela était bien vrai. La nouvelle même de sa comparution devant le grand jury n'avait pas paru lui causer grand effroi. Peut-être s'y attendait-elle depuis le commencement, et s'était-elle préparée à cet événement avec une fermeté rare chez les presonnes de son sexe, jusqu'au moment de la dernière épreuve, alors que leur courage semble s'élever avec les circonstances. Quant à sa compagne, que Timms avait élégamment décorée du nom de dame de compagnie, la sensible et fidèle Marie Moulin, elle semblait en ressentir beaucoup plus d'émotion. On se rappelle que Wilmeter avait entendu le simple cri de — *Mademoiselle*, — lorsque la Suissesse fut admise la première fois à la prison ; depuis, un voile impénétrable enveloppait leur manière d'être. Cependant, les meilleurs sentiments et une entière confiance paraissaient exister entre la maîtresse et la suivante, si on peut donner ce nom à Marie, d'après la façon dont on la traitait. Loin d'être tenue à distance, comme il arrive d'ordinaire avec les domestiques, la Suissesse était admise à la table de Marie Monson, et aux yeux d'observateurs indifférents elle aurait bien pu passer pour ce que Timms l'avait si élégamment appelée, — *Dame de compagnie.* — Mais Jack Wilmeter connaissait trop le monde pour être si facilement trompé. Il est vrai que, lorsqu'il faisait ses courtes visites à la prison, Marie Moulin était à coudre près du siége de la prisonnière, fredonnant même parfois des airs nationaux en sa présence, mais notre jeune homme connaissait la position originelle de la suivante, et ne faisait pas à la maîtresse l'injure de la lui comparer. N'eût-il rien su de la condition réelle de Marie Moulin, le seul mot de — *Mademoiselle,* — lui aurait fait pénétrer dans les secrets des deux femmes plus qu'on ne l'imagine. Il n'ignorait pas qu'en France, ces façons de parler, — *Monsieur,* — *Madame,* — *Mademoiselle,* — sans y ajouter de nom, appartiennent exclusivement aux domestiques, dans leurs rapports avec les maîtres qu'ils servent, et sont considérées par eux comme des marques de respect. Et à cet égard, Jack Wilmeter raisonnait juste ; car un jeune homme, qui commence à devenir amoureux, est très-apte à imaginer mille choses auxquelles il n'aurait pas songé, et qu'il n'aurait jamais vues dans une disposition plus calme. Bien plus, John s'était cru séduit par les attraits d'une autre, jusqu'à ce que cette extraordinaire cliente de son oncle se fût rencontrée sur ses pas d'une manière si inattendue. Ainsi est fait le cœur humain.

La bonne et complaisante mistress Gott accordait à sa prisonnière tous les agréments que comportait son devoir. De nouvelles précautions furent prises pour la sûreté de l'accusée, dès que la présentation devant le grand jury fut arrêtée, et cela par un ordre direct du Palais ; mais, ces points une fois observés, il était au pouvoir de celle que Timms aurait appelée — la dame du shériff — de permettre une foule de petites douceurs qui étaient, selon toutes les apparences, accordées d'aussi grand cœur, qu'acceptées avec reconnaissance.

John Wilmeter était autorisé à rendre régulièrement deux visites par jour à la prison, et autant, en plus, que son adresse savait inventer de prétextes plausibles. Mistress Gott ouvrait chaque fois la porte extérieure avec le plus grand plaisir; et, en vraie femme qu'elle était, elle avait le tact de se tenir aussi éloignée de la fenêtre grillée, où les parties se rencontraient, que le lui permettait l'étendue de la chambre extérieure. Marie Moulin n'était guère moins discrète, en faisant mouvoir son aiguille; à ces moments-là, au fond de la cellule, avec deux fois plus de vivacité qu'à toute autre heure. Néanmoins il ne se passait rien entre les deux jeunes gens qui réclamât cette délicate réserve. La conversation, il est vrai, roulait le moins possible sur l'étrange et singulière situation de l'un des deux interlocuteurs, ou sur les occupations qui retenaient le jeune homme à Biberry. Elle ne roulait pas non plus sur l'amour. Il y a un moment d'arrêt dans les attachements du cœur, pendant lequel de fins observateurs peuvent découvrir les symptômes du mal qui approche, mais où ne se trahit pas encore l'existence actuelle de l'épidémie. Du côté de Jack, il est vrai que ces symptômes devenaient non-seulement de plus en plus apparents, mais encore de plus en plus évidents et distincts; tandis que du côté de la jeune femme, tout spectateur tant soit peu clairvoyant aurait pu remarquer que sa figure était plus animée, et qu'il se manifestait en elle des signes d'un intérêt croissant de jour en jour, à mesure que l'heure de l'entrevue approchait. Elle s'intéressait à son jeune conseiller légal; et l'intérêt, chez la femme, est le précurseur ordinaire de la passion. Nous plaignons l'homme qui ne peut intéresser, et qui ne fait qu'amuser.

Bien que ce point fût si peu touché dans les courts dialogues entre Wilmeter et Marie Monson, il y en avait d'autres tenus tour à tour des deux côtés avec la bonne mistress Gott, où la réserve était moins observée; on permettait au cœur d'avoir plus d'influence sur les mouvements de la langue. La première de ces conversations que nous jugeons à propos de rapporter, et qui eut lieu après la nouvelle de la présentation devant le grand jury, succéda immédiatement à une entrevue à la grille, trois jours après la consultation à la ville, et deux jours après la mise en œuvre de toutes les manigances de Timms dans le comté.

— Eh bien, dans quelle disposition l'avez-vous trouvée aujourd'hui, monsieur Wilmington? demanda mistress Gott, avec douceur, et se servant du nom qu'elle avait entendu si souvent dans la bouche de Michel Millington. C'est une terrible position pour tout être humain, et c'est une femme jeune et délicate qui s'y trouve, prête à être jugée pour assassinat et pour incendie, et cela, si tôt !

— Ce qu'il y a de plus extraordinaire dans cette circonstance, mistress Gott, répliqua Jack, c'est la parfaite indifférence de miss Monson, à un péril si redoutable! A mes yeux, elle paraît plus désireuse d'être bien enfermée dans une prison que d'échapper à un jugement qui pourrait être plus qu'une jeune femme si délicate ne serait capable de supporter.

— C'est très-vrai, monsieur Wilmington; et elle paraît n'y songer jamais. Vous savez ce qu'elle a fait, Monsieur?

— Ce qu'elle a fait! rien de singulier, j'espère!

— J'ignore ce que *vous* appelez singulier, mais il me semble à moi que c'est des plus singuliers. N'avez-vous pas entendu un piano et un autre instrument de musique, quand vous vous êtes approché de la prison?

— Je l'ai entendu assurément, et je me demandai avec étonnement qui pouvait faire de si bonne musique à Biberry.

— Biberry possède un grand nombre d'excellentes musiciennes, je vous assure, monsieur Wilmington, répliqua mistress Gott, un peu froidement, bien que sa bonne nature reprît immédiatement le dessus, et brillât dans un de ses plus francs sourires, — et celles qui ont été à la ville ont pu défier les plus habiles exécuteurs d'Europe, qui ont été si nombreux depuis quelques années. J'ai entendu de bons juges dire que le comté de Dukes n'est pas inférieur à l'île de Manhattan surtout pour le piano.

— Je me rappelle qu'étant à Rome, j'ai entendu dire à un Anglais que quelques jeunes dames du comté de Lincoln étonnaient les Romains par leur accent italien en chantant des opéras italiens, répondit Jack en souriant. Ainsi, il n'y a pas de limites, ma chère mistress Gott, à la perfection provinciale dans toutes les parties du monde.

— Je crois vous comprendre, mais je ne suis nullement blessée du sens de vos paroles. Nous ne sommes pas très-susceptibles dans les abords des prisons. Il est, néanmoins, une chose que j'affirmerai : la harpe de Marie Monson est la première, je crois, qu'on ait entendue à Biberry. Gott m'a dit (c'était le nom familier dont se servait la bonne femme en parlant du *haut* shériff de Dukes, comme les journaux affectaient d'appeler ce fonctionnaire) qu'il rencontra une fois quelques jeunes Allemandes courant le comté, jouant et chantant pour de l'argent, et qu'elles avaient un instrument absolument comme celui-ci, mais pas à moitié aussi élégant ; j'ai conçu de là le soupçon que Marie Monson pourrait bien être une de ces musiciennes voyageuses.

— Eh quoi ? pour courir la campagne, jouer et chanter dans les rues de village ?

— Non, pas cela ; je vois assez qu'elle ne peut être une femme de *cétte espèce*. Mais il y a toutes sortes de musiciens, comme il y a toutes sortes de médecins et d'avocats, monsieur Wilmington. Pourquoi Marie Monson ne serait-elle pas une de ces étrangères qui s'enrichissent tout en chantant et en jouant ? Elle a autant d'argent qu'il lui en faut, et le dépense largement. Je vois cela à la manière dont elle en fait usage. Pour mon compte, je voudrais qu'elle eût moins de musique et moins d'argent pour le moment, car les deux ne lui font pas grand bien à Biberry.

— Pourquoi pas ? Est-il un être humain qui puisse trouver du mal à de la mélodie et à un esprit généreux ?

— Les gens trouvent du mal à tout, monsieur Wilmington, quand ils n'ont rien de mieux à faire. Vous savez comme moi-même ce qui en est de nos villageois. La plupart croient Marie Monson coupable, et il y a peu d'exceptions. Ceux qui la croient coupable disent que c'est insolent à elle de s'occuper à chanter et à jouer dans la prison où elle est enfermée, et pour cette raison ils parlent contre elle.

— Voudraient-ils la priver d'une consolation aussi innocente que celle qu'elle retire de sa harpe et de son piano pour ajouter à ses autres souffrances? Vos habitants de Biberry doivent avoir mauvais cœur, mistress Gott.

— Le peuple de Biberry ressemble au peuple d'York, au peuple américain, au peuple anglais, et à tout autre peuple, j'imagine, si l'on connaissait la vérité, monsieur Wilmington. Ce qu'ils n'aiment pas, ils le désapprouvent, voilà tout. Maintenant, si j'étais du nombre des personnes qui croient que Marie Monson a réellement assassiné les Goodwin, pillé leur commode, mis le feu à leur maison, il serait contre mes sentiments aussi d'entendre sa musique, quelque bien qu'elle joue, quelques doux que soient les accords qu'elle tire de ces cordes harmonieuses. Certaines gens prennent très-mal l'introduction de la harpe dans la prison.

— Pourquoi cet instrument plutôt qu'un autre? c'était celui dont jouait David.

— Ils disent que c'est l'instrument favori de David, et qu'il ne doit résonner que de paroles et de sons religieux.

— Il est un peu surprenant qu'un peuple aussi pieux que le vôtre oublie si souvent que la charité est la première des vertus chrétiennes.

— Il croit que l'amour de Dieu vient en premier, et qu'on ne doit jamais perdre de vue son *honneur* et sa *gloire*. Mais je suis de votre avis, monsieur Wilmington : sois bonne pour tes semblables, c'est ma règle, et je suis sûre que c'est la meilleure manière d'aimer mon *créateur*. Oui, un grand nombre de voisins prétendent qu'une harpe est déplacée dans une prison, et me disent que l'instrument dont joue Marie Monson est une vraie antique.

— Antique! quoi, une harpe des âges passés?

— Non, je ne veux pas dire tout à fait cela, répondit mistress Gott en rougissant un peu, mais une harpe si semblable à celle dont se servait le psalmiste, qu'on ne pourrait la distinguer.

— Je crois que David avait une grande variété d'instruments à cordes, à partir du luth; mais les harpes sont très-communes, mistress Gott, si communes, que nous les entendons aujourd'hui dans les rues et même à bord des paquebots. Elles n'ont rien de nouveau, même dans ce pays.

— Oui, Monsieur, dans les rues et à bord des paquebots ; mais le public tolérera des choses faites pour *lui*, et ne les tolérera pas chez les particuliers ; je suppose que vous savez *cela*, monsieur Wilmington ?

— Mais les prisons sont faites pour le public, et on doit y permettre les harpes aussi bien que dans les autres places publiques.

— Je ne sais comment cela se fait ; je ne suis pas forte sur le raisonnement ; mais pour une raison ou pour une autre les voisins n'aiment pas voir Marie Monson jouer de la harpe ou du piano dans la position où elle se trouve. Je voudrais bien, monsieur Wilmington, que vous l'avertissiez à ce sujet.

— Lui dirai-je que la musique *vous* est désagréable ?

— Dieu vous en garde ! J'adore la musique, mais les voisins ne l'aiment pas. Et puis elle ne se montre jamais à la grille aux personnes du dehors comme tous les autres prisonniers. Le public veut la voir et causer avec elle.

— Vous ne pourriez vous attendre à ce qu'une jeune femme bien élevée se donnât en spectacle pour amuser les regards de tout ce qu'il y a de vulgaire et de curieux à Biberry et dans les environs !

— Eh ! monsieur Wilmington, vous êtes beaucoup trop jeune pour vous occuper d'un semblable procès. Esquire Timms est un homme qui comprend le comté de Dukes, et il vous dirait qu'il n'est pas sage de parler des gens vulgaires dans les environs ; au moins jusqu'à ce que le verdict soit rendu. D'ailleurs, la plus grande partie du peuple est portée à croire qu'on a le droit de regarder un prisonnier dans le cachot commun. Je sais qu'ils agissent comme s'ils pensaient ainsi.

— Il est bien assez dur d'être accusé et emprisonné sans soumettre la victime à aucune autre dégradation. Personne n'a le droit de demander à voir miss Monson, que ceux qu'elle juge à propos de recevoir, et les officiers de la loi : il serait outrageant de tolérer de simples curieux désœuvrés.

— Eh bien, si vous pensez ainsi, monsieur Wilmington, ne le faites savoir à personne. Quelques membres du clergé sont venus ici, ou ont envoyé faire l'offre de leur visite, si on voulait l'accepter.

— Et quelle a été la réponse? demanda Jack vivement.

— Marie Monson a reçu toutes ces propositions en vraie reine, avec politesse, mais avec froideur; une fois ou deux, ou quand vinrent le méthodiste et le baptiste, ce sont les premiers qui viennent d'ordinaire, elle me parut blessée. Le sang lui monta au visage et disparut instantanément. Tantôt elle était pâle comme la mort, puis brillante comme une rose; quelles couleurs elle a parfois, monsieur Wilmington! Dukes est assez célèbre par ses frais minois; mais on aurait de la peine à en trouver un comme le sien, quand elle ne pense pas...

— A quoi, ma bonne mistress Gott?

— Mais la plupart des voisins le disent, aux Goodwin. Pour moi, comme je ne crois pas qu'elle ait jamais touché à un cheveu de la tête du vieux couple, j'en conclus qu'elle a d'autres sujets pénibles de réflexion qui n'ont aucun rapport avec ces *gens-là*.

— Elle a certainement, pour avoir les joues pâles, de pénibles sujets de réflexion, et ils *ont* rapport à ce couple infortuné; mais il faut que je sache tout. Que lui reprochent encore les voisins?

— Les langues étrangères? ils pensent que quand un grand jury a rendu un verdict, elle ne doit parler qu'en bon anglais, de manière à être comprise de ceux qui l'entourent.

— En un mot, on ne croit pas qu'il soit suffisant d'être accusée d'un crime comme l'assassinat, il faut que toutes sortes d'inventions viennent à la suite pour rendre l'accusation aussi horrible que possible.

— Ils ne regardent pas cela de cette manière. Le public croit que dans une affaire publique il a le droit de connaître tout ce qui s'y rapporte.

— Et quand la preuve est défectueuse, il imagine, il invente, il affirme.

— Ce sont les mœurs du jour. Je suppose que toutes les nations ont les leurs et les suivent.

— Une chose me surprend un peu à ce sujet, reprit Jack après avoir réfléchi un instant; la voici: Dans la plupart des procès où les femmes ont quelque chose à démêler avec la loi, l'opinion dans ce pays, surtout ces dernières années, a été en leur faveur.

— Eh bien, interrompit tranquillement mais vivement mistress Gott, et ne doit-il pas en être ainsi ?

— Cela ne se doit pas, à moins qu'elles ne le méritent. La justice a pour but de faire ce qui est équitable, et il est inique de prétendre que les femmes ont toujours raison, et les hommes toujours tort. Je sais que mon oncle pense que non-seulement les décisions de ces dernières années, mais les lois n'ont pas gardé trace de la sagesse du passé, et que petit à petit elles placent la femme au-dessus de l'homme, la faisant *elle*, et non pas *lui*, la tête de la famille.

— Eh bien, monsieur Wilmington, et n'est-ce pas entièrement juste ? demanda mistress Gott.

— Mon oncle croit que c'est très-mal, que par une galanterie déplacée la paix de la famille est compromise, la discipline détruite, et que par punition d'une fausse philanthropie, les fripons sont choyés aux dépens des honnêtes gens. Telles sont, du moins, les opinions de M. Thomas Dunscomb.

— Ah ! M. Thomas Dunscomb est un vieux garçon, et les femmes et les enfants des vieux garçons, nous le savons, sont toujours bien dirigés. C'est pitié qu'ils ne soient pas plus nombreux, répliqua la femme du sheriff dont la bonne humeur était inaltérable ; mais vous voyez que, dans le procès de Marie Monson, les sentiments sont plutôt contraires que favorables à une femme ; ce qui peut provenir de ce que l'une des personnes assassinées était aussi une femme.

— Le docteur Mac-Brain dit que c'étaient deux femmes, et sans doute vous en avez entendu parler. Peut-être sera-t-il cru, et la charge deviendrait double contre l'accusée.

— Il n'est *pas* cru. Tout le monde dans les environs sait que l'un des squelettes était celui de Pierre Goodwin. On prétend que l'attorney du district a l'intention de le prouver incontestablement. On ajoute que la loi est, dans un pareil cas, de montrer d'abord qu'il y a eu meurtre, puis d'en indiquer l'auteur.

— Cela se pratique à peu près comme cela, je crois, quoique je n'aie jamais assisté à un jugement pour ce crime. Peu importe ce que peut faire l'attorney du district, du moment qu'il ne prouve pas que miss Monson est coupable? et cela, ma bonne mistress Gott, vous et moi ne croyons pas qu'il le puisse.

— Sur ce point nous sommes d'accord, Monsieur. Je ne crois pas plus que Marie Monson ait fait ces choses, que je ne crois les avoir faites moi-même.

Jack exprima ses remerciements par un regard des plus reconnaissants, et l'entrevue cessa.

CHAPITRE X.

Pendant la paix l'Amour chante avec le berger ;
A la guerre, il s'élance au milieu du danger ;
Il se pare au château, danse sur la montagne ;
Il gouverne à la fois la ville et la campagne,
L'homme ici-bas, les saints au céleste séjour ;
Car l'amour est le ciel, et le ciel est l'amour!
Scott.

Ce sont les mœurs du jour, dit la bonne mistress Gott, dans une de ses remarques dans la conversation que nous venons de rapporter. D'autres usages, liés à d'autres intérêts, sont également dominants; et le temps est venu où nous devons déférer à l'un d'eux. En un mot, le docteur Mac Brain et mistress Updyke étaient sur le point d'être unis par le mariage. Comme nous avons peu parlé jusqu'ici de la fiancée, et que les incidents de notre roman nous imposent l'obligation de la produire sur la scène, nous allons donner quelques détails sur elle et sur sa famille.

Anna Wade était l'enfant unique de parents très-respectables et assez riches. A dix-neuf ans, elle épousa un avocat d'un âge convenable, et devint mistress Updyke. Cette union ne dura que huit ans, et elle resta veuve avec deux enfants, un garçon et une fille. Avec le temps ces enfants grandirent, la mère prodiguant tous ses soins à leur éducation et à leur bien-être. Dans tout cela il n'y eut rien de remarquable; on voit tous les jours des mères, devenues veuves, en faire autant avec un dévouement qui les rapproche des anges. Frank Updyke, le fils, avait fini son éducation, et on l'attendait tous les jours à son retour d'un voyage de trois ans en Europe. Anna, du même nom que sa mère, était au doux âge de dix-neuf ans, et la contre-partie de ce qu'avait été l'autre Anna à la même période de la vie. La fiancée du docteur Mac-Brain était loin d'être sans attraits, bien qu'ayant ses quarante-cinq ans comptés. Aux yeux du docteur Mac-Brain, elle était même charmante; pour en dire notre pensée, c'était une brunette bien conservée et encore agréable.

Il était peut-être assez singulier qu'après avoir échappé aux tentations d'un veuvage de vingt ans, cette dame songeât à se marier à un âge où la plupart des femmes renoncent à l'expectative de changer de condition. Mais mistress Updyke était une personne d'un cœur très-chaud; et elle prévit le jour où elle allait rester seule dans le monde. Son fils avait du penchant pour les courses aventureuses; dans ses lettres il parlait de voyages encore plus éloignés, et d'absences plus prolongées de la maison paternelle. Il avait hérité de son père une fortune indépendante, dont il était le maître depuis quelques années. Anna était beaucoup courtisée dans les cercles qu'elle fréquentait; jeune, riche, presque belle, gentille, douce, d'un cœur excellent, elle ne pouvait manquer de se marier de bonne heure dans une société comme celle de Manhattan. Telles étaient les raisons que mistress Updyke donnait à ses amies, quand elle jugeait à propos d'expliquer les motifs de sa présente résolution. Sans qu'elle eût l'intention de tromper, il n'y avait pas un mot de vrai dans ces explications. Mistress Updyke, malgré tout l'amour qu'elle avait eu pour l'époux de sa jeunesse, conservait les beaux restes d'un cœur chaud et affectueux; et Mac-Brain, bien conservé, d'un extérieur agréable, et plus âgé qu'elle de douze ans, avait trouvé moyen d'éveiller ses sympathies, au point de ranger une fois de plus la jolie veuve dans la catégorie des victimes de Cupidon. Il est très-possible à une femme de quarante ans d'aimer, et d'aimer de tout son cœur; quoique le monde prenne rarement autant d'intérêt à cette faiblesse, si faiblesse il y a, qu'à un attachement entre deux objets plus jeunes et plus beaux.

C'était tout cela que Tom Dunscomb appelait des « bagatelles. » Trois fois il avait vu son vieil ami engagé dans les douceurs du sentiment, trois fois il avait été choisi pour l'accompagner à l'autel; une fois à titre de garçon d'honneur, et dans les deux autres occasions, comme ami intime. L'avocat avait-il évité les traits du dieu malin, c'est ce qu'on ne pouvait dire, tant il avait réussi à dérober à l'observation cette partie de sa vie; mais que ce fût ou non, il faisait de ceux qui succombaient à cette passion le thème de ses intarissables plaisanteries.

Les enfants, d'ordinaire, regardent ces tardives inclinations de leurs parents avec surprise, sinon avec un vrai dégoût. La jolie Anna Updyke ressentit peut-être un peu de surprise, en apprenant d'une vénérable grand'tante le mariage prochain de sa mère; mais du dégoût, il n'y en avait pas. Elle considérait beaucoup son futur beau-père, et croyait que l'amour était la chose la plus naturelle du monde. Pour dire la vérité, Anna Updyke n'avait pas été dans le monde depuis deux ans (les jeunes filles, en Amérique, y sont menées si jeunes!) sans avoir une foule d'adorateurs. Manhattan est l'endroit de l'univers où une jeune fille, riche et jolie, obtient le plus facilement des offres. De riches et jolies filles sont ordinairement ailleurs à la recherche d'un mari; il faut précisément l'état de société qui existe dans ce « grand centre de commerce » pour donner à une jeune femme les plus belles chances dans cette vieille loterie. Là où la moitié du monde est venue des autres mondes, il y a quelques demi-douzaines d'années, où le bon vieux nom de Manhattan est regardé comme une nouveauté parmi cette foule qui sait à peine d'où elle descend, à quoi elle est destinée, et où peu de gens ont réellement une position dans la société, où un plus petit nombre encore connaît la vraie signification de ce terme, là, dis-je, l'argent et la beauté sont de constants objets de poursuite. Anna Updyke ne faisait pas exception. Elle avait refusé, de la manière la plus aimable possible, non moins de six offres directes, partant de ceux qui étaient déterminés à ne rien perdre par manque de confiance; elle avait jeté de l'eau froide sur deux fois autant de légères flammes qui avaient commencé à brûler; elle avait mis au feu quinze ou seize déclarations d'amour anonymes, en prose et en vers, qui venaient d'amateurs qui pouvaient l'admirer à distance, à l'Opéra et dans les rues, mais qui n'avaient pas d'autres moyens plus directs de communiquer avec elle. Les déclarations anonymes furent donc brûlées, sauf une exception. C'était en faveur d'un sonnet composé sur sa chevelure, qui, de fait, était magnifique. Par une sorte de magnétisme sentimental, Anna croyait que ces lignes avaient été écrites par Jack Wilmeter, l'un de ses plus assidus visiteurs et des heureux favorisés. Entre Jack et Anna, il y avait eu quelques galanteries échangées, qui avaient été vues de bon œil par la mère et le docteur Mac-Brain. Les parties elles-mêmes ne comprenaient pas leurs propres sentiments; car les affaires n'étaient pas bien avancées, quand Marie Monson parut si étrangement sur la scène, attira Jack à elle, par la séduction de la surprise et du mystère, sinon par celle d'une passion véritable. Comme Sarah Wilmeter était l'amie la plus intime d'Anna Updyke, il n'est pas extraordinaire que cette singulière fantaisie du frère fût un objet de conversation entre les deux jeunes personnes; chacune d'elles, probablement, était plus intéressée à sa conduite qu'aucune autre personne sur terre. Le dialogue que nous allons rapporter eut lieu dans la propre chambre d'Anna, le matin du jour qui précéda celui du mariage, et fit suite, assez naturellement, à certaines remarques qui avaient été faites sur l'événement qui approchait.

— Si ma mère était vivante, et qu'elle dût se marier, dit Sarah Wilmeter, je serais enchantée d'avoir pour beau-père un homme comme le docteur Mac-Brain. Je l'ai connu toute ma vie; il est, et il a toujours été si intime avec l'oncle Tom, que je le regarde presque comme un proche parent.

— Je l'ai connu aussi longtemps que je puis me rappeler, reprit vivement Anna, et j'ai non-seulement pour lui un grand respect, mais une vive affection : si je dois jamais me marier moi-même, je ne crois pas que j'aie moitié autant d'attachement pour le père de mon mari que je suis sûre d'en ressentir pour le docteur.

— Comment savez-vous que le père de votre mari existera ? John, à coup sûr, n'a plus le sien.

— John ! répliqua Anna d'une voix faible ; qu'est donc John pour moi ?

— Merci, ma chère ; il est quelque chose du moins pour moi.

— A coup sûr, un frère est naturellement quelque chose ; mais John n'est pas le mien, je vous prie de vous en souvenir.

Sarah jeta sur son amie un regard scrutateur ; mais les yeux d'Anna étaient baissés sur le tapis, tandis que la rougeur de sa joue s'étendait jusqu'aux tempes. Son amie vit, en effet, que Jack n'était pas *son frère*.

— Tout ce que je veux dire, continua Sarah en suivant plutôt le fil de ses propres pensées que le cours de la conversation entamée, c'est que Jack joue en ce moment un rôle assez niais.

Anna leva les yeux : sa lèvre trembla légèrement, et la rougeur abandonna sa joue. Toutefois elle ne répliqua rien. Les femmes peuvent écouter avec attention en de pareils moments, mais parler est au-dessus de leur pouvoir. Les amies se comprirent mutuellement, et Sarah continua ses remarques absolument comme si l'autre eût répondu.

— Michel Millington nous fait d'étranges rapports sur la conduite de Jack à Biberry. Selon lui, il semble ne faire rien, ne penser à rien, ne parler de rien ; il se donne tout entier au procès de Marie Monson.

— Je suis sûre que c'est une position assez cruelle pour éveiller la pitié d'un roc, dit Anna Updyke d'un ton bas ; une femme, une dame surtout, accusée de crimes si terribles, d'assassinat et d'incendie !

— L'oncle Tom a-t-il dit quelque chose de cette Marie Monson et de la singulière conduite de Jack ?

— Il parla de sa cliente comme d'une personne bien extraordinaire, de ses perfections, de ses agréments, de sa beauté. En somme, il paraît ne savoir que penser d'elle.

— Et que dit-il de Jack ? Vous n'avez pas besoin d'avoir de la réserve avec moi, Anna ; je suis sa sœur.

— Je le sais très-bien, chère Sarah, mais le nom de Jack ne

fut pas mentionné, je crois; il ne le fut certainement pas à ce moment et dans la conversation à laquelle je fais allusion.

— Mais à d'*autres* moments, ma chère, et dans d'*autres* conversations?

— Il dit une fois quelque chose sur le zèle de votre frère touchant les intérêts de la personne qu'il appelle sa cliente du comté de Dukes; rien de plus, je vous assure. C'est le devoir des jeunes avocats de montrer beaucoup de zèle pour les intérêts de leurs clients, j'imagine.

— Assurément, et surtout quand le client est une jeune dame dont les poches sont bien garnies. Mais Jack est au-dessus du besoin, et peut agir avec droiture en tout temps et en toute circonstance. Je voudrais qu'il n'eût pas vu cette étrange créature.

Anna Updyke resta quelques instants silencieuse, jouant avec la bordure de son mouchoir. Elle dit alors timidement, et en parlant comme si elle désirait une réponse, tout en la redoutant :

— Marie Moulin ne sait-elle rien sur son compte?

— Beaucoup, si elle voulait me le dire. Mais Marie, aussi, est passée à l'ennemi depuis qu'elle a vu cette sirène. Je ne puis obtenir un mot d'elle, quoique je lui aie écrit trois lettres, sinon qu'elle connait « *Mademoiselle* » et qu'elle ne peut la croire coupable.

— Le dernier point, à coup sûr, est très-important. Si elle est réellement innocente, quel dur traitement elle a subi! Il n'est pas étonnant que votre frère lui porte un si profond intérêt. Il a un cœur chaud et généreux, Sarah, et il lui sied bien de consacrer son temps et ses talents au service de l'opprimé.

Ce fut au tour de Sarah à être silencieuse et pensive. Elle ne fit pas de réponse, car elle comprenait bien qu'un mobile très-différent de celui que venait d'indiquer son amie dirigeait la conduite de son frère.

Nous avons rapporté cette conversation comme le moyen le plus court d'informer le lecteur du véritable état des choses dans la coquette habitation de mistress Updyke, dans Eighth-Street. Il nous reste néanmoins beaucoup à dire; car nous sommes au matin du jour fixé pour le mariage de la maîtresse de la maison.

Dès six heures du matin, les futurs se rejoignirent à la

porte de l'église, l'une des constructions les plus gothiques dans le nouveau quartier de la ville ; et cinq minutes suffirent pour les unir. Anna sanglota en voyant sa mère se séparer d'elle, ainsi qu'il lui semblait ; et la mariée elle-même était un peu émue. Quant à Mac-Brain, suivant la description qu'en fit son ami Dunscomb, à leur réunion du dîner :

— Il soutint le feu comme un vétéran ! Impossible d'effrayer un individu qui a présenté trois fois l'anneau nuptial. Vous vous rappelez que Ned a déjà tué deux femmes, outre toutes les autres personnes qui lui sont passées par les mains ; et je suis convaincu que sa confiance est considérablement augmentée par la connaissance qu'il a que nul de nous n'est immortel, au moins comme mari ou femme.

Mais les plaisanteries de Tom Dunscomb n'influèrent en rien sur le bonheur de son ami. Toute bizarre que peut paraître à quelques-uns cette union, elle était de celles qui se basent sur un vif et sincère attachement. Aucun des deux époux n'avait atteint cette période de la vie où la nature commence à se ressentir du poids des années ; ils avaient devant eux la raisonnable perspective de contribuer largement à leur bonheur réciproque. La mariée était habillée avec une grande simplicité, mais avec goût, et justifiait pleinement la passion que Mac-Brain, dans ses conversations avec Dunscomb, prétendait éprouver pour elle. Jeune pour son âge, modeste dans ses manières et dans son extérieur, d'une tournure encore attrayante, la veuve Updyke devint mistress Mac-Brain d'un air de délicatesse féminine aussi charmant qu'aurait pu l'avoir une personne de la moitié de son âge. Elle fut confuse et rougissante quand son époux, la prenant par la main, la conduisit à sa propre voiture, qui se tenait à la porte de l'église, et tous deux se rendirent à Timbully.

Quant à Anna Updyke, elle alla passer une semaine à la campagne avec Sarah Dunscomb, une fille même étant de trop dans une lune de miel. Rattletrap était le nom singulier que Tom Dunscomb avait donné à sa maison de campagne. C'était une petite villa sur les bords de l'Hudson et dans l'intérieur de l'île de Manhattan. Cachée dans un bois, c'était la demeure qui convenait à un garçon pour cacher ses bizarreries. C'est là que Dunscomb concentrait ses acquisitions superflues, y compris les charrues dont il ne faisait jamais usage, et toute espèce d'instruments de fermage condamnés au même désœuvrement, et tous les objets nécessaires à l'art de la pêche et de la chasse, dont il se passait la fantaisie, bien que l'avocat ne tînt jamais une ligne et ne se servît jamais d'un fusil. Mais Tom Dunscomb, quoiqu'il professât du dédain pour l'amour, avait des fantaisies à sa façon. Il éprouvait un certain plaisir de *paraître* avoir ces différents goûts, et il dépensait beaucoup d'argent pour Rattletrap dans l'achat de ces ornements caractéristiques. Un jour que Jack Wilmeter s'était hasardé à demander à son oncle quel plaisir il pouvait trouver à rassembler tant d'articles coûteux et inutiles, qui n'avaient pas le moindre rapport apparent avec ses recherches habituelles et sa profession, il obtint la réponse suivante :

— Vous avez tort, Jack, de supposer que ces objets soient inutiles. Un avocat a besoin d'une foule de connaissances qu'il ne trouvera jamais dans ses livres. On doit avoir dans l'esprit les éléments de toutes les sciences et de la plupart des arts, pour faire un parfait avocat ; car leur application deviendra nécessaire dans mille occasions, où Blackstone et Kent ne sont d'aucune utilité. Non, non; je prise hautement ma profession, et je considère Rattletrap comme mon école de droit.

Jack Wilmeter était revenu de Biberry pour assister à la noce, et avait accompagné la réunion à la campagne, comme on l'appelait, quoique l'habitation de Dunscomb fût si près de la ville qu'il n'était pas difficile, quand le vent soufflait du sud, d'entendre le couvre-feu du Palais. La rencontre entre John Wilmeter et Anne Updyke fut heureusement rendue moins pénible par les circonstances particulières dans lesquelles se trouvait la dernière. Le sentiment qu'elle trahissait, la pâleur de ses joues, l'agitation de son maintien pouvaient assez naturellement être imputées à l'émotion d'une jeune fille, qui voit sa mère debout à l'autel à côté d'un homme qui n'est pas son père. Les jeunes gens se rencontrèrent pour la première fois à l'église, où l'on n'avait occasion d'échanger ni paroles ni regards. Immédiatement après la cérémonie., Sarah prit son amie à part avec elle, sur la route de Rattletrap, afin de donner aux dispositions et aux manières d'Anna le temps de se composer, sans qu'elle fût exposée à des observations désagréables. Dunscomb et son neveu roulèrent dans un léger tilbury ; quant à Michel Millington, il ne parut que tard à la villa, emmenant avec lui à dîner Timms, venu pour affaires ayant rapport au prochain jugement.

John Wilmeter et Anna Updyke ne s'étaient, à vrai dire, jamais parlé d'amour. Ils s'étaient connus depuis si longtemps et d'une manière si intime, que tous les deux regardaient le sentiment de tendresse qu'ils éprouvaient l'un pour l'autre, comme une pure affection de frère. « Jack est le frère de Sarah, pensait Anna, quand il lui arrivait de réfléchir sur ce point, et il est naturel que j'aie pour lui plus d'amitié que pour tout autre jeune homme. » « Anna est la plus intime amie de Sarah, pensait Jack, et c'est ce qui explique mon attachement pour elle. Que Sarah disparaisse, et Anna ne me serait rien, quoiqu'elle soit jolie, instruite et distinguée. Il me faut aimer ceux que Sarah aime, ou cela nous rendrait tous deux malheureux. » Tel était le raisonnement de Jack, alors qu'Anna commençait à peine à se former ; plus tard, l'habitude prit tant d'ascendant, que les deux jeunes gens se voyaient sans trop analyser leurs pensées. Jack venait de passer quelques semaines à Biberry, veillant attentivement, comme une sentinelle à son poste, aux intérêts de Marie Monson. Pendant ce temps, il n'avait pas été une fois admis dans les limites légales de la prison ; il tenait ses courtes, mais assez nombreuses conférences avec sa cliente, à la petite grille de la porte massive qui séparait la prison de l'habitation du shérif. La bonne mistress Gott lui aurait accordé l'entrée de la galerie, s'il lui avait demandé cette faveur ; mais cet acte de complaisance avait été défendu par Marie Monson elle-même. Elle recevait Timms, et conférait souvent avec lui en particulier, montrant un grand empressement pour les consultations qui précédèrent le jugement. Mais elle ne voulait recevoir John Wilmeter qu'à la grille, absolument comme une religieuse dans un couvent. Cette retenue même contribua à alimenter le feu qui avait été si soudainement allumé dans le cœur du jeune homme, sur lequel l'étrangeté de la position de la prisonnière, ses attraits personnels, ses manières, et toutes les autres particularités connues de sa personne, de son histoire, de son éducation et de sa conduite; s'étaient réunies pour produire la plus vive impression, malgré toute l'incertitude des résultats.

S'il y avait eu quelques confidences directes, au sujet de l'attachement qui avait pris racine si lentement, mais d'une manière si vive, dans le cœur de John et d'Anna, s'il s'était échangé un aveu, cette passion soudaine et inaperçue n'eût pas jeté le jeune homme dans une nouvelle direction. Il ignorait l'intérêt profond que lui portait Anna; elle-même ne s'en doutait guère, jusqu'au jour où Michel Millington apporta la triste nouvelle de l'entraînement de John pour la cliente de son oncle. Alors, Anna ressentit le plus sûr précurseur de l'amour le plus ardent, les angoisses de la jalousie; et pour la première fois de sa vie, elle connut la véritable nature de ses sentiments pour John Wilmeter. D'un autre côté, entraîné loin du cours habituel de ses affections par des sentiments soudains, impérieux, et nouveaux pour lui, John céda vite à l'influence des charmes de la belle prisonnière.

Tel était l'état des choses dans ce petit cercle, le jour du mariage de Mac-Brain, lorsque John rejoignit la réunion de famille. Quoique Dunscomb fît tout ce qu'il pût pour égayer le dîner, Rattletrap n'avait jamais renfermé de compagnie plus silencieuse que celle qui se trouvait en cette occasion assise autour de la table. John pensait à Biberry et à Marie Monson; l'imagination de Sarah était tout occupée de savoir pourquoi Michel Millington restait si longtemps absent, et Anna fut plusieurs fois sur le point de fondre en larmes par suite des émotions que lui causaient en même temps le mariage de sa mère et le changement de John Wilmeter.

— Qui diable retient donc Michel Millington et ce drôle de Timms, et les empêche de nous rejoindre à dîner? dit le maître de la maison, comme on plaçait le fruit sur la table; et fermant un œil, il regarda de l'autre à travers le coloris brillant d'un verre de madère frappé, son vin favori. Tous deux m'ont promis d'être ponctuels; et tous deux ont sottement manqué l'heure. Il savaient qu'on servait le dîner à quatre heures.

— Si l'un est en retard, l'autre doit l'être, reprit John; vous vous rappelez qu'ils doivent venir ensemble?

— C'est vrai; et Millington est assez exact, surtout quand il rend visite à Rattletrap. — Ici Sarah rougit un peu; mais comme son mariage était arrêté, il n'y avait pas lieu d'être déconcertée. Il nous faudra, la semaine prochaine, emmener Michel avec nous dans le comté de Dukes, miss Wilmeter; le cas est trop grave pour que nous négligions de rassembler toutes nos forces.

— Jack doit être occupé au sujet du jugement, oncle Tom? demanda la nièce avec intérêt.

— Jack aussi, tout le monde, en un mot. Quand la vie d'une charmante jeune femme est en jeu, il convient que son conseil déploie de l'activité et des soins. Je n'ai jamais eu précédemment une cause où mes sentiments fussent plus complétement engagés; non, jamais.

— Un conseil n'est-il pas toujours engagé, de cœur et de tête, dans les intérêts de ses clients, et ne devient-il pas, suivant votre expression à vous, messieurs du barreau, une partie d'eux-mêmes?

La question était posée par Sarah, mais elle fit lever les yeux à Anna, et la rendit attentive à la réponse; peut-être croyait-elle qu'elle pourrait lui expliquer le profond dévouement de John pour servir la cause de l'accusée.

— Bien loin de là, dans la plupart des cas, répliqua l'oncle, quoiqu'il y en ait d'autres où tous les sentiments soient engagés; mais l'intérêt que je porte au droit et à tout ce qui s'y rattache diminue de jour en jour.

— Quel peut en être le motif, Monsieur? je vous ai entendu appeler l'homme dévoué à sa profession.

— C'est parce que je n'ai pas de femme. Qu'un homme vive en garçon, et je parie dix contre un qu'il aura quelque sobriquet. D'un autre côté, qu'il se marie deux ou trois fois, comme Ned Mac-Brain, — pardon, Anna, de parler irrespectueusement de votre papa ; — mais qu'un individu prenne une troisième femme, et du coup il attache à son nom celui « de famille. » C'est un excellent avocat « de famille », c'est un fameux médecin « de famille, » ou un homme tout confit de piété

— Vous portez de la haine au mariage, oncle Tom.

— C'est bon ; si j'en ai, elle s'arrête à moi. *Vous* en êtes exempte, ma chère, et j'ai assez de penchant à croire que Jack sera marié avant un an d'ici ; mais enfin voici ces retardataires.

Quoique l'oncle ne fît pas allusion à la personne que son neveu devait épouser, tous à la fois, à l'exception de lui, songèrent à Marie Monson. Anne devint pâle comme la mort ; Sarah sembla pensive et même triste, et John devint écarlate. Mais l'entrée de Michel Millington et de Timms fit naturellement rouler la conversation sur un autre sujet.

— Nous vous attendions à dîner, Messieurs, dit sèchement Dunscomb en passant la bouteille à ses hôtes.

— Les affaires avant la table, c'est ma passion, Esquire Dunscomb, répliqua Timms. M. Millington et moi avons été très-occupés au bureau depuis que M. Mac-Brain et sa dame....

— Sa femme, dites, sa femme, Timms, s'il vous plaît, ou mistress Mac-Brain, si vous l'aimez mieux.

— Je m'étais servi du premier mot par respect pour les autres dames présentes. Elles aiment, je crois, Monsieur, quand nous parlons d'elles, que notre langage se ressente de l'hommage et des égards que nous leur devons.

— Bah, bah, Timms, croyez-moi, laissez toutes ces façons de côté. Il faut toute une vie pour les posséder, et encore commencer au berceau. Et quand c'est fait, c'est tout au plus si elles valent la peine qu'elles donnent. Parlez en bon, franc et pur anglais, vous ai-je toujours dit, et vous vous en tirerez toujours, mais ne visez pas à l'élégance. Docteur Mac-Brain et sa dame équivaut presque à la « dame de compagnie. » Vous n'aurez jamais la femme qui vous convient si vous ne renoncez à de pareilles absurdités.

— Je vais vous expliquer la chose, Esquire : tant qu'il s'agit de loi et de moralité, et j'ajouterai même de politique générale, je vous regarde comme le plus habile conseiller ; mais en fait de mariage, je ne vois pas comment vous en sauriez plus long que moi-même. J'ai l'intention, *moi*, de me marier l'un de ces jours, et c'est plus que vous n'avez jamais fait.

— Non, mon grand souci a été d'échapper au mariage ; mais un homme peut prendre une connaissance assez exacte des femmes en manœuvrant autour d'elles dans cette intention ; je ne suis pas certain que celui qui y a échappé deux ou trois fois n'en sache pas autant que celui qui a eu deux ou trois femmes ; que pensez-vous de tout ceci, Millington ?

— Que je ne désire pas y échapper quand mon choix a été libre et heureux.

— Et vous, Jack ?

— Monsieur !... répondit le neveu en tressaillant comme s'il était arraché à de profondes méditations, est-ce à moi que vous parlez, oncle Tom ?

— Celui-là ne nous sera pas d'un grand service la semaine prochaine, Timms, dit l'avocat d'un air calme en remplissant de madère frappé son verre et celui de son voisin ; ces accusations capitales demandent la plus grande vigilance, surtout quand on a contre soi le préjugé populaire.

— Si le jury déclarait Marie Monson coupable, quelle serait la sentence de la cour ? demanda Sarah en s'adressant à Michel.

— Je suis effrayé de parler de lois et de Constitution en présence de votre oncle, répliqua le fiancé de Sarah, depuis la leçon que nous avons reçue, Jack et moi, dans cette affaire du toast.

— A propos, Jack, ce dîner a-t-il eu lieu ? demanda l'oncle tout à coup ; j'ai cherché vos toasts dans les journaux, mais je ne me souviens pas de les y avoir trouvés.

— Vous n'auriez pas pu y trouver un toast de ma façon, car j'allai à Biberry ce matin-là même, et je n'en revins qu'hier soir.

La physionomie d'Anna prit la teinte d'un lis au moment où il commence à courber la tête.

— Je crois cependant, continua Jack, que l'affaire n'a pas eu de suite, vu que personne ne paraît savoir, par le temps qui court, quels sont et quels ne sont pas les amis de la liberté. C'est le peuple aujourd'hui ; le pape, le jour suivant ; quelque prince, demain ; et à la fin de la semaine nous pourrions avoir a notre tête un Mazaniello ou un Robespierre.

— Les affaires paraissent singulièrement disloquées, et le monde me semble être sens dessus dessous.

— Tout cela est dû, Timms, à cet infernal Code qui suffit pour révolutionner la nature elle-même, s'écria Tom Dunscomb avec une animation qui produisit le rire parmi les jeunes gens, à l'exception d'Anna. Depuis que cette invention opère parmi nous, je ne sais jamais quand une cause sera appelée, un jugement rendu, ni d'après quels principes il faut se guider. Eh bien, il faut en essayer, et en tirer quelque bien, si nous le pouvons, dans cette affaire capitale.

— Non, l'issue ne peut plus tarder, Esquire, et j'ai quelques faits à vous communiquer qu'il peut être bon de comparer avec la loi, sans délai.

— Finissons d'abord cette bouteille. Si les jeunes gens veulent nous aider, il n'y en aura guère qu'un verre chacun.

— Je ne pense pas que le Squire soit jamais porté dans les votes des sociétés de tempérance, dit Timms, remplissant son verre jusqu'au bord.

— Et vous, vous espérez sans doute être poussé par elles ; j'ai entendu parler de vos manœuvres, maître Timms, et l'on m'assure que vous aspirez à entrer au sénat. Eh bien, il y a place pour des hommes qui valent mieux, mais on y a vu des hommes qui valent moins. Maintenant, retirons-nous dans ce que j'appelle le bureau de Rattletrap.

CHAPITRE XI.

> La fraise croit sous les orties, et d'autres fruits y murissent près de fruits de moindre qualité.
>
> *Henry V.*

Un joli pavillon s'élevait dans l'un des bosquets de Rattle-trap; dominant les eaux de l'Hudson, il avait pour fondation le roc du rivage. Il contenait deux chambres dans l'une desquelles Dunscomb avait fait placer une bibliothèque, une table, un fauteuil à roulettes et un divan. L'autre était meublée comme l'est ordinairement un kiosque, et restait toujours accessible à tous les membres de la famille. Le sanctuaire, ou le bureau, était fermé à clef : c'est là que le propriétaire apportait souvent ses paperasses, et passait des jours entiers, pendant les mois d'été, alors que c'est l'usage de se retirer de la ville, pour préparer ses causes. Le conseiller se dirigeait en ce moment vers cet endroit, accompagné de Timms; ils avaient ordonné à un domestique d'apporter de la lumière et des cigares, fumer étant une des occupations régulières du bureau. En quelques minutes, les deux hommes de loi avaient un cigare à la bouche, et étaient assis à une petite fenêtre, qui commandait une belle vue sur l'Hudson, sur sa flotte de yachts, de bateaux à vapeur, de remorqueurs et de charbonniers, ainsi que sur la rive opposée, haute et rocailleuse, et qu'on n'a pas improprement appelé les Palissades.

Les cigares, les verres, et cette scène ravissante, pleine de mouvement et de vie, parurent pour un moment arracher les deux hommes de loi à l'affaire qui les réunissait. C'était une preuve de l'effet de l'habitude qu'une personne comme Dunscomb, qui était réellement un noble cœur et l'ami de ses semblables, pût, à un tel moment, oublier qu'une vie humaine dépendait jusqu'à un certain point des décisions de cette entrevue, et permît à ses pensées de s'égarer bien loin d'un si grave intérêt. C'est ce qui avait lieu cependant ; et le premier sujet mis sur le tapis dans cette consultation n'avait aucun rapport à Marie Monson, ou à son prochain jugement, quoiqu'il amenât bientôt les interlocuteurs à s'occuper d'elle, comme il ne pouvait manquer d'arriver malgré leurs distractions.

— C'est une délicieuse retraite, Esquire Dunscomb, commença Timms, s'établissant avec compas et mesure dans un fauteuil ; je la fréquenterais souvent, si elle m'appartenait.

— J'espère que vous vivrez, Timms, pour être le maître d'un pied-à-terre aussi agréable, un jour ou l'autre. On me dit que votre clientelle est une des meilleures de Dukes ; deux ou trois mille dollars par an, j'imagine, à dire le fin mot.

— Elle vaut celle de qui que ce soit dans les environs, à moins que vous ne comptiez les grosses perruques d'York. Je ne nommerai pas la somme, même à un vieil ami comme vous, Esquire ; car un homme qui laisse voir le fond de sa bourse, n'aura bientôt d'autre valeur que la somme qui s'y trouve. Vous avez néanmoins des messieurs en ville qui parfois gagnent plus pour une seule cause que je ne fais en un an.

— N'importe, à considérer vos commencements, et votre position au barreau, Timms, vous réussissez assez bien. Êtes-vous à la tête de quelques procès dans les environs ?

— Cela dépend beaucoup de l'âge, vous savez, Esquire. En général, on fait entrer dans mes causes de plus anciens avocats ; mais j'en ai conduit à fin une ou deux sur mes propres épaules, et cela vaillamment.

— Ça a dû être plutôt par vos faits que par votre science légale. Les verdicts roulaient en somme sur le témoignage, n'est-il pas vrai ?

Assez, et c'est-là le genre de procès que j'aime. Un homme peut préparer son audience à l'avance, et calculer à peu près où elle le conduira ; mais, quant à la loi, je ne vois pas qu'en l'étudiant avec autant d'ardeur que je le fais, j'en devienne plus habile. Une cause n'est pas plus tôt décidée d'une manière, par un juge de New-York, qu'elle est décidée d'une autre dans la Pensilvanie ou la Virginie.

— Et cela avait lieu même quand les cours étaient identiques et avaient de la réputation! Aujourd'hui, nous avons huit cours suprêmes, et elles commencent par juger la loi de huit manières différentes. Avez-vous étudié le Code d'assez près, Timms?

— Non, Monsieur. On me dit que les choses finiront, en temps et lieu, par être toutes soumises à ses décisions, et je tâche d'être patient. Il renferme une chose que j'aime, moi. Il a fait disparaître de la loi tout le latin, ce qui est d'un grand secours pour nous autres pauvres écoliers.

— Il a cet avantage, j'en conviens; et avant qu'il ait fait son temps, il aura fait disparaître du latin toute la loi. On me dit qu'on a proposé d'appeler le vieux terme de procédure de « ne exeat » une injonction de « qu'on ne sorte pas. »

— Eh bien, des deux termes, le dernier, à mon avis, serait le meilleur.

— A votre avis, c'est possible, Timms. Comment aimez-vous les ordonnances pour les honoraires, et le nouveau mode d'obtenir les rémunérations?

— Admirable! Plus ils font d'innovations en ces matières, plus nous y creusons profondément, Esquire! Je n'ai jamais vu de réforme être utile au grand corps de la communauté; elle ne favorise que les individus.

— Il y a en ceci plus de vérité, Timms, que vous n'en soupçonnez probablement vous-même. Les réformes, plus de la moitié du temps, ne font que changer le bât des épaules de l'un pour le remettre sur les épaules de l'autre. Je ne crois pas non plus qu'on gagne beaucoup en s'efforçant de rendre la loi bon marché. Il serait meilleur pour la communauté qu'elle fût chère, bien qu'il se présente des cas où les frais peuvent équivaloir à un déni de justice. Il est regrettable que le monde prononce plus souvent sous l'influence des exceptions que sous celle de la règle. Du reste, ce n'est pas une petite affaire de rogner les gains d'un ou deux mille avocats affamés.

— En cela, vous avez raison, Esquire, si vous n'avez pas frappé juste auparavant. Mais le nouveau projet travaille bien pour nous, et, en un sens, il peut travailler bien pour le peuple.

La rémunération est la première chose à laquelle on songe aujourd'hui ; et quand le cas se présente, le client s'arrête pour penser. Tout le monde ne tend pas une bourse large et ouverte, comme la dame de Biberry.

— Eh ! elle continue de vous gratifier, n'est-ce pas, Timms? Combien vous a-t-elle donné tout ensemble ?

— Pas assez pour bâtir une aile à la Bibliothèque d'Astor, ni pour établir un ministre dans un temple gothique; assez, cependant, pour m'engager, cœur et tête, à son service. En tout, j'ai reçu mille dollars, outre l'argent des dépenses extérieures.

— Qui s'est monté à ?...

— Plus du double. C'est une affaire de vie et de mort, vous savez, Monsieur; et les prix s'élèvent en proportion. Tout ce que j'ai reçu m'a été donné soit en or, soit en papier courant. L'or m'embarrassa beaucoup; car je n'étais pas certain que quelques autres pièces n'auraient pas été reconnues, quoiqu'elles fussent toutes des aigles et des demi-aigles.

— Y a-t-il eu quelque reconnaissance de la sorte? demanda Dunscomb avec intérêt.

— Pour être franc avec vous, Esquire Dunscomb, j'envoyai le tout à la ville, et le mis en circulation dans le grand courant de Wall-Street, où il ne pouvait faire ni bien ni mal au jugement. Il eût été par trop naïf à moi de faire passer les pièces précisément parmi le peuple de Dukes. On ne saurait dire quelles en eussent été les conséquences.

— Il ne m'est pas très-facile de prévoir les conséquences des pièces d'échange que vous avez mises en circulation, à ce qu'il paraît. Des honoraires à un avocat, je les comprends; mais que diable avez-vous fait légalement des mille dollars pour les dépenses extérieures? voilà qui surpasse ma perspicacité. J'espère que vous n'avez pas essayé d'acheter des jurés, Timms?

— Non, Monsieur. Je connais trop bien les peines, pour m'aventurer dans de semblables moyens. D'ailleurs, il est trop tôt pour essayer de ce jeu. Des jurés peuvent être achetés; quelquefois ils le sont, à ce que j'ai entendu dire ; — ici Timms fit une grimace qui singeait la désapprobation — mais je n'ai rien fait de ce genre dans le procès de l'État contre Marie Monson. Il est trop tôt pour agir, à moins que les témoignages, au bout du compte, ne nous entraînent jusque-là.

— Je défends toutes mesures illégales, Timms. Vous savez que ma manière de traiter une cause est de ne jamais franchir les limites de la loi.

— Oui, Monsieur; je comprends votre principe, qui réussira pourvu que des deux côtés on s'y tienne. Mais qu'un homme se renferme aussi strictement qu'il lui fera plaisir dans les bornes de ce qu'on appelle l'honnêteté, quelle certitude a-t-il que son adversaire observera la même règle? C'est là la grande difficulté que je trouve dans la conduite de la vie, Esquire; l'opposition renverse toutes les meilleures intentions. Ainsi, en politique, il n'y a pas d'homme dans le pays plus disposé que moi à soutenir les candidats respectables et les principes de la justice; mais le parti contraire me serre de si près, qu'avant la fin de l'élection, je suis prêt à voter pour le diable plutôt que d'avoir le dessous.

— C'est là l'excuse de l'homme pervers sur toute la surface du globe, Timms. En votant pour le monsieur dont vous venez de parler, vous vous rappellerez que vous soutenez l'ennemi de votre race, quels que puissent être ses rapports particuliers avec son parti. Mais dans cette affaire de Biberry, vous voudrez vous souvenir que ce n'est pas une élection, et que le diable n'y est pas candidat. Quel succès avez-vous obtenu avec vos témoignages?

— En voici le résumé, Monsieur; ça fait un joli gâchis! Autant que je puis le voir, nous aurons à nous reposer entièrement sur les témoins de l'État; car je ne puis rien tirer de l'accusée.

— Garde-t-elle toujours le même silence sur son passé?

— Avec autant de ténacité que si elle était muette. Je lui ai dit dans les termes les plus énergiques que sa vie dépend de sa comparution devant le jury avec une histoire sincère et une bonne réputation; mais elle ne m'aide en rien pour l'une ni pour l'autre. Je n'ai jamais eu précédemment une pareille cliente.

— Si généreuse, vous voulez dire, Timms, je suppose?

— Sous ce rapport, Esquire Dunscomb, elle est bien dans le

goût de ce que nous aimons, libérale et payant comptant. Comme de raison, je n'en suis que plus désireux de faire tout ce qui m'est possible dans son procès; mais elle ne me laissera pas la servir.

— Il doit y avoir quelque motif puissant pour toute cette réserve, Timms. Avez-vous questionné la Suissesse que ma nièce lui a envoyée. Nous la connaissons, *elle*, et il paraîtrait qu'elle connaît Marie Monson. C'est un moyen tout trouvé d'arriver au passé; j'espère que vous lui avez parlé?

— Elle ne me permet pas de dire un mot à sa suivante. Elles vivent là ensemble, causent l'une avec l'autre du matin au soir, et en français, pour que personne ne les comprenne; elle ne voit que moi, et seulement en public.

— En public! vous n'avez pas demandé des entrevues *particulières*, eh, Timms? Rappelez-vous vos appréciations sur le comté, et le grand danger qu'il y a à ce que les électeurs découvrent vos menées.

— Je sais bien, Esquire Dunscomb, que sous certains rapports vous n'avez pas de moi une très-flatteuse opinion; tandis que sous d'autres je crois que vous me placez assez haut sur l'échelle. Pour ce qui est du vieux comté de Dukes, je crois y faire aussi bonne figure que qui que ce soit, maintenant que les patriotes révolutionnaires sont partis. Tant qu'un d'eux a duré, nous autres gens modernes n'avions aucune chance; et la manière dont on mit au jour les reliques est surprenante! Si Washington avait eu une armée d'un dixième aussi forte que celle que ces patriotes lui attribuent, il aurait chassé les Anglais du pays bien des années plus tôt. Heureusement mon grand-père servit quelque temps dans cette guerre, et mon père était capitaine en 1814; c'est à ce métier qu'il a attrapé son rhumatisme. C'était pour moi un assez joli piédestal, et quoique vous en fassiez peu de cas, Esquire, je suis un favori du comté, en vérité!

— Personne n'en doute, Timms; comment pourrait-on en douter quand on connaît votre histoire? Attendez donc, je crois avoir entendu parler de vous la première fois comme d'un professeur de tempérance?

— Pardonnez-moi ; je débutai dans les Écoles Communales où je professai toute une saison avec quelque succès. Alors vint la question de tempérance, de laquelle, je l'avoue, je tirai un assez bon parti.

— Vous arrêtez-vous là, Timms, ou bien enfourcherez-vous un autre dada ?

— C'est mon habitude, esquire Dunscomb, d'essayer toutes sortes de médecines. Il y a des gens qui ne toucheront pas à la rhubarbe et qui avaleront des sels ; il en faut pour tous les palais. Les doctrines de liberté et d'émancipation sont en grande faveur ; mais ce sont choses capricieuses et inconstantes ; c'est une épée à deux tranchants ; aussi, par goût, je ne m'en mêle pas.

— Puisque vous parlez de faveur, Marie Monson est-elle en plus grande faveur aujourd'hui que la dernière fois que je vous vis ?

— Il n'est pas facile, Monsieur, de répondre à cette question. Elle paie bien, et l'argent est un puissant levier !

— Je ne vous demande pas ce que vous faites de son argent, dit Dunscomb éludant de plus amples explications, comme un homme qui savait bien qu'il y avait autant de ménagements à prendre pour sonder les côtés faibles de la morale que pour éviter une inflammation dans une blessure du corps ; mais, je l'avoue, j'aimerais à savoir si votre cliente se doute de l'usage qu'on en fait ?

Timms jeta un furtif regard derrière lui, approcha son siège de celui de son compagnon, et d'un ton confidentiel, comme s'il voulait lui révéler un secret qu'il aurait religieusement caché à tout autre :

— Non-seulement elle en est parfaitement instruite, répondit-il, mais elle entre dans cette affaire cœur et tête. A ma grande surprise, elle m'a suggéré deux ou trois procédés admirables dans leur genre. Admirables ! oui, Monsieur, tout à fait admirables ! Et si vous n'étiez pas si raide dans votre pratique, Esquire, je vous ravirais à vous conter le tout. Elle est subtile, soyez-en sûr, elle est extraordinairement subtile !

— Quoi ! cette jeune femme raffinée, élégante, parfaite !

— Elle a une ou deux perfections auxquelles vous n'avez jamais songé, Monsieur. Je la déclare le premier praticien du comté, et haut la main. Je croyais m'entendre quelque peu à la préparation d'une cause; mais elle m'a donné des avis qui me vaudront plus que tous ses honoraires.

— Vous ne voulez pas dire qu'elle montre de *l'expérience* dans la pratique de semblables affaires?

— Peut-être que non. Ça ressemble plus à du génie naturel, je le reconnais; mais c'est un génie de la plus brillante espèce. Elle comprend les journalistes à merveille, et ce qui vaut mieux, elle appuie toutes ses observations d'or et de billets de banque.

— Et où peut-elle se procurer tant d'argent?

— C'est plus que je n'en puis dire, répliqua Timms en déroulant quelques papiers qui avaient rapport à la cause et les plaçant avec un peu de formalité devant le conseil senior pour attirer une attention particulière. Je n'ai pas jugé convenable de lui poser la question.

— Timms, vous ne croyez pas, vous ne pouvez pas penser Marie Monson coupable.

— Je ne vais jamais au delà des faits nécessaires à une cause, et mon opinion est insignifiante. Nous sommes employés à sa défense, et l'avocat de l'État aura de la peine à obtenir un verdict sans y travailler beaucoup. Voilà ma manière consciencieuse d'envisager les affaires, esquire Dunscomb.

Dunscomb ne fit pas d'autres questions. Il se mit tristement devant les papiers, poussa son verre de côté, comme s'il n'y prenait plus plaisir, et se mit à lire. Pendant près de quatre heures, Timms et lui furent activement occupés à préparer un résumé et à disposer la cause pour le jour du jugement.

CHAPITRE XII.

> Hél. Oh! puissent mes prières éveiller l'amour!
> Her. Plus je le hais, plus il me suit.
> Hél. Plus je l'aime, plus il me hait.
> Her. Sa folie, Hélène, ne peut m'être attribuée.
> *Songe d'une nuit d'été.*

Tandis que Dunscomb et Timms étaient ainsi occupés, les membres plus jeunes de la réunion cherchèrent naturellement des moyens de distraction plus en harmonie avec leurs goûts et leur âge. On avait invité John Wilmeter à être présent à la consultation; mais ses anciens sentiments s'étaient ravivés, et il trouva dans la société d'Anna un plaisir qui lui fit décliner la demande. Sa sœur et son ami étaient fiancés, et ils s'étaient éclipsés le long d'un petit sentier dans les bois de Rattletrap, cherchant la solitude si chère aux amours. Cette disparition laissa Jack seul avec Anna. Celle-ci était timide, froide même; Jack était pensif. Néanmoins, la séparation n'était pas facile, et bientôt, presqu'à leur insu, eux aussi ils se promenaient dans ce bois charmant, suivant un des sentiers les plus larges et les plus fréquentés.

John imputait naturellement la rêverie d'Anna à l'événement du matin; il lui en parla avec une douceur et une ingénieuse délicatesse qui força plus d'une fois la sensible jeune fille à retenir ses larmes. Après avoir suffisamment parlé sur ce sujet, le jeune homme suivit le courant de ses propres pensées, et s'entretint de celle qu'il avait laissée dans la prison de Biberry.

— Son cas est des plus extraordinaires, continua John, il a excité nos plus vives sympathies. Par nos sympathies, je veux parler de celles des personnes intelligentes et désintéressées; car les préjugés vulgaires s'élèvent fortement contre elle. Sarah et vous-même, Anna, vous ne pourriez sembler moins coupables de ce crime que ne l'est miss Monson; et pourtant, elle est accusée et va être jugée pour meurtre et pour incendie! Il me paraît monstrueux de suspecter une personne comme elle de forfaits aussi abominables.

Anna resta silencieuse pendant une demi-minute, car elle avait assez de bon sens pour savoir que les apparences, à moins qu'elles ne soient appuyées sur les faits, ne doivent pas avoir grand poids dans l'opinion que nous nous formons de l'innocence ou de la culpabilité. Toutefois, comme il était évident que Jack attendait une réponse, elle fit un effort pour parler.

— Ne dit-elle rien de ses amis, et n'exprime-t-elle pas le désir de les informer de sa position? demanda Anna.

— Pas une syllabe. Je ne pouvais lui en parler, vous savez.

— Pourquoi pas? dit Anna avec calme.

— Pourquoi pas? vous n'avez pas idée, Anna, de l'espèce de personne qu'est miss Monson. Vous ne pouvez lui parler comme vous le feriez à toute autre jeune dame; et aujourd'hui qu'elle est dans le malheur, on craint encore plus de lui dire un mot qui ajouterait à son chagrin.

— Oui, je puis comprendre cela, reprit la gracieuse jeune fille, et je crois que vous avez bien raison de vous en souvenir en toute occasion. Cependant, c'est si naturel pour une femme de s'appuyer sur ses amis, dans une grande infortune, que je m'étonne que votre cliente...

— Ne l'appelez pas ma cliente, Anna, je vous en prie. Je hais ce mot appliqué à cette dame. Si je lui rends quelque service, c'est à titre d'ami. Le même sentiment anime mon oncle Tom; car j'apprends qu'il n'a pas reçu une obole de miss Monson, quoiqu'elle soit d'une libéralité qui va jusqu'à la profusion. Timms en ce moment est en voie de s'enrichir.

— Est-ce l'habitude de vous autres messieurs du barreau de rendre gratuitement des services à ceux qui peuvent les payer?

— Bien loin de là, répliqua Jack en riant. Nous visons à de gros grains comme autant de marchands et de courtiers, et nous ouvrons rarement nos bouches sans fermer nos cœurs. Mais ici c'est un cas absolument étranger à la règle commune, et M. Dunscomb travaille par amour et non pour l'argent.

Si Anna s'était moins souciée de John Wilmeter, elle aurait pu dire quelque chose de piquant sur l'état du neveu se trouvant dans la même catégorie que l'oncle; mais ses sentiments étaient trop profondément intéressés pour lui permettre même de penser ce qui lui eût semblé une profanation. Après une pause d'un moment, elle reprit tranquillement :

— Je crois que vous m'avez donné à entendre que M. Timms n'est pas tout à fait aussi désintéressé?

— Non certes. Miss Monson lui a donné des honoraires, qui, de son propre aveu, montent à mille dollars; et le drôle a eu le front de prendre l'argent. Je lui ai représenté qu'il dépouillait de la manière la plus inconvenante une femme sans amis; mais il me rit à la face. Timms a de bons côtés, mais l'honnêteté n'en fait pas partie. Il prétend qu'une femme n'est pas sans amis quand elle a une jolie figure et la poche bien garnie.

— Vous pouvez difficilement appeler sans amis une femme qui a tant d'argent à sa disposition, reprit Anna avec timidité, mais non sans un intérêt évident à la chose. Mille dollars me font l'effet d'une grosse somme.

— C'est beaucoup d'argent pour des honoraires; quoiqu'on en donne quelquefois davantage. J'imagine que miss Monson en eût volontiers donné autant à l'oncle Tom, s'il avait voulu l'accepter. Timms me dit qu'elle avait l'intention de lui en offrir autant, mais il l'engagea à attendre que le jugement fût rendu.

— Et d'où vient cet argent, John?

— Ma foi, je n'en sais rien. Je ne suis nullement dans la confidence de miss Monson, au sujet de ses affaires pécuniaires, du moins. Elle me fait parfois l'honneur, il est vrai, de me consulter sur le prochain jugement; mais avec moi elle ne fait jamais mention d'argent, si ce n'est pour me prier de changer de gros billets de banque. Je ne vois rien de bien étonnant qu'une dame ait de l'argent. Vous qui êtes une sorte d'héritière vous-même, vous devez le savoir.

— Je n'ai pas d'argent par milliers de dollars, je vous assure, Jack; ni ne compte en avoir. Je crois que mon revenu ne dépasserait pas de beaucoup les dépenses de cette femme.

— Ne l'appelez pas une *femme*, Anna; je suis peiné de vous entendre parler d'elle en pareils termes.

— J'en demande pardon à elle et à vous, Jack; mais je ne voulais pas lui manquer de respect; nous sommes toutes des femmes.

— Je sais que c'est folie que d'avoir les nerfs agacés pour un tel motif, mais je ne puis m'en empêcher. On attache tant d'idées de vulgarité et de crime à ces mots de prison, d'accusation, de jugement, que nous sommes portés à ranger dans la classe commune tous ceux qui sont accusés. Ce n'est pas le cas avec miss Monson, je vous assure; ni Sarah, ni vous-même, Anna, ne pouvez prétendre à des signes plus marqués d'élégance et d'éducation. Je ne connais pas une jeune femme plus distinguée.

— Voilà, Jack, que vous l'appelez vous-même une femme, interrompit Anna avec un peu de malice, mais ravie en secret du compliment qu'elle venait d'entendre.

— *Une jeune femme!* tout le monde peut dire cela, vous savez, sans y attacher rien de commun et de vulgaire; *une femme*, même, quelquefois. Je ne sais comment cela s'est fait, mais je n'ai pas beaucoup aimé la manière dont vous vous êtes servie de ce terme. Je crois qu'un travail long et assidu agit sur mes nerfs; je ne suis pas tout à fait comme d'habitude.

Anna poussa un léger soupir qui parut la soulager, bien qu'on l'entendît à peine; puis elle continua.

— Quel est l'âge de cette extraordinaire jeune *dame?* demanda-t-elle d'un ton très-bas.

— Son âge? qu'en puis-je savoir. Elle est jeune en apparence; mais de ce qu'elle a tant d'argent à sa disposition, je conclus qu'elle est majeure. La loi actuelle permet à chaque femme la pleine jouissance de ses biens, même quand elle est mariée, du moment qu'elle est majeure.

— Ce que vous trouvez, j'espère, une attention très-délicate pour les droits du sexe.

— Je ne m'en soucie guère, quoique l'oncle Tom dise que c'est mauvais comme tout le reste dans notre dernière législation de New-York.

— M. Dunscomb, comme la plupart des personnes d'un certain âge, a peu de goût pour le changement.

— Ce n'est pas cela. Selon lui, les esprits d'une trempe ordinaire aiment à s'égarer dans l'idée qu'ils sont dans la voie du progrès, et la plupart de nos innovations, comme on les appelle, sont marquées d'empirisme. Cette loi de pot-au-feu, comme il la nomme, placera les femmes au-dessus des maris, et créera deux intérêts là où il ne doit y en avoir qu'un.

— Je sais que telle est son opinion. Le jour qu'il apporta le contrat de ma mère pour les signatures, il fit remarquer que c'était le côté le plus chatouilleux de sa profession que de préparer de semblables actes. Je me rappelle une de ses observations qui me frappa par sa justesse.

— Que vous voulez me répéter, Anna?

— Certainement, John, si vous désirez l'entendre, reprit-elle d'une voix charmante qui n'admettait pas de refus à des demandes raisonnables adressées surtout par ce questionneur, voici la remarque de M. Dunscomb : La plupart des brouilles dans les familles, dit-il, viennent de l'argent, et, selon lui, c'est de l'imprudence que de jeter ce brandon de discorde entre l'homme et la femme. Là où l'union sur tous les points est si intime, il y n'a aucun danger à établir la communauté des intérêts. Il ne voyait pas de raison suffisante pour changer l'ancienne loi, qui avait le grand mérite de l'expérience.

— Il aurait peine à persuader à des pères riches et à de vigilants tuteurs chargés des intérêts d'une héritière, de souscrire à toutes ses idées. Ils disent qu'il vaut mieux prendre ses précautions contre l'imprudence et le malheur, en assurant à la femme une fortune indépendante dans un pays où la spéculation pour tant de gens est une tentation qui les conduit à leur ruine.

— Je ne m'oppose pas, dit Anna, à tout ce qui peut prévenir les mauvais jours, pourvu que les mesures soient franches et honnêtes. Mais le revenu doit être la propriété commune, et, comme tout ce qui appartient à la famille, il doit passer sous le contrôle de son chef.

— C'est très-généreux à vous de parler et de penser ainsi.

— Ce doit être le désir et le devoir de toute femme qui porte un cœur de femme. Pour ma part, je n'épouserais pas un homme que je ne respecterais ni ne considérerais en toute chose, et à coup sûr, si je lui donnais ma main et mon cœur, je voudrais lui donner autant de contrôle sur mes biens que le permettraient les circonstances. Il peut être prudent de se pourvoir contre l'infortune au moyen d'arrangements, mais, cela fait, je suis certaine que mon plus grand bonheur serait de confier à la garde d'un mari tout ce dont je pourrais disposer.

— Supposez que ce mari fût un prodigue, et qu'il dévorât votre avoir?

— Il ne pourrait absorber que le revenu, s'il y avait des arrangements; mais je partagerais plutôt avec lui les conséquences de son imprudence, que de jouir en particulier d'un bien-être égoïste, d'un bien-être qu'il ne partagerait pas.

Tout cela résonnait harmonieusement aux oreilles de John, il connaissait trop bien Anna Updyke pour supposer qu'elle ne conformerait pas ses actes à ses paroles. Il se demandait quelles seraient les idées de Marie Monson sur ce sujet.

— Un mari peut partager le bien-être de sa femme sans en avoir la direction, reprit le jeune homme, avide de connaître la réponse d'Anna.

— Quoi! comme s'il dépendait de sa bonté? Une femme qui se respecte elle-même ne voudrait jamais pour un mari une telle dégradation; non, une femme d'un grand cœur ne consentirait jamais à mettre dans une si fausse position un homme à qui elle a donné sa main : la dépendance appartient à la femme, et non à l'homme. Je suis tout à fait de l'avis de M. Dunscomb, quand il dit que des nœuds de soie sont trop délicats pour être défaits par des dollars. La famille dans laquelle le chef doit demander à la femme l'argent qui doit la soutenir, ne peut tarder à tourner mal.

— Vous feriez une femme exemplaire, Anna, si telles sont réellement vos opinions.

Anna rougit, et se repentit presque de son généreux entraînement; mais comme elle était très-sincère, elle ne voulait pas cacher ses sentiments.

— Ce doit être l'opinion de toute femme, répondit-elle. Je ne pourrais supporter de voir l'homme à qui je déférerais en toute occasion, solliciter de moi les moyens de notre subsistance à tous deux. Je serais enchantée, si j'avais de l'argent et qu'il n'en eût pas, de mettre tout en ses mains, et alors de venir lui en demander autant qu'il m'en faudrait pour mon bien-être.

— S'il avait le cœur d'un homme, il n'attendrait pas la demande, et s'empresserait de prévenir vos moindres désirs. Je crois que vous avez raison : la plus grande garantie du bonheur, c'est la confiance.

— Le bonheur consiste aussi à ne pas renverser les lois de la nature. Pourquoi les femmes s'engagent-elles à obéir à leurs maris et à les respecter, si elles veulent les retenir dans la dépendance? Je vous le déclare, John Wilmeter, je mépriserais presque un homme qui consentirait à vivre avec moi sur d'autres termes que ceux sur lesquels la nature, l'église, la raison, s'unissent pour nous dire qu'il doit être le maître.

— C'est bien, Anna; voilà de bons, de nobles et dignes sentiments; et j'avoue que je suis ravi de les entendre de *votre* bouche. J'en suis d'autant plus charmé, que l'oncle Tom se plaint toujours de ce qu'on a pour le quart-d'heure un penchant à placer votre sexe au-dessus du nôtre, renversant à cet égard toutes les anciennes règles. Qu'une femme, un jour, s'éloigne de son mari et enlève les enfants, il y a dix à parier contre un qu'un juge fantasque, qui se préoccupe plus d'une réputation bâtie sur des cancans que d'une juste déférence aux décisions des lois de Dieu et de la sagesse humaine, refusera de décerner un mandat d'*habeas corpus* pour rendre les enfants à leur père.

— Je ne sais, John, dit Anna d'un air d'hésitation décelant un vrai instinct de femme : ce serait si dur pour une mère de se voir voler ses enfants!

— Il est possible que ce fût dur, mais en pareil cas ce serait juste. J'aime l'expression de *voler*, car elle convient aux deux parties. Il me semble que le père est le seul volé, quand la femme non contente d'être infidèle à ses devoirs à l'égard de son mari, le dépouille encore de ses enfants.

— C'est mal, et j'ai entendu M. Dunscomb exprimer une grande indignation de la mollesse de certains juges dans des cas de cette nature. Pourtant, John, le monde peut bien croire qu'une femme n'abandonnerait pas sans motif le plus sacré de ses devoirs. Ce sentiment doit être le point déterminant dans ce que vous appelez, je crois, la décision des juges.

— S'il pouvait exister un cas qui justifiât une femme de quitter son mari, et de lui dérober ses enfants (car c'est un vol, après tout, et un vol de la pire espèce, puisqu'elle entraîne une violation de foi des plus révoltantes), que la cause soit soumise à la justice, afin qu'elle puisse prononcer entre les deux parties. D'ailleurs, il n'est pas vrai que les femmes n'oublient pas quelquefois leurs devoirs sans cause suffisante. Il est des femmes capricieuses, volages, égoïstes, qui suivent leurs mauvais penchants, aussi bien qu'il y a des hommes intéressés. Certaines femmes sont folles de domination, et ne sont jamais satisfaites de remplir simplement la place qui leur a été assignée par la nature. Il est dur pour elles de se soumettre à leurs maris, ou, plutôt, de se soumettre à qui que ce soit.

— Ce doit être une femme étrange, répondit Anna ingenument, que celle qui ne peut souffrir le contrôle de l'homme de son choix, après avoir quitté pour lui son père et sa mère.

— C'est selon les femmes; il y a différentes sources d'orgueil qui incommodent fort les maris, même quand les femmes restent avec eux, et affectent de remplir leurs devoirs. L'une s'enorgueillira de sa famille, et saisira chaque occasion de faire savoir à son bien-aimé combien ses relations à elle sont plus relevées que celles qu'il peut avoir; une autre est une précieuse, et se croit plus savante que son seigneur et maître, et elle aimerait à ce qu'il la consultât en toute occasion; tandis qu'une troisième peut avoir la plus grande partie de l'argent, et trouver ses délices à faire savoir à son mari qu'elle soutient la maison de ses deniers.

— J'ignorais, John, que vous fussiez si bien renseigné, dit Anna en riant, quoique je vous croie tout à fait dans le vrai. De grâce, des trois maux que vous venez de mentionner, quel est le plus grand à vos yeux?

— Le second. Je pourrais souffrir un orgueil de famille, bien qu'il soit répugnant, quand il n'est pas ridicule ; l'argent pourrait aller son chemin, pourvu que la bourse fût dans ma main ; mais je ne crois pas que je pourrais vivre avec une femme qui s'imaginerait être la plus entendue.

— Mais, dans bien des choses, les femmes doivent l'être, et le sont en effet.

— Ah ! oui, pour ce qui concerne les talents d'agrément, les petites causeries, la confection des conserves, la danse, et même la poésie et la religion ; oui, j'accorderai la religion ; j'aimerais à ce que ma femme fût savante, très-savante, aussi savante que vous l'êtes, Anna. (La belle interlocutrice rougit, quoique ses yeux brillassent à ce compliment inattendu, mais très-direct.) Oui, oui ; tout cela m'irait assez. Mais si cela en venait aux affaires et aux occupations qui regardent les hommes, à la politique, au droit, en un mot, à tout ce qui concerne l'éducation et l'intelligence masculine, je n'endurerais pas une femme qui s'imaginerait être la plus entendue.

— J'aurais cru que peu de femmes songeaient à ennuyer leurs maris de leurs opinions sur le droit.

— Je n'en sais rien. Vous n'avez pas idée jusqu'où peut mener l'affectation, Anna, vous, si timide et si réservée, toujours si prête à vous rendre au meilleur avis. J'ai rencontré des femmes, qui, non contentes d'arranger leurs charmes à leur gré, s'imagineraient volontiers qu'elles peuvent nous apprendre à mettre nos habits, et nous dire comment il faut agrafer un poignet de chemise et arrêter un col.

— Ce n'est pas là de l'affectation, mais du bon goût, s'écria Anna, éclatant de rire et redevenant elle-même. C'est simplement le tact de la femme apprenant à la maladresse de l'homme la manière de s'orner. Mais, à coup sûr, John, il n'est pas de femme capable de pâlir sur l'étude des lois, quelque vif que soit son amour pour la domination.

— Je n'en suis pas sûr. La seule chose qui me déplaise dans Marie Monson (un nuage passa de nouveau sur la radieuse figure d'Anna), c'est une sorte d'étrange prédilection pour le droit. Timms lui-même l'a remarqué, et a fait des commentaires sur ce sujet.

— La pauvre femme!

— Ne vous servez pas de ce mot en parlant d'elle, je vous prie, Anna.

— Eh bien, la pauvre dame! si vous l'aimez mieux.

— Non, dites la jeune dame, ou miss Monson, ou Marie, qui est encore le son le plus doux.

— Cependant, je crois avoir entendu dire qu'aucun de vous ne croit qu'elle soit accusée sous son vrai nom.

— C'est très-vrai; mais peu importe. Appelez-la par le nom qu'elle a choisi; mais ne la désignez pas par une expression aussi misérable que celle de — pauvre femme.

— Ce n'est pas par dédain, je vous assure, John; car je porte à miss Monson presque autant d'intérêt que vous-même. Il n'est pas surprenant toutefois qu'une femme dans sa position prenne un certain intérêt à la loi.

— Ce n'est pas l'espèce d'intérêt dont je veux parler. Il m'a semblé plus d'une fois qu'elle traitait les difficultés de sa propre cause, comme si elle prenait plaisir à les aborder, et avait un certain plaisir professionnel à en triompher. Timms ne veut pas me laisser pénétrer ses secrets, et j'en suis bien aise, car j'imagine que tous ne supporteraient pas la lumière; mais il me dit loyalement que quelques-unes des insinuations de miss Monson avaient été des plus admirables.

— Peut-être a-t-elle été..... Anna s'arrêta, avec la conscience que ce qu'elle allait dire pouvait paraître et, ce qui était encore d'une plus grande importance à ses yeux, pouvait réellement être peu généreux.

— Peut-être a-t-elle été, quoi? Finissez la phrase, je vous prie.

Anna secoua la tête.

— Vous vouliez dire que miss Monson aurait quelque expérience de la loi, et qu'elle trouverait une certaine satisfaction à lutter contre ses difficultés, par suite d'une ancienne habitude. N'est-il pas vrai?

Anna n'aurait pas voulu répondre verbalement; elle fit un petit geste d'assentiment.

— Je le savais; et j'aurai assez de franchise pour vous avouer que Timms pense de même. Il me l'a donné à entendre; mais la chose est impossible. Vous n'avez qu'à la regarder pour voir que la chose est impossible.

Anna Updyke crut possible toute supposition analogue, au sujet d'une femme qni se trouvait dans les circonstances de l'accusée; elle se garda bien néanmoins de le dire, dans la crainte de blesser les sentiments de John, sentiments qu'elle respectait de toute la tendresse d'une vive affection, et avec l'abnégation d'une femme. Si les rôles avaient été intervertis, il n'est nullement probable que son ardent compagnon eût montré la même retenue à son égard. John aurait disputé la victoire, et aurait pressé son adversaire de toutes les preuves, faits et raisons qu'il aurait pu rassembler en pareille occasion. Il n'en fut pas ainsi de la tendre et pensive jeune femme, qui se promenait en ce moment à son côté, calme et même un peu triste, animée qu'elle était de toute la douceur, de l'abnégation, et de la vive affection de son sexe.

— Non, c'est pire qu'une absurdité, reprit John; il y a de la cruauté à penser cela de miss Monson. — A propos, Anna, savez-vous qu'il est arrivé une singulière chose le soir qui précéda mon retour à la ville, pour assister à la noce ? — Vous connaissez Marie Mill ?

— Certainement, Marie Moulin, vous voulez dire.

— Eh bien, en répondant à une question de sa maîtresse, elle lui dit en français : Oui, *Madame*.

— Qu'auriez-vous désiré qu'elle dit? *Non*, madame?

— Mais pourquoi Madame? Pourquoi pas, Mademoiselle?

— Ce serait très-vulgaire en anglais de dire : Oui, Miss.

— Ce le serait à coup sûr, mais c'est très-différent en français. Dans cette langue on peut dire, on doit dire *Mademoiselle* à une jeune femme non mariée, quoiqu'il soit vulgaire, en anglais, de dire *miss*, sans y ajouter le nom. Le français, voyez-vous, Anna, est une langue beaucoup plus précise que la nôtre; et ceux qui la parlent ne prennent pas les mêmes libertés que nous autres pour l'anglais. *Madame* suppose toujours une femme mariée, à moins que ce ne soit une femme d'une centaine d'années.

— Il n'est guère de Françaises de cet âge; mais il est bizarre que Marie Moulin, si au fait des usages de son petit monde, ait dit *Madame* à une demoiselle. Ne m'a-t-on pas dit, néanmoins, que le premier salut de Marie, quand elle fut admise dans la prison, fut une simple exclamation de — Mademoiselle?

— C'est très-vrai, car je l'ai entendue moi-même. Il y a plus, cette exclamation était presque aussi étonnante que celle dont je parle; les domestiques, en français, ajoutent toujours le nom en pareil cas, à moins qu'ils ne s'adressent à leurs propres maîtresses. Madame et mademoiselle sont appropriées aux personnes qu'elles servent; tandis que mademoiselle une telle, ou madame une telle, s'applique aux autres.

— Et maintenant elle l'appelle mademoiselle ou madame! Cela prouve simplement qu'il ne faut pas attacher trop d'importance aux faits et dits de Marie Moulin.

— Je n'en suis pas sûr. Marie a été trois ans dans ce pays, à ce que nous savons; eh bien, pendant cet intervalle, la jeune personne qu'elle a laissée une demoiselle, pourrait très-bien être devenue une dame. A leur première entrevue, la suivante, dans sa surprise, a pu employer le terme ancien et connu; ou elle peut n'avoir pas été instruite du mariage de la dame. Plus tard, quand les explications ont été données à loisir, elle donna à sa maîtresse le nom qui lui convient.

— Maintenant dit-elle d'ordinaire madame, en parlant à cet cet être singulier?

— D'ordinaire elle garde le silence. Elle a l'habitude de rester dans la cellule, quand il y a quelqu'un avec mademoiselle Monson ou madame Monson, devrais-je dire peut-être (John se servit de ce terme avec une expression de dépit bien marquée, qui donna à sa compagne un plaisir infini, mais contenu). Quand il y a quelqu'un avec sa maîtresse, donnez-lui le nom qu'il vous plaira, la suivante reste dans le cachot ou dans la cellule; ce qui fait que je n'ai jamais été à même d'entendre la dernière s'adresser à la première, si ce n'est dans les deux occasions mentionnées. Je vous avoue que je commence à croire...

— Quoi, John ?

— Eh bien ! qu'après tout, il pourrait se faire que notre mademoiselle Monson fût une femme mariée.

— Elle est très-jeune, n'est-il pas vrai ? Presque trop jeune pour être mariée ?

— Pas le moins du monde. Qu'appelez-vous trop jeune ? elle est entre vingt et vingt-deux ou vingt-trois ans. Elle peut même en avoir vingt-cinq ou vingt-six.

Anna soupira, quoique d'une manière presque imperceptible à elle-même ; car c'étaient bien les âges qui convenaient à son compagnon, bien que le moins avancé dépassât le sien d'un an. Toutefois, on en resta là à peu près dans cette entrevue.

Un des effets singuliers de l'amour, surtout chez les femmes d'un esprit juste et d'un cœur généreux, c'est qu'un vif intérêt est souvent éveillé en elles en faveur d'une rivale heureuse ou favorisée. Tels étaient les sentiments qu'Anna Updyke commençait à éprouver à l'égard de Marie Monson. La position critique de la jeune femme excitait d'elle-même l'intérêt là où elle avait failli produire la défiance ; mais la circonstance que John Wilmeter trouvait tant à admirer dans cette inconnue, si même il ne ressentait pas d'amour pour elle, lui donna aux yeux d'Anna une importance qui fit d'elle sur-le-champ un objet du plus haut intérêt. Elle fut saisie du plus vif désir de voir l'accusée, et commença à réfléchir sérieusement sur la possibilité d'arriver à ce résultat. Il n'y avait pas de vulgaire curiosité dans ce projet nouvellement né ; mais outre les motifs qui se rapportaient à l'état d'esprit de John, il y avait, de la part d'Anna, beaucoup de bienveillance et un vrai désir de femme, d'être utile à une personne de son sexe, si cruellement frappée, et selon toute apparences privée de toute communication avec ceux qui devaient être ses protecteurs et ses conseillers naturels.

Anna Updyke avait recueilli des paroles échappées à Wilmeter et à sa sœur, que les rapports entre John et son intéressante cliente avaient eu un caractère marqué de retenue ; ce qui montrait de la part de la prisonnière une discrétion et un respect de soi-même, qui parlaient en faveur de son éducation et de sa délicatesse. Comment une telle femme était-elle venue dans la position extraordinaire où elle se trouvait, c'était là un mystère pour elle comme pour les autres ; bien que, comme tous ceux qui savaient quelque chose de cette affaire, elle se livrât aussi à ses conjectures. Douée naturellement d'une franchise toute particulière, sans une ombre de bassesse et d'envie, remplie jusqu'au fond de l'âme d'une douceur angélique, cette noble jeune femme commença à ressentir quelque chose de plus qu'une vaine curiosité en faveur de celle qui naguère lui avait causé tant de chagrin, pour ne pas dire, tant de tourments et d'angoisses. Tout était oublié ; elle n'avait plus que de la pitié pour la position misérable de celle qui sans le savoir l'avait offensée ; je dis sans le savoir, car Anna était assez clairvoyante pour reconnaître que si John avait été séduit par les charmes et les souffrances de l'étrangère, le fait ne pouvait avec raison être imputé à cette dernière, comme une faute. Toutes les révélations de John venaient confirmer cet acte de justice rendue à l'étrangère.

Ensuite l'inconcevable silence de Marie Moulin redoublait le mystère et augmentait beaucoup l'intérêt qu'elle portait à toute cette affaire. Cette femme était venue à Biberry, avec la promesse de communiquer à Sarah tout ce qu'elle connaissait ou pourrait apprendre touchant l'accusée ; et Anna savait bien que son amie l'aurait faite dépositaire de ses informations en cela comme dans tout le reste ; mais un inexplicable silence dirigeait la conduite de la suivante, aussi bien que celle de son étrange maîtresse. Il semblait vraiment, qu'en passant le seuil de la prison, Marie Moulin s'était ensevelie dans un couvent, où toute communication avec le monde extérieur été interdite. Trois différentes lettres de Sarah avaient été remises par John à la grille, et il était bien certain qu'elles étaient parvenues dans les mains de la Suissesse, mais aucune réponse n'avait été faite. Toutes les tentatives pour parler à Marie avaient été tranquillement mais habilement éludées par le fait et la présence d'esprit de la prisonnière ; et Sarah dut renoncer à l'espoir d'obtenir des renseignements à cette source. Les sentiments d'Anna étaient d'une tout autre nature ; elle n'éprouvait aucune curiosité à ce sujet, elle ne ressentait qu'un intérêt généreux pour le délaissement d'une femme malheureuse. Elle s'occupait donc bien moins des informations à prendre auprès de Marie Moulin que de la désolation de Marie Monson et de la cruelle épreuve qui l'attendait.

CHAPITRE XIII.

> Est-ce donc pour cela qu'une voix unanime,
> Sur ces bords a poussé le cri de liberté !
> Est-ce donc pour cela qu'à ce cri magnanime
> Le monde entier s'est agité !
>
> Moore.

Le troisième jour après les entrevues que nous venons de rapporter, toute la réunion quitta Rattletrap pour se rendre à Timbully, où leur arrivée était attendue par les nouveaux époux. Les assises du comté de Dukes allaient avoir lieu, et l'on croyait que Marie Monson allait être jugée. A ce moment un si vif intérêt en faveur de l'accusée dominait parmi les dames de la connaissance de Mac-Brain et de Dunscomb, qu'elles avaient toutes pris la résolution d'assister au procès. La curiosité contribuait moins à ce mouvement que la bonté et la sympathie naturelles aux femmes. Il y avait tant d'amertume dans le malheur de Marie Monson, qu'il allait droit au cœur, et à cet appel, silencieux mais éloquent, tout ce petit cercle répondit avec un généreux empressement. Chez Anna Updyke les sentiments étaient plus profonds que chez aucune de ses amies. Tout étrange que cela puisse paraître, son intérêt pour John augmentait celui qu'elle ressentait pour sa mystérieuse cliente; et cette espèce de double passion ne fit qu'engager plus avant ses sentiments en faveur de l'étrangère.

Le matin du jour où la réunion se rendait de Rattletrap à Timbully, Timms arriva à ce dernier endroit. Il était attendu, et fut bientôt enfermé avec le premier avocat.

— L'attorney du district a-t-il l'intention de suivre le jugement? demanda Dunscomb dès qu'ils furent seuls.

— Il m'a dit que tel était son dessein, et cela au commencement de la semaine. Je suis d'avis de demander la remise. Nous sommes à peine prêts, tandis que l'État l'est trop.

— Je ne comprends pas cela, Timms. Les officiers de la loi devraient avoir de la répugnance à consommer la ruine d'une victime, surtout lorsque cette victime est une femme seule et sans protection.

— Ce n'est pas ainsi que je l'entends. Les officiers de la loi au service de l'État se soucient fort peu que Marie Monson soit condamnée ou acquittée ; c'est-à-dire, ils ne s'en soucient guère, *quant à présent*. Le cas peut être différent, quand ils seront échauffés par un jugement et une opposition. Notre danger vient de Jesse Davis, neveu de Pierre Goodwin, son plus proche parent et héritier; il s'imagine que le vieux couple avait amassé des sommes énormes, bien plus considérables que le bas n'en a jamais contenu ou n'a pu en contenir ; il s'est fourré dans la tête que la prisonnière avait mis les mains sur le trésor, et qu'elle prépare sa défense grâce à cet argent. Cela l'a entièrement soulevé, et il a retenu deux avocats des plus subtils de notre tribunal, qui sont à l'œuvre comme si le marché avait été rivé sur ce dur métal. Williams m'a déjà donné beaucoup d'embarras. Je le connais ; il ne travaillera pas sans être payé ; mais payez-le grandement, et il est prêt à tout.

— A bon chat bon rat, Timms. Vous comprenez que je ne travaille qu'à découvert dans ce procès, et que je ne veux rien connaître de ces manœuvres du dehors.

— Nous ne voulons pas vous en instruire, Esquire, reprit Timms sèchement; chaque homme a sa manière de procéder. Je dois vous dire, toutefois, qu'on sait au dehors que vous travaillez sans honoraires, tandis que je suis payé de la manière la plus libérale.

— J'en suis fâché. Il n'y a pas grand mal à la chose en elle-même ; mais je n'aime pas avoir l'air de faire parade d'une générosité inaccoutumée. Je ne me rappelle pas avoir parlé de cette circonstance dans un endroit où elle pût se répéter, et je vous demande la même discrétion.

— La chose n'est pas venue de moi, Monsieur, je puis vous l'assurer. Cette révélation me met dans une trop fausse position pour que j'en sois charmé, et je me fais une maxime de parler le moins possible de ce qui m'est désagréable. Je ne goûte pas l'idée de passer pour intéressé aux yeux de mes futurs clients; devant eux, la générosité est mon fort. Mais, pour vous, on dit que vous travaillez par amour, Monsieur?

— Par amour! répondit vivement Dunscomb; l'amour de quoi? ou de qui?

— De votre cliente; c'est l'histoire du jour. On dit que vous admirez miss Monson; qu'elle est jeune, belle et riche, et qu'elle doit vous épouser si elle est acquittée. Si on la trouve coupable et qu'elle soit pendue, le marché est naturellement rompu. Vous pouvez paraître fâché, Esquire; mais, sur l'honneur, c'est le bruit qui court.

Dunscomb fut très-contrarié; mais il était trop fier pour faire une réponse. Il savait qu'il avait fait une chose qui, pour la masse de cette nation, est une faute capitale, en n'offrant pas à son observation un motif intelligible à la portée de l'esprit populaire, afin de prévenir ces fantaisies de l'imagination s'immisçant dans ses affaires. Il est vrai que la supposition naturelle eût été qu'il travaillait pour des honoraires, comme Timms, si le secret n'avait pas été éventé, tandis qu'il devint l'objet des conjectures les plus saugrenues de la part de ceux qui, en tout, sont à la recherche des motifs les plus défavorables. Eût-il été ce qu'on appelle un serviteur favori du public, tout le contraire serait arrivé, et il est bien peu de choses qu'il n'eût pu faire avec impunité; mais, n'ayant pas de tels droits sur l'esprit de la masse, il tomba dans la loi commune. Éprouvant trop de dégoût, néanmoins, pour continuer la conversation sur ce point, le digne conseiller recourut immédiatement à un autre.

— Avez-vous regardé la liste des jurés, Timms? demanda-t-il en continuant de ranger ses papiers.

— Je n'y manque jamais, Monsieur, c'est la première chose. C'est ma méthode, vous savez, esquire Dunscomb. Au jour d'aujourd'hui on peut tout trouver dans ce corps savant, sauf la loi d'York, surtout dans les cas criminels. Il n'y a qu'une espèce de procès où le jury ne compte pour rien, et où l'on peut s'en passer.

— Lequel ?

— Un cas d'éviction. Ils ne comprennent pas une fois sur dix la moindre chose à la question, ou ne s'en soucient guère, et la cour fait tout dans ces actions ; mais nos jurés du comté de Dukes commencent à comprendre leur puissance dans toutes les autres.

— Que pensez-vous de la liste ?

— Elle est ce que j'appelle raisonnable, Esquire. Il y a là deux hommes qui ne pendraient pas Caïn, fût-il accusé du meurtre d'Abel.

— Des quakers, sans doute ?

— Non, ma foi. Il fut un temps où nous étions réduits aux « tu » et aux « toi » pour obtenir cet appui ; mais la philanthropie est en campagne, Monsieur, et elle couvre la terre. Qu'on ne me parle pas du maître d'école, ses leçons ne pèsent pas une once auprès des nouvelles prédications philanthropiques. Les utopies des négrophiles, des anti-galériens, de la paix perpétuelle, des droits de la femme, du pouvoir du peuple, et autres folies de cette espèce, balaient notre pays comme un tourbillon. Ayez un juré qui ne fait que débuter dans le système des antigalériens, et je défierais l'État de pendre un homme qui vit du meurtre de ses sujets.

— Et vous comptez pour notre cause sur deux de ces partisans ?

— Dieu merci, non, Monsieur. L'attorney du district les connaît tous deux, et le conseil de Davis a étudié cette liste pendant toute la semaine passée, comme si c'était Blackstone entre les mains d'un commençant. Je puis vous dire, esquire Dunscomb, que la liste des jurés joue un très-grand rôle dans la campagne pour l'issue d'un procès.

— J'en ai peur, Timms ; bien que je n'en aie jamais examiné une de ma vie.

— Je puis vous croire, Monsieur, d'après ce que j'ai vu de votre pratique. Mais des principes et des faits ne réussiront pas dans un âge du monde où les hommes sont gouvernés par des

« on dit » et des préjugés. Il n'y a pas une cause importante jugée aujourd'hui sans qu'on tienne grand compte du jury. Notre affaire, en somme, marche assez bien, quoique je m'attende à bon nombre de désagréments et d'embarras.

— Vous comptez surtout sur un ou deux hommes intelligents et déterminés, n'est-ce pas, Timms ?

— Je compte surtout, au contraire, sur cinq ou six partisans chauds et ignorants, des hommes qui ont lu quelques bribes sur l'abolition des peines capitales, et qui, en général, parce qu'ils ont acquis quelques idées déjà usées et arriérées même du temps des Césars, se croient philosophes et enfants du progrès. Le pays est en train de se remplir de ce que j'appelle des ânes et des chevaux de course; l'âne est têtu et tourne le dos à la montée, tandis que les chevaux de course, non contents de se rompre le cou, rompront encore celui de leurs cavaliers, à moins qu'ils ne soient maîtrisés longtemps avant d'atteindre le but.

— Je ne savais pas, Timms, que vous vous occupiez tant de semblables matières. Vous m'avez toujours fait l'effet d'un bon travailleur et non d'un théoricien.

— C'est précisément parce que je suis un homme d'action, et que, vivant dans le monde, je vois les choses comme on doit les voir, que je ris de vos théoriciens. Eh bien, Monsieur, à mon jugement, ce pays, par le temps qui court, irait mieux son chemin sans prêcher que sans pendre. Je ne dis pas toujours, car on ne peut pas encore dire quel sera le résultat de la prédication. Elle peut réussir comme bien des choses; en ce cas la nature humaine subira un changement fatal à notre profession. Un tel état de choses serait pire pour le barreau, Esquire, que le Code ou le dernier tarif des honoraires.

— Je n'en réponds pas, Timms; il est peu de choses pires que cet infernal Code.

— Eh bien, à mon goût, le tarif des honoraires est le plus désagréable des deux. Un homme peut supporter toute espèce de loi et de pratique; mais il ne peut supporter toute espèce de jurés. J'ai entendu dire que les assises devaient être présidées par un des nouveaux juges, un homme populaire, en un mot.

— Vous voulez dire par là, je suppose, Timms, un de ceux qui n'exerçaient pas sous l'ancien système. On dit que ce nouveau balai fonctionne à merveille ; il est heureux que le nôtre n'ait pas fait place nette.

— Pas encore, mais ça viendra ; et cela aussi sûrement que le soleil se lève ; il faut qu'il y ait rotation au Palais comme ailleurs. C'est que, voyez-vous, Esquire, la rotation est une espèce de droit pour beaucoup d'hommes qui n'en ont pas d'autre. Ils s'imaginent que la terre repose sur ce principe : *chacun son tour*, parce qu'elle tourne.

— Voilà le fait ; il explique la clameur qui s'élève à ce sujet. Mais pour en revenir à ce jury, Timms, en somme, vous en êtes content, à ce que je puis croire.

— Pas trop, certes. Il y a sur la liste six ou huit noms que je suis toujours aise d'y voir ; car ce sont ceux d'hommes pleins de bonnes intentions pour moi.

— Grand Dieu ! il n'est pas possible que vous comptiez sur de semblables soutiens dans un jugement où il y va d'une vie humaine.

— N'y pas compter, esquire Dunscomb ! mais j'y compte autant et avec plus de raison que vous ne comptez sur la loi et l'évidence. N'est-ce pas également d'après ce principe que j'ai mené à bonne fin le scabreux procès que j'ai soutenu pour la Compagnie du chemin de fer ; la loi était tout à fait contre nous, les faits étaient contre nous, mais le verdict fut en notre faveur. Voilà ce que j'appelle pratiquer la loi !

— Oui ; je me rappelle avoir entendu parler de cette cause, et le barreau ne pouvait s'expliquer comment vous en vîntes à bout. Le verdict eût-il été contre une corporation, on n'y aurait pas songé ; mais soutenir une mauvaise cause pour une Compagnie, aujourd'hui, c'est une chose presque inouïe.

— Vous avez raison, Monsieur. Je puis battre toute Compagnie de chemin de fer dans l'État avec un jury de voisinage, que la question ou les faits soient ce qu'ils veulent ; mais dans cette occasion, je battis le voisinage et le reste, grâce à la foi que le jury avait en *moi*. C'est une bien heureuse institution que celle du jury, esquire Dunscomb! C'est sans nul doute ce qui fait de nous le peuple grand, glorieux et libre que nous sommes.

— Si le barreau continue à perdre son influence comme il l'a fait, dans vingt ans il aura une réputation maudite et méprisable. Ce n'est plus guère aujourd'hui qu'une coterie dans toutes les causes tant soit peu susceptibles d'éveiller les sentiments ou les préjugés populaires.

— C'est là la difficulté dans le fameux procès qui nous occupe. Marie Monson a en définitive négligé la popularité; et il est probable qu'elle en souffrira.

— La popularité! s'écria Dunscomb avec une sorte d'horreur, et cela dans une question de vie ou de mort! où allons-nous en venir dans la loi comme dans la politique? On ne rencontre pas un homme qui ait assez de courage moral, ou de force intellectuelle, pour arrêter ce torrent qui entraîne tout devant lui. Mais en quoi notre cliente a-t-elle failli, Timms?

— Dans presque tout ce qui tient à ce point important; et ce qui me désole, c'est de voir cette puissance de plaire, qu'elle possède à un degré étonnant, et qui ne sert à rien. Esquire Dunscomb, je ferais de ce comté tout ce que je voudrais, avec cette dame pour me seconder.

— Quoi! si elle refusait de se prêter aux airs et aux grâces populaires?

— Je veux dire, bien entendu, avec son aide et son appui. Je donnerais tout au monde pour qu'un juge se trouvât dans sa compagnie une demi-heure. Cette entrevue ferait de lui un ami, et, dans une cause criminelle, c'est encore quelque chose que d'avoir un ami dans le juge.

— Vous pouvez bien dire « encore, » Timms; combien de temps cela durera-t-il, c'est une autre affaire. Sous l'ancien système, il n'y aurait eu nul espoir d'attendre d'un juge tant de complaisance; mais je ne prendrai pas sur moi de dire ce qu'un juge élu par le peuple ne fera pas.

— Si je croyais que la chose pût s'arranger, par George! je la tenterais! les grands-jurés visitent la prison, et pourquoi pas les juges? Que pensez-vous, Monsieur, d'une lettre anonyme, prévenant Son Excellence qu'une visite à mistress Gott, bonne créature dans son genre, pourrait servir les fins de la justice?

— Ce que je pense de tous vos mouvements cachés et de toutes vos ruses. Non, non, Timms; vous feriez mieux de laisser votre cliente dans son impopularité, que d'entreprendre quelque chose de cette nature.

— Peut-être avez-vous raison, Monsieur. Pour impopulaire, elle l'est et le sera aussi longtemps qu'elle gardera sa manière d'agir actuelle; autrement elle aurait pu mettre toutes les classes d'hommes de son côté. Pour ma part, esquire Dunscomb, j'ai trouvé cette jeune dame...

Ici Timms fit une pause, toussa, et finit par prendre un air quelque peu sot, expression de physionomie qui se rencontre rarement chez un homme de son adresse et de sa sagacité.

— Ainsi, ainsi, maître Timms, dit le principal avocat, regardant son substitut avec une sorte de ricanement, vous êtes aussi sot que mon neveu Jack Wilmeter, et vous êtes devenu amoureux d'une jolie figure, en dépit du grand-jury et de la potence!

Timms avala une gorgée, fit semblant de reprendre haleine, et se rendit assez maître de lui pour répondre.

— J'espère que M. Wilmeter reviendra à de meilleures pensées, dit-il, et tournera ses vues d'un côté où elles seront très-bien accueillies. Il ne conviendrait pas à un jeune homme de sa qualité et dans sa position de prendre une femme qui sortirait de prison.

— Assez de folies, Timms, et abordons la question. Vos remarques sur la popularité peuvent renfermer quelque sens, si l'on a poussé les affaires trop loin dans une direction contraire. De quoi vous plaignez-vous?

— D'abord, elle ne veut pas se montrer aux fenêtres; ce qui blesse beaucoup de personnes, qui disent que c'est fierté et aristocratie de sa part de ne pas agir comme le font d'autres criminels. Ensuite, elle a fait une grande faute à l'égard d'un journaliste important, qui envoyait son nom et demandait une entrevue, qu'elle a refusé d'accorder. Elle aura des nouvelles de cet homme, soyez-en sûr, Monsieur.

— Je le surveillerai, alors; car bien que les hommes de cette classe mettent de plus en plus la loi sous leurs pieds, elle pourrait bien être retournée contre eux, par un homme qui s'y entend et a le courage de s'en servir. Je ne permettrai pas que les droits de Marie Monson soient envahis par ces champignons lettrés !

— Champignons lettrés! Si je m'adressais à un autre qu'à vous, Esquire, je pourrais vous rappeler que ces champignons poussent sur le fumier de la crédulité humaine.

— N'importe; la loi peut être faite de manière à les atteindre, quand elle est en de bonnes mains, et les miennes ont aujourd'hui quelque expérience. Le journaliste a-t-il été offensé du refus de la prisonnière de le voir?

— Je suis tenté de le croire; il s'est fait envoyer à Biberry par deux ou trois journaux, pour rendre compte des phases du jugement. Je connais l'homme; il est vindicatif, impudent, et il emploie toute son adresse à servir ses ressentiments.

— Hélas! beaucoup d'entre eux en sont là. N'est-il pas surprenant, Timms, que dans un pays qui se glorifie sans cesse de sa liberté, les hommes ne voient pas combien on abuse de nos plus chers intérêts, en souffrant que ces tyrans irresponsables foulent aux pieds la communauté?

— Mon Dieu, Esquire, ce n'est pas seulement chez les journalistes qu'on peut trouver des abus. J'assistais l'autre jour à une conversation tenue entre un juge et un avocat célèbre de la ville, lorsque ce dernier déplorait l'état des jurys : — Que voudriez-vous avoir? dit Son Excellence; des anges descendus du ciel pour remplir les bancs du jury? — Eh bien, Esquire, continua-t-il avec un regard malin, je me dis qu'il y aurait place pour beaucoup de saints entre le dernier des anges du ciel et la moyenne des jurés du comté de Dukes. C'est une façon de parler de plus en plus à la mode parmi nous que de répondre à une objection en s'écriant « des hommes ne sont pas des anges! » comme s'il n'y avait pas des hommes meilleurs les uns que les autres.

— Les institutions établissent formellement qu'il est des hommes meilleurs les uns que les autres.

— C'est du nouveau pour moi, je vous l'avoue. Je pensais que les institutions déclaraient tous les hommes égaux, c'est-à-dire les hommes blancs; je sais que les nègres ne sont pas compris.

— Ils ne le sont pas, du moins, suivant l'esprit des institutions. Si tous les hommes sont supposés égaux, qu'a-t-on besoin des élections? Pourquoi ne pas former des lots pour les fonctions comme nous en formons pour les jurés? Tout choix infère inégalité, ou la pratique est une absurdité. Mais voici venir Mac-Brain, avec une physionomie des plus significatives; il doit avoir quelque chose à nous dire.

Le docteur nouveau marié se rendait en effet dans la chambre à ce moment; et sans préambule, il entama immédiatement le sujet qui dominait dans son esprit. C'était la coutume du voisinage de profiter des visites de cet habile praticien à sa maison de campagne, pour demander ses avis dans tous les cas difficiles qui se présentaient dans les environs de Timbully. Son récent mariage même ne le mit pas à l'abri de ces consultations, qui lui valaient si peu qu'on pouvait les considérer comme gratuites; et il avait passé une grande partie de ces deux jours à faire des visites de profession dans le cercle qui entourait sa résidence, et qui comprenait Biberry. C'était par ces moyens qu'il s'était procuré les renseignements qui lui échappèrent alors comme malgré lui.

— Je n'ai jamais vu, s'écria-t-il, l'esprit public excité au point qu'il l'est en ce moment dans tous les environs de Biberry, au sujet de votre cliente, Tom, et du prochain jugement. N'importe où je vais, qui je rencontre, n'importe la gravité de la maladie, tous, patients, parents, amis, nourrices, commencent par me demander ce que je pense de Marie Monson, de sa culpabilité ou de son innocence.

— C'est parce que vous êtes marié, Ned, répondit Dunscomb froidement. Personne ne pense à me poser la même question, *à moi*. Je vois une foule de gens aussi bien que vous; mais pas une âme ne m'a demandé si je croyais Marie Monson coupable ou innocente.

— Parbleu! vous êtes son conseil, et personne ne pourrait prendre cette liberté. J'ose dire que même M. Timms, ici présent, et votre associé, n'a jamais échangé de remarques avec vous sur ce point en particulier.

Timms évidemment n'était plus lui-même, et son air n'eut pas cette malice qu'en toute autre circonstance une telle observation aurait provoquée en lui. Il resta sur le second plan, et se contenta d'écouter.

— Je suppose qu'une association avec un confrère, et dans un cas de vie et de mort, a quelque chose d'approchant du mariage, docteur. Il faut en prendre beaucoup comme comptant, et pas mal sur parole. De même qu'un homme est tenu de croire que sa femme est la plus digne, la plus vertueuse, la plus aimable, la meilleure créature sur terre, de même un conseil est tenu de considérer son client comme innocent. Toutefois, dans les deux cas, les rapports sont confidentiels, et je ne chercherai pas plus à pénétrer vos secrets, que je ne trahirai les miens.

— Je n'en demande, ni n'en désire connaître aucun; mais on peut exprimer sa surprise de l'extrême agitation qui règne dans tout Dukes, et même dans les comtés environnants.

— Le meurtre d'un homme et d'une femme commis de sang-froid, accompagné de vol et d'incendie, est suffisant pour soulever toute une population. Dans ce cas-ci, le sentiment d'intérêt s'est accru, je n'en doute pas, par la réputation extraordinaire aussi bien que par le mystère singulier de la partie accusée. J'ai eu beaucoup de clientes, Ned; mais jamais une comme celle-ci : il en est de même de vous; vous avez eu plusieurs femmes, mais pas une aussi remarquable que la nouvelle mistress Mac-Brain.

— Votre temps viendra, maître Dunscomb; rappelez-vous que je vous l'ai toujours prédit.

— Vous oubliez que j'approche de la soixantaine. Un cœur d'homme, à cet âge, est aussi dur et aussi sec qu'un article de loi; mais je vous demande excuse, Ned, *vous* faites exception.

— Je crois certainement qu'un homme peut avoir des affections même à quatre-vingts ans; il y a plus, je crois que quand la raison et le jugement viennent en aide aux passions...

— Aux passions! s'écria Dunscomb en éclatant de rire et en se frottant les mains, aux passions d'un homme de soixante ans! Ned, vous ne vous flattez pas d'avoir épousé la veuve Updyke, à la suite d'une passion que vous ressentiez pour elle?

— Je m'en flatte, reprit le docteur avec animation, persévérant dans son dessein de porter la guerre sur le terrain ennemi. Permettez-moi de vous dire, Tom Dunscomb, qu'un homme d'un cœur chaud peut aimer tendrement une femme, longtemps après l'âge que vous avez mentionné, c'est-à-dire, pourvu qu'il n'ait pas laissé mourir en lui tout sentiment, faute d'arroser une plante qui est le plus précieux don d'une Providence toute bienfaisante.

— Oui, s'il commence à vingt ans, et descend en paix avec sa bien-aimée le cours de la vie.

— Tout cela peut être vrai; mais s'il a eu le malheur de perdre sa compagne, puis une seconde...

— Puis une troisième, Ned, une troisième! s'écria Dunscomb. Pourquoi ne pas faire le chiffre rond, comme on dit au marché?

— Eh bien! oui, une troisième, si les circonstances l'y obligent. Le plus grand malheur, c'est de laisser dépérir en lui les affections faute d'aliment.

— C'est Adam en paradis, par Jupiter! Mais je ne m'approcherai plus de vous, depuis que vous avez trouvé une créature si charmante et si douce et plus jeune que vous de vingt ans.

— De dix-huit seulement, s'il vous plaît, monsieur Dunscomb.

— Je serais bien aise de savoir si vous avez ajouté ces deux années à l'âge de la nouvelle mariée, ou si vous les avez retranchées de celui du nouvel époux; la dernière supposition me paraît naturellement la plus probable.

— Je ne vois pas trop comment vous pouvez supposer rien de semblable, vous qui connaissez si bien mon âge. Mistress Mac-Brain a quarante-deux ans, âge auquel une femme peut être aussi aimable qu'à dix-neuf, plus même, si son admirateur se trouve être un homme sensé.

— Et de soixante-deux ans. Ah ça, Ned, vous êtes incorrigible; et par égard pour l'excellente femme qui a consenti à vous avoir, j'espère simplement que cette marque de faiblesse sera la dernière. — On parle beaucoup de Marie Monson par tout le pays, n'est-ce pas?

— Beaucoup, je vous assure. Je suis fâché de dire que l'opinion publique s'élève fortement contre elle.

— Que dit-on en particulier? En ce qui concerne les faits, j'entends?

— On raconte que l'accusée regorge d'argent, dont une grande partie, qu'elle sème çà et là, a été vue par plusieurs personnes, à des époques différentes, en la possession des défunts Goodwin.

— Laissez-les propager ce mensonge de loin et de près, et j'en tirerai grand parti, dit Timms, prenant son portefeuille et y inscrivant le rapport qu'il venait d'entendre. J'ai des raisons pour croire que chaque dollar mis en circulation par miss Monson depuis son emprisonnement est venu soit de M. Wilmeter, soit de moi-même, en échange de billets de banque de cent dollars; et, une fois, de cinq cents dollars. Elle est riche, je puis vous le dire, Messieurs; et si elle doit être exécutée, son exécuteur aura beaucoup à faire, quand tout sera terminé.

— Vous n'admettez pas, j'espère, qu'elle puisse être pendue? demanda Mac-Brain d'un air consterné.

— Non, si je puis l'empêcher, docteur; et ce mensonge au sujet de l'argent, quand on en aura clairement démontré la fausseté, lui sera d'un grand service. Laissez-les le colporter à leur guise, le contre-coup sera en proportion du coup. Plus ils feront circuler ce bruit ridicule, mieux il en sera pour notre cliente au moment du jugement.

— Je présume que vous avez raison, Timms; quoique je pusse préférer de plus francs procédés. Une cause où vous êtes employé doit voir plus ou moins de ces manœuvres.

— Qui valent mieux, Esquire, que votre loi et votre évidence. Mais qu'a de plus à nous dire le docteur Mac-Brain?

— J'ai appris que le neveu de Pierre Goodwin, qui avait, à ce qu'il paraît, quelque héritage à attendre du vieux couple, est d'une férocité peu commune, et qu'il remue tous les pavés pour soulever contre l'accusée le sentiment populaire.

— Il ferait mieux de se tenir tranquille, dit Dunscomb; et, pendant qu'il parlait, la pâleur habituelle de sa belle figure fut remplacée par la rougeur de l'indignation : je ne plaisanterai pas dans une affaire de cette nature, entendez-vous ! Timms?

— Mais, mon Dieu, Esquire, le peuple du comté de Dukes ne

comprendrait pas qu'on lui contestât le privilége de dire ce qu'il lui plaît dans un cas de cette espèce, c'est ce qu'il appelle la liberté. Non, je crois que le parti le plus sage, c'est de laisser de côté, lois, principes, droit et *vraie* liberté; il nous faut plier le genou devant les choses existantes. On parle beaucoup de nos pères, de leur sagesse, de leur patriotisme, de leurs sacrifices; mais personne ne songe à agir comme *ils agissaient*, à raisonner comme *ils raisonnaient*. La vie se compose en réalité de ces petites choses reléguées dans un coin; tandis que les grands principes se pavanent avec orgueil, et deviennent l'admiration des hommes et le sujet de leurs discours. Je prends un vif plaisir, esquire Dunscomb, à vous entendre développer un principe, soit qu'il concerne la loi, la morale ou la politique; mais je ne penserais pas plus à en faire usage dans la pratique, que je ne penserais à refuser des honoraires de mille dollars.

— Est-ce là ce qu'on vous donne? demanda Mac-Brain avec curiosité. Travaillez-vous, dans cette cause, pour une aussi forte somme que celle-là, Timms?

— Je suis payé, docteur, juste autant que vous le fûtes pour cette grande opération chez le *maillionnaire* de Wall-Street.

— Millionnaire, vous voulez dire, Timms, dit Dunscomb froidement; cela signifie qui vaut un million.

— Je n'essaie jamais de prononcer un mot étranger sans l'écorcher, dit Timms (car il savait que les deux amis connaissaient son origine, son éducation, son avancement dans la vie, et qu'il était beaucoup plus sage de ne leur rien cacher); mais depuis que j'ai fréquenté si souvent Marie Monson et sa suivante, j'avoue que je désire parler la langue dont elles se servent.

Dunscomb jeta de nouveau sur son associé un regard scrutateur; je ne sais quoi d'ironique brillait dans ses yeux.

— Timms, vous êtes devenu amoureux de votre belle cliente, fit-il remarquer tranquillement.

— Non, Monsieur, pas encore jusque-là; quoique je reconnaisse que la dame est très-intéressante. Si elle était acquittée, et que nous puissions obtenir quelques éclaircissements sur les débuts de sa vie, dame! Monsieur, ça pourrait changer les choses.

— Il me faut aller à Biberry demain matin, et avoir moi-même une autre entrevue avec la dame, dit Dunscomb. Maintenant, Ned, je vais aller rejoindre votre femme et lui lire un épithalame préparé pour cette grande occasion. Vous n'avez pas besoin de vous donner la peine de m'accompagner, le morceau de poésie n'est pas nouveau ; je l'ai déjà lu deux fois en votre honneur.

Le grand conseiller d'York rit de bon cœur de sa saillie, et, pour sa part, termina là l'entretien ; Timms resta quelque temps de plus avec le docteur, le questionnant sur les opinions et les bruits qu'il avait recueillis dans le cours de ses visites.

CHAPITRE XIV.

> De son lit de soufre, un beau jour,
> Le diable sort pour faire un tour.
> Il veut visiter la chaumière
> Qu'ici-bas l'on nomme la terre,
> Et voir comment les choses vont.
> COLERIDGE.

Dunscomb fut fidèle à sa parole. Le matin suivant, il était sur la route de Biberry. Il était pensif ; après avoir mis une liasse de papiers sur le siége de la voiture, il continua sa route, silencieux et réfléchi. Par une assez grande singularité, il n'était accompagné que d'Anna Updyke, qui avait demandé timidement une place dans la voiture, mais avec tant d'instances qu'elle l'avait obtenue. Si Jack Wilmeter avait été à Biberry, la demande n'eût pas été faite ; mais elle le savait à la ville, et croyait pouvoir faire cette petite excursion sans être accusée d'inconvenance pour ce qui avait rapport à lui. Nous verrons dans le cours du récit quel était son but.

La meilleure auberge de Biberry était tenue par Daniel Horton. La femme de ce brave homme avait un penchant naturel au bavardage, penchant qui s'était développé dans le cours de vingt-cinq ans de pratique, dans l'auberge où elle avait commencé comme servante une carrière qu'elle finissait maintenant comme maîtresse. Comme il arrive d'ordinaire aux personnes de sa classe, elle connaissait une centaine d'individus qui fréquentaient sa maison, les appelant sur-le-champ par leur nom, et traitant chacun avec un degré de familiarité professionnelle très-commune dans les auberges de campagne.

— Tiens, M. Dunscomb! s'écria cette femme en entrant dans la chambre, et trouvant le conseiller et sa compagne installés dans son meilleur parloir. C'est un plaisir auquel je ne m'attendais pas avant les assises. Il y a vingt ans bien comptés, Esquire, depuis que j'ai eu le plaisir de vous servir dans cette maison pour la première fois. Et un vrai plaisir ç'a toujours été pour moi; car je n'ai pas oublié le procès d'éviction que vous avez gagné pour Horton, lorsque nous ne faisions que commencer. Je suis enchantée de vous voir, Monsieur; vous êtes le bienvenu à Biberry, ainsi que cette jeune dame, qui est votre fille, je présume, monsieur Dunscomb?

— Vous oubliez que je suis garçon, mistress Horton, un homme non marié, dans toute l'acception du mot.

— J'aurais pu le savoir si j'avais réfléchi un instant; car on dit que Marie Monson n'emploie dans sa cause que des garçons et des veufs; et vous êtes son conseil, je le sais.

— C'est là une particularité que je ne connaissais pas. Timms est garçon, à coup sûr, aussi bien que moi; mais à quel autre pouvez-vous faire allusion? Jack Wilmeter, mon neveu, peut à peine passer pour être employé dans cette cause, pas plus que Michel Millington, bien que ni l'un ni l'autre ne soient mariés.

— Oui, Monsieur, nous les connaissons tous deux, car ils ont logé ici. Si le jeune Wilmeter est garçon, j'imagine que ce n'est pas tout à fait sa faute (ici mistress Horton prit un air grave et continua ses propos). Des jeunes gens d'un extérieur agréable et d'une belle fortune n'ont pas d'ordinaire beaucoup de difficulté à trouver des femmes, beaucoup moins que les jeunes personnes; car vous autres hommes vous faites les lois, et vous donnez naturellement la plus belle chance à votre sexe.

— Pardonnez-moi, mistress Horton, interrompit Dunscomb avec un peu de solennité, comme quelqu'un qui trouvait grand intérêt à la conversation. Vous m'avez fait remarquer que nous avions la meilleure chance pour nous marier; et j'ai été, moi, garçon toute ma vie, essayant en vain d'entrer dans cet heureux état du mariage, s'il mérite cette dénomination.

— Il ne vous serait pas difficile de trouver une compagne, dit la dame de la maison en secouant la tête, et cela par la raison que je viens de vous donner.

— Laquelle?

— C'est que, vous autres hommes, vous avez fait les lois et vous en profitez. *Vous* pouvez demander la femme qui vous plaît; mais une femme est obligée d'attendre qu'on la demande.

— Vous n'avez jamais été plus dans l'erreur de votre vie, je vous assure, ma bonne mistress Horton. Il n'existe pas de loi à ce sujet. Toute femme peut aussi bien poser la question que tout homme. *C'était* du moins la loi, et je ne crois pas que le Code l'ait changée.

— Oui, nous savons cela, et elle sera tournée en dérision et montrée au doigt pour sa peine. Je sais qu'on raconte bien des choses sur l'année bissextile; mais je n'ai jamais entendu dire qu'une femme ait jamais posé la question. Je crois que même Marie Monson y regarderait à deux fois avant de prendre une détermination si hardie.

— Marie Monson! s'écria Dunscomb, se retournant tout à coup vers l'hôtesse : a-t-elle la réputation d'être prévenante pour les messieurs?

— Non pas que je sache; mais...

— Alors, permettez-moi de vous dire, ma bonne mistress Horton, interrompit le célèbre conseiller, d'un ton presque austère, que vous êtes très-blâmable d'avoir hasardé cette remarque. Si vous ne connaissez rien de la conduite de Marie Monson, vous auriez dû vous taire. Il est bien extraordinaire que les femmes, sensibles comme elles devraient l'être aux égards envers une personne de leur sexe, soient plus disposées même que les hommes à émettre des opinions légères et souvent malicieuses qui détruisent une réputation, et causent tant de mal dans le monde. De tous les péchés secondaires de votre sexe, la calomnie est le vice le plus bas, le plus contraire au christianisme, le plus

12

indigne d'une femme : le danger auquel vous êtes toutes exposées ne devrait-il pas vous apprendre plus de réserve.

— C'est vrai, Monsieur, mais cette Marie Monson est déjà dans une si mauvaise passe, qu'il n'est pas aisé de la rendre plus mauvaise, répondit mistress Horton très-effrayée de la sévère réprimande de Dunscomb ; car sa réputation était trop grande pour que son opinion bonne ou mauvaise lui fût indifférente. — Si vous connaissiez la moitié de ce qu'on dit d'elle dans Dukes, vous ne feriez pas attention à une parole légère sur son compte. Tout le monde la croit coupable, et un crime de plus ou de moins ne fait pas grand'chose pour des gens de son espèce.

— Ah ! mistress Horton, ces paroles légères font beaucoup de mal ; elles font d'un souffle disparaître une réputation, et mon expérience m'a appris que ceux qui sont les plus aptes à s'en servir, sont des personnes dont la conduite ne supporterait pas le jour. Des femmes qui ont une poutre dans les yeux, découvrent admirablement une paille dans ceux des autres. Parlez-moi d'une femme qui va tranquillement son chemin sans sortir de sa sphère, charitable et inoffensive, souhaitant le bien, et aussi difficilement portée à mal penser qu'à mal faire. On parle donc beaucoup contre ma cliente, n'est-ce pas ?

— Plus que j'aie jamais entendu parler contre une personne accusée, homme ou femme. Les boxeurs, qui étaient en prison pour meurtre, furent déchirés par les propos d'un chacun, mais rien d'approchant à Marie Monson. Bref, avant que l'esquire Timms intervînt en sa faveur, elle n'avait pas la moindre chance.

— Ceci n'est pas très-encourageant, à coup sûr ; mais que dit-on, mistress Horton, si vous me permettez de poser la question ?

— Mais, esquire Dunscomb, répondit la femme en faisant une petite moue charmante, on n'est jamais sûr que vous ne traiterez pas de calomnie ce qu'on pourra dire.

— Bah, bah ! vous savez mieux à quoi vous en tenir. Je ne me mêle jamais de ces sales procès. Je suis employé à la défense de Marie Monson, vous savez....

— Oui, mais aussi vous êtes bien payé pour cela, esquire

Dunscomb, si tout ce qu'on dit est vrai, interrompit mistress Horton avec un peu de malice. Cinq mille dollars, dit-on!....

Dunscomb, qui travaillait littéralement sans autre récompense que la conscience de faire son devoir, sourit, quoique indigné au fond de ce nouvel exemple d'absurdité dans les rumeurs publiques. Il se baissa légèrement, comme pour s'en défendre, et alluma froidement un cigare.

— Et où suppose-t-on que Marie Monson trouve de si énormes sommes, mistress Horton? demanda-t-il quand son cigare fut suffisamment allumé. Il n'est pas ordinaire à de jeunes femmes sans amis d'avoir les poches si bien garnies.

— Il n'est pas ordinaire non plus à de jeunes femmes de voler et d'assassiner de vieilles gens, Esquire.

— Pense-t-on que le bas de mistress Goodwin était assez large pour contenir des sommes comme celle que vous venez de mentionner?

— Personne n'en sait rien. L'or prend fort peu de place, témoin la Californie. Il y avait le général Wilton, chacun le croyait aussi riche que César.

— Vous voulez dire Crésus, mistress Horton.

— Eh bien, Crésus ou César, ils étaient riches tous deux, je suppose, et le général Wilton passait pour leur égal; mais quand il mourut, ses biens n'auraient pu payer ses dettes. D'un autre côté, la fortune du vieux David Davidson n'était pas évaluée à plus de vingt mille dollars, et il en laissa dix fois autant. C'est pourquoi je dis: personne n'en sait rien. Mistress Goodwin fut toujours une femme économe, quoique Pierre eût fait sauter les dollars, s'il avait pu mettre la main dessus. Pierre avait un faible, quoique peu de gens le sachent.

Dunscomb écouta avec attention. Tous les faits de cette nature avaient leur importance à ce moment, et l'on ne pouvait rien dire du couple assassiné qui n'engageât tous ceux qui étaient intéressés dans cette cause à avoir l'oreille tendue.

— J'ai toujours compris que Pierre Goodwin était un homme très-estimable, fit observer Dunscomb, qui, connaissant à fond la nature humaine, savait que le meilleur moyen de rendre la femme communicative, c'était de faire de l'opposition, — un homme des plus estimables du canton.

— C'est possible, mais il avait ses côtés faibles comme les autres hommes estimables, quoique les siens ne fussent pas généralement connus, comme j'ai déjà eu l'honneur de vous le dire. Chacun est estimable, je suppose, jusqu'à ce qu'on découvre le contraire. Mais Pierre est mort, et je n'ai pas envie de troubler sa tombe, ce qui, je crois, est un acte coupable.

Ces paroles étaient encore plus lugubres, et elles ne firent qu'exciter le désir de Dunscomb d'en savoir davantage. Toutefois il vit qu'il y avait de grandes précautions à prendre, mistress Horton affectant beaucoup de tendresse pour la réputation de son voisin décédé. Le conseiller connaissait assez la nature humaine pour savoir que l'indifférence est quelquefois un aussi bon aiguillon que l'opposition, et il jugea à propos d'essayer de ce moyen. Sans faire de réponse immédiate, il pria donc l'attentive Anna de lui rendre un petit service : c'était un prétexte pour l'éloigner de la chambre, et rester seul avec l'hôtesse. Alors jetant son cigare comme mauvais, il en alluma un autre, créant ainsi des retards qui irritaient l'impatience de la dame de la maison et la mettaient sur le gril.

— Oui, Pierre n'est plus, le voilà mort et enterré, et j'espère que la terre lui est légère, dit-elle en soupirant ostensiblement.

— Ici vous faites erreur, mistress Horton, remarqua froidement le conseiller; les restes des deux victimes trouvées dans les ruines de la maison ne sont pas encore en terre, on les garde pour le jugement.

— Quels moments nous allons avoir, si pleins d'émotion et de mystère !

— Et vous pourriez ajouter de consommation. Les journalistes qui viendront de la ville comme une invasion de Cosaques suffiront pour remplir votre maison.

— Oui, et ils se rempliront eux-mêmes aussi. Pour être franche avec vous, monsieur Dunscomb, un trop grand nombre de ces gens-là désirent être logés à bas prix pour qu'on ait plaisir à les avoir. N'importe, je crois que nous serons encombrés la semaine prochaine.

— Vous disiez donc que Pierre Goodwin était un homme irréprochable ?

— Bien loin de là, à dire le vrai sur son compte ; et puisque je sais que l'homme n'est pas absolument en terre, je ne sais pourquoi je ne pourrais pas parler. Je sais respecter le tombeau aussi bien qu'un autre, mais comme il n'est pas enterré, on peut dévoiler la vérité. Pierre Goodwin n'était nullement ce qu'il paraissait.

— Et quel était son défaut particulier, ma bonne mistress Harton ?

La dame de la maison savait bien que c'était un grand bonheur d'être *bonne* aux yeux de M. Dunscomb, et elle ne fut pas moins flattée de la manière dont ces paroles furent prononcées que de leur signification. Par une faiblesse de femme, mistress Horton fut ravie de cette légère marque d'hommage, et se sentit disposée à laisser échapper un secret qui, pour lui rendre justice, avait été religieusement gardé depuis dix à douze ans entre elle et son mari. Comme elle et le conseiller se trouvaient seuls, baissant un peu la voix plutôt pour sauver les apparences que pour un motif suffisant, l'hôtesse reprit :

— Eh bien, esquire Dunscomb, vous devez savoir que Pierre Goodwin était membre d'une association sainte et chrétien fervent ; et ce n'en fut que mieux pour lui, puisqu'il devait être assassiné.

— Est-ce que vous regardez sa qualité de chrétien fervent, selon votre expression, comme une circonstance qu'on doive cacher ?

— Pas le moins du monde Monsieur ; mais c'est à mes yeux une excellente raison pour que les faits que je vais vous rapporter doivent être généralement inconnus. Les railleurs abondent ; et je crois que les sentiments d'un croyant doivent être traités avec plus de ménagement que ceux d'un incrédule, par égard pour l'église.

— C'est une mode de notre époque, une des mœurs du jour, qu'elle dure ou non. Mais continuez, je vous prie, ma bonne mistress Horton, je suis très-curieux de savoir par quel péché particulier Satan est parvenu à s'emparer « de ce chrétien fervent. »

— Il buvait, esquire Dunscomb, non, il se grisait, le mot est plus juste. Vous devez savoir que sa femme était l'avarice en personne ; c'est pour cette raison qu'elle prit Marie Monson en garni, quoique sa maison ne fût nullement convenable pour loger, isolée comme elle l'était, et n'ayant qu'une petite chambre à coucher de réserve, et sous le toit, encore. Si elle avait laissé l'étrangère venir dans une maison régulière, comme elle aurait pu le faire, où elle aurait été beaucoup mieux que dans un grenier, il est probable qu'elle n'aurait pas été assassinée. Elle a perdu la vie, comme je le dis à Horton, pour s'être mêlée des affaires des autres.

— Si c'était là le châtiment ordinaire et inévitable d'une semblable faute, ma bonne hôtesse, il y aurait grande disette de dames, dit Tom Dunscomb un peu sèchement ; mais vous faisiez remarquer que Pierre Goodwin, la prétendue victime de Marie Monson, avait un faible pour les liqueurs fortes ?

— Il avait de la préférence pour le julep, liqueur qui dans ces pays-ci est des plus pernicieuses au corps. Il en était fou ! n'osant en prendre chez lui, il savait où trouver cette boisson de première qualité, et venait toujours chez nous quand il avait le gosier sec. Horton mesure trop bien (autrement nous aurions un peu meilleure figure dans le monde que nous ne l'avons ; non pas que nous soyons misérables, dans notre position actuelle) ; mais Horton le prend fort lui-même, et il verse également bien aux autres. Pierre l'apprécia bientôt, et trouva son julep supérieur au plus vanté, comme lui-même me l'a souvent dit. Horton sait préparer un julep d'une façon exquise.

— Et Pierre Goodwin avait l'habitude de fréquenter votre maison en cachette pour se livrer à son penchant ?

— Je suis presque honteuse d'en faire l'aveu : peut-être était-ce mal à nous de ne pas l'en empêcher, mais chacun fait son métier, et le nôtre est de tenir auberge, et de servir des liqueurs, quoique le ministre nous dise presque tous les dimanches que les fidèles ne doivent rien faire, loin des regards, de ce qu'ils ne voudraient pas faire devant toute une assemblée. Je n'adopte pas ce système néanmoins, car il faudrait bientôt fermer boutique. Oui, Esquire, Pierre Goodwin buvait terriblement dans son coin.

— Jusqu'à l'ivresse, vous voulez dire, mistress Horton?

— Jusqu'au *delirrum tremens* ; il descendait ordinairement au village sous prétexte d'affaires, et venait droit chez nous, où je lui ai vu avaler trois juleps dans la première demi-heure. D'autres fois il prenait l'excuse d'aller rendre visite à sa sœur en ville, et alors il restait deux ou trois jours là-haut dans une chambre, qu'Horton garde pour ce qu'il appelle des en-cas ; il appelle cette chambre son quartier, quartier d'hôpital sans doute.

— Est-ce que le digne M. Horton est aussi membre de la société, mon hôtesse?

Mistress Horton rougit avec grâce, mais elle répondit sans balbutier, l'habitude la fortifiant dans des contrariétés morales bien plus sérieuses que celle-ci.

— Il en faisait partie, et je puis dire qu'il en fait encore partie, quoiqu'il ne l'ait pas fréquentée depuis plus de deux ans.

— Ainsi, Pierre Goodwin était quelquefois ivre dans votre maison?

— Je suis fâchée d'en convenir, il resta une fois une semaine entière, et fut pris du *delirrum tremens* ; mais Horton l'en guérit par l'usage du julep. C'est, dit-on, le vrai temps de le prendre. Nous le reconduisîmes chez lui sans que sa femme sût qu'il n'avait pas été tout le temps avec sa sœur. Il en eut assez pour trois mois.

— Pierre payait-il, ou aviez-vous un compte courant avec lui?

— Argent sur table, Monsieur ; attrapez-nous à avoir des comptes avec un homme dont la femme porte la culotte. Non, Pierre payait comme un roi pour chaque gorgée qu'il avalait.

— Je suis loin d'être certain que la comparaison soit juste, vu qu'un roi ne se fait nullement remarquer par son exactitude à payer ses dettes. Mais n'est-il pas possible que Pierre ait mis le feu à sa maison, et qu'il soit la cause de tout ce malheur dont ma cliente est responsable?

— J'y ai pensé plus d'une fois depuis le meurtre, Esquire; mais je ne vois pas trop comment la chose a pu avoir lieu. Mettre le feu à la maison est assez simple. Mais qui a tué le vieux couple, qui a dépouillé la maison, si Marie Monson n'est pas coupable de ce double crime?

— Le cas a ses difficultés, sans nul doute, mais j'ai vu le jour se lever après une nuit plus obscure que celle-ci. Je crois que mistress Goodwin et son mari étaient presque de la même taille.

— Absolument, je les ai vus se mesurer dos à dos. C'était un très-petit homme, et elle une très-grande femme.

— Avez-vous quelque connaissance d'une Allemande qui vivait, dit-on, avec ce couple infortuné?

— On en a quelque peu parlé depuis le feu, mais mistress Goodwin ne gardait pas d'aide; elle était trop avare pour cela; du reste elle n'en avait guère besoin, étant elle-même très-forte et très-active pour son âge.

— Ne pouvait-il pas se faire qu'une locataire comme miss Monson l'eût engagée à prendre une servante chez elle pour quelques semaines? Les plus proches voisins, ceux qui étaient les plus à même de connaître tous ces détails, prétendent qu'on ne donnait pas de gages, la femme travaillant pour sa nourriture et son logement.

— Esquire Dunscomb, vous ne prouverez jamais qu'une Allemande a tué Pierre et sa femme.

— Non, peut-être, bien que cela soit possible; mais tel n'est pas l'objet de mes recherches actuelles. Mais voici venir mon associé dans le conseil, et je profiterai d'une autre occasion pour continuer cette conversation, ma bonne mistress Horton.

Timms entra d'un air empressé. Pour la première fois de sa vie il parut agité. Froid, fin et rusé, cet homme s'était rarement laissé aller au point de trahir son émotion; mais il le faisait en ce moment. Il y avait dans sa personne un tremblement qui s'étendait jusqu'à sa voix; il sembla craindre de s'en servir même pour le salut d'usage. Il se contenta d'incliner la tête, prit un siége et s'assit.

— Vous avez été à la prison? demanda Dunscomb.

Un signe affirmatif fut la réponse.

— Vous fûtes admis et eûtes une entrevue avec notre cliente ?

Un autre signe fut la seule réplique.

— Lui avez-vous posé les questions comme je le désirais ?

— Oui, Monsieur ; mais j'aurais plus vite fait d'interroger tout le comté de Dukes que de tirer de cette jeune fille une chose qu'elle ne veut pas dire !

— Je crois que la plupart des jeunes dames ont le talent de garder pour elles de semblables secrets, du moment qu'elles ne désirent pas le révéler. Me donnez-vous à entendre que vous n'avez pas obtenu de réponse ?

— En vérité, je n'en sais rien, Esquire. Elle a été polie, gracieuse, souriante ; mais, de manière ou d'autre, je ne me rappelle pas ses réponses.

— Il faut que vous soyez devenu amoureux, Timms, pour revenir avec un pareil compte-rendu, répliqua Dunscomb, tandis qu'un sourire froid et sardonique passait sur sa figure. Prenez garde, Monsieur, c'est une passion qui rend un homme fou plus vite que toutes les autres. Je ne crois pas qu'il y ait grande chance pour que la dame réponde à votre flamme, à moins toutefois que vous ne vous arrangiez pour faire de son acquittement une condition du mariage.

— J'ai peur, horriblement peur que son acquittement ne soit une affaire désespérée, répondit Timms, se passant la main sur la figure comme pour effacer les traces de sa faiblesse ; plus je pénètre au fond de cette affaire, pire elle m'apparaît.

— Avez-vous donné à entendre à votre cliente qu'il en était ainsi ?

— Je n'en ai pas eu le cœur. Elle est si maîtresse d'elle-même, si calme et si paisible, elle montre tant de jugement et même d'esprit, qu'elle semble être le conseil dans cette affaire de vie ou de mort. Je ne pouvais troubler une si parfaite tranquillité. Je voudrais bien connaître son histoire.

— Dans mes interrogatoires, je lui fis comprendre l'absolue nécessité pour elle de nous fournir les moyens d'éclairer la cour et le jury sur ce point matériel, si nous étions poussés à la dernière extrémité.

— Je le sais, Monsieur, mais vous ne pûtes découvrir la vérité plus que je ne l'ai fait par mes pressantes questions. J'aimerais par-dessus tout à voir cette dame à la barre. Je crois qu'elle confondrait l'impudent Williams et lui ferait joliment perdre contenance. A propos, Monsieur; j'ai appris qu'il est employé contre nous par le neveu, lequel est tout à fait furieux au sujet de la perte de l'argent qu'il prétend se composer de sommes plus considérables que le voisinage ne l'avait communément supposé.

— J'ai toujours cru que les parents emploieraient quelqu'un pour appuyer l'accusateur public dans un cas de cette importance. La théorie de notre gouvernement, c'est que la vertu publique présidera à l'exécution des lois; mais à en juger par mon expérience, Timms, cette vertu publique est une qualité très-accommodante, indifférente même, et elle se donne rarement la peine de punir les torts tant que ce n'est pas elle qu'on blesse et qu'on dépouille.

— La friponnerie est plus remuante que l'honnêteté, j'en suis convaincu depuis longtemps; mais il est naturel qu'un accusateur public, dans un jugement où il y va de la vie, et quand l'accusé est une femme, ne soit pas plus pressant que ne semblent le demander les circonstances. Il est vrai que le sentiment populaire s'élève fortement contre Marie Monson; mais le neveu a bien fait de payer un coquin comme Williams, s'il désire faire table rase.

— Notre cliente en est-elle informée?

— Assurément. Elle semble connaître tout ce qui concerne sa cause, et trouve un étrange plaisir à entrer dans le mode et les détails de sa défense. Cela vous ferait du bien au cœur, Monsieur, de voir la manière avec laquelle elle écoute, elle donne ses avis, elle consulte. Elle est vraiment belle à ces moments-là.

— Vous êtes amoureux, Timms, et il me faudra chercher un autre aide. D'abord, c'était Jack; et puis, vous! Hum! le monde est étrange, en vérité.

— Je ne crois pas en être encore là, dit Timms, cette fois se frottant ses gros sourcils comme pour s'assurer qu'il ne rêvait pas; quoique je doive avouer que mes sentiments ne sont pas les mêmes qu'il y a un mois. Je voudrais bien que vous vissiez notre cliente vous-même, Monsieur, et que vous lui fissiez comprendre combien il est important pour nous, dans son intérêt, de connaître quelque chose de sa vie passée.

—Croyez-vous que l'acte d'accusation porte son nom véritable?

—Pas le moins du monde; mais comme elle s'est appelée elle-même Marie Monson, elle ne peut profiter de ses propres actes.

— Assurément non. Je le demandais simplement à titre d'information; elle doit sentir la nécessité de nous fortifier sur ce point en particulier, autrement on pourra la pousser loin; les jurés n'aiment pas les pseudonymes.

— Elle le sait déjà, car je lui ai exposé la chose bien des fois. Cependant rien ne semble l'émouvoir; elle paraît au-dessus de toute crainte.

— Ceci est des plus extraordinaires. Avez-vous interrogé la suivante?

— Comment le puis-je? elle ne parle pas anglais, et je ne puis proférer une syllabe dans aucune langue étrangère.

— Ah! elle se dit si ignorante? Marie Moulin parle très-bien anglais, et je le sais pour avoir souvent causé avec elle. C'est une Suissesse instruite et sage, connue pour sa fidélité et sa discrétion. Avec moi elle aura de la peine à soutenir sa fausse assertion. Si elle a feint d'ignorer l'anglais, c'est afin de garder ses secrets.

Timms se rendit à cette probabilité, puis il entra dans des détails plus minutieux de l'état de la cause. En premier lieu, il admit qu'en dépit de tous ses efforts le sentiment populaire s'élevait fortement contre leur cliente.—Franck Williams, comme il appelait l'effronté personnage qui portait ce nom, est entré dans la lutte armé de toutes pièces, et il produira son impression accoutumée.

— Il doit être largement payé, continua Timms, et je serais assez porté à croire que ses honoraires dépendent jusqu'à un certain point du résultat, car je n'ai jamais vu de ma vie le drôle si vivement engagé.

— Notre admirable Code permet un tel marché entre le conseil et son client, ou tout autre marché, pourvu qu'il n'y ait pas conspiration ouverte, reprit Dunscomb ; mais je ne sais pas ce qu'on peut partager, dût même Marie Monson être pendue !

— Ne parlez pas de cette manière d'une si séduisante personne, s'écria Timms, manifestant dès lors son émotion, cela fait mal d'y penser. Il est vrai, qu'une condamnation ne procurera pas d'argent à l'accusation, à moins qu'elle ne conduise à découvrir le magot de mistress Goodwin.

Dunscomb leva les épaules, et son associé procéda à son récit. Deux des journalistes étaient blessés, et leurs allusions à la cause qui presque chaque jour se trouvaient dans leurs journaux respectifs, étaient injurieuses et calculées pour faire beaucoup de mal, quoique parfaitement dissimulées sous un air d'apparente candeur. L'effet naturel de ces attaques réitérées, parmi une population accoutumée à en déférer en tout à l'esprit général, fut d'augmenter le nombre des ennemis de l'accusée. Beaucoup de ceux qui dans le principe étaient disposés à la soutenir, parce qu'ils ne pouvaient croire qu'une femme si jeune, si bien élevée, si modeste dans sa tournure, si séduisante dans ses manières, qu'une femme, dis-je, de cette nature, pût être coupable des crimes qu'on lui imputait, changeaient maintenant d'opinion sous le contrôle de cette puissance funeste, travaillant sur le sentiment public. Les agents employés par Timms pour contre-balancer cette maligne influence, avaient manqué à leur tâche, ils ne travaillaient que pour l'argent, tandis que les autres avaient tout le ressentiment d'un affront prétendu.

La famille des Burton, les plus proches voisins des Goodwin, ne recevait plus Timms avec cette franche cordialité qu'ils lui avaient témoignée dans le cours de ses premières entrevues avec eux. Alors ils avaient été communicatifs, prêts à dire tout ce qu'ils savaient, et même un peu plus, à ce que pensait l'avocat ; aujourd'hui ils étaient réservés, mal à l'aise, peu disposés à faire connaître la moitié des faits réels qui étaient à leur connaissance. Timms crut qu'ils avaient été embauchés, et qu'on devait s'attendre de ce côté à quelque déposition importante et hostile.

La consultation finit par une exclamation de Dunscomb au sujet des abus qui se glissent dans l'administration de la justice, et qui font que les Américains, si fiers de leurs libertés, seront obligés de recourir à un système à peu près aussi corrompu que ceux du vieux monde. Telle est la tendance des choses, et des mœurs du jour.

CHAPITRE XV.

> Cette femme, du bâtiment
> Forme-t-elle tout l'équipage ?
> Ou, s'ils sont deux, c'est donc, je gage,
> La Mort qu'elle a pour lieutenant !
> *Le Vaisseau fantôme.*

APRÈS une courte entrevue préparatoire avec Anna Updyke, Dunscomb se rendit à la prison où il avait déjà envoyé un mot pour annoncer sa visite. La bonne mistress Gott le reçut avec une attention empressée ; car, à mesure que le jour du jugement approchait, cette excellente femme portait un intérêt de plus en plus vif au sort de la prisonnière.

— Vous êtes le bienvenu, monsieur Dunscomb, dit cette aimable geôlière en ouvrant le chemin qui conduisait à la porte de la galerie, vous êtes mille fois le bienvenu. Je désire que cette affaire tombe en de bonnes mains, et j'ai peur que Timms ne réussisse pas comme il aurait pu le faire.

— Mon associé a la réputation d'être un habile avocat et un fin praticien, mistress Gott.

— C'est vrai, monsieur Dunscomb. Mais je ne sais moi-même comment il se fait qu'il ne mène pas cette cause avec autant de succès que d'autres dont il s'est chargé. L'agitation dans le comté est terrible, et Gott a reçu plusieurs lettres anonymes qui lui annoncent que si Marie Monson s'évade, les espérances qu'il fonde sur le public sont détruites. Je lui dis de ne pas tenir compte de choses aussi méprisables; mais il est très-effrayé; il faut un courage énergique, Esquire, pour traiter une lettre anonyme avec le mépris qu'elle mérite.

— Il en faut parfois, vous avez raison. Vous pensez donc que nous aurons fort à faire pour la défense?

— Terriblement! Je n'ai jamais vu de chose jugée au dehors comme celle-ci. Et ce qui me désole, c'est que Marie Monson aurait pu la tourner à son avantage, si elle se l'était mis dans l'esprit; d'abord, avec les voisins, c'était la popularité en personne; les gens aiment naturellement la beauté, l'élégance, la jeunesse; et Marie a assez de tout cela pour se faire des amis partout.

— Quoi! parmi les dames? dit Dunscomb en souriant. A coup sûr, elle ne s'en ferait pas parmi votre sexe, mistress Gott.

— Oui, parmi les femmes aussi bien que parmi les hommes, si elle voulait user de ses moyens; mais elle garde pour elle ses brillantes qualités. La foule s'est tenue autour des fenêtres extérieures, pour l'entendre jouer de la harpe; on me dit qu'elle se sert de la harpe véritable des Juifs, d'une harpe semblable à celle dont le roi David avait l'habitude de jouer; et elle a un talent merveilleux. Il y a dans le village un Allemand très-entendu en fait de musique; il prétend que Marie Monson a été parfaitement enseignée, par les premiers maîtres.

— C'est extraordinaire; il paraîtrait pourtant qu'il en est ainsi... Voulez-vous avoir la bonté de m'ouvrir la porte, mistress Gott?

— De tout mon cœur, répondit celle-ci, étonnante geôlière en un sens, mais du reste une femme bavarde, comme toutes les autres, faisant résonner ses clefs, sans avancer d'un pas: Marie Monson vous attend. Je présume, Monsieur, que vous savez que cet effronté de Franck Williams est employé par les amis des Goodwin?

— M. Timms me l'a dit. Je n'éprouve néanmoins aucune crainte de me rencontrer avec M. Williams.

— Non, Monsieur, pas vous, en pleine cour; mais au dehors, il est très-formidable.

— J'espère que cette cause, où la vie et la réputation d'une femme très-intéressante sont en jeu, ne sera pas jugé au dehors. Le résultat est trop sérieux pour un tel tribunal.

— C'est ce qu'on serait porté à croire ; mais une grande partie des affaires de loi est, à ce qu'on me dit, traitée sous les hangars, dans les rues et dans les tavernes, et surtout dans les chambres à coucher des jurés, de la façon la plus inique.

— J'ai peur que vous n'ayez trop raison. Mais nous en parlerons une autre fois ; pour le moment, la porte, s'il vous plaît.

— Oui, Monsieur, dans une minute. Il serait si facile à Marie Monson d'être aussi populaire avec tous les habitants de Biberry qu'elle l'est avec moi. Qu'elle vienne ce soir à une des fenêtres de cette galerie, qu'elle se montre au peuple, et joue de sa harpe, et le roi David lui-même ne pouvait être mieux aimé des anciens Juifs, qu'elle ne le serait de tous les gens des environs.

— Il est probablement trop tard. La cour siége dans quelques jours ; et le mal, si mal il y a, doit être fait.

— Mais il n'en est rien, je vous demande pardon, Esquire. Il y a dans Marie Monson quelque chose qui lui fait disposer des cœurs à son gré. Le peuple la croit fière et orgueilleuse, parce qu'elle ne se tient pas à une des grilles, et ne se donne pas un peu en spectacle.

— Je crains, mistress Gott, que votre mari ne vous ait appris à respecter ceux que vous appelez le peuple, plus qu'ils ne le méritent.

— Gott en a une terrible peur.

— Et il est établi par les lois pour veiller à leur exécution envers ce même peuple, interrompit Dunscomb avec un ris moqueur, pour sauvegarder la paix et renforcer les lois ; en un mot, pour lui faire sentir, chaque fois qu'il en est besoin, qu'il est *gouverné*.

— Gott prétend que le peuple commandera ; c'est son grand mot.

— Semblera commander, oui, et vous serez assez près de la vérité ; le plus que puisse faire une nation en masse, c'est de contrôler parfois les actes des gouvernants. Mais ici, comme ailleurs, l'ouvrage de tous les jours ne se fait que sous l'inspiration de quelques-uns... La porte, maintenant, s'il vous plaît, mistress Gott.

— Oui, Monsieur, dans une minute. Grand Dieu! quelle bizarrerie de vous voir penser ainsi. Je vous croyais démocrate, monsieur Dunscomb.

— Je le suis, en tant qu'il s'agit des formes du gouvernement; mais je n'ai jamais été assez sot pour croire que le pouvoir réel du peuple puisse s'étendre plus loin qu'à des reproches et à des réprimandes accidentelles.

— Que dirait Gott à cela! Il est tellement effrayé du peuple qu'il ne peut rien faire, me dit-il, sans s'imaginer voir quelqu'un qui regarde par-dessus ses épaules.

— C'est la bonne voie pour un homme qui désire être élu *sheriff*. Pour être *évêque*, il vaudrait mieux se rappeler l'œil qui voit tout.

— Oh! je vous déclare que Gott ne pense guère à *cela*, à mon grand regret. Ce disant, elle mit la clef dans la serrure. Quand vous désirerez sortir, Esquire, appelez-moi à cette grille; puis elle ajouta d'un ton très-bas : Essayez de persuader à Marie Monson de se montrer à une des grilles de côté.

Mais Dunscomb n'entra pas dans la galerie avec une semblable intention. Comme il était attendu, sa réception fut naturelle et aisée. La prisonnière était habillée avec soin, quoique avec simplicité, et paraissait plus belle que jamais, grâce sans doute à l'adresse exercée de sa suivante. Marie Moulin se tenait modestement dans l'intérieur de la cellule, où elle passait la plus grande partie de son temps, laissant à l'usage de sa maîtresse la galerie, alors très-joliment meublée.

Après quelques paroles de salutations, Dunscomb prit le siége qu'on lui désigna, fort embarrassé de s'adresser à une femme du maintien et de l'air de Marie Monson, comme à une accusée sur le point d'être jugée dans un cas capital. Il entama naturellement la conversation.

— Je vois que vous avez eu un soin tout particulier de votre bien-être dans ce lieu misérable, fit-il remarquer.

— Je ne lui donne pas un nom si repoussant, monsieur Dunscomb, lui répondit-on avec un sourire triste, mais des plus gracieux, c'est *mon* lieu de *refuge*.

— Persistez-vous encore dans votre refus de me dire contre *quoi*, miss Monson?

— Je ne persiste dans aucun refus inconvenant, j'espère. Une autre fois je puis être plus communicative. Mais si les rapports de mistress Gott sont exacts, j'ai besoin de ces murs pour m'empêcher d'être mise en pièces par ceux qu'elle appelle le peuple du dehors.

Dunscomb regarda avec surprise l'être qui lui faisait si tranquillement cette remarque sur sa propre situation. D'un extérieur charmant, avec toutes les marques d'une noble origine et d'une éducation accomplie, jeune, belle, délicate, que dis-je? raffinée dans ses paroles et dans ses actes, elle était là assise, accusée de meurtre et d'incendie, et sur le point de subir un jugement où il y allait de sa tête, avec la contenance d'une dame dans son salon. L'expression radieuse de sa figure, parfois si remarquable, était remplacée par une tristesse tempérée, quoique la crainte n'y parût nullement dominer.

— Le shériff a inspiré à sa femme un respect très-salutaire pour ce qu'il appelle le peuple, salutaire pour un homme qui recherche des voix pour se soutenir. Voilà le pur Américain.

— Je suppose qu'il en est de même partout ailleurs. J'ai voyagé longtemps à l'étranger, monsieur Dunscomb, et je ne puis dire que j'aperçoive grande différence parmi les hommes.

— Il n'y en a guère, quoique les circonstances leur offrent plusieurs manières de trahir leurs faiblesses, aussi bien que de déployer leurs qualités. Mais dans ce pays, miss Monson, le peuple possède un pouvoir, qui, pour vous surtout, n'est pas à dédaigner. Ainsi que mistress Gott vous l'a donné à entendre, il peut être prudent pour vous de vous le rappeler.

— Vous ne voudriez sûrement pas, monsieur Dunscomb, que je me donnasse en spectacle à la fenêtre de la prison!

— Bien loin de là. Je ne voudrais pas que vous fissiez rien qui fût indigne de vos habitudes et de vos opinions; rien, en un mot, qui ne fût pas convenable, comme moyen de défense, de la part d'une personne accusée et jugée par l'État. Néanmoins, il est toujours plus sage de se faire des amis que des ennemis.

Marie baissa les yeux, et Dunscomb vit qu'elle se perdait dans ses pensées. Il était, toutefois, absolument nécessaire d'être plus explicite avec elle, et il ne recula pas devant son devoir. Ce fut donc avec politesse, mais avec précision, et avec une netteté très-saisissable pour un esprit bien moins doué que ne l'était celui de l'accusée, qu'il entama le sujet du prochain jugement. Il hasarda d'abord quelques mots sur le caractère grave de cette procédure, et sur son immense importance, à tous égards, pour sa cliente; celle-ci l'écouta attentivement, mais sans le moindre signe visible d'alarme. Il fit ensuite allusion aux histoires qui circulaient, à l'impression qu'elles produisaient, et au danger qu'il y avait que ses droits ne souffrissent de ces fâcheuses opinions.

— Mais la sentence doit être prononcée par un juge et un jury, à ce qu'on m'assure, dit Marie Monson, quand Dunscomb eut cessé de parler; ils viendront de loin, et ne seront pas indisposés contre moi par ces frivoles bavardages.

— Les juges et les jurés ne sont que des hommes, et rien ne se propage plus loin avec moins d'effort que ce que vous appelez de frivoles bavardages. On ne répète rien avec exactitude, ou c'est rare; et ceux qui ne comprennent un fait qu'à moitié ne manquent jamais de le rapporter avec exagération et sous de fausses couleurs.

— Comment alors les électeurs peuvent-ils découvrir le caractère réel de ceux pour qui ils sont appelés à voter? demanda Marie Monson en souriant, ou avoir une juste idée des mesures qu'ils doivent soutenir ou repousser?

— La moitié du temps ils ne s'en doutent pas. Mais le temps ne nous permet pas de nous étendre suffisamment sur *ce sujet*. La conséquence, c'est que les apparences et les assertions sont destinées à tenir lieu des faits. La puissance des masses devient très-formidable, plus formidable que ne l'ont jamais imaginé les auteurs de nos institutions. Entre autres choses, les masses commencent à tenir dans leurs mains l'administration de la justice.

— Je ne dois pas être jugée par les masses, j'espère. S'il en était ainsi, mon sort serait à plaindre, d'après ce que j'entends dans mes petites excursions dans le voisinage.

— Vos excursions, miss Monson! répéta Dunscomb étonné.

— Mes excursions, Monsieur; j'en fais une pour jouir de l'air et de l'exercice, toutes les fois que la nuit est favorable, dans cette belle saison de l'année. Vous ne voudriez pas sûrement que je fusse claquemurée ici dans une prison, sans respirer un peu d'air frais.

— A la connaissance et avec le concours du shériff, ou de sa femme?

— Peut-être pas tout à fait avec leur assentiment; bien que je soupçonne que la bonne mistress Gott a vent de mes mouvements! Il serait par trop dur de me refuser à moi-même l'air et l'exercice, qui sont très-nécessaires à ma santé, parce que je suis accusée de ces horribles crimes.

Dunscomb passa une main sur son front, et pour un moment l'étonnement l'absorba tout entier. Il avait à peine conscience s'il rêvait ou non.

— Et vous êtes sortie de ces murs, miss Monson! s'écria-t-il à la fin.

— Vingt fois, au moins. Pourquoi y resterais-je enfermée, quand j'ai toujours en mon pouvoir les moyens de les quitter?

En disant ceci, Marie Monson montra à son conseil un trousseau de clés, absolument identique à celui dont se servait habituellement mistress Gott, chaque fois qu'elle venait ouvrir la porte de cette galerie particulière. Un sourire de tranquillité prouva combien la prisonnière était loin de comprendre qu'il y eût quelque chose d'étonnant à tout cela.

— Savez-vous, miss Monson, qu'il y a félonie à aider à l'évasion d'un prisonnier?

— C'est ce qu'on me dit, monsieur Dunscomb; mais comme je ne me suis pas évadée, que je n'ai fait aucune tentative en ce sens, et que je suis revenue régulièrement et en temps opportun dans ma prison, personne ne peut souffrir de ce que j'ai fait. Telle est, du moins, l'opinion de M. Timms.

Dunscomb n'aima pas l'expression de physionomie qui accompagna ces paroles. Ce serait trop dire que d'affirmer qu'elle était rusée; mais cette conduite sentait tant les manœuvres d'une personne accoutumée à ce métier, qu'elle réveilla chez Dunscomb la défiance pénible qu'il avait éprouvée dans les premiers jours de ses rapports avec cette singulière jeune femme, et qui avait été endormie pendant plusieurs semaines. Toutefois il y avait dans les manières de sa cliente tant de cette froide politesse du grand monde, que cette expression fâcheuse s'effaça de sa figure, redevenue sereine et brillante. L'accusée demeura calme, gracieuse et élégante, sans émotion extérieure.

— Timms! répéta Dunscomb lentement; ainsi il en a été instruit, et a coopéré probablement à l'exécution de ce plan?

— Comme vous dites qu'il y a félonie à aider à l'évasion d'un prisonnier, je ne puis répondre oui ou non à cette question, monsieur Dunscomb, à moins de trahir un complice. Je serais pourtant portée à croire que M. Timms n'est pas homme à se laisser facilement prendre dans les filets de la loi.

Une seconde fois l'expression de la physionomie déplut au conseiller, quoique Marie Monson fût à ce moment d'une beauté ravissante. Il ne s'arrêta pas à analyser ses sentiments, mais chercha plutôt à satisfaire sa curiosité, fortement excitée par les renseignements qu'on venait de lui donner.

— Comme vous n'avez pas hésité à me parler de ce que vous appelez vos excursions, miss Monson, continua-t-il, peut-être pousserez-vous la confiance jusqu'à me dire où vous allez?

— Je ne puis avoir nulle objection à cette demande. M. Timms me dit que la loi ne peut forcer un conseil à trahir les secrets de son client, et par conséquent, je ne cours pas de risque avec vous. Attendez. J'ai à m'acquitter envers vous d'un devoir que j'ai longtemps différé. Les messieurs de votre profession ont droit à des honoraires, et jusqu'à ce jour j'ai été très-négligente sur ce point. Voulez-vous me faire la grâce, monsieur Dunscomb, d'accepter ceci, que j'ai bien tardé à vous offrir.

Dunscomb était trop au fait de sa profession pour être embarrassé de cet acte de justice; mais il prit la lettre, en brisa le cachet, sous les yeux même de sa cliente, et retira un billet de mille dollars. Tout préparé qu'il était par le rapport de Timms à une rémunération libérale, cette grosse somme ne laissa pas de le surprendre.

— Ce sont des honoraires assez rares, miss Monson, s'écria-t-il, beaucoup plus considérables que je ne les aurais attendus de vous, eussé-je travaillé pour un pareil motif, ce qui n'existe certainement pas dans cette circonstance.

— Messieurs du barreau aiment les honoraires comme les autres. Nous ne vivons plus dans les temps de la chevalerie, où des galants se faisaient un point d'honneur de secourir les dames dans la détresse : nous vivons dans ce qu'on a justement appelé un monde de billets de banque.

— Je ne prétends pas m'élever au-dessus des pratiques légales de ma profession, et je suis aussi prêt à recevoir des honoraires que tout autre dans Nassau-Street. Néanmoins je me suis chargé de votre cause pour un motif très-différent. Il me serait pénible d'être obligé de travailler pour des honoraires dans cette malheureuse occasion.

Marie Monson parut reconnaissante, et pendant une minute elle sembla chercher un biais par lequel elle pourrait répondre à des procédés délicats.

— Vous avez une nièce, monsieur Dunscomb, s'écria-t-elle à la fin, à ce que Marie Moulin m'a appris. Une charmante jeune fille, qui est sur le point de se marier.

L'avocat inclina la tête en signe d'assentiment, plongeant ses yeux pénétrants sur ceux de sa compagne.

— Vous avez l'intention de retourner ce soir à la ville? dit Marie en continuant.

— Tel est mon dessein. Je suis venu ici aujourd'hui pour m'entendre avec vous et avec Timms au sujet du jugement, pour voir par mes observations personnelles comment les choses se passent sur les lieux, et pour vous présenter une personne qui porte le plus vif intérêt à votre bonheur, et désire ardemment faire votre connaissance.

La prisonnière garda le silence, et sembla l'interroger de ses regards singulièrement expressifs...

— C'est Anna Updyke, la belle-fille de mon meilleur ami, le docteur Mac-Brain; c'est une jeune fille dévouée, affectueuse et excellente.

— J'ai entendu parler d'elle aussi, reprit Marie Monson avec un sourire si étrange que son conseil eût voulu qu'elle ne donnât pas cette marque d'un sentiment en apparence déplacé dans de semblables circonstances. On me dit que c'est une charmante jeune fille, et qu'elle est la préférée de votre neveu, le jeune homme que j'ai qualifié de ma vedette légale.

— Vedette! c'est une singulière expression dans *votre* bouche.

— Oh! vous vous rappelez que j'ai beaucoup été dans les pays où ces gens-là abondent. Je dois avoir appris le mot de quelques jeunes soldats d'Europe. Mais M. John Wilmeter est un admirateur de la jeune dame que vous avez nommée.

— Je l'espère. Je n'en connais pas avec qui il aurait plus de chances d'être heureux.

Dunscomb parlait avec chaleur, et dans de tels moments sa manière était éloquente et persuasive. C'était grâce à cette nature sensible et passionnée que sa parole avait tant de pouvoir sur l'esprit des jurés; c'est aussi ce qui contribua grandement à sa fortune. Marie Monson parut surprise, et elle jeta vivement ses regards sur l'oncle d'une façon susceptible de mille interprétations. Ses lèvres s'agitèrent comme si elle se parlait à elle-même, et le sourire qui parut ensuite était à la fois doux et triste.

— A coup sûr, ajouta la prisonnière avec lenteur, mes renseignements ne sont pas de la meilleure autorité, puisqu'ils viennent d'une servante; mais Marie Moulin est à la fois discrète et observatrice.

— Elle peut avec assez de raison parler d'Anna Updyke, puisqu'elle l'a vue presque tous les jours depuis deux ans. Mais nous sommes tous surpris que *vous* puissiez connaître quelque chose de cette jeune femme.

— Je la connais précisément comme elle est connue de votre nièce et de miss Updyke; mais — désirant apparemment changer de conversation — pendant tout ce temps, vous oubliez le motif de votre visite, monsieur Dunscomb. Faites-moi la grâce d'écrire sur cette carte votre adresse en ville, et celle du docteur Mac-Brain, et nous procéderons à nos affaires.

Dunscomb se rendit à ce désir, et entama l'examen de l'affaire qui faisait l'objet de son petit voyage. Comme dans toutes les entrevues précédentes, Marie Monson le surprit par la froideur avec laquelle elle parla du procès qui contenait sa destinée, sa vie ou sa mort. Tandis qu'elle s'abstenait avec soin de faire la moindre allusion aux circonstances qui pouvaient trahir l'histoire de sa vie passée, elle ne recula devant aucune investigation portant sur les actes dont elle était accusée. A toutes les questions posées par Dunscomb au sujet des meurtres et de l'incendie, elle répondit avec franchise et liberté, ne manifestant aucun désir de cacher la circonstance la plus minutieuse. Elle fit quelques remarques des plus fines et des plus utiles touchant le jugement prochain, mettant le doigt sur les témoignages défectueux portés contre elle, et raisonnant avec une subtilité singulière sur des faits particuliers sur lesquels comptait l'accusation. Nous ne dévoilerons pas ces détails à cet endroit de notre récit, car il nous faudra les exposer dans les pages suivantes; nous nous renfermerons dans quelques remarques qu'il vaut mieux faire connaître dès maintenant.

— Je ne sais, monsieur Dunscomb, dit tout à coup Marie Monson, tandis que la discussion de son jugement était encore sur le tapis, si je vous ai jamais dit que M. et mistress Goodwin n'étaient pas heureux en ménage. On pourrait croire, d'après les dépositions de l'enquête, que c'était un couple uni et plein d'affection l'un pour l'autre; mais mes propres observations, pendant le court espace de temps que je fus sous leur toit, m'ont appris le contraire. Le mari buvait, et la femme était avare et querelleuse. Il est, je crois, bien peu de couples heureux sur terre!

— Si vous connaissiez mieux le docteur Mac-Brain, vous ne diriez pas cela, ma chère miss Monson, répondit le conseiller avec gaieté, voilà un mari! un individu qui non-seulement est heureux avec *une* femme, mais avec trois, comme il vous le dira lui-même.

— Non pas à la fois, j'espère, Monsieur.

Dunscomb rendit justice à la moralité de son ami en racontant comment les choses s'étaient réellement passées ; après quoi il demanda la permission de lui présenter Anna Updyke. Marie Monson sembla s'effrayer de cette demande, et posa plusieurs questions qui firent soupçonner à son conseil qu'elle craignait d'être reconnue. Dunscomb n'aima pas tous les détours employés par sa cliente dans le but de tirer de lui des renseignements. Il crut y remarquer une sorte de tactique qui ne lui plaisait pas. Consacrant tous les efforts d'un talent sincère à éclairer un principe et à soutenir une proposition, il avait toujours évité de recourir aux sophismes et aux mensonges. Cette faiblesse de la part de Marie Monson fut, toutefois, bien vite oubliée par la manière gracieuse avec laquelle elle acquiesça au désir de l'étrangère d'être admise près d'elle. La permission fut finalement accordée, comme si cette réception était un honneur, et cela avec le tact, l'aisance et la dignité d'une femme du monde.

Anna Updyke avait un caractère ardent qui, plus d'une fois, avait mis mal à l'aise la prudence et la perspicacité de sa mère, et lui avait fait commettre des actes, innocents en eux-mêmes, et ne s'écartant en rien des principes, mais que le monde aurait été porté à regarder comme imprudents. Cependant sa modestie et sa défiance d'elle-même lui suffisaient amplement pour la mettre à l'abri des observations du vulgaire, même alors que sa faiblesse avait sur elle le plus d'empire. Son amour pour John Wilmeter était si désintéressé, à ce qu'elle croyait, qu'elle s'imaginait pouvoir contribuer même à son union avec une autre, si c'était nécessaire à son bonheur. Elle crut que cette mystérieuse étrangère était au moins pour John un objet du plus profond intérêt, qu'elle ne tarda pas à partager elle-même ; chaque heure augmentait son désir de faire connaissance avec une femme placée dans une telle situation, sans amis, accusée, et, selon les apparences, suspendue par un fil au-dessus de l'abîme. Quand elle proposa d'abord à Dunscomb de lui permettre de visiter sa cliente, le conseiller, sage et plein d'expérience, s'opposa fortement à cette démarche ; elle était, selon lui, imprudente, ne conduisant à rien de bon, et pouvant laisser une impression défavorable sur la propre réputation d'Anna. Mais cet avis ne fut pas écouté. Malgré le calme et la douceur habituelle d'Anna Updyke, il y avait dans sa constitution morale un courant de sentiments profonds et cachés, qui la poussait vivement à une parfaite abnégation et à toutes les résolutions qu'elle croyait justes. C'était là une qualité qui pouvait la conduire au bien comme au mal, suivant l'impulsion qu'elle recevrait, et heureusement rien ne s'était encore présenté dans sa courte existence qui l'entraînât vers le dernier but.

Surpris de la vivacité et de la chaleur avec lesquelles sa jeune amie persévérait dans sa demande, Dunscomb, après avoir obtenu la permission de la mère et avoir promis de prendre grand soin de celle qu'on lui confiait, fut autorisé à mener Anna à Biberry de la manière que nous avons rapportée.

Maintenant que son désir allait se réaliser, Anna Updyke, comme ceux qui sont plutôt poussés par leur instinct que gouvernés par la raison, reculait devant l'exécution de son dessein ; mais sa généreuse ardeur se raviva à temps pour sauver les apparences. Anna fut introduite par la bonne mistress Gott dans la galerie de la prison, donnant le bras à Dunscomb, comme elle aurait pu le faire en entrant dans un salon pour une visite ordinaire.

L'entrevue de ces deux jeunes femmes fut franche et cordiale, quoique légèrement empreinte de l'étiquette du monde. Un observateur habile et attentif aurait pu découvrir moins de naturel dans les manières de Marie Monson que dans celles d'Anna, quoique son accueil fût cordial et gracieux. Il est vrai que sa courtoisie était plus étudiée et plus européenne, et qu'il y avait dans son maintien moins d'entraînement que dans celui de sa jeune visiteuse ; mais cette dernière fut frappée de son extérieur et de sa tenue, et, en somme, ne fut pas mécontente de la réception.

Une sympathie réciproque ne tarda pas à les unir intimement. Anna regardait Marie comme une étrangère indignement méconnue ; et, oubliant tout ce qu'il y avait de douteux et de mystérieux dans sa position, ou ne se souvenant que de l'intérêt qu'elle excitait, elle éprouva des sentiments à peu près analogues à ceux de John Wilmeter, à ce qu'elle croyait, et subit la séduction de l'étrangère, comme c'était le sort de tous ceux qui l'approchaient. D'un autre côté, Marie Monson trouva dans cette visite une consolation et un plaisir qu'elle n'avait pas ressentis depuis longtemps. L'excellente mistress Gott avait bon cœur, mais elle n'avait rien de la délicatesse et du raffinement d'une femme du monde ; Marie Moulin elle-même, bien que discrète, respectueuse et instruite à sa façon, n'était, après tout, qu'une servante de bonne maison. Il y a un abîme entre les esprits cultivés et les esprits incultes. Marie Monson apprécia cette différence, quand une femme de sa condition, ayant les mêmes habitudes, les mêmes relations, et, si l'on veut, les mêmes préjugés, apparut tout à coup dans sa prison pour sympathiser avec elle et la consoler. Aussi trois ou quatre heures passèrent-elles vite pour toutes deux ; les avances généreuses de l'une et la situation critique de l'autre contribuèrent puissamment à les rapprocher.

Dunscomb retourna à la ville le soir même, laissant Anna Updyke derrière lui, et la confiant ostensiblement à la garde de mistress Gott. Les shériffs ne sont plus guère que des geôliers, et ils recherchent les moyens de gagner de l'argent. C'est pourquoi Dunscomb n'eut pas de peine à s'arranger avec mistress Gott pour procurer à Anna une chambre particulière dans la maison attachée à la prison. Le conseiller aurait préféré la laisser chez mistress Horton ; mais Anna s'y opposa en prétextant d'abord le dégoût que lui causait le bavardage de l'hôtesse, et en ajoutant qu'elle serait ainsi trop éloignée de celle à qui elle était venue apporter ses consolations et ses sympathies.

Cet arrangement terminé, Dunscomb partit pour la ville, en faisant entendre qu'il reviendrait la semaine suivante, vu que les assises s'ouvraient le lundi, et que l'attorney du district, M. Garth, avait prévenu le conseiller que l'accusation contre Marie Monson serait sûrement portée le jour suivant, c'est-à-dire le mardi, second jour de la session.

CHAPITRE XVI.

*Qu'elle ait les cheveux roux, et de la pire sorte,
Que ses yeux soient gris, noirs ou châtains, peu m'importe;
Pas verts, s'il est possible; et puis, qu'elle en ait deux;
Je m'estime content, c'est tout ce que je veux.*
La Duègne.

Deux jours après, Dunscomb était dans sa bibliothèque, à une heure avancée de la nuit, échangeant quelques propos avec le cocher de Mac-Brain, Stephen, que nous avons déjà introduit auprès du lecteur. Stephen avait reçu l'ordre de préparer la voiture pour Biberry, où son maître et notre avocat devaient aller le lendemain. C'était un vieux et dévoué serviteur, qui souvent prenait de grandes libertés dans les conversations. Sous ce rapport, les Américains de sa classe diffèrent très-peu du reste de leurs semblables, malgré tout ce qu'on a dit et écrit dans le sens contraire. Ils obéissent aux impulsions de leur nature comme les autres hommes, avec quelque différence dans la manière.

— Je suppose, esquire Dunscomb, que ce sera le dernier voyage dans cet endroit-là, et que moi et le docteur nous reviendrons ici au plus tôt, fit froidement observer Stephen lorsque l'ami de son maître lui eut dit l'heure où il devait se trouver à la porte, ainsi que les autres préparatifs nécessaires; à moins qu'il ne nous arrive d'être mandés *post mortal*.

— *Post mortem*, vous voulez dire, Stephen, un léger sourire effleurant la physionomie de l'avocat, et disparaissant aussi vite. Ainsi vous considérez comme une affaire réglée qu'on trouvera ma cliente coupable ?

— C'est ce qu'on dit, Monsieur; et les choses, dans ce pays, tournent assez de la manière qu'on a prévue; pour ma part, Monsieur, je n'ai jamais absolument aimé la mine de la criminelle.

— Sa mine ! Je ne sais où vous iriez pour trouver une jeune femme plus jolie, Stephen.

Cela fut dit avec une vivacité et une promptitude qui étonnèrent un peu le cocher. Dunscomb lui-même fut surpris de sa propre animation, et rougit sur-le-champ. Le fait est que, lui aussi, il subissait l'influence d'une femme jeune, jolie, vive, élégante, et entourée de difficultés. C'était la troisième conquête de Marie Monson depuis son arrestation, si la vague admiration de John Wilmeter peut être placée dans cette catégorie, à savoir : Timms, le neveu, et le conseiller lui-même. Aucun d'eux n'était précisément amoureux ; mais tous, et chacun en particulier, ressentaient un intérêt extraordinaire pour la personne, la réputation et la destinée de cette inconnue. Timms seul avait été jusqu'à envisager un mariage ; et il s'était dit que ce serait, pour lui, presque aussi utile que la popularité de devenir l'époux d'une femme dont la bourse était si bien garnie.

— Je ne nierai pas qu'elle n'ait sa *bonne* mine, mais c'est sa *mauvaise* qui me chiffonne, reprit Stephen. Voilà, Monsieur : une fois le docteur avait un cheval assez agréable à l'œil, d'une belle couleur et ayant la plupart des qualités voulues, mais mauvais marcheur, au possible. Celui qui connaissait l'animal pouvait voir où était le défaut, le jarret était beaucoup trop long ; et c'est là ce que j'appelle une *bonne* mine et une *mauvaise* mine.

— Vous voulez dire, dit Dunscomb, qui avait recouvré tout son sang-froid, que Marie Monson a une cheville disgracieuse, je suppose, et c'est en quoi vous êtes tout à fait dans l'erreur. Mais n'importe ; elle n'aura pas à aller loin sous votre conduite. Que faites-vous des journalistes? Avez-vous revu l'ami qui vous avait posé tant de questions?

— C'est une race solliciteuse, si on peut donner ce nom à quelqu'un, répliqua Stephen en ricanant. Voudriez-vous le croire, Monsieur? un jour que je revenais de Timbully à vide, un d'eux me demanda de monter, un gaillard qui n'avait jamais mis le pied dans une voiture particulière depuis qu'il est né, sentant le besoin de rouler dans un véhicule aussi connu que l'excellente voiture du docteur Mac-Brain ! Voilà l'espèce de drôles qui répand tous les articles qui sillonnent le pays, à ce qu'on me dit.

— Ils y sont pour leur bonne part, Stephen ; bien qu'ils se trouvent souvent secondés par des gens qui n'appartiennent pas à leur corps. Eh bien, quels sont les renseignements dont votre connaissance a besoin maintenant ?

— Des plus curieux, Monsieur, sur les os. Il m'a posé plus de quarante questions; ce que nous en pensions; s'ils appartiennent à des mâles ou à des femelles; comment on les reconnaissait, et une foule d'autres demandes de cette nature. Je lui ai répondu selon ma capacité; de cette manière, il a fait un article sur le sujet, et m'a envoyé le journal.

— Un article! concernant Marie Monson, et d'après vos informations !

— Certainement, Monsieur; et sur les os. Mais ils découpent des articles sur des étoffes plus étroites, je puis vous l'assurer, Esquire. Il y a en ville des cuisinières, des femmes de chambre, des garçons de salle, et aucun d'eux ne peut lever la tête aussi haut que le cocher régulier d'un médecin établi depuis longtemps, qui va bien plus vite d'après l'accord général que même un cocher d'omnibus, comme vous le savez, Esquire; eh bien, ces sortes de gens fournissent plus d'un article au jour d'aujourd'hui, oui, des articles que lisent les dames et les messieurs.

— C'est à coup sûr une singulière source de connaissances utiles; il faut espérer qu'ils ont le coffre-fort bien garni, ou ils cesseront bientôt d'être des dames et des messieurs. Avez-vous le journal sur vous, Stephen?

Sloof tendit à l'avocat un journal plié avec un paragraphe en vue, qui avait été si manié, et si sali, qu'il n'était pas facile de le lire.

« Nous apprenons, disait l'article, que le jugement de Marie Monson, pour le meurtre de Pierre et de Dorothée Goodwin, aura lieu dans le comté de Dukes, et cela très-prochainement. On a beaucoup essayé de prouver que les squelettes trouvés dans les ruines de la maison des Goodwin, que nos lecteurs se rappelleront avoir été brûlés à l'époque des meurtres, ne sont pas des ossements humains; mais nous avons été très-embarrassés dans les recherches de ce point matériel, et nous n'hésitons pas à déclarer, à titre de profonde conviction, que ces tristes monuments sont tout ce qui reste du couple excellent si soudainement arraché à l'existence. Nous ne parlons pas légèrement sur ce sujet; pour les faits, comme pour la science, nous avons été puiser à la source même. »

— C'est une pièce, dit Dunscomb, renfermant la moitié des connaissances qu'on infiltre aujourd'hui dans l'esprit du peuple. Merci, Stephen : je garderai ce journal, qui peut m'être utile au jugement.

— Je pensais bien que mes opinions valaient un peu plus que rien, répondit le cocher enchanté; que diable! on ne roule pas à toute heure, jour et nuit, année sur année, en restant au point d'où l'on est parti. Je désire que vous gardiez ce papier avec un peu de soin, Esquire; on peut en avoir besoin dans le collége, où on lit toutes ces sortes de choses.

— On en aura soin, mon ami. — J'entends quelqu'un à la sonnette de la rue. C'est tard pour une visite, et je crains que Pierre ne soit allé se coucher. Voyez qui est là, et bonsoir.

Stephen sortit, la sonnette se faisant entendre une seconde fois avec un peu d'impatience, et fut bientôt à la porte de la rue. Il admit deux visiteuses, et retourna chez lui tout en ruminant, car Dunscomb conservait, pour un garçon, une excellente réputation de moralité. Quant à l'avocat, il était occupé à méditer une seconde fois la profonde opinion exprimée dans le journal, quand la porte de sa bibliothèque s'ouvrit avec un peu d'hésitation, il faut en convenir, et deux femmes se tinrent sur le seuil. Quoique ces visiteuses tout à fait inattendues fussent enveloppées dans des châles et des voiles, et qu'il fût impossible de distinguer les contours de leurs personnes, Dunscomb n'eut pas plus tôt jeté les yeux sur elles, qu'il les crut toutes deux jeunes et belles. Le résultat prouva qu'il avait deviné juste.

Se débarrassant des vêtements qui cachaient leurs formes et leurs visages, Marie Monson et Anna Updyke s'avancèrent dans la pièce. La première était parfaitement calme et brillante de beauté, tandis que sa compagne, excitée par l'animation et l'exercice, ne lui cédait guère sur ce dernier point. Dunscomb tressaillit, et crut qu'il y avait crime, félonie même, à donner l'hospitalité.

— Vous savez combien il m'est difficile de voyager de jour,

commença Marie de l'air le plus naturel du monde; ce motif, et la distance que nous avions à parcourir, doivent vous expliquer l'heure indue de cette visite. Vous m'avez dit cent fois, vous-même, que vous veilliez tard et que vous vous leviez matin, c'est ce qui m'a encouragée à m'aventurer. M. Timms m'a écrit une lettre que j'ai cru convenable de vous montrer. La voici : quand vous y aurez jeté les yeux, nous parlerons de son contenu.

— Mais, c'est quelque chose qui ressemble beaucoup à une proposition de mariage ! s'écria Dunscomb, laissant tomber la main qui tenait la lettre, si tôt qu'il eut lu le premier paragraphe; une proposition conditionnelle, parce qu'elle dépend du résultat de votre jugement.

— J'ai oublié le commencement de l'épître, n'attachant nulle importance à sa teneur, bien que M. Timms ne m'ait pas écrit une ligne, depuis peu, sans aborder ce point intéressant. Un mariage entre lui et moi est tellement en dehors de toutes les possibilités, que je regarde ces avances comme de purs embellissements. Je lui ai fait une fois directement ma réponse négative, qui devrait satisfaire un homme sage. On m'a dit qu'une femme ne doit jamais épouser un homme qu'elle a une fois refusé; et ce sera pour moi un argument pour persévérer dans mon endurcissement.

Cela fut dit d'un air de plaisanterie, sans la moindre apparence de ressentiment, mais de manière à faire voir qu'elle regardait la proposition de son avocat comme très-extraordinaire. Quant à Dunscomb, il passa la main sur son front, et lut avec beaucoup d'attention le reste d'une lettre assez longue. La partie de la lettre, qui traitait purement d'affaires, allait droit au but ; c'était une communication importante, clairement exposée, et de toute manière faisant honneur à celui qui l'avait écrite. L'avocat la lut une seconde fois avec attention, avant d'ouvrir la bouche pour la commenter.

— Et pourquoi me montre-t-on cela? demanda-t-il d'un air un peu vexé. Je vous ai dit que c'est une félonie que d'aider à un prisonnier dans une tentative d'évasion.

— Je vous l'ai montré, monsieur Dunscomb, parce que je n'ai

pas la plus petite idée de la moindre tentative de cette nature. Je ne quitterai pas si facilement mon asile.

— Alors pourquoi êtes-vous ici, à cette heure, avec la certitude qu'il vous faudra passer la plus grande partie de la nuit sur la route, si vous avez l'intention de retourner à votre prison avant le lever du soleil?

— C'est pour prendre l'air et de l'exercice, et vous montrer cette lettre. Je suis souvent en ville, et forcée, pour plus de raisons que vous ne connaissez, de voyager de nuit.

— Puis-je vous demander où vous vous procurez une voiture pour ces voyages?

— Je me sers de la mienne, et me confie à un domestique fidèle et éprouvé. Je pense que miss Updyke dira qu'il nous a menées avec soin et promptitude. Sous ce rapport, nous n'avons pas à nous plaindre. Mais je suis très-fatiguée, et je dois vous demander la permission de dormir une heure. Vous avez un salon, monsieur Dunscomb.

— Ma nièce croit en avoir deux. Mettrai-je des lumières dans l'un d'eux?

— Nullement. Anna connaît la maison aussi bien que celle de sa mère, et elle me fera les honneurs. A aucun prix ne dérangez miss Wilmeter. J'ai assez peur de me rencontrer avec elle, depuis que j'ai machiné une petite ruse à l'égard de Marie Moulin. Mais n'importe; une heure sur un sofa, dans une chambre obscure, c'est tout ce que je demande. Cela nous mènera à minuit, moment où la voiture sera de nouveau à la porte. Vous désirez voir votre mère, ma chère, et voilà un cavalier sûr et convenable pour vous accompagner chez elle et vous ramener.

Tout cela fut dit d'un ton de plaisanterie, mais d'un singulier air d'autorité, comme si cet être mystérieux était accoutumé d'ordonner et de diriger les mouvements des autres. Il fut fait comme elle le désirait. En une ou deux minutes elle fut étendue sur un sofa et couverte d'un châle; on referma la porte sur elle, et Dunscomb se mit en route vers la résidence de Mac-Brain, assez éloignée de la sienne, ayant Anna à son bras.

— Sans nul doute, ma chère, dit l'avocat, au moment où avec sa gentille compagne il quittait la maison à cette heure avancée de la nuit; nous ne reverrons plus Marie Monson.

— Ne plus la revoir! Je serais désolée, très-désolée de le penser, Monsieur!

— Ce n'est pas une sotte, elle veut suivre l'avis de Timms. Cet individu lui a écrit une lettre énergique, ne s'attendant pas, j'imagine, à ce qu'elle serait vue, dans laquelle il lui signale une nouvelle source de danger, et engage vivement sa cliente à se cacher. En cela je reconnais aisément le pouvoir de l'amour; car si cette lettre était mise au jour, elle pourrait lui causer de grands embarras.

— Et vous supposez, Monsieur, que Marie Monson a l'intention de suivre son avis!

— Cela ne fait pas doute. C'est une femme non seulement très-instruite, mais très-rusée. Cette dernière qualité est celle que j'admire le moins en elle. Je serais à moitié amoureux d'elle (et c'était l'état exact des sentiments du conseiller à l'égard de sa cliente, en dépit de ses bravades et de son discernement prétendu) s'il n'y avait ce défaut, que je trouve peu de mon goût. Je suis convaincu qu'on vous envoie chez vous pour être sous la garde de votre mère, à qui vous appartenez de droit; et moi, on m'a éloigné pour m'arracher aux désagréments et aux peines d'une accusation de félonie.

— Je crois que vous ne comprenez pas Marie Monson, oncle Tom (c'est le nom que depuis longtemps Anna donnait au parent de son ami, sans doute par anticipation du jour où cette dénomination serait juste). Elle est loin d'être telle que vous la jugez; elle se ferait plutôt un point d'honneur de rester et d'affronter n'importe quelle accusation.

— Elle doit avoir des nerfs d'acier, pour affronter la justice dans un cas comme le sien et dans l'état actuel du sentiment public dans le Dukes. La justice, ma chère, est une jolie chose, quand on en parle; mais nous autres vieux praticiens nous savons qu'elle n'est pas grand'chose de plus, entre les mains humaines, que la manipulation des passions humaines. Depuis quelques années les gens du dehors ont autant influé sur le résultat d'une cause chaudement débattue que la loi et l'évidence. Qui fait partie du jury? Voilà la première question qu'on adresse aujourd'hui, et non pas, quels sont les faits? J'ai expliqué tout cela très-nettement à Marie Monson....

— Pour l'engager à fuir? demanda Anna d'un air enjoué et un peu malin.

— Moins dans ce but qu'afin de l'engager à une demande d'ajournement. Les juges de ce pays sont tellement accablés d'ouvrage, si peu payés, et d'ordinaire si nécessiteux, que toute demande d'ajournement est presque toujours accordée. Les affaires dans les cours sont négligées d'une manière pitoyable; car elles se font dans un coin, ne s'adressent pas aux regards du public, et ne cherchent pas ses éloges; les causes sont jugées à la clarté des chandelles jusqu'à minuit devant la moitié des jurés endormis; on demande à des hommes fatigués par un rude labeur, et accoutumés à se coucher tous les soirs à huit heures, de conserver leurs pensées et leur esprit en activité en face de tous ces obstacles.

— Me dites-vous tout cela, oncle Tom, comptant que je vais vous comprendre?

— Je vous demande pardon, mon enfant; mais mon cœur est outré des vices de la justice du pays. Nous chantons des hosannas à la louange de nos institutions, tandis que nous fermons les yeux sur les plus graves abus qui s'attaquent à nos plus chers intérêts. Mais nous voici arrivés; je n'avais pas idée d'avoir marché si vite. Oui, voici la voiture de papa Mac-Brain, qui doit en avoir assez après une rude journée de travail.

— La vie d'un docteur doit être si laborieuse! s'écria la gentille Anna. Je crois que je ne serais jamais tentée d'épouser un médecin.

— Il est heureux qu'une certaine dame de notre connaissance n'ait pas partagé votre manière de voir, reprit Dunscomb en riant, car sa bonne humeur revenait toujours quand il pouvait donner un coup de patte sur le penchant matrimonial de son ami; autrement Mac-Brain aurait eu de la peine à trouver sa dernière et sa meilleure moitié. N'importe, ma chère, c'est un excellent garçon, et il fera un charmant papa.

Anna ne répliqua rien, mais sonna d'un petit air dépité (car un enfant n'aime pas à voir sa mère se remarier, tandis qu'on est plus indulgent pour un père), et pria son compagnon d'entrer. Comme femme de médecin en réputation, la nouvelle mariée avait déjà changé beaucoup de ses chères habitudes. Sous ce rapport, elle ne faisait qu'imiter tant de femmes, si heureuses de faire toute espèce de sacrifices en faveur de celui qu'elles aiment. Du reste, elle était affectueuse et bonne, elle faisait son bonheur d'embellir les jours de son second mari. A dire vrai, elle était passablement amoureuse, malgré son âge et les années plus nombreuses encore de son époux. Elle avait été si occupée des soins et des devoirs de sa nouvelle position, qu'elle avait un peu oublié sa fille. A aucune autre époque de sa vie elle n'aurait permis à son enfant bien-aimée de s'absenter dans de telles circonstances, sans de plus grandes garanties pour sa sûreté et son bien-être; mais il y a une semaine de miel, comme une lune de miel, et la vivacité de ses nouveaux sentiments l'avait rendue moins soucieuse de ses devoirs maternels. Elle fut néanmoins bien aise de revoir sa fille, quand Anna émue, souriante et rougissant se jeta dans les bras de sa mère.

—La voilà, veuve... je veux dire mistress Updyke... pardon, mistress Mac-Brain la nouvelle mariée (ce diable de Ned vous met sens dessus dessous avec ses émotions, ses amours, ses mariages); voici votre fille sauve et *non mariée*, Dieu merci, ce qui est toujours une consolation pour moi. Elle est de retour, et vous ferez bien de la garder jusqu'à ce que mon neveu Jack vienne vous demander la permission de l'emmener, pour de bon et pour tout.

Anna rougit plus fort que jamais, tandis que la mère sourit et embrassa son enfant. Alors se succédèrent les questions et les réponses, jusqu'à ce que mistress Mac-Brain eût entendu toute l'histoire des rapports de sa fille avec Marie Monson, autant que le lecteur en sait. Anna ne se crut pas autorisée à aller au delà, ou, si elle fit quelque révélation, il serait trop tôt pour nous de le répéter.

— Nous voilà donc tous passibles d'une accusation de félonie, s'écria Dunscomb, sitôt que la jeune fille eut terminé son récit; Timms sera pendu, au lieu de sa cliente; et nous trois nous serons enfermés dans des cellules comme étant ses complices avant l'acte. Oui, ma chère mariée, vous êtes ce que la loi appelle une *particeps criminis*, et vous pouvez avoir besoin du shériff avant que vous soyez plus âgée d'une semaine.

— Et pourquoi donc cela, monsieur Dunscomb? demanda mistress Mac-Brain, moitié riant, moitié effrayée.

— Pour avoir aidé et assisté une prisonnière à s'évader de sa prison. Marie Monson est partie, sans nul doute. Elle était couchée dans le salon de Sarah, sous prétexte de fatigue, il y a dix minutes; elle a fini déjà son somme, et court sur la route du Canada, du Texas ou de la Californie, ou de quelque autre pays éloigné.

— En est-il ainsi, pensez-vous, Anna?

— Nullement, maman. Bien loin de croire que Marie Monson soit en fuite, je suis convaincue que nous la trouverons endormie sur le sofa de M. Dunscomb.

— Sur le sofa d'oncle Dunscomb, s'il vous plaît, ma jeune amie.

— Non, Monsieur; je ne vous appellerai plus oncle, répondit Anna, en devenant écarlate, jusqu'à ce que... jusqu'à ce que....

— Vous ayez le droit légal de vous servir de ce mot. Cela viendra en temps voulu, j'espère; sinon, je m'arrangerai pour vous donner des titres à une dénomination plus chère encore. Voilà, veuve... voilà, mistress Mac-Brain; j'espère que la déclaration est en bonne forme. Mais sérieusement, enfant, vous ne pouvez croire que Marie Monson ait l'intention de retourner à sa prison, pour subir un jugement où il y va de sa vie?

— Si la femme a une parole, elle ira, Monsieur; autrement je ne me serais pas exposée au risque de l'accompagner.

— De quelle manière êtes-vous venue à la ville, Anna? demanda la mère avec curiosité? N'êtes-vous pas à la merci de quelque loueur de chevaux, ou de quelque cocher public?

— J'ai compris que la voiture qui nous a attendues à une demi-lieue de Biberry est celle de madame Monson.

— Madame! interrompit Dunscomb. C'est alors une femme mariée?

Anna baissa les yeux, trembla, et sentit qu'elle avait trahi un secret. Cette communication que lui avait faite Marie Moulin avait tant de prix à ses yeux, qu'elle dominait toutes ses pensées; elle lui échappa en ce moment sous l'empire d'une impression qu'elle ne put maîtriser. Il était trop tard, toutefois, pour revenir sur ses pas, et un instant de réflexion lui apprit qu'il valait mieux de toute manière avouer ce qu'elle savait, sur ce point, du moins.

Ce ne fut pas long; car les renseignements mêmes de Marie Moulin étaient très-limités. Cette Suissesse avait précédemment connu la prisonnière sous un autre nom; sous quel nom, elle ne voulait pas le révéler. C'était en Europe, où Marie avait passé trois ans au service de cette mystérieuse personne. Marie, après la mort de sa mère, était venue en Amérique; mais ne pouvant trouver sa première maîtresse, elle entra au service de Sarah Wilmeter. Marie Monson était demoiselle et n'était pas fiancée, quand elle quitta l'Europe. Tel fut le rapport de Marie Moulin. Mais il était bien entendu qu'elle était mariée; avec qui? c'est ce qu'elle ne pouvait dire. Si Anna Updyke en savait plus, elle ne le révéla pas à cette entrevue,

— Ah! voici un nouveau cas de séparation d'une femme d'avec son mari, interrompit Dunscomb, et je suis sûr qu'on trouvera quelque article dans ce maudit Code pour la maintenir dans sa désobéissance. Vous avez bien fait de vous marier, mistress Mac-Brain; car, d'après les opinions modernes en ces matières, au lieu de vous pourvoir d'un seigneur et maître, vous ne vous êtes assuré qu'un serviteur en chef.

— Une femme de cœur ne peut jamais considérer son mari sous un jour si dégradant, répondit la nouvelle épouse avec feu.

— Cela ira bien trois jours; mais attendez la fin de trois ans. Nous en avons sur toutes les routes de ces femmes qui fuient un mari abhorré! L'une ne peut souffrir son mari parce qu'il fume;

une autre trouve à redire parce qu'il ne va à l'église qu'une fois par jour ; une troisième lui cherche querelle parce qu'il y va trois fois ; celle-ci, parce qu'il reçoit à dîner trop nombreuse compagnie ; celle-là proteste, parce qu'elle ne peut recevoir un homme dans son intérieur. Heureusement, le nombre de ces abus commence à faire ouvrir les yeux. Mais continuez, Anna, et racontez-nous tout ce que vous avez à nous dire.

Il restait peu à rapporter. Marie Moulin elle-même était peu instruite de ce qui était arrivé depuis sa séparation en France d'avec son ancienne maîtresse. Elle lui avait révélé une circonstance, néanmoins, qu'Anna avait jugée très-importante ; mais elle s'était engagée au secret avec la Suissesse.

— J'aurais beaucoup à dire à ce sujet, fit observer Dunscomb, quand sa charmante compagne eut fini, si je croyais que nous retrouvassions Marie Monson à notre retour chez moi. En ce cas, je vous dirai, ma chère veuve, pardon, mistress Mac-Brain, veux-je dire, le diable emporte ce drôle de Ned ! la moitié des femmes de la ville porteront son nom avant qu'il s'en aille.

— Vous étiez en train de nous dire ce que vous feriez, reprit la nouvelle épouse, légèrement blessée, mais non colère, convaincue qu'elle était de l'amitié du conseiller pour son mari ; vous devez savoir quel prix nous attachons à votre avis.

— Je voulais dire qu'il vaudrait mieux qu'Anna ne retournât pas près de l'accusée, si nous avions la moindre chance de la trouver à notre retour. Mais laissez-la satisfaire sa curiosité, et passez la nuit avec Sarah, qui doit avoir fini son premier somme à l'heure qu'il est.

Anna pressa sa mère de consentir à cet arrangement, rappelant son engagement avec Marie Monson de ne pas l'abandonner. Comme Mac-Brain arrivait de rendre sa dernière visite, sa femme accéda à la proposition ; la mère la plus tendre laissant parfois un sentiment différent et plus fort usurper la place de l'amour maternel.

— Maintenant, je vous parie douze paires de gants que nous ne trouverons pas Marie Monson, dit l'avocat en pressant le pas vers sa résidence, avec Anna Updyke sous le bras.

—Soit! s'écria la jeune fille, et vous paierez, si vous perdez.
— Sur ma parole!

Anna Updyke avait raison. Marie Monson était profondément endormie sur le sofa; son sommeil était si profond, qu'on hésitait à la déranger, quoique minuit, heure indiquée pour le retour de la voiture, approchât. Pendant quelques minutes Dunscomb causa avec Anna dans sa bibliothèque.

— Si Jack vous savait ici, il ne me pardonnerait jamais de ne l'avoir pas appelé.

— J'aurai mille occasions de voir Jack, reprit la jeune personne en rougissant; vous savez son assiduité à cette cause et son dévouement envers la prisonnière.

— Ne vous forgez pas ces chimères, enfant; Jack vous appartient, cœur et âme.

— Mais, voici la voiture, il faut appeler Marie.

Anna se retira, riant, rougissant, mais les larmes aux yeux. Une minute après parut Marie Monson, rafraîchie et calmée par ce court sommeil.

— Ne vous excusez pas de m'avoir réveillée, Anna, dit cette femme incompréhensible. Nous pouvons toutes deux dormir en route. La voiture est aussi douce qu'un berceau, et par bonheur, les routes sont aussi bonnes.

— Cependant, elles conduisent à une prison, mistress Monson.

La prisonnière sourit, et sembla perdue dans ses pensées. C'était la première fois qu'une de ses connaissances l'appelait de son nom de femme, bien que Marie Moulin, à l'exception de sa première exclamation de « mademoiselle » se fût toujours servie de la dénomination de madame. Mais tout cela fut vite oublié au moment du départ. Dunscomb pensa n'avoir jamais vu une femme ayant des manières et un ton plus distingué, ou douée de plus grands charmes personnels, que ne lui sembla cette singulière et mystérieuse jeune femme, quand elle lui fit ses adieux.

CHAPITRE XVII.

Qu'importe de la loi le plus sévère arrêt,
Puisque la reine peut le sauver, s'il lui plaît?
COMTE D'ESSEX.

La preuve la plus certaine peut-être qu'un peuple puisse donner d'une haute condition morale, c'est la manière dont la justice est administrée. Une infaillibilité absolue est hors de la portée humaine; mais il y a des abîmes en bien comme en mal, entre la justice légale d'un état de société et celle d'un autre. A titre de descendants des Anglais, nous sommes portés à attribuer une plus grande pureté aux juges de la mère-patrie qu'à ceux des autres nations européennes. Cette prétention, toutefois, ne nous astreint pas à croire que même l'hermine de l'Angleterre soit sans tache; car on ne peut oublier que Bacon et Jeffreys ont occupé les plus hautes places dans la magistrature, pour ne rien dire d'une foule d'autres, dont les fautes ont été ensevelies sans doute dans leur obscurité. Issue d'une telle parenté, la justice américaine semble une profonde anomalie morale.

Mal payés, sans pensions de retraite, sans nulle expectative d'honneurs et de dignités héréditaires; en un mot, n'ayant en réalité et en espérance aucun motif particulier qui les engage à être honnêtes, les juges de cette grande république peuvent prétendre néamoins à être rangés parmi les plus intègres dont l'histoire fasse mention. Malheureusement le caprice et l'ignorance populaires ont influé depuis peu sur l'élection des magistrats; et on peut prédire le jour où cette grande institution sera au niveau de l'esprit des masses.

Après avoir retranché les nobles mobiles de moralité, l'émulation, les honneurs, l'inamovibilité des fonctions, la main populaire a même dépouillé la justice de son prestige extérieur. Autrefois le shériff paraissait avec son épée, le juge était escorté du palais à sa maison avec toutes les marques de la considération et du respect, et laissait une salutaire impression d'autorité sur la foule des spectateurs. Tout cela a disparu. Le juge glisse inconnu dans une ville de comté, vit à l'auberge parmi les avocats, les témoins, les plaideurs, les jurés, les roués du hangar, comme Timms les appelle, se fait jour à la barre comme il peut, et croit que le point le plus important de sa mission c'est de faire le plus d'ouvrage dans le moins de temps possible. Et pourtant, ces hommes sont *encore* incorruptibles et intelligents à un étonnant degré. Combien de temps cela durera-t-il? personne ne saurait le dire.

Le tribunal du comté de Dukes ne présentait rien de nouveau sur le siége du juge, dans le barreau, dans les jurés, et nous pourrions ajouter dans les témoins. Le juge était un homme froid, rassis, plein de savoir et d'expérience, et d'un caractère très-honorable. Personne ne le soupçonnait d'être partial pour de vils motifs. S'il se trompait, c'est que le tumulte des affaires lui ôtait la rectitude du jugement, ou bien c'est que ses livres ne pouvaient prévoir toutes les phases d'un procès. Le barreau était composé d'hommes simples, travailleurs, matériellement au-dessus du niveau de Timms, excepté pour ce qui est du génie naturel; bien élevés, ayant de meilleures manières, et d'une origine plus distinguée; ils avaient l'esprit vif, malin, fécond en ressources; une pratique constante leur avait donné une grande aptitude aux affaires. Sauf quelques exceptions, ils jouissaient d'une bonne réputation, inaccessibles en général à la corruption; mais ce qu'on pouvait leur reprocher, c'était de se laisser trop influencer par les intrigues du dehors, et de ne voir en tout que la fin, sans trop se préoccuper des moyens. Quant aux jurés, ils étaient singulièrement mélangés, comme cela doit être dans un pays où une grande partie de la masse est appelée à remplir ces fonctions délicates. Heureusement que dans les cas graves, les ignorants suivent l'impulsion des hommes intelligents, et qu'il se commet moins d'injustices qu'on ne pourrait le le craindre. Mais c'est ici que se font jour les procédés favoris de Timms, le « hangar » et le « chevet. » C'est là un abus criant, qui n'est surpassé que par un mal plus révoltant encore, le systême organisé de la presse, qui n'est, en définitive, qu'une affaire d'argent, et qui, par ses menées et ses cabales, menace et défie tout, lois, principes et faits.

Il nous reste à dire un mot des témoins. La chose la plus rare peut-être dans ce qui a rapport à l'administration de la justice dans le monde entier, c'est un témoin intelligent, impartial, perspicace et judicieux ; un homme qui connaisse nettement ce qu'il dit, qui apprécie l'effet de ses paroles sur le jury, et ne soit disposé à soumettre ce qu'il sait qu'à la loi et à l'évidence. Dans un pays populeux comme celui-ci, il n'y a pas un homme sur mille qui ait assez d'indépendance d'esprit ou de courage moral pour croire avoir vu un fait important d'une manière différente du vulgaire ; et rien n'est moins commun que de trouver des témoins atténuant leur témoignage, en palliant la force par de timides allégations, ou s'écartant absolument de la vérité, sous la pression du dehors, dans des cas graves où le sentiment populaire est éveillé. Il n'est pas difficile de persuader à une classe d'hommes, au moyen de ces influences, qu'ils n'ont pas vu ce qui vient de se passer sous leurs yeux, ou qu'ils ont vu ce qui n'a jamais existé.

Le tribunal du comté de Dukes offrait le même aspect que tous les autres, et allait ouvrir la porte à toutes les mauvaises passions. C'était une joûte de rouéries et de manœuvres entre Timms et l'impudent Williams. La politesse de ce dernier avec son rival, au moment où ils se rencontrèrent dans la salle du palais, donna à Timms la mesure de la lutte qui allait s'engager.

— Je ne vous ai jamais vu meilleure mine, Timms, dit Williams de la manière la plus cordiale, je ne me rappelle pas vous avoir jamais vu si bien portant. Vous rajeunissez au lieu de vieillir. A propos, avez-vous l'intention de plaider pour Butterfield contre Town ?

— J'en serais bien aise, si vous êtes prêt. Des assignations, de part et d'autre, ont été envoyées, vous le savez.

— Oui, j'en ai été instruit ; et je crois que nous sommes tout à fait prêts. Je sais que M. Town est ici avec plusieurs de ses témoins ; mais j'ai tant d'affaires ! Je ne désire pas me charger d'un long procès diffamatoire, des mots prononcés dans la chaleur d'une discussion, et auxquels on ne pense plus que pour en tirer profit.

— Vous êtes employé contre nous dans le procès de meurtre, à ce que j'apprends?

— Je suis tenté de croire que les amis des défunts le considèrent de cette façon ; j'ai à peine eu le temps d'examiner les dépositions faites devant le coroner. — Ceci était une mystification préméditée, et Timms la prit pour telle, sachant bien que son adversaire avait consacré une quinzaine de jours aux manigances extérieures. — Je n'aime pas à me mettre en avant dans ces grosses affaires sans savoir où je vais. Votre principal avocat n'est pas encore arrivé de la ville, je crois?

— Il ne peut être ici avant mercredi, ayant à débattre une grande cause pour les assurances devant la cour supérieure, aujourd'hui et demain.

Cette conversation eut lieu après que le jury fut entré en fonctions, que le petit jury eût prêté serment, et que le juge eût entendu différentes motions pour des changements aux rôles, pour la disposition des causes, etc., etc. Deux heures après, l'attorney du district s'étant retiré dans son cabinet, et étant occupé avec le grand jury, Williams se leva et s'adressa à la cour, qui venait d'appeler la première cause civile portée sur le rôle :

— Je demande pardon à la cour, dit-il froidement, mais avec l'aspect sérieux d'un homme qui sentait qu'il traitait d'une affaire importante, mais il y a une accusation capitale en suspens, un cas de meurtre et d'incendie, que l'État a l'intention d'appeler.

Le juge prit un air plus grave encore que l'avocat, et il était facile de voir qu'il regrettait vivement d'avoir à juger un tel procès. Néanmoins, le respectable magistrat, qui avait le malheur de présider dans une occasion si capitale, était un homme à remplir son devoir, tout autant qu'il pourrait le faire sans blesser l'opinion et la clameur populaires.

— La prisonnière a-t-elle été assignée? demanda le juge. Je n'en ai nul souvenir.

— Non, Excellence, répondit Timms, se levant pour la première fois dans la discussion, et regardant autour de lui comme pour chercher ses témoins dans la foule : l'accusation ne connaît pas encore les moyens de défense que nous apporterons.

— Vous plaidez pour la prisonnière, monsieur Timms ?

— Oui, Monsieur ; je suis son défenseur. Mais M. Dunscomb l'est également, et il sera occupé à la cour supérieure de New-York jusqu'à mercredi, pour une cause d'assurance très-importante.

— Nulle cause d'assurance ne peut avoir l'importance d'un jugement capital, répliqua Williams. La justice de l'État demande vengeance, et la personne des citoyens doit être protégée.

Cela sonnait bien, et fit que bon nombre d'assistants, parmi lesquels se trouvaient des témoins et des jurés, inclinèrent la tête en signe d'assentiment. Tout observateur un peu clairvoyant a dû avoir mille occasions de remarquer combien, en réalité, de telles déclarations sont insidieuses ; mais cela sonnait bien, et les oreilles de la multitude sont toujours ouvertes à la flatterie.

— Nous n'avons pas le désir de nous opposer à la justice de l'État, ou à la protection des citoyens, répondit Timms, regardant autour de lui pour noter l'effet de ses paroles ; notre objet est de défendre l'innocence ; et la grande et puissante communauté d'York trouvera plus de plaisir à voir un accusé acquitté, que cinquante criminels condamnés.

Cette phrase sonnait aussi bien que celle de Williams, et les têtes s'inclinèrent en signe d'approbation. Elle figura très-bien dans un paragraphe de journal, que Timms s'était assuré pour publier ce qu'il considérait comme ses merveilleuses remarques.

— Il me semble, Messieurs, dit le juge en intervenant (car il comprenait parfaitement bien le sens de ces remarques captieuses), que votre conversation est tout au moins prématurée, si elle n'est pas inconvenante. On ne doit rien dire de cette nature avant l'assignation de la prisonnière.

— Je me soumets, Excellence, à la justesse de votre reproche, et me plais à la reconnaître, répondit Williams. Je demande alors à la cour, de concert avec l'attorney du district, que Marie Monson, accusée de meurtre et d'incendie, soit assignée, et sa défense admise.

— Je voudrais que cette démarche fût remise jusqu'à l'arrivée de l'avocat principal pour la défense, objecta Timms ; elle doit maintenant avoir lieu dans quelques heures.

— L'accusée est une femme, à ce que je vois, dit le juge d'un ton de regret.

— Oui, Excellence ; elle est jeune et belle, dit-on, répondit Williams ; car je n'ai pu l'entrevoir. Elle est trop grande dame, pour se donner en spectacle à la grille, d'après ce que j'ai appris d'elle et de ses manières. Elle joue de la harpe, Monsieur ; elle a un valet de chambre français, ou quelque chose d'approchant.

— Tout cela est mal, monsieur Williams, et mérite réprimande, dit de nouveau le juge en intervenant, quoique d'un ton de douceur ; car, tandis que son expérience lui apprenait que de semblables remarques tendaient à créer des préventions, et que sa conscience le poussait sur-le-champ à mettre fin à un procédé si indélicat, il redoutait tant cet avocat, qui disposait d'une demi-douzaine de journaux; qu'il prit beaucoup de détours pour le ramener à son devoir, et couper court à des sorties déplacées.

Williams reçut cette remontrance adoucie du juge, comme un homme qui sentait sa position, c'est-à-dire en faisant peu d'attention à l'esprit et à lettre. Il connaissait son propre pouvoir, et il comprit à merveille que ce magistrat allait se mettre sur les rangs pour le renouvellement de ses fonctions, et qu'à cette considération il aurait bon marché de lui.

— Je sais que c'est mal, et très-mal, Excellence, reprit le rusé avocat faisant allusion au reproche contenu dans ces paroles, c'est si mal que je le regarde comme une insulte à l'État. Quand une personne est accusée d'un crime capital, homme ou femme, c'est son devoir d'agir avec franchise, afin qu'il ne puisse y avoir de secrets dans sa conduite. La harpe était jadis un instrument sacré, mais il est d'une haute inconvenance de l'introduire dans nos prisons et dans les cellules des criminels.

— Il n'y a pas encore de criminel, on ne peut établir un crime sans preuve et sans le verdict de douze hommes de bien, interrompit Timms; je m'oppose donc aux remarques du savant avocat, et...

— Messieurs, messieurs, s'écria le juge avec un peu plus de vigueur et d'énergie, tout cela est mal, je le répète.

— Vous voyez, mon confrère Timms, reprit l'indomptable Williams, que la cour est aussi contre vous. Ceci n'est point un pays de seigneurs et de dames, de violons et de harpes, c'est le pays *du peuple;* et quand le peuple rend un verdict pour un crime capital, on doit prendre un soin capital de pas ajouter au crime.

Williams s'était pourvu d'une bande de souteneurs, gens assez communs dans les cours, et dont l'occupation consiste à ricaner, à se moquer, à tourner en dérision les observations de la partie adverse, et d'autre part à appuyer les bons mots, l'entrain, la logique de celui qu'ils servent. Ces démonstrations sont d'un effet funeste, en ce qu'elles semblent représenter l'esprit public aux yeux des faibles et des ignorants; elles se manifestent surtout dans les causes civiles; mais les procès de cour d'assises n'en sont pas exempts.

Ces malignes insinuations de Williams contrariaient beaucoup Timms; il ne savait trop comment y faire face. S'il avait été l'assaillant, il aurait manié le fer avec autant d'adresse que son antagoniste; mais dans des cas de cette nature sa dextérité portait sur l'offensive; il était moins habile sur la défensive. Ne voulant pas toutefois laisser clore le débat d'une manière si triomphante pour son rival, l'indomptable avocat fit un nouvel effort pour mettre sa cliente sous un jour plus favorable.

— La harpe est un instrument très-religieux, dit-il, et n'a aucun rapport avec le violon, ni aucun autre instrument léger et frivole. David s'en servait pour chanter les louanges du Seigneur, et pourquoi ne s'en servirait pas une personne qui est sous le poids...

— Je vous ai dit, Messieurs, que tout cela est irrégulier et ne peut être permis, s'écria le juge avec un peu plus de fermeté qu'il n'en avait déployé jusque-là.

Le fait est qu'il avait moins peur de Timms que de Williams, les rapports de ce dernier avec les journalistes étant connus pour être plus étendus. Il y a peu d'années encore, cette verte réprimande aurait jeté sur l'avocat beaucoup de défaveur; mais aujourd'hui la liberté devient de plus en plus personnelle, et l'ancien respect de la loi est remplacé par les passions et les intérêts de chacun. Timms le comprit parfaitement; il comprit aussi que le juge serait dans peu candidat, et il voulut, comme Williams, tirer parti de cette circonstance :

— Vous avez raison, Excellence, reprit-il sans se déconcerter, je sais parfaitement que tout cela est illégal et inconvenant; j'avais précisément cette pensée quand l'avocat de la partie adverse demandait au détriment de ma cliente la mise en accusation immédiate, demande qui a été tolérée et presque encouragée.

— La cour a fait de son mieux pour arrêter M. Williams, Monsieur, elle doit faire de même pour vous contenir dans les limites de vos droits. Si l'on ne coupe court à ces inconvenances, je bornerai la poursuite à l'officier régulier de l'État, et j'assignerai au nom de la cour un nouveau conseil à l'accusée.

Williams et Timms s'amusèrent de cette menace, bien convaincus tous deux qu'il n'oserait la mettre à exécution. La résolution de la cour, après un échange d'explications, fut qu'on ajournerait la cause jusqu'à l'arrivée de l'avocat principal. Depuis le commencement de la discussion, Williams savait bien que telle serait l'issue des débats de ce jour; mais il avait obtenu par sa motion deux points importants : d'abord, en accordant un délai à l'accusée, l'accusation se trouvait placée sur le même terrain, c'est-à-dire qu'elle avait le droit de demander une faveur semblable s'il en était besoin; en second lieu, Williams put mettre en jeu sur-le-champ tous les ressorts de ses machinations au dehors; ses agens circulèrent parmi les jurés, les témoins se donnant comme parfaitement renseignés sur tous les détails de cette mystérieuse affaire. Toutes ces manœuvres ne se pratiquaient pas à découvert, comme le lecteur peut bien le comprendre; on se gardait d'alarmer la conscience ou la vanité de ceux qu'on voulait duper; mais on organisa un système complet d'insinuations, d'avis, de raisonnements plausibles, en un mot de toutes les ruses imaginées par des hommes corrompus et sans principes, quand ils tentent de surprendre la bonne foi des gens crédules et sans expérience.

Le lecteur sera peut-être surpris de l'opiniâtreté avec laquelle Williams poursuivit une personne accusée d'un crime capital, sorte de personnes pour lesquelles le barreau professe de l'indulgence et de la miséricorde ; mais il était employé par le plus proche héritier, qui fondait les plus belles espérances sur les trésors de sa tante qu'on avait soustraits, et la mode du jour l'avait mis en mesure de faire avec son client un marché de compte à demi, ce qui faisait dépendre ses honoraires du succès de la cause. Si Marie Monson était condamnée à être pendue, il était très-probable que ses révélations rétabliraient le lésé dans ses droits, et alors le membre de la loi partagerait l'or recouvré. Combien le mobile de la conduite de Dunscomb était plus noble et plus élevé ! C'est que, si la profession d'avocat dans ce pays fourmille d'hommes semblables à Williams et à Timms, les cœurs les plus généreux, les esprits les plus distingués, les plus belles intelligences ne sont pas non plus étrangères au barreau.

CHAPITRE XVIII.

> Voyons, plus de détours ; il faut que ça finisse !
> Parle donc ; tes lenteurs me mettent au supplice.
> Réponds ; qu'a-t-on conclu ?
> *La Fiancée en deuil.*

Durant l'intervalle qui s'écoula entre la scène au palais, que nous venons de rapporter, et l'arrivée de Dunscomb à Biberry, la population se divisait en deux camps, au sujet de l'innocence ou de la culpabilité de Marie Monson. Les fenêtres de la prison étaient toute la journée encombrées par la foule ; des rassemblements se pressaient là pour entrevoir la femme extraordinaire, qui, suivant des rapports assez justes, vivait avec une espèce de luxe dans un lieu si singulier, et qui était connue pour jouer d'un instrument que l'esprit populaire était fortement disposé à considérer comme sacré. Il circulait naturellement mille contes plus ou moins fabuleux sur la réputation, l'histoire, les faits et les dires de cette remarquable personne; car c'est une faiblesse de la nature humaine de propager et de croire les mensonges de cette espèce, et surtout dans un pays où l'on a pris soin de stimuler la curiosité du vulgaire, sans la mettre à même d'assouvir la soif de connaître, pas plus sous le rapport de l'intelligence que du goût.

Cet intérêt se serait manifesté dans un cas semblable, quand même il n'y aurait pas eu de motif excitant; mais les secrètes menées de Williams et de Timms avaient beaucoup accru son intensité, et avaient porté la population de Dukes à un état d'agitation très-peu favorable à l'administration impartiale de la justice. Des discussions s'étaient établies à chaque coin et dans toutes les tavernes; on y alléguait, au sujet des meurtres, une foule de faits qui n'existaient que dans l'imagination, et qui se reproduisaient dans la chaleur de la discussion. Pendant tout ce temps Williams était tantôt à la cour, très-attentif à ses différents procès, tantôt courant du palais à la taverne avec des paperasses sous le bras, comme un homme plongé dans les affaires. Timms jouait un rôle absolument semblable, sauf qu'il trouvait assez de loisir pour tenir diverses conférences avec plusieurs de ses agents confidentiels. Le triomphe par témoignage était son but; et une demi-douzaine de fois, quand il se croyait sur le point d'établir quelque nouvelle batterie importante, l'ensemble de l'ingénieux échafaudage qu'il avait élevé s'écroulait sous ses pieds, à la suite de quelque vice radical dans les fondements.

Tel était l'état des choses dans la soirée du mercredi, la veille du jour fixé pour le jugement, quand arriva la voiture amenant Dunscomb avec son sac de nuit, sa malle et ses livres. Le docteur Mac-Brain ne tarda pas à le suivre dans sa propre voiture, et Anna fut bientôt dans les bras de sa mère. L'excitation, si générale dans cet endroit, s'était étendue naturellement jusqu'à ces femmes, et mistress Mac-Brain et sa fille furent bientôt enfermées chez elles, s'entretenant de l'affaire de Marie Monson.

Sur les huit heures du soir, Dunscomb et Timms étaient très-occupés à examiner les minutes des témoignages, du verdict et autres documents écrits ayant rapport au prochain jugement. Mistress Horton avait réservé la meilleure chambre de sa maison pour l'illustre conseiller; c'était une pièce, dans une aile séparée, fort éloignée du bruit et du remue-ménage d'une auberge pendant une tenue d'assises : c'était là que Dunscomb s'était installé. Deux chandelles jetaient une lumière sombre et blafarde, tandis qu'un paravent concentrait la lumière autour de lui. La pièce était parfumée de l'odeur de vrai cigare de Havane; l'avocat principal était en train d'en fumer un, tandis que Timms tenait un bout de pipe à ses lèvres moqueuses. Aucun d'eux ne soufflait mot; l'un lisait en silence les papiers que lui présentait l'autre. Telle était l'occupation des deux avocats quand un petit coup frappé à la porte fut suivi de la présence inattendue de « l'impudent » Williams. Timms tressaillit, ramassa tous les papiers avec le plus grand soin, et attendit avec la plus vive curiosité l'explication de cette visite imprévue. Dunscomb, d'un autre côté, reçut son hôte avec politesse, et comme un homme qui sentait que les disputes du barreau, auxquelles il était loin, du reste, de participer par bonté de caractère et par respect pour lui-même, n'avaient rien de commun avec la courtoisie de la vie privée.

Williams avait à peine un droit supérieur à celui de Timms de passer pour un homme comme il faut, quoiqu'il eût l'avantage d'avoir reçu ce qu'il appelait une éducation libérale. Dans ses manières il avait les défauts, et nous pouvons ajouter les mérites de l'école où il avait été élevé. Tout ce qu'on a dit de Timms à ce sujet, peut s'appliquer à Williams; mais celui-ci avait un empire sur lui-même, une foi admirable en ses qualités, qui, à cet égard, l'auraient rendu digne d'un trône. Les étrangers remarquent avec étonnement combien les Américains sont maîtres d'eux-mêmes en présence des grands ; c'est en effet un des mérites des institutions, qui fait que chacun se sent homme, et prétend au traitement qui est dû à un être placé si haut dans l'échelle des créations terrestres. Il est vrai que ce sentiment dégénère souvent en une jalousie vulgaire et susceptible, qui rend exigeant et ridicule; mais après tout, le résultat est noble et digne.

Williams savait donc se commander à lui-même par nature, aussi bien que par son entourage et son éducation. Quoique sachant finement discerner les différences et les hasards de la fortune, il ne cédait jamais à la naissance et à la richesse seules. Intrigant par tempérament, pour ne pas dire par éducation, il pouvait affecter une déférence qu'il n'éprouvait pas; mais, en dehors des conséquences positives du pouvoir, il n'était pas homme à être intimidé par la présence du plus grand des souverains. Il n'y avait donc rien de surprenant à ce qu'il se sentît tout à fait chez lui en la compagnie de son nouvel hôte, bien qu'il reconnût en lui un des premiers avocats du barreau de New-York. A l'appui de cette indépendance dans les manières, on peut citer le fait suivant : il n'eut pas plus tôt fait ses salutations, et pris le siége qu'on lui offrait, que d'un air délibéré il choisit un cigare dans la boîte ouverte de Dunscomb, l'alluma, s'assit, mit froidement une jambe sur le coin de la table et commença à fumer.

— Les rôles sont bien chargés, dit enfin ce visiteur sans gêne, et il est probable que nous serons ajournés jusqu'au milieu de la semaine prochaine. Plaidez-vous pour Daniel contre Fireman dans cette cause d'assurance?

— Non pas, le plaignant m'a offert un dossier que j'ai refusé d'accepter.

— C'était un peu chatouilleux, je suppose. Eh bien! je laisse toutes les mauvaises suites de mes procès sur les épaules de mes clients. C'est bien assez malheureux d'écouter leurs griefs, sans être appelé à en souffrir. J'ai entendu dire que vous êtes pour Cogswell contre Davidson?

— Oui, je dois plaider dans ce procès : je puis même dire que nous avons l'intention d'y donner suite.

— Ce n'est pas d'une grande importance ; si vous nous battez aux assises, notre tour viendra à l'exécutoire.

— Je crois, monsieur Williams, que vos clients ont l'adresse de gagner du temps de cette manière. Ceci n'a pas grand intérêt pour moi néanmoins, car je m'occupe rarement d'une cause, quand elle n'est plus entre les mains de la cour.

— Comment aimez-vous le nouveau Code, confrère Dunscomb ?

— C'est une malédiction, Monsieur. Je suis trop vieux, d'abord, pour aimer le changement. De plus, changer de mal en pis, c'est ajouter la sottise à l'imbécillité. La pratique de la loi commune a ses défauts, j'en conviens ; mais ce nouveau système n'a rien pour lui.

— Je ne vais pas aussi loin, et je commence à aimer assez le nouveau mode de rétribution. Parfois nous remplirons bien nos poches sans rien débourser. Vous défendez Marie Monson ?

Timms fut convaincu que son ancien antagoniste en était venu au sujet qui avait motivé sa visite. Il fureta et regarda autour de lui avec empressement pour voir s'il n'y avait pas quelque papier qui pût tomber sous l'œil d'aigle de son rival, puis s'assit plus tranquille, dans l'attente du résultat..

— Oui, je la défends, répondit froidement Dunscomb, et je le ferai *con amore* ; je suppose que vous connaissez la signification de ce mot, monsieur Williams ?

Un sourire malin passa sur la figure impassible de celui-ci, et il eut un instant un air sardonique des plus marqués.

— Je le crois. Nous savons assez de latin dans Dukes pour expliquer une telle citation, quoique Timms, ici présent, méprise les classiques. *Con amore*, signifie ici avec le zèle d'un amant, je suppose ; car on me dit que tous ceux qui approchent la criminelle, subissent le pouvoir de ses charmes.

— *L'accusée*, s'il vous plaît, répliqua l'avocat en second, mais non la *criminelle*, jusqu'à ce que le mot *coupable* ait été prononcé.

— J'ai ma conviction. On prétend que vous êtes le mortel fortuné, Timms, en cas d'acquittement. Le bruit court dans tout le pays qu'en récompense de vos services, vous deviendrez M. Monson; et si la moitié de ce que j'entends est vrai, vous la mériterez, avec un beau revenu par-dessus le marché.

Ici Williams rit à cœur joie de son propre esprit; mais Dunscomb eut un air grave, tandis que son associé parut en colère. De fait, le coup avait été porté juste, et la conscience de la réalité du fait ajoutait à la passion intérieure sa flamme douce et pénétrante. L'avocat principal avait trop de fierté et de dignité pour faire aucune réplique; mais Timms ne fut pas retenu par de semblables sentiments.

— S'il y a quelques rancunes dans le vieux comté de Dukes, il n'est pas besoin d'être sorcier pour en découvrir l'auteur. Dans mon opinion, le peuple doit suivre un procès dans un esprit de générosité et de justice, et non avec une arrière-pensée de malice et de vengeance.

— Nous avons tous la même manière de voir, répondit Williams avec dérision. Je crois qu'il y a générosité à vous donner une femme jeune et belle avec la bourse bien garnie, quoiqu'on ne puisse dire comment et par qui elle a été remplie. A propos, monsieur Dunscomb, on m'a autorisé à vous faire une proposition, et comme Timms est sur les rangs, ce moment est assez bien choisi pour vous la présenter à titre de considération. Mon offre vient du neveu, le plus proche parent et le seul héritier de feu Pierre Goodwin; c'est pour lui, comme vous le savez, que je plaide. Ce monsieur est très-assuré que ses parents décédés avaient par-devant eux une grosse somme d'or à l'époque du meurtre.

— Il n'y a pas encore de verdict qui ait prouvé qu'il y avait eu meurtre, interrompit Timms.

— Je vous demande pardon, mon confrère Timms; nous avons le verdict de l'enquête, c'est quelque chose, à coup sûr, bien qu'évidemment pas assez pour convaincre votre esprit. Mais pour en revenir à ma proposition, mon client est très-assuré qu'il existait des fonds cachés. Il sait aussi que votre cliente, Messieurs, regorge de pièces d'or, qui correspondent à une foule de pièces que plusieurs individus ont vues en la possession de notre tante...

— Parbleu, des aigles et des demi-aigles ; cette ressemblance provient de l'empreinte de l'Hôtel de la Monnaie.

— Continuez de nous exposer votre proposition, monsieur Williams, dit Dunscomb.

— Nous offrons de renoncer à nous constituer partie civile, et de laisser l'État seul poursuivre le procès, ce qui ressemble beaucoup à un acquittement, pourvu que vous nous rendiez cinq mille dollars en pièces d'or. Je ne dis pas *payer*, ce qui pourrait impliquer félonie, mais *rendre*.

— Il ne pourrait y avoir implication de félonie, si l'accusation n'est pas annulée mais discutée contradictoirement, dit le principal avocat pour la défense.

— C'est vrai ; mais nous préférons le mot de « rendre ». Il laisse chaque chose nette et nous permettra d'affronter les on dit du comté ; nous voulons rentrer dans nos *droits* ; que l'État s'occupe de faire rendre la justice pour son compte.

— Vous pouvez difficilement vous attendre à ce qu'une semblable proposition soit acceptée, Williams ?

— Je n'en suis pas sûr, Timms ; la vie est plus douce que l'argent même. J'aimerais, toutefois, à entendre la réponse de votre associé. Vous, à ce que je puis voir, vous n'avez pas l'intention d'amoindrir la dot, si vous pouvez l'empêcher.

Williams fit preuve de finesse d'observation, en exprimant le désir de savoir sous quel jour Dunscomb envisageait cette proposition. Cet avocat distingué examinait l'offre plus mûrement que ne l'avait fait son associé ; en ce moment il en étudiait la nature. Interpellé d'une manière si directe, il sentit le besoin de donner une espèce de réponse.

— Vous êtes venu exprès pour nous faire cette proposition, monsieur Williams ? demanda Dunscomb.

— Pour être franc avec vous, Monsieur, tel est le but principal de ma visite.

— Elle est approuvée, bien entendu, par votre client, et vous êtes autorisé à nous parler ainsi ?

— Complétement approuvée par mon client, qui préférerait de beaucoup cet arrangement, et j'agis directement, suivant ses instructions écrites. Sans cela, rien ne m'aurait amené à faire cette proposition.

— C'est très-bien, Monsieur. Une réponse ce soir, à dix heures, vous arrangerait-elle ?

— A merveille. Une réponse n'importe quand, pourvu que ce soit avant la session de la Cour demain matin, nous accommodera tout à fait. Le chiffre, toutefois, ne peut être diminué. Vu le court espace de temps, il peut être à propos de bien comprendre *cela*.

— Alors, monsieur Williams, je demande un peu de temps pour réfléchir et consulter. Nous pouvons nous revoir ce soir.

Williams donna son acquiescement, se leva, se munit d'un second cigare, et il était déjà à la porte, quand un geste expressif de Timms l'engagea à s'arrêter.

— Entendons-nous bien l'un l'autre, dit le dernier avec emphase. Est-ce une trêve, avec cessation complète d'hostilités, ou n'est-ce qu'une négociation qui doit se poursuivre au milieu de la bataille ?

— Je ne saisis pas le sens de vos paroles, Timms. La question est faite simplement pour retirer certaines forces, des forces alliées, qu'on pourrait appeler hors du champ de bataille, et vous laisser en venir aux mains avec le gros de l'ennemi. Ne parlons donc pas d'une trêve, puisqu'on ne peut pousser les choses plus loin jusqu'à l'ouverture de la séance.

— Cela pourrait aller très-bien à des gens qui n'ont pas pratiqué aussi longtemps que moi dans le comté de Dukes ; mais cela ne peut pas m'aller à moi. Il y a ici en ce moment une armée de journalistes, et je crains que les alliés dont vous parlez n'aient des corps entiers d'escarmoucheurs.

La contenance de Williams demeura si impassible, que Timms lui-même fut ébranlé ; tandis que Dunscomb, qui avait trop de noblesse pour croire à un acte de bassesse, fut outragé des soupçons de son associé.

— Allons, allons, monsieur Timms, s'écria-t-il, je vous prie d'en finir. M. Williams est venu nous faire une proposition qui mérite considération : examinons-la dans l'esprit qui l'a dictée.

— Oui, reprit Williams, avec un regard qui aurait pu expliquer son sobriquet d'impudent ; oui, dans l'esprit qui l'a dictée. Que dites-vous à cela, Timms?

— Que je manœuvrerai la défense comme si une telle proposition n'avait pas été faite, ou aucune négociation acceptée. Vous pouvez agir de même pour l'accusation.

— Convenu! répliqua Williams, faisant un geste des plus impertinents, et s'éloignant sur-le-champ.

Dunscomb resta silencieux une minute. Le bout de cigare fumait encore, mais ses lèvres ne le pressaient plus. Il était trop absorbé même pour fumer. Se levant tout à coup, il prit son chapeau, et se dirigea vers la porte.

— Timms, dit-il, il nous faut aller à la prison. Il nous faut parler ouvertement à Marie Monson.

— Si Williams avait fait sa proposition il y a dix jours, nous aurions pu trouver quelque avantage à y prêter l'oreille, reprit l'avocat en second, suivant Dunscomb à sa sortie de la chambre, et emportant tous les papiers sous son bras ; mais aujourd'hui que tout le mal est fait, ce serait jeter cinq mille dollars à l'eau que d'écouter cette proposition.

— Nous verrons, nous verrons, répondit l'autre en descendant les escaliers avec rapidité ; que signifie ce tapage dans cette chambre, Timms? Mistress Horton ne m'a pas bien traité en plaçant si près de moi un voisin si bruyant. Je vais m'arrêter pour le lui dire en passant.

— Vous feriez mieux de vous en abstenir, Esquire. Nous avons besoin en ce moment de tous nos amis, et un mot blessant peut nous exposer à indisposer cette femme contre nous, et Dieu sait qu'elle a une langue de diable. Elle m'a dit qu'elle logeait dans cette chambre particulière une espèce de fou, et, étant bien payée, elle a consenti à lui donner ce qu'elle appelle son parloir « d'ivrogne » jusqu'à ce que la Cour ait terminé. Sa chambre, comme la nôtre, est tellement isolée, que le pauvre homme incommode fort peu le reste des hôtes.

— Ah! vous incommode fort peu, vous et les autres qui logent dans le corps principal du bâtiment ; mais m'incommode fort, moi. Je parlerai à mistress Horton à ce sujet sur notre passage.

— Mieux vaut se taire, Esquire. Cette femme est notre amie pour le moment, je le sais; mais une parole dure peut la faire tourner contre nous.

Il est probable que Dunscomb fut influencé par son compagnon, car il quitta la maison sans mettre sa menace à exécution. En quelques minutes, Timms et lui furent à la prison. Comme on ne pouvait refuser aux accusés de voir leur conseil à la veille d'un jugement, les deux avocats furent introduits dans la galerie déjà mentionnée. On instruisit Marie Monson de leur visite; elle les reçut en compagnie d'Anna Updyke, la bonne, la tendre, la noble Anna, qui était toujours disposée à aider la faiblesse, et à consoler l'infortune de celle qui était à ses côtés. Dunscomb ne se doutait guère que l'intimité avait crû à ce point; mais quand il vint à réfléchir que l'une des parties allait subir un jugement capital le lendemain, il fut disposé à pardonner l'indiscrétion manifeste de son ancienne favorite dans une telle situation. La présence de mistress Mac-Brain le déliait de toute responsabilité, et il répondit aux chaleureux serrements de mains d'Anna avec douceur, sinon avec une positive approbation. Quant à la jeune fille, la seule vue de l'oncle Tom, comme elle avait depuis longtemps l'habitude d'appeler le conseiller, réjouit son cœur et ranima de nouvelles espérances en faveur de son amie.

En quelques mots clairs et précis, Dunscomb exposa le motif de sa visite. Il n'y avait pas de temps à perdre; il aborda directement la question, établissant chaque point de la manière la plus intelligible. Rien n'aurait pu égaler le calme de Marie Monson en écoutant cette explication; sa contenance était aussi ferme que si elle-même était appelée à juger, et que son sort ne dépendît en rien du résultat.

— C'est une grosse somme à se procurer dans un si court espace de temps, continua le généreux Dunscomb, mais je crois la proposition si importante pour vos intérêts, que, plutôt que de perdre cet avantage, je n'hésiterais pas à vous avancer les fonds, si vous n'étiez pas en mesure.

— Pour ce qui est de l'argent, monsieur Dunscomb, répliqua la belle prisonnière de la manière la plus aisée et la plus naturelle, *cela* ne doit pas nous embarrasser. En envoyant à la ville un messager de confiance, M. John Wilmeter, par exemple (ici Anna se rapprocha plus près de son amie), il serait très-facile d'avoir cinq cents aigles ou mille demi-aigles pour demain à l'heure du déjeuner. Ce n'est pas en raison d'une semblable difficulté que j'hésite un instant. Ce qui me déplaît, c'est l'injustice de la chose; je n'ai jamais touché à une obole du trésor de mistress Goodwin, et il y aurait de la fausseté à admettre que je *doive rendre* ce que je n'ai jamais reçu.

— Nous ne devons pas être trop délicats, Madame, sur des points indifférents, quand il y a un si gros enjeu.

— Il peut être indifférent que je donne de l'argent d'une manière ou d'une autre, monsieur Dunscomb; mais il ne peut pas être indifférent à ma future position dans le monde, que je sois acquittée à la barbe de M. Williams, et malgré son opposition, ou que je le sois à la faveur d'un marché.

— Acquittée! Notre cas n'est pas absolument clair, miss Monson; il est de mon devoir de vous en avertir.

— Je sais que telle est l'opinion de M. Timms et la vôtre, Monsieur; j'aime la franchise de votre conduite, mais je ne suis pas convertie à votre manière de voir. Je serai acquittée, Messieurs, oui, honorablement, victorieusement acquittée, et je ne puis consentir à affaiblir l'impression d'un semblable résultat, en m'exposant à être soupçonnée de connivence avec un homme comme cet effronté Williams. Il vaut bien mieux le rencontrer face à face, et le mettre au pied du mur. Peut-être qu'un tel jugement, suivi d'un succès complet, sera nécessaire à mon bonheur à venir.

Anna se pressa davantage contre son amie, et lui passa, par un mouvement involontaire, le bras autour de la taille. Quant à Dunscomb, il regarda la belle prisonnière dans une sorte de stupéfaction. L'endroit, l'heure, l'affaire du lendemain, tous les accessoires de la scène, contribuèrent à augmenter la confusion de son esprit, et, pour un moment, à mettre en question la fidélité de ses sens. Comme il considérait le sombre aspect de la galerie, son œil tomba sur la personne de Marie Moulin, et y resta une demi-minute avec surprise. La Suissesse regardait sa maîtresse avec anxiété, trahissant une expression d'inquiétude si profonde, que le conseiller chercha à en pénétrer la cause. Une idée traversa d'abord son esprit ; il s'imagina que Marie Monson pouvait bien être lunatique, et que cette défense, si souvent alléguée dans des causes capitales, pourrait être efficace dans celle-ci. Toute la conduite de cette domestique avait été si singulière ; sa tenue elle-même s'écartait tellement des règles ordinaires ; l'attachement si prononcé d'Anna Updyke, jeune fille, qui, malgré sa disposition à l'enthousiasme, était d'une conduite si sage et si prudente, tout cela, dis-je, rendait la supposition très-naturelle. Cependant Marie Monson n'avait jamais paru plus calme et plus noble ; jamais son air n'avait décelé une plus haute intelligence qu'à ce moment. Sa physionomie rayonnait de cette singulière inspiration, dont nous avons déjà eu occasion de parler, mais pleine de bienveillance et de douceur ; l'animation des joues ajoutait à l'éclat de ses yeux. Les sentiments peints sur ce beau visage étaient grands et dignes, exempts de la fausseté et de la fourberie d'un maniaque ; c'était l'expression que tout homme serait fier de voir sans cesse sur les traits de la femme aimée. Toutes ces considérations chassèrent vite de l'esprit de Dunscomb cette défiance naissante, et ses pensées se reportèrent à l'affaire qui l'avait amené.

— Vous êtes le meilleur juge, Madame, de ce qui peut contribuer le plus à votre bonheur, reprit le conseiller, après une légère pause. Dans l'ignorance où l'on nous tient du passé, je pourrais ajouter, vous êtes le seul juge ; bien qu'il soit possible que votre compagne en sache plus, à cet égard, que vos conseillers légaux. Il est sûr, je vous le répète probablement pour la dernière fois, que votre cause en souffrira beaucoup, si vous ne nous mettez en mesure de nous renseigner franchement et librement sur votre vie passée.

— Je suis accusée d'avoir assassiné une femme inoffensive et son mari ; d'avoir mis le feu à leur maison, et de leur avoir dérobé leur or. Ce sont là des accusations qu'on ne peut convenablement repousser que par un acquittement dans toutes les formes, après une investigation solennelle. Des demi-mesures ne sont pas de saison. Il faut qu'on ne me trouve pas coupable, ou une tache reste à jamais sur ma réputation. Ma position est singulière, j'ai presque dit cruelle; sous certains rapports je la dois à ma propre volonté.

Ici Anna Updyke se rapprocha encore de son amie, comme si elle voulait la défendre contre ses propres accusations, tandis que Marie Moulin, interrompant son ouvrage, écoutait avec la plus vive anxiété.

— Sous *beaucoup* de rapports, peut-être, continua Marie, après une courte pause, et j'en dois subir les conséquences. Le besoin de faire ma volonté a toujours été mon plus grand ennemi. Il a été nourri par une entière indépendance et par trop d'argent : je doute qu'il soit bon pour une femme d'être mise à de telles épreuves. Nous sommes créées pour la dépendance, monsieur Dunscomb; nous dépendons de nos pères, de nos frères, et peut-être de nos maris.

Ici succéda une autre pause; les joues de la belle parleuse s'empourprèrent, tandis que ses yeux jetaient des flammes.

— Peut-être, répéta le conseiller, avec une emphase solennelle.

— Je sais que les hommes diffèrent d'opinion avec nous sur ce sujet.

— Avec *nous*? voulez-vous me faire croire que la plupart des femmes aspirent à être indépendantes de leurs maris ? demandez à cette jeune femme ici à vos côtés, si c'est *là* son sentiment sur les devoirs de son sexe.

Anna baissa la tête, et devint écarlate. Dans tous ses rêves de bonheur, dans toutes ses conversations avec John Wilmeter, elle avait prêché la dépendance de la femme; son plus riant idéal avait été de s'appuyer un jour sur un mari, comme sur un soutien, un défenseur et un guide.

— J'ignore quelles sont les idées personnelles de miss Updyke à cet égard, reprit cet être singulier; permis à moi d'avoir aussi les miennes : elles sont toutes pour l'indépendance ! Les hommes ont fait à la femme la plus mauvaise part. S'attribuant tous les avantages, se donnant toutes les libertés, ils ont asservi à leurs caprices la compagne de leur vie, et ont contrôlé ses actes, ses sentiments, et jusqu'à ses pensées.

— Tout cela est vieux comme le monde, répondit Dunscomb froidement; ce sont les plaintes éternelles des femmes belles, jeunes et séduisantes comme vous, dont tout le malheur est de se laisser conduire par leur imagination. En révolte contre la loi de la nature, elles oublient qu'elles ont été placées sur terre pour être le lien de la famille, pour accepter la soumission, et en nous servant d'une expression si choquante à votre oreille, pour jouer ici-bas le rôle secondaire qu'elles doivent ennoblir par les qualités du cœur.

— Vous ne donnez pas à la femme sa place convenable dans la société, monsieur Dunscomb, reprit Marie Monson avec hauteur ; vos commentaires sont ceux d'un garçon. J'ai entendu parler d'une miss Millington, qui jadis ne vous fut pas indifférente ; si elle vivait aujourd'hui, elle vous aurait appris à penser plus justement sur ce sujet.

Dunscomb devint aussi pâle que sa chemise. Sa main et sa lèvre tremblèrent, et le désir de continuer la conversation l'abandonna tout à coup. L'attentive Anna vola à son côté et lui offrit un verre d'eau en silence. Elle avait été précédemment témoin de cette émotion, et savait qu'il y avait dans l'histoire de l'oncle Tom une page qu'il ne voulait pas laisser lire à tout œil vulgaire.

Quant à Marie Monson, elle rentra dans sa cellule, comme voulant éviter un plus long entretien avec son conseil. Timms fut frappé de son ton altier et décidé ; elle lui imposait trop pour qu'il hasardât une observation. Après quelques minutes employées par Dunscomb à reprendre ses esprits et à s'entretenir avec Timms, les deux avocats quittèrent la prison. Pendant tout ce temps l'accusée resta au fond de sa cellule, dans un silence méditatif, et observée de près par l'œil pénétrant de l'avocat principal.

CHAPITRE XIX.

*Ainsi que je le crois, si la faute est légère,
On pourrait pardonner.*
L'Orphelin.

La preuve la plus sûre qu'on puisse donner de l'élévation des principes peut-être, mais certainement de la noblesse de l'éducation, c'est d'avoir du dégoût pour d'injurieux commérages. Chez la femme, sujette comme elle l'est sans contredit par son éducation, ses habitudes, sa remuante curiosité, à l'influence de ce défaut, ses effets sont déplorables, ils conduisent à des torts infinis dont le principal est une fausse appréciation de nous-mêmes; mais quand l'homme se laisse aller à ce vil penchant, il devient aussi méprisable que corrompu. Une longue observation nous a appris que les plus répréhensibles aux yeux du monde sont les plus prompts à trouver des travers dans les autres; les bons, étant modestes, ne se mêlent pas de scandale et n'en font pas métier.

Ce vice, renfermé dans ses limites naturelles, les cercles de société, est déjà dangereux et lâche; mais quand il se mêle à l'administration de la justice, il devient à sa façon un tyran aussi injurieux et effréné que celui qui jouait de la cithare au milieu de Rome en flammes; nous ne voulons pas exagérer ces maux de l'état de société dans lequel nous vivons, mais un examen consciencieux de la vérité amènera tout observateur à gémir sur la manière dont ce pouvoir, sous le masque de l'opinion publique, pénètre dans toutes les avenues de la justice, corrompant, pervertissant, et souvent détruisant son action bienfaisante.

Biberry offrait un exemple frappant de la justesse de ces remarques, le matin du jour où Marie Monson devait être jugée. La fenêtre de la prison avait sa foule; et quoique l'arrangement des rideaux et d'autres moyens d'isolement défiassent tout à fait la maligne curiosité, les assistants ne purent déguiser les sentiments de colère suscités par cette réserve. La plupart de ceux qui s'étaient portés là appartenaient à une classe qui s'imaginait qu'il n'était pas assez malheureux d'être accusé des deux plus grands crimes reconnus par la loi, mais qu'il fallait encore se donner en spectacle à la multitude; c'étaient les lois du peuple que l'accusée était supposée avoir violées, et c'était son privilége à lui d'anticiper sur le châtiment par l'insulte.

— Pourquoi ne se montre-t-elle pas, et ne laisse-t-elle pas le public la regarder? demanda un vieillard curieux, dont la tête avait blanchi sans que son esprit se fît une juste idée des droits du public. J'ai vu des meurtriers précédemment, et ils n'avaient pas peur, une fois bien enchaînés, de s'offrir aux regards.

Cette raillerie produisit un rire indécent.

— Vous ne pouvez vous attendre à ce qu'une dame à la mode, qui joue de la harpe et parle français, montre son joli minois aux gens du commun, répondit une sorte de personnage au visage de fouine, hors de la poche duquel sortaient un agenda et le bout d'une plume d'or. C'était un journaliste rendu méchant parce qu'il avait rencontré de l'opposition à son idée que l'univers avait été créé pour fournir des paragraphes aux journaux.

Un autre rire succéda à cette amère moquerie; et trois ou quatre gaillards débraillés et bruyants se mirent à demander tout haut que Marie Monson se montrât au peuple; à ce moment l'accusée était à genoux, avec Anna Updyke à son côté, invoquant un secours qui, à mesure que la crise approchait, devenait de plus en plus nécessaire.

Que si maintenant, quittant cette scène, nous pénétrons en pleine rue, nous trouvons un chicaneur, envoyé secrètement par Williams, et répandant une histoire dont personne ne connaissait la source, mais qui s'insinuait insensiblement dans les oreilles de la moitié de la population de Dukes, créant des préventions et faisant beaucoup de mal.

— C'est la plus curieuse histoire que j'aie jamais entendue, dit Sam Tongue, comme le chicaneur était ordinairement qualifié, quoique son nom réel fût Hubbs; et une histoire si incroyable, que tout en vous la racontant je n'engage personne à y ajouter foi. Eh! bien, Messieurs (le petit groupe qui l'entourait était composé de plaideurs, de témoins, de jurés, et d'autres hommes de cette trempe) on rapporte maintenant que cette Marie Monson a été envoyée à l'étranger pour y être élevée, alors qu'elle n'était âgée que de dix ans, et qu'elle est restée assez longtemps dans le vieux monde pour y apprendre à jouer de la harpe et autres diableries de cette nature. C'est un malheur pour une jeune femme d'être envoyée hors de l'Amérique pour son éducation. L'éducation, comme chacun sait, est la grande gloire de *notre* pays; et on peut croire que les choses qu'on ne peut enseigner *ici* ne méritent pas d'être apprises.

Ce sentiment fut bien accueilli, comme le serait toute opinion proclamant la supériorité des Américains, parmi des auditeurs de cette classe. Un courant électrique passa dans la foule, et il s'éleva un murmure d'approbation des plus expressifs.

— Mais il n'y a pas grand mal à cela, dit un nommé Dicks, ne manquant pas de logique et de raisonnement. N'importe qui peut avoir été élevé en France aussi bien que Marie Monson. *Cette circonstance* parlera difficilement contre elle au jugement.

— Je n'ai pas dit cela, répliqua Sam Tongue, quoiqu'il soit généralement reconnu que la France n'est pas le pays de la religion ni de la vraie liberté. Donnez-moi de la religion et de la liberté, vous dis-je, et on peut faire son chemin, malgré les ennuis et les désagréments de toute espèce, aussi longtemps qu'on a abondamment religion et liberté.

Un autre murmure, un autre mouvement dans le groupe, et d'autres signes d'assentiment indiquèrent l'effet produit par ces paroles.

— Tout cela ne nuit en rien à Marie Monson, surtout d'après ce que vous dites, qu'elle a été envoyée à l'étranger si jeune. Ce ne fut pas sa faute, si ses parents.....

— Elle n'avait pas de parents, voilà le grand mystère de la chose; elle n'en eut jamais, qu'on ait découverts du moins. Une fille sans parents, sans amis d'aucune sorte, est élevée dans un pays étranger, apprend à parler des langues étrangères, joue de la musique étrangère, et revient en Amérique après être grandie, les poches aussi pleines que si elle avait été en Californie et y avait trouvé une veine, et personne ne peut dire d'où cela vient.

— Eh bien, tout cela ne lui est pas si défavorable, reprit Dicks, qui avait maintenant tellement défendu l'accusée, qu'il commençait à s'intéresser à son acquittement : il faut que l'évidence soit palpable, et s'appuie sur un point réel, pour parler contre un homme ou une femme. Quant à la Californie, un traité en a fait un pays légal, pourvu que le congrès ne s'en mêle pas trop.

— Je sais cela aussi bien que le meilleur avocat dans Dukes ; mais la réputation peut parler contre un accusé, comme va le prouver l'audience d'aujourd'hui. On tient compte de la réputation, permettez-moi de vous le dire, quand il y a un peu de confusion dans les faits, et c'est précisément ce que j'allais vous dire ! Marie Monson a de l'argent ; où se l'est-elle procuré ?

— Ceux qui la croient coupable prétendent qu'il vient du bas de ces pauvres Goodwin, reprit Dicks en riant ; mais pour ma part, j'ai vu ce bas, et je suis certain qu'il ne contenait pas cinq cents dollars, s'il en contenait quatre cents.

Ici le journaliste se détacha de la bande, et alla griffonner à quelques pas de là. Le soir même on lut dans le journal un paragraphe, un peu altéré pour le rendre plus intéressant, dans lequel les débats de Tongue et de Dicks étaient présentés de telle sorte, qu'aucun des deux interlocuteurs n'eût reconnu sa progéniture. Ce journal circula dans Biberry le lendemain matin, et il eut une influence considérable sur le sort de l'accusée.

A la buvette de mistress Horton, la discussion était aussi vive et piquante sur le même sujet. Comme c'était un endroit très-fréquenté par les jurés, les agents de Timms et de Williams étaient très-nombreux dans la maison et aux environs. Que le lecteur n'aille pas s'imaginer que ces hommes s'avouaient à eux-mêmes le véritable caractère de leurs indignes manœuvres ; ceux qui les employaient avaient trop de finesse pour ne pas cacher, jusqu'à un certain point, la turpitude de leurs propres actes. Dans un camp, on leur avait dit qu'ils favorisaient la justice, qu'ils abaissaient l'orgueil aristocratique au niveau des droits de la masse, prouvant que c'était un pays libre, par l'une des plus viles procédures qui aient jamais empoisonné les sources mêmes de la justice. Dans l'autre on avait persuadé aux agents de Timms qu'ils travaillaient en faveur d'une femme persécutée et outragée, que poursuivait l'avarice bien connue du neveu des Goodwin, et qui courait le danger de devenir la victime d'une suite de circonstances qui l'avaient jetée dans les filets de la loi. Ce raisonnement, il est vrai, était appuyé par de libérales gratifications, qui, néanmoins, étaient faites de manière à passer pour une juste rémunération de services empressés.

Les hommes de Williams réussissaient mieux avec la masse. Ils s'adressaient à des préjugés aussi étendus que la domination de l'homme; et une sorte de zèle personnel se mêlait à leur cupidité. Ils avaient du reste la tâche la plus facile. Celui qui ne fait que servir les mauvais principes de notre nature, pourvu qu'il cache son jeu, est plus sûr de trouver de bénévoles auditeurs que celui qui cherche à soutenir le bien. Une histoire des plus extraordinaires circulait dans la buvette aux dépens de l'accusée, et obtenait d'autant plus de crédit qu'elle s'écartait des voies battues, et semblait n'avoir aucun caractère de mensonge.

Marie Monson, disait-on, était une héritière avec de belles relations, bien élevée. Elle avait été mariée à un homme dont la position sociale, la fortune, la réputation équivalaient à la sienne, mais beaucoup plus âgé qu'elle (trop âgé même, ajoutait l'histoire; car une grande différence d'âge, quand l'une des parties est jeune, nous fait blâmer trop sévèrement les goûts réciproques), et cette union n'avait pas été heureuse. Elle avait été formée à l'étranger, et plus d'après les principes étrangers que d'après ceux d'Amérique, le mari étant Français. C'était ce qu'on appelle un mariage de raison, fait par l'entremise d'amis et de tuteurs, plutôt que par les sympathies et les sentiments qui seuls doivent porter un homme et une femme à conclure la plus intime des unions. Après un an de mariage à l'étranger, le couple mal assorti était venu en Amérique, où la femme possédait une immense fortune. Les nouvelles lois lui en laissaient la jouissance complète et absolue ; et ce fut bientôt une source de discorde entre le mari et la femme. Le mari se considérait très-naturellement comme ayant des droits à conseiller et à diriger ; et, jusqu'à un certain point, à contrôler, tandis que sa jeune femme, riche et belle, était peu disposée à rien céder de l'indépendance dont elle était si fière : en conséquence de cette différente manière d'envisager le mariage survint une froideur, suivie bientôt de la disparition de la femme. Cette femme était Marie Monson, qui s'était retirée dans l'habitation isolée des Goodwin, tandis que les agents gagés de son mari couraient le pays dans tous les sens à la recherche de la belle fugitive. A ces récits si étranges, et sous beaucoup de rapports si naturels, on ajoutait qu'il existait dans la famille de la dame une disposition cachée à la folie, et l'on insinuait que toutes les excentricités de sa conduite pouvaient être mises sur le compte de cette maladie ; cette infirmité mentale pouvait également donner l'explication des terribles accidents du feu et de la mort des deux infortunés Goodwin.

Nous sommes bien loin de dire que les bruits qui circulaient dans la buvette de mistress Horton fussent exprimés dans les termes dont nous nous sommes servi ; mais c'en était du moins la substance. Wilmeter entendit cette mystérieuse histoire avec toute l'angoisse du désappointement, quoique Anna eût presque repris sa puissance sur son cœur ; à ces angoisses succéda immédiatement une surprise sans bornes. Il redit l'histoire à Millington, et tous deux s'efforcèrent de remonter à la source de ces rapports ; mais toutes leurs tentatives furent inutiles : l'un avait appris la rumeur d'un autre, mais personne ne pouvait dire d'où elle venait originairement. Les jeunes gens renoncèrent à cette recherche, et se dirigèrent vers la chambre de Timms, où ils savaient devoir à ce moment rencontrer Dunscomb.

— Il est étonnant qu'une histoire de cette nature circule partout à Biberry, dit John, sans qu'il soit possible d'en découvrir l'auteur. En partie, elle semble extravagante. N'en êtes-vous pas frappé comme moi, Monsieur ?

—Il n'y a rien de trop extravagant pour certaines femmes, répondit Millington d'un air soucieux. Avec une personne comme Sarah, même avec Anna Updyke, on pourrait faire quelques calculs, certains calculs, pour mieux dire; mais il est des femmes, Jack, sur lesquelles on ne peut pas plus compter que sur la constance des vents.

— J'admire votre expression : même avec Anna Updyke!

— N'êtes-vous pas de mon avis? continua Millington avec distraction. J'ai toujours considéré l'amie de Sarah comme une personne tout à fait sûre et de confiance.

— Même avec Anna Updyke! une personne tout à fait sûre et de confiance! Vous avez pensé cela, Mike, parce qu'elle est l'amie de cœur de Sarah!

— Cette considération *peut* m'avoir bien disposé en sa faveur, car j'aime presque tout ce que Sarah aime.

John regarda son ami et son futur beau-frère avec une sorte d'ébahissement; l'idée d'aimer Anna Updyke autrement que pour elle-même lui parut une insigne absurdité. Mais ils furent bientôt à la porte de Timms, et la conversation tomba naturellement.

L'habitation de Timms offrait une apparence des plus modestes. Son appartement se composait de sa chambre à coucher, avec une pièce sur le devant et une autre sur le derrière, consacrées aux affaires. Dunscomb se trouvait dans le sanctuaire, tandis qu'un simple clerc, avec trois ou quatre clients, campagnards d'un extérieur convenable et de mine engageante, occupait la pièce du devant. John et Millington pénétrèrent sans hésiter.

Wilmeter n'avait pas l'habitude de la circonlocution. Il exposa donc nettement et en substance les bruits étranges qui étaient en circulation au sujet de leur intéressante cliente. L'oncle écouta avec une vive attention, devenant pâle à mesure que le neveu avançait dans son récit. Au lieu de répondre ou de faire des commentaires, il tomba sur une chaise, appuya ses mains sur une table et sa tête dans ses mains pendant une bonne minute. Tous furent frappés de ces signes d'agitation, mais aucun n'osa intervenir. A la fin, Dunscomb, mettant un terme à cette pause étrange, leva la tête, la figure encore pâle et agitée. Son œil immédiatement chercha celui de Millington.

— Vous aviez entendu cette histoire, Michel? demanda le conseiller.

— Oui, Monsieur. John et moi nous avons essayé d'en rechercher l'origine.

— Avez-vous réussi?

— Pas le moins du monde. Elle court dans toutes les bouches, mais personne ne sait d'où elle vient.

— Avez-vous remarqué le rapport qui m'a frappé, qui m'a *abattu?*

— J'en fus également frappé du moment que j'en fus instruit; car les faits ont une conformité singulière avec ceux que vous m'avez communiqués il y a quelques mois.

— C'est vrai; il en résulte une forte probabilité qu'il y a dans cette rumeur plus de vérité qu'on n'en trouve d'ordinaire dans de semblables bruits. Qu'est devenu Timms?

— Le voici, Esquire, répondit le digne praticien du fond de la pièce de devant; je viens de dépêcher mon clerc avec un message à un de mes hommes. Il le trouvera, et sera ici dans une minute.

Pendant ce temps, Timms avait un mot à dire à chacun de ses clients, et il s'en débarrassa en disant simplement à chaque individu à son tour qu'il n'y avait pas l'ombre d'un doute qu'il triompherait de son adversaire. On peut dire ici, pour prouver combien un prophète légal peut se tromper, que Timms fut consécutivement battu dans chacun de ces trois procès, au grand désappointement d'un aussi grand nombre de laboureurs, qui tous comptaient tout à fait sur le succès, d'après les rassurantes promesses qu'ils avaient reçues.

Quelques minutes après, l'agent attendu par Timms apparut au bureau. Il avait une bonne figure, d'une écorce assez rude et honnête, mais avec un clignement d'yeux des plus fins et des plus roués. Timms l'introduisit sous le nom de M. Johnson.

— Eh bien, Johnson, quelles nouvelles? demanda Timms. Ce

sont des amis de Marie Monson, et vous pouvez parler librement, en évitant toujours les particularités *particulières*.

Johnson cligna des yeux, prit résolument une chique de tabac, ruse qu'il employait quand il avait besoin d'un moment de réflexion avant de faire ses révélations, fit un salut respectueux au grand avocat d'York, regarda les deux jeunes gens comme pour mesurer leurs moyens de faire du bien ou du mal, et condescendit à répondre :

— Pas très-bonnes, répliqua-t-il. Cet instrument étranger, absolument semblable, dit-on, à celui dont David jouait habituellement devant Saül, a fait beaucoup de mal. Cela ne fera pas l'affaire, esquire Timms, de jouer d'un instrument devant une accusation pour meurtre! L'humanité est engagée dans des cas de cette nature; et si au jugement on désire de la musique, c'est la musique de la loi et de l'évidence dont on a besoin.

— Avez-vous entendu quelques bruits sur la vie passée de Marie Monson? Et, dans ce cas, pouvez-vous dire d'où ils viennent?

Johnson savait parfaitement bien d'où venait une partie de ces rumeurs, celles qu'on débitait en faveur de l'accusée, mais il n'eut pas de peine à comprendre que ce n'étaient pas là les bruits auxquels Timms faisait allusion.

— Biberry est rempli de toutes sortes de rumeurs, répondit Johnson avec précaution, comme il arrive aux époques où il y a session. Les parties cherchent à arranger leur cause.

— Vous savez ce que je veux dire; nous n'avons pas de temps à perdre; répondez catégoriquement.

— Je crois connaître ce que vous voulez dire, esquire Timms, et j'ai entendu le bruit. A mon jugement, la personne qui l'a répandu n'est pas l'amie de Marie Monson.

— Vous pensez alors qu'il lui sera préjudiciable.

— Jusqu'à la faire pendre. Ève même, avant de toucher à la pomme, n'aurait pu être acquittée en présence d'une pareille rumeur. Je regarde votre cliente comme perdue, esquire Timms.

— Est-ce là en apparence le sentiment public, autant que vous en pouvez juger?

— Parmi les jurés, oui.

— Les jurés! s'écria Dunscomb; est-il possible que vous connaissiez quelque chose des opinions des jurés, monsieur Johnson?

Un sourire glacial passa sur la figure de l'individu, et il regarda fixement Timms comme pour saisir une indication qui pût le conduire sain et sauf à travers les difficultés du cas présent. Un froncement de sourcils assez significatif pour l'agent, quoique admirablement caché à tous les autres assistants, l'avertit d'être prudent.

— Je ne sais que ce que je vois et j'entends. Les jurés sont des hommes; et d'autres hommes peuvent quelquefois entrevoir leurs sentiments sans enfreindre la loi. J'ai entendu moi-même le bruit rapporté en présence de plusieurs jurés. Il est vrai qu'on ne dit rien du meurtre et de l'incendie; mais l'histoire de la vie passée de l'accusée fut donnée de telle manière que lady Washington elle-même ne pourrait en combattre l'effet, fût-elle en vie et sur le point de subir un jugement.

— Dit-on quelque chose de la folie? demanda Dunscomb.

— Ah! ce prétexte n'est plus bon aujourd'hui; il est usé. On pendrait même un meurtrier échappé de Bedlam. La folie a fait son temps, on n'y peut plus compter.

— En a-t-on fait mention? répéta le conseiller.

— Eh bien, à vous dire vrai, on en a dit quelques mots. Mais comme c'était en faveur de Marie Monson, et non contre elle, on n'y a pas donné suite.

— Vous pensez alors que l'histoire a été mise en circulation par des personnes favorables à l'accusation?

— Je le sais. Un individu de la partie adverse m'a dit il y a dix minutes: Johnson, dit-il, nous sommes de vieux amis (il me parle toujours de ce ton familier), Johnson, dit-il, vous auriez mieux fait de donner l'argent. Qu'est-ce que cinq mille dollars pour une femme comme elle? et puis, vous savez, c'est là le chiffre.

— Voilà un joli échantillon de la manière d'administrer la justice, s'écria Dunscomb indigné. Depuis que je suis au barreau, je n'avais pas idée que de semblables menées pussent prévaloir. A tout événement, cette illégalité nous donnera une belle occasion de demander un nouveau jugement.

— Le plus fin avocat qui ait jamais traversé le pont de Harlem peut apprendre quelque chose dans notre vieux comté de Dukes, dit Johnson en faisant un signe de tête. Esquire Timms est là pour en répondre. Quant à de nouveaux procès, je m'étonne que les avocats n'en obtiennent pas un chaque fois qu'ils sont battus, car la loi sera là pour les soutenir.

— J'aimerais à savoir comment, maître Johnson, dit Timms ; ce serait un secret digne d'être connu.

— Un billet de cinq dollars l'achètera.

— En voici un de dix ; maintenant dites-moi votre secret.

— Eh bien, Esquire, vous êtes un homme comme il faut, quoi que les gens puissent penser et dire de vous. J'aimerais bien mieux faire affaire avec vous qu'avec Williams, malgré le nom qu'il a par tout le pays. Tenez bon, et vous obtiendrez votre nomination pour le sénat, et la nomination assurée, vous êtes sûr du siége. La nomination est le gouvernement de l'Amérique, et il ne faut qu'un bien petit nombre d'individus pour l'assurer.

— Je crois que vous avez plus d'à moitié raison, Johnson.

Ici Dunscomb, son neveu et Millington quittèrent le bureau sans être remarqués par ces deux dignes courtiers, qui entamèrent une discussion si intéressante pour l'ambition de Timms. Nous les laisserons à leurs spéculations plus ou moins honnêtes, et nous suivrons Dunscomb et les deux jeunes gens à la prison.

C'était là qu'ils avaient dirigé leurs pas. Ils y trouvèrent Marie Monson, Anna et Sarah avec Marie Moulin, toutes habillées pour l'importante et triste cérémonie ; la première était mise avec une élégante simplicité, relevée par un goût irréprochable ; les trois autres convenablement, et suivant leurs positions dans le monde. Elles avaient un air d'affliction et d'anxiété, quoique Marie Monson conservât encore son empire sur elle-même. Le calme de ses manières était vraiment étonnants pour les circonstances.

— La Providence m'a placée dans une bien cruelle épreuve,

dit-elle, mais je vois le but devant moi. Si j'avais reculé devant ce jugement, et que j'y eusse échappé d'une manière quelconque, une tache serait restée sur mon nom, aussi durable que mon souvenir. Il est indispensable que je sois acquittée. Par la bénédiction que Dieu répand sur l'innocent, ce bonheur doit m'arriver, et je pourrai continuer ma route dans la vie, et regarder mes amis avec un esprit tranquille.

— Pourquoi ces amis ne sont-ils pas connus? demanda Dunscomb, ils seraient ici pour vous soutenir de leur présence.

— Eux! lui! jamais! tant que je vivrai, jamais!

— Vous voyez ce jeune homme, Marie Monson, je crois qu'il vous est connu de nom?

Marie Monson tourna son visage vers Millington, sourit froidement, et ne parut pas émue.

— Que m'est-il? Voici la femme de son cœur, qu'il se tourne vers *elle* et l'entoure de soins.

— Vous me comprenez, Marie Monson, il est important que je sois assuré de *cela*.

— Si je vous comprends, monsieur Dunscomb? peut-être. Vous êtes énigmatique ce matin; je n'ai pas de certitude.

— Dans une petite demi-heure, la cloche du Palais de Justice sonnera, et alors vous allez subir un jugement où il va de vôtre vie.

Les joues de l'accusée pâlirent un peu; mais ses couleurs revinrent vite, et son œil prit une expression plus hautaine que d'habitude.

— Qu'elle sonne! répondit-elle tranquillement; l'innocent n'a pas besoin de trembler. Ces deux êtres si purs ont promis de m'accompagner à l'endroit du jugement, et de me donner l'appui de leur présence. Pourquoi, alors, hésiterais-je?

— J'irai aussi, dit Millington d'un ton ferme, comme un homme bien décidé.

— Vous! Eh bien! par égard pour cette tendre amie, vous pouvez y aller aussi.

— Et pour nulle autre raison, Marie?

— Pour nulle autre raison, Monsieur. Je sais tout l'intérêt

que, M. Wilmeter et vous, vous avez porté à ma cause, et je vous remercie tous deux du fond de mon cœur. Ah! je n'ai jamais été ingrate!...

Un torrent de larmes, pour la première fois depuis son emprisonnement, s'échappa des yeux de cet être extraordinaire. Pendant quelques minutes, elle devint femme dans toute l'acception du mot.

Durant cet intervalle, Dunscomb se retira, voyant qu'il ne pouvait rien obtenir de sa cliente, pendant qu'elle pleurait d'une manière presque convulsive, et sachant qu'il avait quelques dispositions à prendre avant la réunion de la Cour. Du reste, il s'éloigna tout à fait rassuré sur un point très-important; lui et Millington marchaient ensemble vers le palais, la tête penchée l'un contre l'autre, et la voix réduite presque à un simple chuchotement.

CHAPITRE XX.

De paraître, Caton, devant toi je rougis,
Je suis confus. — Pourquoi? quel est ton crime? dis?
— Je suis Numide.
Caton.

UNE demi-heure après cette conversation, la cloche du palais sonna, et la foule se précipita vers le bâtiment, afin de s'assurer des places pour le procès. Tout ce que nous avons rapporté dans le chapitre précédent se passa entre six et neuf heures du matin; car c'est « une des mœurs du jour » dans la voie du progrès, d'imprimer à l'administration de la justice une vitesse équivalente à celle des chemins de fer. Beaucoup de juges aujourd'hui se rendent à leur ouvrage à huit heures du matin (presque tous le font dans leurs tournées), et continuent d'appeler des causes jusqu'à neuf et dix heures du soir, éclairant la justice du pays au moyen d'agents à moitié endormis, et stupides de fatigue.

Nous avons dit que toute espèce de dignité a été bannie des cours d'York, si l'on en excepte celle qui se manifeste dans le caractère même de ses devoirs et dans la manière dont on les accomplit. Même dans cette occasion solennelle, quand un être humain, une femme, allait subir un jugement capital, on ne s'écarta pas de la simplicité dans laquelle on laisse le piédestal de la raison, en opposition ouverte avec le prestige dont la loi jadis entourait sa puissance. Il reste à examiner si la nature humaine n'a pas été exaltée trop haut par les nouveaux arrangements, comme elle avait été ravalée trop bas par les anciens. Il y a un milieu dans la vérité; et il est à craindre qu'en mettant de côté les inutiles ornements d'une pure parade, on ait aussi rejeté ceux que les convenances demandent.

Un quart des assistants réunis dans le palais du comté de Dukes était des femmes. La curiosité si naturelle, dit-on, à ce sexe, était accrue par les circonstances particulières de la cause : une femme avait été assassinée, et c'était une femme qu'on accusait d'avoir commis ce crime. On disait, toutefois, qu'une grande partie de ces femmes avait été convoquée comme témoins.

Enfin, un silence général d'attente succéda à ce brouhaha de la foule entrant et cherchant des siéges, et les yeux des spectateurs étaient généralement tournés vers la porte, afin d'entrevoir le principal personnage de la scène qui s'apprêtait. Nous ne savons pourquoi le spectacle du malheur des autres a un si grand charme pour la plupart des hommes. La nature nous a donné la sympathie, la compassion, et un désir de soulager l'infortune; et pourtant nous aimons presque tous à regarder le malheur comme un pur spectacle, quand nous n'avons ni le désir ni le pouvoir d'être autre chose que d'inutiles spectateurs. Des milliers de gens s'assemblent pour voir pendre un homme, quand tous savent que la loi a une étreinte trop dure pour lâcher sa proie, et qu'à ce moment suprême il n'y a pas place pour les sentiments de la pitié. Mais les choses vont ainsi; et plus d'une femme, ce jour-là, qui aurait volontiers soulagé toute détresse qu'elles auraient eu le pouvoir de diminuer, étaient assises là, observatrices curieuses et intéressées de tout ce qui se passait, pour remarquer les agitations de la physionomie, les angoisses du fond de l'âme, s'il y en avait, ou les rayons de l'espérance qui pouvaient, par intervalles, éclairer les sombres tortures du désespoir.

La Cour fut occupée une demi-heure à écouter des motions, à régler le rôle, rien ne semblant empêcher sa marche régulière. Alors le mouvement cessa en dedans de la barre, et une attente solennelle pesa sur toute cette masse d'êtres humains rassemblés dans cet étroit espace.

— C'est aujourd'hui le jour fixé pour le jugement de Marie Monson. Monsieur l'attorney du district, êtes-vous prêt?

— Nous le sommes, Monsieur, tout à fait, je crois. S'il plaît à la Cour, M. Williams et M. Wright seront mes associés dans cette cause : c'est un procès d'importance, et je n'aime pas à le soutenir seul.

— La Cour l'a ainsi compris. Qui est pour l'accusée?

— Je suis chargé de défendre Marie Monson, répondit Dunscomb, relevant la tête avec dignité et parlant avec l'aplomb d'un homme accoutumé aux audiences. M. Timms m'assistera.

— Êtes-vous prêts, Messieurs!

— Je crois que nous le sommes, Excellence; quoique la prisonnière n'ait pas encore été assignée.

— Monsieur l'attorney du district, nous allons procéder.

Comme le shériff quitta la salle, chose assez extraordinaire, pour amener une prisonnière à la Cour, l'attente fut à son comble. Au milieu d'un silence profond, la porte roula sur ses gonds, et M. Gott entra suivi de Marie Monson, d'Anna, de Sarah, de Marie Moulin, et des deux jeunes gens. La bonne femme du shériff était déjà dans la salle, et grâce à un constable, avait fait réserver des siéges pour les personnes qui accompagnaient la prisonnière. Toute la société y prit place à l'exception de Marie Moulin, qui était auprès de sa maîtresse dans l'intérieur de la barre.

Chaque observateur fut frappé de l'air, des manières, du maintien si inattendu de la prisonnière. Dunscomb vit d'un coup d'œil que son apparition avait produit une très-favorable impression. C'était quelque chose, et il espéra qu'elle pourrait servir à contrebalancer les manœuvres de Davis et de Williams. Le juge, en particulier, homme excellent et de bonne foi, fut tout à fait saisi de surprise. Rien ne dispose plus à la sympathie que les secrètes influences des castes sociales. Chacun les ressent plus ou moins, suivant le niveau de son entourage; au delà tout est mystère. Il se trouva que le juge appartenait à une famille ancienne et historique de New-York, chose assez rare dans ces temps si changeants; il était doué d'un tact héréditaire à discerner les personnes de son rang. D'un coup d'œil, il vit que la prisonnière avait l'air, les manières, l'extérieur et l'aisance d'une personne accoutumée dès l'enfance à la bonne compagnie. Dunscomb fut enchanté quand le juge, avec une sorte d'empressement, intervint au moment où le shériff se disposait à placer la prisonnière à la barre, dans l'étroit espace destiné aux criminels; s'adressant à lui :

— Monsieur le shériff, dit-il, donnez à la prisonnière un siége en dedans de la barre. Messieurs, ayez l'obligeance de faire place pour que l'accusée puisse s'asseoir près de son conseil. Monsieur l'attorney, que la prisonnière soit assignée dès qu'elle sera remise de la fatigue et de l'émotion que lui a causées son entrée ici.

Cette cérémonie, sortant un peu des pures formes d'aujourd'hui, fut bientôt terminée, et l'avocat se déclara prêt à soutenir la non-culpabilité. On s'occupa ensuite de constituer les jurés, tâche d'une difficulté infinie, et qui, dans les causes criminelles, est devenue presque une affaire du dehors, comme pour railler la puissance de la loi. Il n'est pas rare de voir la Cour occupée une semaine ou deux à ces dispositions préliminaires, et le mal est devenu si criant que le pouvoir exécutif a dû recommander à la législature d'imaginer quelque contre-poids. Un des plus grands abus de la législation actuelle, c'est une fausse philanthropie qui protége les méchants et les pervers aux dépens des hommes droits et justes, et il y a peu de témérité à prédire qu'il faudra défaire plus de la moitié de ce qui s'est fait sous l'inspiration d'une liberté et d'une philanthropie mal entendue, avant que les citoyens se ressentent de la protection efficace des lois.

Un des progrès réels et raisonnables du jour, c'est de faire prêter serment aux jurés, dans toutes les causes qui doivent être jugées dans la session. C'est une économie de temps, et bien que la cérémonie pût et dût se faire d'une manière plus solennelle et plus imposante, et surtout en faisant cesser toute occupation, en ordonnant à tous les assistants de se lever et de se tenir dans un silence respectueux, pendant qu'on invoque le nom du Dieu de la terre et du ciel ; néanmoins c'est un grand progrès sur l'ancienne manière, et l'on a eu raison de l'établir. Nous sommes heureux de remarquer de telles innovations dans « les mœurs du jour, » toutes les fois qu'un sentiment de justice peut pousser un homme aussi ennemi de la flatterie envers le peuple qu'envers les princes, et de toute flatterie en général, à dire quelque chose en faveur de ce qui a été fait ou se fait encore autour de lui.

Le greffier appela le nom de Jonas Wattles, le premier juré tiré. Cet homme était un respectable mécanicien d'une intelligence assez limitée, mais de bonne foi, et réputé honnête. Timms jeta sur l'avocat principal un regard que l'autre interpréta comme voulant dire : Il peut aller. Comme on ne fit aucune objection du côté de l'État, Jonas Wattles prit place sur le banc des jurés, ce qu'on regardait comme un grand bonheur dans une cause capitale.

— Ira Trueman ! cria le greffier.

Une pause significative suivit l'annonce de ce nom. Trueman était un homme d'une influence locale considérable ; il devait être d'un grand poids dans un corps composé d'hommes même moins instruits que lui. Il y avait plus : Timms et Williams savaient que leurs agents respectifs avaient fort travaillé pour le gagner, quoique ni l'un ni l'autre ne sussent exactement jusqu'à quel point ils avaient réussi. Il était conséquemment aussi hasardeux d'accepter que de faire opposition, et les deux gladiateurs légaux se tinrent sur la brèche, l'un attendant que l'autre trahît son opinion sur l'homme.

Le juge s'impatienta, et demanda si le juré était accepté.

C'était un spectacle assez amusant en ce moment que d'observer la manière dont Timms se conduisait avec Williams, et Williams avec Timms

— J'aimerais à entendre les objections de monsieur au sujet de ce juré, fit observer Timms, car je ne vois pas que sa récusation soit péremptoire.

— Je n'ai pas récusé le juré du tout, reprit Williams, mais j'ai compris que la récusation venait de la défense.

— Voilà qui est extraordinaire! monsieur regarde le juré avec défiance, et il déclare maintenant qu'il ne le récuse pas.

— Regarde! Si des regards font une récusation, l'État pourrait immédiatement laisser impunis ces abominables meurtres, car je suis sûr que la figure de Monsieur est absolument une nuée orageuse.

— J'espère que le conseil se rappellera la gravité de ce procès, et le conduira avec le décorum qu'on ne doit jamais avoir besoin de réclamer dans une cour de justice, dit le juge en intervenant. A moins qu'il n'y ait une récusation directe d'un côté ou de l'autre, le juré doit naturellement prendre rang.

— J'aimerais à poser au juré une question ou deux, répliqua Timms, parlant avec beaucoup de prudence, et comme un homme effrayé de blesser les sentiments d'un juré soumis à son examen, et avec la dernière circonspection dans la crainte que ses recherches ne lui fissent découvrir que Trueman était, selon toute probabilité, la sorte de personne dont il avait besoin. Vous avez été à Biberry, juré, depuis l'ouverture de la session?

Trueman fit un signe affirmatif.

— Vous avez naturellement fréquenté les amis et les voisins que vous avez rencontrés ici?

Trueman fit un autre signe, avec une sorte de grognement.

— Vous avez probablement entendu parler plus ou moins de Marie Monson? j'entends d'une manière légale et convenable?

Troisième signe d'assentiment.

— Pouvez-vous rapporter quelque chose de particulier sur ce qu'on a dit en votre présence?

Trueman sembla mettre sa mémoire à contribution; puis levant la tête, il répondit d'un air résolu et avec beaucoup de netteté :

— J'allais de la taverne au palais, quand j'ai rencontré David Johnson.

— Peu importent ces détails, monsieur Trueman, interrompit

Timms, qui vit que le juré s'était entretenu avec un de ses agents confidentiels ; ce que la Cour désire, c'est de savoir si on a rapporté quelque circonstance *défavorable* à Marie Monson, en votre présence ?

— Ou *favorable*, ajouta Williams avec malice.

— Juré, dit le juge en intervenant, dites-nous si on vous a parlé des mérites de cette cause pour ou contre ?

— *Des mérites*, répéta Trueman, paraissant réfléchir de nouveau : non, Excellence, je ne puis dire qu'on l'ait fait.

Ceci était le plus hardi mensonge qui fut jamais proféré ; mais Trueman mit la réponse d'accord avec sa conscience, en considérant que la conversation tenue devant lui roulait sur les *démérites* de l'accusée.

— Je ne vois pas, Messieurs, dit son Excellence, que vous puissiez récuser, à moins que vous n'ayez d'autres faits...

— Peut-être en avons-nous, Monsieur, répondit Williams. Vous disiez donc, monsieur Trueman, que vous rencontrâtes M. David Johnson, en vous rendant de l'auberge au palais : vous ai-je bien compris ?

— Très-bien, Esquire : j'étais depuis longtemps avec Pierre Titus (l'un des agents les plus actifs et les plus confidentiels de Williams) quand Johnson survint. Johnson dit : un joli temps, Monsieur, dit-il. Je suis aise de vous voir tous deux, car les figures des vieux amis sont rares, par le...

— Je ne vois pas d'objection à la réception du juré, dit Williams avec insouciance, certain que Titus n'avait pas négligé son devoir dans ce long entretien.

— Oui, c'est un aussi bon juré qu'en peut fournir le comté de Dukes, dit Timms, parfaitement sûr que Johnson avait eu l'avantage du dernier mot.

Trueman fut donc admis sur le banc des jurés, comme le second des douze. Les deux tripoteurs avaient raison : Titus avait bourré sa vieille connaissance de tous les propos qui circulaient au préjudice de la prisonnière, exprimant sa surprise, après avoir raconté tout ce qu'il avait à dire, d'apprendre que son ami ferait partie du jury.

— Eh bien, dit Titus, voyant Johnson s'approcher, si on vous questionne, vous vous rappellerez que je vous ai dit que je ne songeais nullement que vous fussiez juré, bien plus, que votre nom dût être tiré. De son côté, Johnson ne se montra pas moins éloquent et pathétique en racontant à sa vieille connaissance l'histoire du procès de Marie Monson, qu'il déclarait « une femme outragée et persécutée. » Trueman, gaillard fin et rusé, se crut dans la disposition la plus impartiale pour juger, après avoir entendu l'histoire des deux hommes ; et en cela il se trompait. Il faut une tête forte et saine, des principes élevés, et une grande connaissance des hommes pour juger avec impartialité ; et certainement Trueman n'était pas homme à pouvoir prétendre à ces rares qualités. En général le dernier mot porte coup, mais il arrive quelquefois que les premières impressions sont difficiles à déraciner. C'était le cas dans cette occasion ; Trueman prit place parmi les jurés avec de fortes préventions contre l'accusée.

On crut avoir bien marché que d'avoir obtenu, dans un cas capital, deux jurés dans la première demi-heure. Son Excellence s'était évidemment résignée à une corvée de vingt heures, et grande fut sa satisfaction, quand il vit Wattles et Trueman dûment et sûrement assis sur leurs siéges durs et inconfortables ; il semblerait presque que le malaise ait été introduit dans le Palais de Justice comme une espèce d'auxiliaire à cet ancien usage d'affamer un jury pour obtenir le verdict.

Soit que ce fût à cause du soupçon qu'eut Timms d'avoir été dupé dans l'introduction de Trueman, soit pour tout autre motif, il ne fit aucune objection aux six jurés qui furent appelés ensuite. Sa modération fut imitée par Williams. Puis suivirent deux récusations péremptoires, l'une en faveur de la prisonnière, l'autre en faveur du peuple, suivant l'expression adoptée. Tout cela se passa beaucoup mieux qu'on ne s'y attendait, à tel point que tous étaient de bonne humeur, et ce n'est pas aller au delà de la vérité que d'ajouter — un peu mieux disposés à regarder la prisonnière et son procès avec faveur. C'est de pareilles bagatelles que dépendent très-souvent les décisions humaines !

Pendant tout ce temps, c'est-à-dire une heure entière, Marie

Monson se tenait assise, résignée à son sort, dans une posture digne, attentive et distinguée. Les spectateurs étaient singulièrement partagés dans leurs présomptions diverses sur son innocence ou sa culpabilité. Les uns virent dans sa manière calme, dans l'intérêt singulier qu'elle prenait à tous ces préliminaires, dans cette physionomie inaltérable, des preuves non-seulement d'une conscience endurcie, mais d'une habitude à des scènes semblables. Ils ne tenaient nul compte des probabilités, pour se livrer à des conjectures si sévères contre une femme si jeune.

— Allons, Messieurs, s'écria le juge, le temps est précieux, procédons.

Le neuvième juré fut tiré ; c'était un commerçant campagnard du nom de Hatfield. Cet individu était connu pour avoir une influence considérable parmi les gens de sa classe, et il était renommé pour son jugement, sinon pour ses principes.

— Ils feraient aussi bien d'envoyer les onze autres chez eux, et de laisser Hatfield prononcer le verdict, murmura un avocat à un voisin son confrère ; il n'y en a pas un sur le banc des jurés qui soit capable de résister à sa logique.

— Alors il tiendra dans ses mains la vie de cette jeune femme, répondit-on.

— A peu de chose près. La glorieuse institution du jury a été admirablement imaginée pour nous amener de semblables résultats.

— Vous oubliez le juge. Il a le dernier mot, vous vous le rappellerez.

— C'est vrai, Dieu-merci ! autrement notre condition serait terrible. La loi de Lynch est préférable à la loi administrée par des jurés qui se croient autant de législateurs.

— On ne peut se dissimuler que l'esprit du temps a envahi le banc des jurés ; et la Cour n'a pas la moitié de son ancienne influence. Je n'aimerais pas à avoir ce Hatfield contre moi.

Il paraîtrait que Williams partageait cette manière de voir ; car il se parla à lui-même, désira que le juré n'allât pas s'asseoir, et parut réfléchir sur le parti qu'il avait à prendre. Le fait était que lui-même avait dernièrement poursuivi Hatfield pour dette, et sa conduite pouvait bien avoir provoqué le ressentiment du marchand. Mais comme un état d'hostilité avec le conseil n'est pas une objection légale à la réception d'un juré, Williams se trouvait dans la nécessité d'en présenter qui fussent de nature à appeler l'attention de la Cour.

— Je demande que le juré s'engage par serment à me répondre franchement, dit Williams.

Timms dressa les oreilles ; car s'il était important pour Williams de s'opposer à la réception de cet individu, il était probablement important pour Marie Monson de le faire recevoir. D'après ce principe, il s'apprêta à résister à l'attaque intentée au juré, qui venait de prêter serment.

— Vous avez votre résidence dans la ville voisine de Blackstone, je crois, monsieur Hatfield ? demanda Williams.

Un simple signe d'assentiment fut la réponse.

— Vous exercez là une profession libérale ?

Hatfield était certain que son questionneur savait à quoi s'en tenir, car Williams avait été cinquante fois dans son magasin ; mais il répondit aussi ingénument que la question était posée :

— Je suis dans le commerce.

— Dans le commerce ! Vous tenez boutique, j'imagine, monsieur Hatfield.

— C'est vrai, j'en tiens une dans laquelle je vous ai vendu cent fois.

Un rire général succéda à cette saillie, et Timms regarda autour de l'auditoire, le nez au vent, comme pour flairer son gibier.

— C'est possible ; je paie quand j'achète, répliqua Williams, et ma mémoire n'est pas chargée de transactions de cette nature.

— Monsieur Williams, interrompit le juge avec un peu d'impatience, le temps de la Cour est très-précieux.

— Comme l'est pour l'État la dignité des lois outragées, Excellence. Nous aurons bientôt fini, Monsieur. Beaucoup de personnes ont l'habitude de fréquenter votre magasin, monsieur Hatfield ?

— Autant qu'on en voit d'ordinaire à la campagne.

— Six ou quinze à la fois, dans certaines occasions ?

— C'est possible.

— Vos pratiques ont-elles jamais discuté en votre présence sur le meurtre de Pierre Goodwin?

— Je n'en sais trop rien, mais c'est assez probable; on en entend de tant de façons, qu'on ne peut pas dire.

— Avez-vous jamais pris part vous-même à une semblable discussion?

— Je puis l'avoir fait, ou ne pas l'avoir fait.

— Je vous demande, maintenant, d'une manière positive, si vous n'avez pas eu une semblable discussion le 26 du mois de mai passé, entre onze heures et midi?

La sécheresse de ton avec laquelle cette question fut posée, la minutie des détails et la précision de l'interrogatoire confondirent entièrement le juré, qui répondit en conséquence:

— Pareille chose peut avoir eu lieu, ou n'avoir pas eu lieu. Je ne m'en souviens pas.

— Jonas White, boulanger campagnard, n'a-t-il pas l'habitude de se trouver dans votre magasin?

— Il s'y trouve souvent; c'est une manière de repos pour des hommes de labeur.

— Et Stephen Hook?

— Oui; il y passe une grande partie de son temps.

— Maintenant, je vous prie de rappeler vos souvenirs: une semblable conversation, où vous prîtes part, n'eut-elle pas lieu entre onze heures et midi, White et Hook présents?

Hatfield sembla fort embarrassé. Il désirait en conscience dire la vérité, n'ayant rien à gagner au parti contraire; mais il n'avait pas souvenance d'une telle discussion, et cela pour une raison bien simple, c'est que cette conversation n'avait pas eu lieu. Williams connaissant les habitudes des hommes auxquels il s'adressait, avait choisi l'époque un peu au hasard, et avait employé cette précision simplement comme un moyen de confondre le juré qu'il redoutait.

— Pareille chose *peut* être arrivée, répondit Hatfield après une pause; je ne me le rappelle pas.

— Elle *peut* être arrivée. Maintenant, Monsieur, permettez-moi de vous demander, si, dans cette conversation, vous n'avez pas exprimé l'opinion que vous ne croyiez pas, que vous ne pouviez pas croire qu'une dame, bien élevée et distinguée, comme la prisonnière ici présente, eût pu ou voulu commettre, dans quelque circonstance que ce fût, le crime dont Marie Monson est accusée?

Hatfield se trouva de plus en plus confondu ; car il y avait de plus en plus dans la manière de Williams de l'aplomb et de la froideur. Sous cette impression, il laissa échapper la réponse.

— Je *puis* avoir été jusque là : cela me paraît très-naturel.

— Je suppose, après cela, dit Williams avec indifférence, que Votre Excellence ne permettra pas à M. Hatfield de s'asseoir sur le banc des jurés.

— Pas si vite, pas si vite, confrère Williams, reprit Timms, qui sentit que c'était maintenant à son tour de dire un mot, et qui pendant ce temps-là feuilletait avec soin un petit almanach de poche.

— Cette discussion, à ce que prétend mon savant confrère, a eu lieu dans la boutique du juré?

— Oui, Monsieur, répondit Williams ; c'est un endroit où se tiennent souvent de semblables discussions. Hook et White passent la moitié de leur temps dans ce magasin.

— Rien de plus naturel, en vérité. Monsieur Hatfield, ouvrez-vous votre magasin le dimanche?

— Certainement non. Je suis très-particulier sur ce point.

— Vous êtes membre de l'église anglicane, Monsieur, je suppose?

— Membre bien indigne, Monsieur.

— Jamais, sous aucun prétexte, vous n'avez l'habitude d'ouvrir votre magasin le dimanche, à ce que je comprends.

— Jamais, excepté dans des cas de maladie ; nous devons tous respecter les besoins des malades.

— Hook et White ont-ils l'habitude de passer leur temps chez vous le dimanche?

— Jamais, je ne le souffrirais pas. Le magasin est un endroit public ouvert les jours ouvrables, et ils y peuvent venir, si cela leur plaît ; mais je ne tolérerais pas de semblables visites le dimanche.

— Eh bien, si la Cour veut s'éclairer, le 26 du mois de mai passé tombait un dimanche. Mon confrère Williams a oublié de regarder dans l'almanach avant de faire ses observations.

Timms s'assit, relevant le nez encore plus haut, bien convaincu d'avoir fait un grand pas pour sa nomination au Sénat, quoiqu'il ne gagnât rien pour la cause actuelle. Il y eut un ricanement général dans l'auditoire, et Williams sentit qu'il avait perdu autant que son adversaire avait gagné.

— Eh bien, Messieurs, le temps est précieux, continuons, dit le juge. Le juré doit-il, oui ou non, prendre place sur le banc ?

— J'espère qu'une erreur insignifiante sur le jour du mois ne triomphera pas des fins de la justice, répondit Williams, se dressant plus haut sur ses échasses, à mesure qu'il se sentait baisser dans l'exactitude des faits. J'ai dit le 26, par un faux calcul, je le vois ; c'est probablement le 25, samedi, jour de repos pour le boulanger. Oui, ce doit être le samedi 25 que la conversation a eu lieu.

— Vous rappelez-vous le fait, juré ?

— Maintenant qu'on a tant parlé sur le sujet, je me rappelle, répondit Hatfield avec fermeté, que je n'ai pas été du tout chez moi du 20 au 27 du mois de mai passé. Je n'ai pu tenir une telle conversation le 25 ou le 26 de mai ; et je ne sais si je crois Marie Monson coupable ou innocente.

Ces mots furent prononcés avec l'assurance de la vérité, et firent impression sur l'auditoire. Williams eut un instant d'hésitation ; car telle était sa finesse et son habileté à manier les hommes, qu'il avait souvent réussi à gagner des jurés, en leur faisant comprendre qu'il les soupçonnait d'avoir des préventions contre la cause qu'il soutenait : avec les faibles et les vaniteux, cette manière de procéder avait plus souvent réussi que le mode contraire, la partie soupçonnée désirant doublement faire preuve d'impartialité dans le verdict.

— Monsieur Williams, dit le juge, vous devez récuser d'une manière péremptoire, ou le juré sera reçu.

— Je ne le ferai pas, Excellence, l'État acceptera le juré ; je vois que mes informations ont été erronées.

— Je récuse au nom de la défense, dit Timms, se décidant sur-le-champ, en s'appuyant sur ceci, que si Williams était si prompt à changer sa manière de procéder, c'est qu'il devait avoir de bonnes raisons pour cela.

— Pierre Bailey, dit le greffier.

Comme nulle objection ne fut faite, Pierre Bailey alla s'asseoir près des autres. Les deux jurés suivants furent aussi reçus sans être interrogés ; il ne restait qu'à tirer le douzième. Tout cela se passait beaucoup plus heureusement qu'il n'arrive d'ordinaire ; aussi chacun en était-il de plus en plus enchanté, comme si tout le monde était avide d'arriver à l'interrogatoire des témoins. Le juge se félicitait lui-même en se frottant les mains avec une grande satisfaction.

— Y a-t-il beaucoup de témoins dans cette affaire ? demanda un avocat à un de ses confrères.

— Près de quarante, à ce que j'ai entendu dire, dit celui-ci en jetant un regard sur les bancs où la plupart des femmes étaient assises. Cette cause, m'assure-t-on, déploiera un appareil des plus formidables ! Des dames d'York par douzaines.

— On en aura besoin, si tout ce qu'on dit est vrai.

— Si tout ce que vous entendez est vrai, nous avons atteint une nouvelle époque dans l'histoire de l'humanité. Je n'ai jamais vu de jour où la moitié de ce que j'entends soit à moitié vrai. Du reste j'en fais bon marché.

— Robert Robinson, cria le greffier.

Un homme de cinquante ans, d'un extérieur respectable, se présenta, et alla s'asseoir sur le banc des jurés sans s'assurer s'il était le bien-venu parmi eux. Il avait un air du monde plus prononcé qu'aucun des autres jurés, et près de ceux qui ne sont pas très-pointilleux ou très-judicieux en pareille matière, il aurait pu passer pour un homme comme il faut. Il était mis proprement, portait des gants, avait une chaîne, un lorgnon, et toutes les autres superfluités de cette nature, assez rares dans des assises de campagne. Ni Williams ni Timms ne paraissaient connaître le juré; tous deux eurent un air surpris, et ne surent trop comment agir. Les récusations péremptoires n'étaient pas épuisées ; il y avait chez les deux avocats une impulsion commune qui les poussait d'abord à accepter un homme d'un extérieur, d'un maintien, et d'un air en général si respectable ; puis, par une soudaine révolution de sentiment, à rejeter un homme qu'ils ne connaissaient pas.

— Je suppose que les sommations sont toutes en règle, dit Williams avec indifférence. Le juré a sa résidence dans le comté de Dukes?

— Oui, répondit-on.

— Franc tenancier, je suppose?

Un sourire quelque peu hautain passa sur la physionomie du juré, et il se retourna avec un certain air de mépris pour regarder la personne qui se permettait une semblable remarque.

— Je suis le *docteur* Robinson, dit-il, appuyant avec emphase sur la savante dénomination.

Williams fut déconcerté; car, à dire vrai, il n'avait jamais entendu parler d'un tel médecin dans le pays. Timms ne fut pas moins intrigué ; quand un membre du barreau murmura à l'oreille de Dunscomb que le juré était un fameux charlatan, qui faisait des pilules souveraines pour toutes les maladies, et qui ayant fait fortune, s'était fixé dans le comté, avec tous les droits de citoyen.

— Le juré peut se retirer, dit Dunscomb se levant avec dignité. S'il plaît à la Cour, nous le récusons péremptoirement.

Timms parut encore plus surpris, et quand son associé lui eut exposé le motif de sa récusation, il fut contrarié.

— Cet homme est un charlatan, dit Dunscomb, et il y a assez de charlatanisme dans ce système de jurés, sans appeler en aide des praticiens encore plus madrés.

— J'ai bien peur, Esquire, que ce ne soit précisément l'un des hommes dont nous ayons besoin. Je puis travailler sur de tels esprits, quand j'échoue tout à fait avec des hommes positifs. Un peu de charlatanisme ne nuit pas à certaines causes.

— Ira Kingsland, cria le greffier.

Ira Kingsland parut ; c'était un laboureur solide, bien planté, vigoureux et respectable ; un homme sorti d'une classe qui possède plus de connaissances utiles, de bon sens et de jugement pratique qu'on ne pourrait l'imaginer dans toutes les circonstances.

Comme on ne fit aucune objection, ce juré fut admis, et la liste se trouva complète. Après avoir averti les jurés, d'après la forme ordinaire, de se tenir en garde contre les propos qu'ils entendraient, le juge leva la séance pour le temps du dîner.

CHAPITRE XXI.

> Je sais que c'est terrible ; je sens l'angoisse de ton âme généreuse ; mais j'étais née pour perdre tous ceux qui m'ont aimée.
>
> GEORGE BARNWELL.

DUNSCOMB fut suivi à sa chambre par Millington ; John Wilmeter avait eu occasion de remarquer qu'il s'était établi entre eux deux une soudaine intimité. Le conseiller avait toujours aimé son élève, sans quoi il n'eût jamais consenti à lui donner sa nièce ; mais il n'avait pas l'habitude de tenir avec le jeune homme des conversations aussi longues, et en apparence aussi confidentielles que dans cette circonstance. Quand l'entrevue fut terminée, Millington monta à cheval et s'éloigna au galop, dans la direction de la ville.

Les motifs de Dunscomb, en dépêchant Millington d'une manière si inattendue, n'étaient connus que de lui, et ils seront exposés au lecteur dans le cours du récit.

— Eh bien, Monsieur, comment tout cela marche-t-il ? demanda John Wilmeter, se mettant sur une chaise, dans la chambre de son oncle, d'un air chaleureux et animé. J'espère que les choses vont à votre gré ?

— Nous avons un jury, Jack, et c'est tout ce qu'on peut dire sur ce sujet, reprit l'oncle, examinant quelques papiers tout en causant. C'est bien avancer, dans une cause capitale que d'avoir un jury constitué dans la première matinée.

— Le verdict sera rendu demain, à cette heure, Monsieur, j'en ai peur.

— Pourquoi peur, mon garçon ? Plus tôt la pauvre femme sera acquittée, mieux vaudra pour *elle*.

— Oui, si elle est acquittée ; mais tout dans ce procès a une teinte sombre ; j'en suis effrayé.

— Vous, qui voyiez dans l'accusée, il y a de cela une semaine, un ange de lumière !

— Elle est certainement la plus séduisante créature, *quand elle le veut*, dit John avec emphase ; mais elle ne veut pas toujours se montrer sous cette forme.

— C'est certainement la plus séduisante créature, *quand elle veut l'être*, répliqua l'oncle avec une emphase à peu près semblable.

Mais la manière de Dunscomb était très-différente de celle du neveu. John était excité, pétulant, irritable, disposé à éprouver et à dire des choses désagréables ; mécontent de lui-même, et par conséquent très-peu satisfait des autres. Un grand changement, en effet, était survenu dans ses sentiments, dans l'espace de la dernière semaine, et l'image de la douce Anna Updyke prenait de plus en plus la place de Marie Monson. Comme cette dernière voyait rarement le jeune homme, et alors seulement à la grille, Anna avait servi d'intermédiaire dans les communications entre le jeune avocat et sa cliente. Dans de semblables occasions Anna était toujours si confiante, si douce, si empressée, si naturelle, si délicieusement femme, qu'il aurait fallu que John fût de pierre pour rester insensible à ses excellentes qualités ; Dunscomb n'avait pas été spectateur indifférent du revirement opéré dans les idées de son neveu, et il crut le moment favorable pour lui dire un mot sur un sujet si intéressant.

— Cette fantaisie de *vouloir* est une chose très-importante dans le caractère de la femme, continua le conseiller après un instant de pensées silencieuses et profondes ; quelles que soient vos intentions en fait de mariage, mon garçon, épousez une femme douce et vraiment femme. Soyez-en convaincu, il n'y a pas de bonheur avec une autre.

— Les femmes ont leurs goûts et leurs caprices, et comme nous-mêmes, Monsieur, elles aiment à les satisfaire.

— Tout cela peut être vrai, mais évitez ce qu'on appelle une femme d'un esprit indépendant. Ordinairement ce sont des démons incarnés. S'il leur arrive de joindre l'indépendance pécuniaire à l'indépendance morale, je ne suis pas sûr que leur tyrannie ne soit pas pire que celle de Néron. Une femme tyrannique est pire qu'un homme tyrannique, parce qu'elle a du penchant à être capricieuse. Ce sera tour à tour feu ou glace; une fois elle donnera, le moment après elle reprendra ses dons; aujourd'hui, c'est la femme dévouée et soumise, demain, c'est la maîtresse absolue. Non, non, Jack, épousez *une femme*, c'est-à-dire une douce, une bonne, une affectueuse, une prévenante créature, dont le cœur soit si plein de *vous*, qu'il n'y ait pas de place pour elle. Épousez une jeune fille comme Anna Updyke, si vous pouvez l'obtenir.

— Je vous remercie, Monsieur, répondit John en rougissant. L'avis est bon, je le crois, et je ne l'oublierai pas. Que penseriez-vous d'une personne comme Marie Monson pour femme?

Dunscomb regarda son neveu d'un air distrait, comme si ses pensées s'égaraient au loin, et son menton tomba sur son sein. Cette rêverie dura une minute, avant que le jeune homme eût une réponse.

— Marie Monson est mariée, et, je le crains, elle fait une mauvaise épouse, reprit le conseiller. Si elle est la femme que je soupçonne, son histoire, toute courte qu'elle est, est des plus lamentables. John, vous êtes le fils de ma sœur, et mon héritier. Vous m'êtes plus rapproché que tout être humain, en un sens, quoique j'aime certainement Sarah autant que vous, sinon un peu plus. Ces liens du sentiment sont autant de chaînes dans notre nature. J'aimais votre mère avec la tendresse d'un père pour son enfant; ou, si vous voulez, d'un amour de frère, d'un amour de frère pour une sœur jeune, bonne et gentille, et je crus que je n'aimerais jamais personne autant qu'Élisabeth.

Elle me payait de retour, et il y eut un espace de plusieurs années où l'on supposait que nous devions traverser ensemble le vallon de la vie, comme frère et sœur, vieux garçon et vieille fille. Votre père dérangea tous ces plans, et à trente-quatre ans ma sœur me quitta. C'était m'arracher les fibres du cœur, et ce fut un malheur, mon garçon, car déjà elles étaient douloureuses.

John tressaillit. Son oncle parlait d'une voix enrouée, et un tremblement assez violent pour être aperçu du jeune homme parcourut son corps. Les joues du conseiller étaient ordinairement sans couleur; en ce moment elles parurent d'une pâleur effrayante.

— Le voilà donc, pensa John Wilmeter, ce vieux garçon insensible qui, selon l'opinion d'autrui, ne vivait que pour lui! Que le monde connaît peu ce qui se passe au dedans de nous! On a raison de dire : Le cœur est un abîme.

Dunscomb reprit bientôt l'empire de ses sens. Étendant un bras, il saisit la main de son neveu, et lui dit avec tendresse :

— Je ne suis pas souvent affecté de cette manière, Jack, comme vous devez le savoir. Un vif souvenir des jours depuis longtemps passés vient de traverser mon esprit, et je crois avoir montré quelque faiblesse. Vous connaissez peu mon histoire, mais quelques mots suffiront pour vous en raconter tout ce que vous en devrez jamais savoir. J'étais à peu près de votre âge, Jack, quand j'aimai Marie Millington, grand'tante de Michel; je lui fis la cour, et je devins son fiancé. En étiez-vous instruit?

— Pas entièrement, Monsieur. Sarah m'a dit quelque chose d'approchant; vous le savez, les jeunes filles sont au courant des anecdotes de famille plus vite que nous autres hommes.

— Alors elle a probablement ajouté que j'ai été cruellement, lâchement trompé, en faveur d'un homme plus riche. Marie se maria et laissa une fille, qui se maria aussi de bonne heure à son cousin Franck Millington, cousin du père de Michel. Vous devez voir maintenant pourquoi j'ai ressenti un si profond intérêt pour votre futur beau-frère.

— C'est un bon garçon, *lui*, et le sang d'un trompeur ne coule pas dans ses veines, j'en répondrais. Mais qu'est devenue cette mistress Franck Millington? je ne me le rappelle pas.

— Comme sa mère, elle mourut jeune, ne laissant qu'une fille pour hériter de son nom et de son immense fortune. La raison pour laquelle vous n'avez jamais connu M. Franck Millington, c'est probablement qu'il alla de bonne heure à Paris, où il donna à sa fille une brillante éducation, et de là il se rendit en Angleterre; et quand il mourut, Mildred Millington, héritière de ses père et mère, eut, dit-on, vingt mille livres sterling de rente. Quelques amis officieux la marièreut à un Français, d'une assez grande noblesse, mais ayant peu de fortune; et la dernière révolution les a fait venir en Amérique, où, m'a-t-on dit, elle prit en mains les rênes du gouvernement domestique jusqu'à ce qu'une espèce de séparation s'en soit suivie.

— Mais ce rapport s'accorde d'une manière surprenante avec celui que nous avons entendu ce matin au sujet de Marie Monson, s'écria Jack se redressant avec animation.

— Je crois que c'est la même personne. Bien des choses concourent à me donner cette opinion. D'abord elle a une ressemblance de famille très-prononcée avec sa grand'mère et sa mère; puis son éducation distinguée, ses manières, sa connaissance de plusieurs langues, l'argent, Marie Moulin, et les initiales de son nom prétendu, tout s'explique alors. On comprend les « mademoiselle » et les « madame » de la Suissesse; en un mot, si nous pouvons croire que cette Marie Monson soit madame de Larocheforte, nous trouvons l'explication de toutes les énigmes de sa vie passée.

— Mais pourquoi une femme qui a vingt mille livres sterling de rente irait-elle vivre dans le cottage de Pierre Goodwin?

— Parce que c'est une femme qui a vingt mille livres sterling de rente. Monsieur de Larocheforte reconnut qu'elle pouvait disposer de son argent, grâce à cette nouvelle loi, et par un sentiment assez naturel, il voulut jouer un autre rôle que celui d'une poupée dans son propre intérieur et dans sa famille. La dame s'attache à ses dollars qu'elle aime mieux que son mari; une querelle s'ensuit, elle prend le parti de se soustraire à sa protection, et se cache quelque temps sous le toit de Pierre Goodwin pour échapper à ses poursuites. Des femmes capricieuses et mauvaise-tête font mille choses surprenantes, et il se trouve des bavards écervelés pour les soutenir dans leurs folies.

— C'est rendre le lien du mariage bien léger.

— C'est le traiter avec mépris; c'est mettre à néant les lois divines et humaines, les devoirs et les plus hautes obligations de la femme. Beaucoup de femmes s'imaginent qu'en s'abstenant d'une seule faute capitale et notoire, tout le catalogue des méfaits qui restent est à leur merci.

— Pas jusqu'au meurtre et à l'incendie, à coup sûr! Pourquoi une femme commettrait-elle de semblables crimes?

— On ne sait pas. Nous sommes terriblement constitués, John, au moral et au physique. La plus belle forme cache souvent le cœur le plus noir, et *vice versá*. Mais j'ai la certitude qu'il y a une veine de folie dans cette branche des Millington; et il est possible que madame de Larocheforte soit plus digne de pitié que de blâme.

— Sûrement vous ne la croyez pas coupable, oncle Tom?

Le conseiller regarda son neveu avec attention, se couvrit le front un moment, leva la tête et répondit :

— Je la crois coupable. Il y a un tel enchaînement de preuves contre elle qu'on a peine à les expliquer. J'ai peur, Jack, j'ai peur qu'elle n'ait accompli ces forfaits, tout terribles qu'ils sont! Telle a été mon opinion depuis quelque temps ; bien que mon esprit ait balancé, ce qui arrivera, j'en suis sûr, à la plupart des jurés. C'est une triste alternative, mais je ne vois de salut pour elle qu'en la faisant passer pour folle. J'espère qu'on peut encore faire quelque chose sous ce rapport.

— Nous sommes absolument sans témoins sur ce point, n'est-il pas vrai, Monsieur?

— Certainement; mais Michel Millington est parti pour la ville afin d'envoyer chercher au moyen du télégraphe les plus proches parents de madame de Larocheforte, qui sont dans les environs de Philadelphie. Le mari est quelque part sur les bords de l'Hudson. On doit le rechercher aussi. Michel s'occupe de tout cela. J'obtiendrai du juge de lever de bonne heure la séance ce soir; et il faut que nous prolongions le jugement un jour ou deux pour rassembler nos forces. Le juge est jeune et indulgent. Il a certaines idées ridicules pour ce qui est d'épargner le temps du public, mais il n'est pas assez certain de garder son siége pour être très-opiniâtre.

A ce moment Timms se précipita dans la chambre, d'un air très-effaré, s'écriant, dès qu'il fut sûr que ses paroles ne pouvaient être recueillies par des oreilles hostiles :

— Notre cause est désespérée! Tous les Burton nous font une guerre à mort, et ni « la Nouvelle Philanthropie, » ni la Société des « Amis, » ni celle des « Ennemis de la peine de mort » ne peuvent nous sauver. Je n'ai jamais vu l'agitation poussée à ce point! C'est cette infernale aristocratie qui nous tue! Williams en fait grand usage, et notre peuple ne veut pas souffrir d'aristocratie. Ces Burton sont enragés, et ils remuent ciel et terre pour faire triompher la démocratie aux dépens de l'aristocratie. Je viens d'apprendre de Johnson que leur affirmation devient de plus en plus positive, et je suis certain que Williams est assuré de leur témoignage. A propos, Monsieur, il m'a donné à entendre en quittant le Palais de Justice que les cinq mille dollars pourraient *encore* le faire retirer du champ de bataille.

— Ce monsieur Williams, et vous-même, Timms, devez être plus sur vos gardes ; ou la loi ressaisira sa puissance. Elle est bien abaissée, j'en conviens, sous la majesté populaire; mais son bras est long et sa griffe puissante, quand elle veut déployer sa force. Croyez-moi, renoncez à de semblables manigances.

La cloche du dîner mit fin à la discussion. Timms s'évanouit comme un fantôme ; mais Dunscomb, dont les habitudes étaient celles d'un homme comme il faut, et qui savait que mistress Horton lui avait réservé une place, s'avança plus lentement, suivant son neveu, quand Timms était à peu près au milieu du repas.

L'aspect d'une taverne américaine pendant la session des assises offre un spectacle assez curieux et assez caractéristique. Juges, avocats, témoins, shériffs, greffiers, constables, quelquefois même les accusés, dînent en commun avec une vitesse égale à celle des chemins de fer. Le bruit des couteaux, des fourchettes, des cuillers, le fracas des assiettes, les paroles échangées entre le maître et la maîtresse de la maison, les domestiques, les servantes, forment une confusion qui fait honneur à la simplicité républicaine.

Dunscomb et son neveu arrivèrent dix minutes après que le premier coup de feu était passé, et parvinrent cependant à se procurer un dîner assez confortable, grâce aux attentions de mistress Horton. Les neuf dixièmes de ceux qui restaient étaient occupés à se curer les dents, à fumer des cigares, ou à se préparer des chiques fraîches pour l'après-midi. Quelques clients retenaient leurs avocats par le collet.

Dunscomb et son neveu étaient sur le point de quitter la table quand Mac-Brain entra. Le docteur n'aurait pas voulu exposer sa nouvelle épouse à la confusion de la table commune, où il y avait tant de choses révoltantes pour quiconque est habitué aux usages de la bonne compagnie; il avait obtenu une pièce particulière pour les dames de sa société.

— Nous serions assez bien, dit Mac-Brain, en expliquant ses arrangements, n'était un ennuyeux voisin qui occupe une chambre adjacente; il est fou ou ivre. Mistress Horton nous a mis dans l'aile que vous occupez, et j'imagine que vous devez l'entendre de temps à autre. L'homme est constamment ivre, m'a-t-on dit, et parfois un peu incommode. Mais, en somme, il ne me gêne pas trop.

— Je prendrai la liberté de dîner demain avec vous, Ned; ce repas à des heures différentes ne va pas à ma constitution.

— Demain!... Je pensais que mon interrogatoire serait terminé cet après-dîner; et que je pourrais retourner en ville pour demain matin. Vous vous rappellerez que j'ai des patients à soigner.

— Raison de plus pour prendre patience. Vous aurez de la chance, si vous en êtes quitte dans une semaine.

— C'est une cause bien singulière! Je trouve toute la faculté locale prête à jurer que l'accusée est coupable. Mon opinion à moi est fixée; mais qu'est l'opinion d'un seul homme contre celle de plusieurs autres de la même profession?

— Nous poserons cette question à mistress Horton qui vient nous demander comment nous avons dîné. Merci, ma bonne mistress Horton, nous avons admirablement bien dîné, vu toutes les circonstances.

La dame de la maison fut enchantée, prit un sourire gracieux et fit son remerciement. Le sous-entendu de Dunscomb fut perdu pour elle; la vanité humaine est toujours disposée à accepter la flatterie sans tenir compte des points désagréables. Elle était enchantée que le grand avocat d'York fût satisfait.

Mistress Horton était une hôtesse américaine dans la plus stricte acception du mot. Ceci implique une foule de traits distinctifs qui n'ont pas leurs analogues en Europe; quelques-uns parlent beaucoup en sa faveur, d'autres moins. Un extérieur décent, un maintien convenable sont des qualités tellement propres au sexe en Amérique, qu'on y fait peu attention. Avec mistress Horton pas de plaisanteries légères, pas de mots à double entente: elle gardait toujours une physionomie trop sérieuse pour autoriser de pareilles libertés. De plus, elle était entièrement étrangère à tous ces petits expédients employés par le désir du gain et assez communs dans des populations plus anciennes, où les besoins de la vie font regarder moins aux moyens de s'enrichir. En Amérique l'abondance avait produit chez mistress Horton la libéralité, et si un de ses hôtes lui demandait du pain, elle lui passait le pain entier. Outre cela elle était ce que dans la campagne on appelle une femme accommodante, c'est-à-dire d'une nature bonne et obligeante. Ses défauts étaient une passion terrible de bavardage cachée sous le voile d'une grande indifférence et de la modestie, une curiosité insatiable et le désir de tout connaître sur chaque hôte qui venait sous son toit. Ce dernier penchant lui avait suscité quelques ennemis, en mettant sur le compte de sa langue quelques rapports injurieux que son imagination avait grossis. Il est à peine nécessaire d'ajouter qu'elle était grande causeuse. Comme Dunscomb était un favori, il n'était guère probable qu'il lui échapperait dans cette occasion, la chambre étant débarrassée de tous les convives à l'exception des personnes de sa société.

— Je suis bien aise de pouvoir causer un peu tranquillement avec vous, esquire Dunscomb, commença-t-elle ; car on peut s'appuyer sur ce qui vient d'une pareille autorité. Ont-ils l'intention de pendre Marie Monson ?

— Cette question est un peu prématurée, mistress Horton. Le jury est constitué ; c'est tout ce qui est fait pour le moment.

— Est-ce un bon jury ? Quelques jurés du comté de Dukes ne sont pas trop bons, m'a-t-on dit.

— L'institution tout entière est une détestable invention pour l'administration de la justice. Si les citoyens d'une classe plus élevée pouvaient composer le jury, le système pourrait encore aller avec quelques améliorations.

— Pourquoi ne pas les élire ? demanda la maîtresse de la maison qui était, *ex officio*, une femme politique comme le sont la plupart des femmes dans ce pays. En d'autres termes elle *sentait* ses opinions sans en connaître la raison.

— Dieu nous en garde, ma bonne mistress Horton ; nous avons des juges électifs, cela suffit pour le moment. L'excès d'une bonne chose est aussi nuisible que le manque absolu. Je préfère le mode actuel de tirer au sort.

— Avez-vous un Quaker parmi les jurés ? Si vous en avez un, vous êtes sauvé.

— Je doute que l'attorney du district voulût le souffrir, quoiqu'il ait l'air bon et estimable. Tout homme qui s'assied sur le banc des jurés doit être préparé à pendre si cela est nécessaire.

— Pour ma part je désire que toute pendaison soit abolie. Je ne vois pas ce qu'on peut gagner à pendre un homme.

— Vous méconnaissez le but, ma chère mistress Horton, quoique votre argument soit tout aussi bon que bien d'autres qu'on avance ouvertement sur cette question.

— Veuillez m'entendre, Esquire, reprit la femme, car elle aimait beaucoup à entamer une discussion sur une question qu'elle avait entendu débattre. Le pays pend un homme pour en réformer un autre ; mais qu'a-t-on gagné quand il est mort ?

— Voilà qui est des plus ingénieux, répliqua le conseiller, présentant avec politesse sa tabatière à la dame de la maison qui prit quelques grains de poudre, après quoi lui-même s'en administra une prise. Un homme pendu est certainement un homme non réformé, et, comme vous dites, il est tout à fait inutile de pendre dans le but de réformer.

— Voilà! s'écria la femme d'un air de triomphe: je disais à esquire Timms qu'un homme comme il faut, aussi instruit que vous l'êtes, devait être de notre bord. Soyez sûr d'une chose, avocat Dunscomb, et vous aussi, Messieurs, soyez en sûrs, c'est que Marie Monson ne sera jamais pendue.

Ces paroles furent prononcées avec une intention si particulière qu'elles frappèrent Dunscomb; il observa la physionomie animée de mistress Horton, pendant qu'elle parlait, avec le plus profond intérêt.

— C'est mon devoir et mon désir d'avoir cette croyance et de la communiquer aux autres si je puis, répondit-il, désireux maintenant de prolonger un entretien qu'un moment auparavant il trouvait ennuyeux.

— Vous le pouvez si vous voulez seulement l'essayer. Je crois aux rêves, et j'ai rêvé, il y a une semaine, que Marie Monson serait acquittée. Il serait contraire à toutes nos nouvelles idées de pendre une dame si charmante.

— Nos *goûts* pourraient s'en offenser, et le goût a encore *quelque* influence, je suis forcé d'en convenir avec vous.

— Mais vous convenez avec moi de l'inutilité de pendre quand le but est de réformer?

— Malheureusement pour la force de cet argument, ma chère hôtesse, la société ne punit pas dans le dessein de réformer; c'est là une bévue très-commune aux philanthropes superficiels.

— Ce n'est pas dans le dessein de réformer, Esquire! vous m'étonnez! Mais pour quel autre motif punirait-elle?

— Pour sa propre protection. C'est afin d'empêcher les autres de commettre le meurtre. N'avez-vous pas d'autres raisons que votre rêve, ma bonne mistress Horton, pour croire que Marie Monson sera acquittée?

La femme prit un air très-significatif, et fit un signe d'assentiment. En même temps elle porta son regard sur les compagnons du conseiller, comme pour dire que leur présence l'empêchait d'être plus explicite.

— Ned, faites-moi la grâce d'aller chez votre femme et de lui dire que j'irai lui adresser un mot aimable en passant devant sa porte, et vous Jack, allez prier Sarah de se rendre dans le petit salon de mistress Mac-Brain, prête à me donner mon baiser du matin.

Le docteur et John obéirent et laissèrent Dunscomb seul avec la femme.

— Puis-je répéter la question, ma bonne hôtesse? Pourquoi pensez-vous que Marie Monson doive être acquittée? demanda Dunscomb d'un ton de voix des plus mielleux.

Mistress Horton réfléchit, sembla désireuse de parler, mais elle luttait contre un pouvoir qui la retenait. Une de ses mains était dans une poche, et y faisait connaître sa présence par le bruit des clés et des sous. Comme elle retirait cette main machinalement, Dunscomb vit qu'elle contenait plusieurs aigles. La femme jeta les yeux sur l'or, le remit au plus tôt dans sa poche, se frotta le front, et redevint l'hôtesse prudente et circonspecte.

— J'espère que vous aimez votre chambre, Esquire, s'écria-t-elle avec un véritable ton d'aubergiste, c'est la meilleure de la maison, quoique je sois obligée de dire la même histoire à mistress Mac-Brain, pour ce qui est de son appartement. Mais vous avez la meilleure; il y a entre vous un voisin ennuyeux, j'en ai peur; mais il ne restera pas longtemps, et je fais tout ce que je puis pour le maintenir tranquille.

— Cet homme est fou, demanda le conseiller en se levant, voyant qu'il n'avait rien de plus à attendre de la femme pour le moment, ou bien n'est-il qu'ivre? Je l'entends grogner, puis je l'entends jurer, quoique je ne puisse comprendre ses paroles.

— Il est envoyé ici par ses amis, et l'aile que vous occupez est la seule place que nous ayons pour le garder. Quand on paye bien, Esquire, vous savez, je suppose, qu'on ne doit pas oublier les honoraires; eh bien! les aubergistes ont des honoraires comme vous autres, messieurs du barreau. C'est étonnant combien Timms prospère, monsieur Dunscomb!

— Je crois que sa clientèle augmente, et l'on me dit qu'il vient après Williams dans le comté de Dukes.

— C'est ma foi vrai, et il est devenu, suivant l'expression du poëte : « Une brillante étoile toute particulière. »

— Si c'est une étoile, répondit le conseiller, c'en doit être une, en effet, toute particulière. Je suis fâché de vous quitter, mistress Horton ; mais la séance va bientôt recommencer.

Dunscomb lui fit un petit signe amical que lui rendit la dame de la maison ; il se retira avec une froideur singulière dans les manières, quand on se rappelle que sur lui reposait la responsabilité d'arracher au gibet une de ses semblables. Ce qui rendait son sérieux encore plus frappant, c'est qu'il n'avait pas foi à la vertu du rêve de mistress Horton.

CHAPITRE XXII.

> Eh! quoi, me verras-tu, déplorable victime,
> Succomber à mes maux, sans me tendre la main
> Pour m'aider à sortir du fond de cet abime?
>
> ADDISON.

— APPELEZ les noms des jurés, monsieur le greffier, dit le juge. Monsieur le shériff, je ne vois pas la prisonnière à sa place.

Ceci produisit un peu d'agitation. Les jurés furent appelés et répondirent à leur nom ; peu après parut Marie Monson. Elle était accompagnée des dames, qu'on pouvait dire maintenant être de sa société, bien qu'aucune d'elles, à l'exception de Marie Moulin, ne vint en dedans de la barre.

Il y eut un silence profond dans la salle, car on sentait qu'une décision de vie ou de mort devait sortir de ces débats. Marie Monson regardait non avec agitation, mais avec intérêt, les douze hommes qui allaient prononcer sur son innocence ou sa culpabilité ; hommes d'habitudes et d'opinions si différentes des siennes ; hommes si disposés aux préventions contre ceux que les accidents de la vie ont rendus les objets de l'envie et de la haine ; hommes trop occupés des soins de l'existence pour pénétrer les mystères de la pensée, et dont les opinions dépendaient du caprice des autres ; hommes inhabiles parce qu'ils étaient sans expérience pour accomplir ce devoir solennel et important que la loi leur imposait en ce moment ; hommes en qui on pouvait se confier, tant qu'ils s'attachaient à la loi et à la raison, mais qui devenaient terribles et dangereux dès qu'ils prêtaient l'oreille, comme c'était souvent le cas, aux suggestions de leurs propres impulsions, à celles de l'ignorance et des préjugés. Et pourtant ces hommes, c'étaient les pairs de Marie Monson aux yeux de la loi ; ils avaient été considérés comme tels et acceptés dans une affaire où il fallait tenir compte des sentiments et des usages des castes sociales, choses auxquelles ils ne comprenaient rien, ou, ce qui est pis que rien, très-peu, et cela à travers de fausses données et des conclusions erronées.

C'est la mode d'exalter l'institution du jury. Notre propre expérience, qui n'est rien moins que frivole, comme étant celle d'un chef de jurés, d'un plaideur, et d'un spectateur désintéressé, ne nous permet pas de nous ranger à cette opinion. Un exposé de la conduite corrompue, partiale, pleine d'erreurs et de préjugés, ignorante enfin, dont nous avons été nous-mêmes témoin dans ces corps, formerait à elle seule une histoire complète. Le pouvoir, qui égare ces hommes, est un pouvoir inconnu à eux-mêmes, la moitié du temps, et il n'en est que plus dangereux. Les sentiments de voisinage, d'hostilité politique, d'animosités de parti, sont au nombre des vices les plus communs que la justice trouve à combattre, lorsqu'ils sont mis en contact avec des tribunaux ainsi composés. Puis viennent les sentiments engendrés par les castes sociales, source inépuisable de passions mauvaises. On avait prévenu Marie Monson des dangers qu'elle courait de ce côté ; bien qu'on lui eût dit aussi, et avec grande vérité, qu'il restait encore assez de l'esprit de Dieu dans le cœur de l'homme, pour qu'il se trouvât, parmi ceux qui allaient être les arbitres de son sort, une majorité consciencieuse et attentive dans une cause capitale. Peut-être est-il permis d'établir en règle, que la singularité de cette situation, pour un homme qui pour la première fois s'assied comme juré dans un jugement où une vie humaine est en jeu, est un des correctifs les plus efficaces de ses tendances naturelles à faire du mal.

— Monsieur l'attorney du district, êtes-vous prêt à procéder? demanda le juge.

Ce fonctionnaire se leva, salua la Cour et le jury, et commença son exposé. Sa manière était simple, naturelle et solennelle. Quoiqu'un talent distingué et un esprit original soient très-rares dans ce pays, comme partout ailleurs, il y a une foule d'intelligences de second ordre qui seraient partout considérées. L'attorney du district de Dukes était un vivant témoignage de cette vérité. Il vit clairement tout ce qui se trouvait dans le cercle de ses recherches, et ayant une grande expérience, il fit son devoir en cette occasion d'une manière très-estimable. Il n'essaya d'aucune manière d'éveiller des préjugés contre l'accusée. Celle-ci était renvoyée devant le jury par la grande enquête, et c'était son pénible devoir à lui et à la Cour, y compris Son Excellence, d'examiner la question, et de rendre une décision solennelle appuyée de leurs serments. Marie Monson avait droit à une complète justification et à tous les avantages que la clémence de la loi criminelle, dans un état de société des plus humains, pouvait conférer, et Dieu veuille qu'elle soit acquittée si l'État ne peut établir sa culpabilité !

M. l'attorney du district se disposa alors à donner le récit des événements, comme il supposait qu'ils étaient arrivés. Il parla des Goodwin comme de gens « pauvres, mais honnêtes, » sorte de renommée fort en faveur, et qui le mérite, quand elle est vraie. — Il paraît, Messieurs, continua l'attorney du district, que la femme avait un penchant, ou du goût, à ramasser des pièces d'or, sans doute comme une provision contre les besoins de l'âge. Elle les mettait dans un bas, comme c'est l'usage parmi les femmes de la campagne, et les montrait souvent aux voisins. Nous pouvons avoir occasion, Messieurs, de vous prouver qu'une quinzaine ou une vingtaine de personnes, à des époques différentes, ont vu cet or, et l'ont tenu dans leurs mains. Il n'est pas nécessaire de vous dire ce qu'est la curiosité naturelle, tous doivent savoir avec quelle minutieuse attention les personnes peu accoutumées à voir des pièces de cette nature sont portées à examiner celles qui sont d'une forme plus rare et plus particulière. C'est ce qui arriva pour plusieurs pièces de mistress Goodwin, dont l'une était une pièce italienne ou hollandaise, de la valeur de quatre dollars, qui, ordinairement, prend le nom du roi dont l'effigie est sur la pièce. Cette pièce hollandaise, ou italienne, peu importe, fut vue, tenue, examinée par plusieurs personnes, comme nous vous le montrerons.

Maintenant, Messieurs, le bas qui contenait les pièces d'or était gardé dans un bureau, lequel bureau fut sauvé du feu, avec tout son contenu; mais le bas et l'or avaient disparu. Ces faits vous seront exposés, appuyés sur une preuve qui empêche de rien mettre sur le compte du hasard. Nous vous montrerons ensuite, Messieurs, que dans un interrogatoire public de la prisonnière, ici à la barre, le contenu de sa bourse fut étalé, et qu'on y trouva la pièce hollandaise ou italienne, dont j'ai parlé, au milieu d'une centaine de dollars, dont l'identité, comme ce sont des pièces américaines, ne peut être aussi facilement constatée.

L'accusation repose en grande partie sur les preuves qu'on vous présentera relativement à cette pièce, pour établir la culpabilité de l'accusée. Nous savons que quand la pièce fut trouvée sur elle, elle affirma qu'elle lui appartenait; qu'elle avait été en possession de *deux* pièces semblables, dont l'une, celle qu'on avait vue dans le bas de mistress Goodwin, était un présent qu'elle avait fait à cette infortunée.

Messieurs, si des personnes accusées de crimes pouvaient s'en laver par leurs propres dépositions, il y aurait bien peu de condamnations. La raison nous dit qu'une parole doit s'appuyer sur une preuve. Des affirmations ne seront pas plus reçues contre l'accusée qu'elles ne seront acceptées en sa faveur. Votre bon sens vous dira, Messieurs, que si l'on vous démontre que Dorothée Goodwin possédait cette pièce d'or particulière, qu'elle l'estimait très-haut, qu'elle avait l'habitude de ramasser tout l'or sur lequel elle pouvait légalement mettre la main, que la résidence de ladite Dorothée Goodwin a été brûlée, qu'elle-même a été assassinée par un ou plusieurs coups barbares et cruels, sur l'occiput ou tête; que Marie Monson, la prisonnière ici à la barre, connaissait l'existence de ce petit amas de pièces d'or; qu'elle l'a tenu dans ses mains, et sans doute *convoité;* demeurant dans la même maison, ayant un facile accès dans la ruelle du lit du couple infortuné, pouvant pénétrer facilement jusqu'au bureau, se procurer les clefs, car les tiroirs furent trouvés fermés, absolument comme mistress Goodwin avait l'habitude de les laisser; eh bien! Messieurs, si tout cela vous est démontré, et que nous retrouvions ensuite la pièce susdite dans la poche de Marie Monson, nous établirons *primâ facie* le cas de culpabilité, comme on peut le concevoir; car elle est tenue de prouver qu'elle est venue légalement en possession de ladite pièce, et par des moyens honnêtes. Sans quoi, votre devoir sera clair.

Il incombe à l'accusation d'établir ses assertions, soit par une preuve directe, d'après les serments de témoins dignes de foi, ou par des circonstances telles qu'elles ne laisseront aucun doute dans votre esprit sur la culpabilité de l'accusée. Il est également nécessaire que nous montrions que les crimes, dont la prisonnière est accusée, ont été commis, et commis par elle.

Messieurs, nous vous présenterons cette preuve. Nous vous montrerons que les squelettes, dont je vous ai parlé, et qui sont étendus sous le drap mortuaire, tristes restes d'une scène cruelle, sont sans contredit les squelettes de Pierre et de Dorothée Goodwin. Cela vous sera montré les preuves à la main, bien que ceux qui les connaissaient tous deux puissent à peine reconnaître une ressemblance dans ces tristes restes d'êtres humains Pierre Goodwin, comme on l'établira, était un homme très-petit, mais trapu, tandis que Dorothée, sa femme, était d'une grande taille. Les squelettes sont tout à fait conformes à cette description. On les trouva dans le bois charbonné du lit dont se servait habituellement le couple infortuné, et à l'endroit même où ils avaient passé auparavant tant de nuits dans la paix et la sécurité. Tout contribue à constater l'identité des personnes dont les restes ont été trouvés, et je regrette que ce soit mon devoir d'ajouter que tout contribue à faire reconnaître dans la prisonnière l'auteur de ces meurtres.

Messieurs, bien que nous nous appuyions surtout sur la possession de la pièce hollandaise ou italienne, pour établir le crime, nous vous présenterons une foule de preuves accessoires et secondaires. D'abord, le fait qu'une femme jeune, belle, bien élevée, et à grands frais, venant personne ne sait d'où, allant personne ne sait où, apparaisse tout à coup dans un endroit aussi retiré que la maison de Pierre Goodwin; pourquoi? personne ne peut le dire : tout cela en soi-même prête beaucoup au soupçon. Messieurs, tout ce qui brille n'est pas or. Un grand nombre d'hommes et de femmes, dans des villes aussi grandes que l'est New-York, ne sont pas ce qu'ils paraissent. Ils sont mis avec élégance, riant, chantant, sont l'âme des sociétés les plus gaies, quand ils ne savent pas où poser la tête la nuit. Les grandes cités sont, dit-on, des taches morales sur l'ensemble de la communauté, et elles cachent bien des choses qui ne supporteraient pas la lumière. Si l'on en juge d'après l'habillement de l'accusée, d'après ses manières, son éducation, ses talents d'agrément et tout ce qui tient à sa personne, c'est à une de ces grandes cités qu'appartient Marie Monson, c'est de là qu'elle est venue demander un asile dans l'habitation des Goodwin. Messieurs, pourquoi y vint-elle? Avait-elle entendu parler du trésor de mistress Goodwin? couvait-elle la possession de l'or? Il sera de votre devoir de répondre à ces questions dans votre verdict. Si votre réponse est affirmative, vous aurez par là même établi les motifs du meurtre.

A côté de ces preuves viennent se ranger les circonstances suivantes, sur lesquelles j'appelle particulièrement votre attention, afin que vous puissiez donner aux dépositions la valeur qui leur convient. On vous montrera que Marie Monson eut en sa possession une grosse somme en or, *après* les meurtres et l'incendie, et conséquemment *après* le vol, mais personne ne sait si elle en avait *auparavant*. On vous montrera qu'elle a de l'argent en abondance, le répandant à droite et à gauche, pour obtenir son acquittement, à ce que nous supposons, et cet argent, nous présumons qu'elle l'a pris dans le bureau de mistress Goodwin; quel en est le chiffre? nous l'ignorons. On croit que la somme était considérable; l'or seul montait à près de mille dollars, et deux témoins assureront dans leur déposition, que le montant en billets de banque s'élevait plus haut. Les Goodwin parlaient d'acheter une ferme, évaluée cinq mille dollars; et comme ils étaient connus pour ne pas se jeter dans les dettes, il en résulte clairement qu'ils avaient au moins par devers eux une somme semblable. Dorothée Goodwin avait fait, il n'y a pas six mois, un héritage très-considérable, à ce que nous avons appris, et nous espérons pouvoir produire un témoin qui vous donnera tous les détails à ce sujet.

Mais, Messieurs, une circonstance digne de toute votre attention dans un interrogatoire comme celui-ci se rattache à la réponse à cette question : Qu'est Marie Monson ? Quelle est sa parenté, son lieu de naissance, ses occupations, sa résidence ? Pourquoi vint-elle à Biberry ? En un mot, quelle est son histoire passée ? Que toutes ces explications soient satisfaisantes, et un grand pas sera fait pour la justification des plus lourdes charges qui pèsent sur elle. Aurons-nous des témoins recommandables sur ce point ? Personne ne sera plus heureux de les entendre que moi. Mon devoir est loin d'être agréable. J'espère de tout mon cœur que la prisonnière trouvera des moyens légaux pour nous convaincre de son innocence. Il n'y a personne dans cette salle qui entendra un semblable verdict, s'il s'appuie sur la loi et l'évidence, avec plus de plaisir que moi-même. —

Après avoir poursuivi dans ce sens encore quelque temps, le digne fonctionnaire de l'État sacrifia un peu aux préjugés du vulgaire et plia le genou devant l'idole du nombre, malgré les précautions dont il s'entoura pour pallier cette faiblesse. — Messieurs, continua-t-il, comme moi, vous êtes des citoyens simples et sans prétentions. Ni vous, ni vos femmes, ni vos filles, vous ne parlez des langues étrangères, vous ne jouez d'instruments étrangers. Nous avons été élevés avec une simplicité républicaine, Dieu merci! et nous n'élevons pas de prétentions à une supériorité d'aucune sorte. Notre place est dans le corps de la nation, et nous nous contentons d'y rester. Nous n'aurons nul égard pour l'habillement, le raffinement, les langues étrangères, ou la musique étrangère ; mais, appuyés sur l'évidence, nous montrerons au monde que la loi est aussi sévère pour les grands que pour les petits, pour les gens à prétention comme pour les gens sans prétention. —

Pendant que l'attorney proférait ces sentimens grandioses, plusieurs jurés se levèrent à moitié de leur siége dans leur avidité à écouter, et des regards d'approbation s'échangèrent. Ceci fut accueilli comme une bonne doctrine républicaine ; personne ne voyait, ni ne sentait, comme le goût et la vérité l'auraient démontré, que s'il y avait une prétention réelle, c'était du côté d'un amour-propre exagéré ; c'était aller au-devant de la résistance avant que la résistance fût nécessaire, sous l'influence de la plus basse des passions, peut-être, nous voulons dire de l'envie. Après s'être étendu un peu plus en ce sens, l'attorney du district termina là son exposé.

L'extrême froideur, pour ne pas dire l'indifférence avec laquelle Marie écouta ce discours fut le sujet d'un commentaire général parmi les membres du barreau. Parfois elle avait été attentive, trahissant de temps à autre sa surprise ; puis l'indignation brillait dans son superbe regard ; mais en somme un calme extraordinaire régnait dans son maintien. Elle avait préparé des tablettes pour prendre des notes ; elle y écrivit deux fois dans le cours de l'exposé de l'attorney. D'abord, quand il fit allusion à sa vie passée, ensuite, quand il fit des commentaires sur la pièce hollandaise. Tant qu'il parla de castes, flattant le peuple sous le voile d'une hautaine humilité, et abaissant le parti contraire, une expression de froid mépris parut sur chaque trait de sa remarquable physionomie.

— S'il plaît à la cour, dit Dunscomb se levant d'un air résolu, avant que l'accusation procède avec ses témoins, je fais un appel à la courtoisie de nos adversaires pour obtenir la liste de leurs noms.

— Je crois que nous ne sommes nullement tenus à fournir une liste de cette nature, répondit Williams avec vivacité.

— Peut-être n'y êtes-vous pas tenu par la loi ; mais il est évident à mes yeux que vous l'êtes par l'équité. Ceci est un jugement capital; la procédure est suivie par l'État. L'objet qu'on se propose, c'est la justice et non la vengeance, c'est la protection de la société au moyen d'une justice impartiale, sévère même. L'État ne peut vouloir faire la moindre chose par surprise. Nous sommes accusés de meurtre et d'incendie, sans savoir ce qu'on va montrer, comment on va le montrer, autrement que par ce qui est contenu dans la plainte. Tout le monde peut voir combien il est important pour nous d'être instruits un peu à l'avance des noms des témoins, afin que nous puissions examiner leur réputation et noter les probabilités. Je ne m'appuie sur aucun *droit*, mais je demande une faveur que sanctionne l'humanité.

— S'il plaît à la cour, dit Williams, nous avons une importante mission. Je dirai ici que je ne soupçonne en rien le caractère des deux conseils de l'accusé; mais il est de mon devoir de vous déclarer que nous avons besoin d'être sur nos gardes. On a déjà dépensé beaucoup d'argent dans cette affaire; et il y a toujours danger qu'on n'achète les témoins. Au nom de mon client, je proteste contre l'acquiescement à la demande.

— La Cour n'a pas d'objection à la faveur réclamée par le conseil de l'accusée, dit le juge, mais elle ne peut l'ordonner. L'État ne peut jamais désirer que ses officiers soient durs ou exigeants; mais il est de leur devoir d'être prudents. Monsieur l'attorney du district, êtes-vous prêt à produire vos témoins. Le temps est précieux, Monsieur.

Les témoins à charge furent alors introduits. Nous n'exposerons ici que l'ensemble, réservant nos détails pour les témoins sur lesquels, on peut le dire, reposait toute la cause. Deux fermiers, d'un extérieur très-décent et de manières convenables, ayant leur résidence dans le voisinage de Biberry, parurent à la barre pour établir les points capitaux de la cause. Ils avaient connu Pierre et Dorothée Goodwin; s'étaient souvent arrêtés chez eux, et étaient très-liés avec le vieux couple à titre de voisins. Ils se rappelaient le feu, y avaient assisté sur la fin. Ils y virent la prisonnière, furent témoins de sa descente par une échelle; l'aidèrent à sauver ses effets. Plusieurs malles, sacs de nuit, cartons, écritoires, instruments de musique, etc., furent sauvés.

Il leur sembla que tous ces objets avaient été placés près des fenêtres de manière à être enlevés à la main. Après le feu, ils n'avaient rien vu ni entendu du vieillard et de sa femme, si ce n'est qu'ils virent deux squelettes qu'on crut être les leurs. Ils supposèrent que c'étaient les squelettes de Pierre Goodwin et de sa femme. (Ici pour la première fois à l'audience on exposa ces restes aux regards.) Ce sont les mêmes squelettes, ajoutèrent-ils, sans aucun doute; ils sont à peu près de la grandeur du vieux couple. Le mari était petit, la femme grande. Peu ou pas de différence dans leur taille. Ils n'avaient jamais vu le bas ou l'or, mais ils en avaient beaucoup entendu parler, ayant vécu proches voisins des Goodwin pendant vingt-cinq ans.

Dunscomb dirigea le contre-interrogatoire. Il fut serré, pénétrant, judicieux. Séparant les on-dit et les bavardages d'avec les faits connus, il fit bon marché des premiers, comme n'étant pas dignes d'être accueillis par un jury. Nous donnerons quelques-unes de ses questions et des réponses qu'on y fit, portant sur les points les plus essentiels du procès.

— Vous dites, témoin, à ce que je comprends, que vous connaissiez également Pierre Goodwin et sa femme?

— C'est vrai, je les connaissais tous deux, et les voyais presque tous les jours de ma vie.

— Pendant combien de temps?

— Oh! bien des jours! Pendant vingt-cinq ans, ou un peu plus.

— Voulez-vous dire que vous aviez l'habitude de voir Pierre Goodwin ou sa femme tous les jours, ou presque tous les jours pendant vingt-cinq ans?

— Si ce n'est pas précisément tous les jours, c'est au moins deux ou trois fois par semaine, à coup sûr.

— Cela est-il bien essentiel, monsieur Dunscomb? demanda le juge. Le temps de la Cour est très-précieux.

— Très-essentiel, Excellence, en ce que cela montre le vague des dépositions des témoins; en ce que cela sert à prémunir le jury sur la manière de recevoir leurs dépositions. L'exposé de l'accusation nous montre que si on établit des charges contre l'accusée, on les établit purement sur une évidence circonstancielle. On ne prétend pas avoir vu Marie Monson tuer les Goodwin, mais le crime est déduit d'une suite de faits collatéraux, qu'on exposera devant la cour et le jury. Je crois que Votre Excellence comprendra combien il est important, dans de semblables circonstances, d'analyser le témoignage, même sur des points qui ne semblent pas porter directement sur les crimes imputés. Si un témoin fait de vagues dépositions, il faut que le jury s'en aperçoive. J'ai une vie à défendre, Votre Excellence se le rappellera.

— Continuez, Monsieur; la Cour vous accordera la plus grande latitude.

— Vous dites maintenant deux ou trois fois par semaine; témoin, en y réfléchissant, assureriez-vous même *cela* par serment?

— Eh bien, si ce n'est pas deux fois, je suis sûr de pouvoir dire une fois.

Dunscomb fut satisfait de cette réponse, qui prouvait que le témoin pouvait répondre un peu au hasard, et qu'il n'était pas toujours certain de ses faits quand on le pressait.

— Êtes-vous sûr que Dorothée Goodwin soit morte?

— Je présume que j'en suis aussi sûr qu'aucun des voisins.

— Ce n'est point répondre à ma question. Pouvez-vous affirmer, affirmez-vous sous serment que Pierre Goodwin, la personne nommée dans l'acte d'accusation, est actuellement mort?

— Je jurerai que je le *crois*.

— Ce n'est pas ce que je demande. Vous voyez ces squelettes, affirmerez-vous par serment que vous les *savez* être les squelettes de Pierre et de Dorothée Goodwin?

— Je suis prêt à jurer que je le crois.

— Cela ne satisfait pas à ma question. Le *savez*-vous?

— Comment puis-je le savoir? Je ne suis ni docteur, ni chirurgien. Non, je ne le *sais* pas absolument. Cependant je crois que l'un est le squelette de Pierre Goodwin, et l'autre le squelette de sa femme.

— Quel est celui que vous supposez être le squelette de Pierre Goodwin?

Cette question embarrassa beaucoup le témoin. Il y avait à peine une différence sensible dans l'apparence de ces tristes restes, quoiqu'on se fût assuré en les mesurant que l'un des squelettes était d'un pouce et demi plus long que l'autre; ce fait était connu dans tout Biberry, bien qu'il ne fût pas facile au premier coup d'œil de dire lequel. Le témoin prit donc le parti le plus prudent, en plaçant son opinion sur un autre terrain.

— Je ne prétends pas discerner l'un de l'autre, répondit-il. Ce que je sais, à ma connaissance, est ceci, et rien que ceci : J'ai connu Pierre et Dorothée Goodwin; j'ai connu la maison où ils vivaient; je sais que cette maison a été brûlée, et que les vieillards ne sont pas dans leur résidence. Je n'ai vu les squelettes que lorsqu'on les eut changés de l'endroit où on les avait, dit-on, trouvés; car j'étais occupé à donner un coup de main pour mettre les objets à couvert.

— Alors vous ne prétendez pas savoir quel est le squelette de l'homme, ou quel est celui de la femme?

Cette question était habilement posée, et elle eut pour effet de rendre tous les témoins suivants réservés sur ce point; car elle fit croire qu'il existait une différence qui pourrait être constatée par les hommes de l'art. Le témoin répondit aux vues de Dunscomb, et, après avoir été poussé assez loin pour montrer qu'il n'en savait pas plus que les voisins, on le pria de quitter la barre. Le résultat fut qu'il y avait actuellement très-peu de certitude établie au moyen de ce témoignage. Il était évident que le jury était maintenant sur le qui vive, et peu disposé à admettre comme parole d'Évangile tout ce qu'on affirmait.

Le point suivant était de mettre au jour tous les faits connus sur l'incendie, et sur la découverte des squelettes. Les deux témoins qui venaient d'être examinés avaient vu la fin du feu, avaient *entendu parler* des squelettes, mais avaient très-peu dit sur ce point. Dunscomb crut à propos de donner l'éveil à ce sujet dans l'état présent de la cause, comme il le fit par cette remarque :

— J'espère que l'attorney du district verra exactement sur quoi il se fonde. Tout ce que la preuve légale a démontré jusqu'ici consiste dans ces faits, qu'il existait deux personnes comme

Pierre et Dorothée Goodwin, faits que nous ne sommes nullement disposés à nier.

— Et qu'ils n'ont pas paru en chair depuis la nuit du feu? ajouta Williams.

— Non aux yeux des témoins; mais devant d'autres, c'est ce qu'on ne sait pas.

— Le savant conseil prétend-il appuyer sa défense sur ce point que Goodwin et sa femme ne sont pas morts?

— C'est à l'accusation à nous montrer le contraire positivement. S'ils sont réellement morts, il est très-probable qu'elle peut le faire. Tout ce que je prétends pour le moment c'est que nous n'avons pas encore de preuve que l'un ou l'autre soit mort. Nous avons une preuve que la maison a été brûlée; mais nous répondons en ce moment à une accusation de meurtre et non d'incendie. Jusqu'ici, ce qui me frappe, c'est que rien de matériel n'a été démontré.

— C'est un point matériel assurément, monsieur Dunscomb, qu'il exista des personnes comme les Goodwin, et qu'elles ont disparu depuis la nuit du feu; et ce point important est prouvé, à moins que vous n'introduisiez une accusation de faux témoignage, fit observer le juge.

— Nous ne sommes pas disposés à nier ce point important. Il y eut des personnes comme les Goodwin, et elles ont disparu du voisinage. Nous croyons nous-même ce fait.

— Greffier, appelez Pierre Bacon.

Bacon s'avança, tout habillé de neuf, et paraissant beaucoup plus respectable que d'habitude. Le témoignage de cet homme fut presque mot pour mot ce qui avait été exposé à l'enquête du coroner. Il établit les faits du feu, sur lequel il ne pouvait en effet y avoir de contestation raisonnable, et de la découverte des squelettes; car il avait été un de ceux qui avaient aidé à faire les premières recherches dans les ruines pour trouver les restes. Cet homme raconta son histoire dans un langage très-trivial, comme nous avons déjà eu l'occasion de le montrer, mais d'une manière claire et distincte. Il avait l'intention de dire la vérité, et il y réussit assez bien. L'interrogatoire de Dunscomb fut très-court; car il vit qu'il était inutile d'essayer de nier ce qui avait été prouvé d'une manière aussi claire.

— Jeanne Pope, cria l'attorney du district. Jeanne Pope est-elle à l'audience?

La veuve Pope était sur les lieux, prête et disposée à répondre. Elle ôta son chapeau, prêta serment et prit le siége qu'on réserve d'ordinaire aux personnes de son sexe.

— Votre nom? dit Dunscomb, tenant sa plume sur le papier.

— Pope, Jeanne Pope depuis mon mariage; mais Jeanne Anderson est mon nom de famille.

Dunscomb écouta avec politesse, mais ne nota que le nom de la veuve. Mistress Pope se mit alors à raconter son histoire, ce qu'elle fit assez bien, quoique ce ne fût pas sans un grand nombre de développements superflus et quelques légères contradictions. C'était *son* intention, aussi, de ne dire que la vérité; mais les personnes dont la langue tourne aussi activement que celle de cette femme, ne savent pas toujours exactement ce qu'elles disent. Dunscomb découvrit les contradictions; mais il eut le tact d'en pénétrer la cause, et vit qu'elles n'étaient pas essentielles; aussi eut-il la discrétion de s'abstenir de confondre tout ce qui, dans cette question, concernait la justice avec des points auxquels le jury ne devait pas attacher une grande importance. Il ne remarqua donc pas ces petites méprises, et permit à la femme de dire toute son histoire sans interruption. Toutefois, lorsque ce fut à son tour d'interroger, il ne négligea pas son devoir.

— Vous dites, mistress Pope, que vous avez vu souvent le bas dans lequel mistress Goodwin gardait son or. En quoi était ce bas?

— En laine, oui, en laine bleue filée; un bas tricoté à la main et plein de reprises.

— Reconnaîtriez-vous le bas, mistress Pope, si vous le revoyiez?

— Je le crois. Dorothée Goodwin et moi nous regardâmes l'or plus d'une fois ensemble, et le bas était devenu une espèce de connaissance.

— Était-ce celui-ci? continua Dunscomb, prenant des mains

de Timms un bas de cette description, que celui-ci tenait prêt à produire au moment convenable.

— S'il plait à la Cour, s'écria Williams, se levant avec précipitation et se préparant à interrompre l'interrogatoire.

— Pardonnez-moi, Monsieur, dit Dunscomb avec un grand empire sur lui-même, mais d'un ton très-ferme, on ne doit mettre ni paroles dans la bouche du témoin, ni idées dans sa tête. Elle a juré que c'était un certain bas, s'il plaît à Votre Excellence, duquel bas elle a fait la description dans son premier interrogatoire, et nous lui demandons en ce moment si celui-ci est le bas en question. Tout cela est régulier, je crois, et j'espère que nous ne serons pas interrompus.

— Continuez, Monsieur, dit le juge, l'accusation n'interrompra pas la défense. Mais le temps est très-précieux.

— Est-ce là ce bas? répéta Dunscomb.

La femme examina le bas, le regardant en dehors et en dedans, le tournant dans tous les sens, et jetant plus d'un curieux regard sur les endroits qui avaient été raccommodés.

— Il est terriblement reprisé, n'est-ce pas? dit-elle, en regardant le conseiller d'un air scrutateur.

— Il est comme vous le voyez; je n'y ai fait aucun changement.

— Je déclare que, selon moi, *c'est* bien le bas.

— En temps convenable, nous vous montrerons, Excellence, que ce *n'est pas* le bas, si en effet il y a jamais eu de bas du tout, dit Timms, roulant le bas en question, et le donnant à garder au greffier.

— Vous avez vu une certaine pièce d'or, dites-vous? poursuivit Dunscomb, laquelle pièce d'or, si je vous ai comprise, fut trouvée plus tard dans la poche de Marie Monson? Voulez-vous avoir la bonté de dire si la pièce d'or que vous avez vue en la possession de mistress Goodwin se trouve parmi celles-ci? montrant une douzaine de pièces, ou s'il y en a ici une semblable?

La femme fut très-embarrassée. Elle voulait être honnête, n'avait dit que la vérité, à l'exception des petits embellissements que son penchant à inventer et à bavarder rendaient inévitables; mais, au prix de sa vie, elle n'aurait pu distinguer la pièce d'or, ou son équivalent. Après avoir examiné les pièces plusieurs minutes, elle avoua franchement son ignorance.

— Il n'est guère besoin de continuer cet interrogatoire, dit Dunscomb, regardant à sa montre. Je demanderai à la Cour d'ajourner jusqu'à demain matin. Il est temps d'allumer les chandelles; mais nous avons envoyé des agents à la recherche de nos plus importants témoins, et nous demandons comme une faveur que la séance ne se tienne pas ce soir. Cela ne peut faire grande différence pour la durée du jugement; et les jurés n'en seront que plus frais par le repos d'une bonne nuit.

La Cour acquiesça à ce désir et accorda l'ajournement, enjoignant au jury, suivant l'usage, de ne pas converser ni arrêter ses opinions jusqu'à ce qu'il eût entendu tout le témoignage, avis dont Williams et Timms ne tinrent aucun compte pour ce qui concernait certains individus.

Une impression très-prononcée se fit en faveur de la prisonnière, par l'impuissance de mistress Pope à découvrir la pièce de monnaie. Dans son premier interrogatoire elle n'avait eu aucune peine à reconnaître la pièce unique qu'on lui montrait alors, et qui était la pièce hollandaise qu'on trouva dans la bourse de Marie Monson; mais quand elle fut mêlée à une douzaine de pièces plus ou moins semblables, elle perdit toute confiance en elle-même, et jusqu'à un certain point, échoua complétement. Mais Dunscomb vit qu'en réalité la bataille n'était pas encore commencée. Ce qui s'était passé n'était que de pures escarmouches de troupes légères, tâtant le terrain avant qu'on fit avancer les lourdes colonnes et l'artillerie qui devaient décider la victoire.

CHAPITRE XXIII.

> Dans toute circonstance délicate, la voie la plus sage est de garder le silence, car celui qui prend sur lui de défendre la réputation d'une femme ne fait que révéler à tous les faveurs qu'il en a reçues.
> CUMBERLAND.

L'aile de « l'auberge Horton » où se trouvait la chambre de Dunscomb, était d'une étendue considérable, contenant une douzaine de chambres, bien que la plupart fussent rétrécies comme toutes les chambres à coucher des tavernes américaines. La meilleure pièce, avec deux fenêtres, et d'une certaine dimension, était celle occupée par le conseiller. Le docteur et sa société avaient un salon et deux chambres à coucher; entre ces dernières et la chambre de Dunscomb, il y avait celle du voisin turbulent, l'individu qu'on prétendait fou. Le reste de l'aile, qui était la portion la plus tranquille et la plus retirée de la maison, formait en grande partie des chambres à coucher d'un style plus relevé. Il y avait toutefois deux pièces que la prévoyance d'Horton et de sa femme avait réservées à une toute autre destination. C'étaient deux petits salons où les initiés fumaient, buvaient et jouaient.

Rien n'est plus propre à montrer à quelle école un homme a été élevé, que sa manière de choisir ses amusements. Celui qui dès son enfance a été accoutumé à n'y voir que des distractions innocentes, est rarement tenté d'abuser de ces habitudes qui n'ont jamais été associées dans son esprit à des idées coupables, et qui n'impliquent en elles-mêmes aucune faute morale. Parmi les gens d'une éducation libérale, les cartes, la danse, la musique, tous les jeux de hasard et d'adresse, ne comportent aucune idée de mal. Mais il est une autre classe d'hommes d'une morale plus relâchée et d'une conscience plus souple, qui impriment à ces distractions un autre caractère. Ce qui n'est chez les premiers qu'un amusement innocent, agréable, et, sous certains rapports, utile, devient entre les mains des seconds une occupation basse, vicieuse et dangereuse, parce qu'elle est entachée des pratiques corruptrices de la ruse et de la tromperie. L'aile de l'auberge de mistress Horton fournissait un exemple de cette double physionomie, durant l'ajournement de la Cour.

Dans le salon de mistress Mac-Brain, l'ex-veuve Updyke, comme l'appelait Dunscomb, autour d'une petite table placée au milieu de la pièce, étaient assis, à un jeu de whist, Dunscomb en personne, le docteur, sa nouvelle femme et Sarah. La porte n'était pas fermée; pas une figure ne décelait la conscience d'une mauvaise action, ou le désir excessif d'empocher l'argent de son voisin; il régnait même dans cette société un certain degré de tristesse par suite de l'intérêt que chacun portait à la marche du procès.

A vingt pieds de là, et dans les deux petits salons déjà mentionnés, était réunie une compagnie très-différente. Elle se composait du rebut du barreau, peut-être des deux tiers des journalistes employés pour le procès de Marie Monson, de plusieurs plaideurs, de quatre ou cinq médecins de campagne, qu'on avait assignés comme témoins, et d'autres gens plus ou moins équivoques, dignes d'un pareil cercle. Nous donnerons d'abord un moment d'attention à la société réunie autour de la table de whist, dans le premier salon déjà décrit.

— Je ne crois pas que l'accusation, tout bien considéré, ait réussi aujourd'hui, comme on s'y attendait généralement, fit observer Mac-Brain. — Voici l'as d'atout, miss Sarah, et si vous pouvez le faire suivre du roi, nous aurons le tric.

— Je ne pense pas le faire suivre de quoi que ce soit, répondit Sarah, jetant ses cartes; il me semble réellement qu'il y a défaut de sensibilité à jouer le whist, tandis qu'une personne de notre connaissance subit un jugement capital.

— Je ne me souciais guère de jouer, dit la paisible mistress Mac-Brain; mais M. Dunscomb parut si désireux de faire un rob, que je ne savais trop comment refuser.

— Ah ça! c'est vrai, Tom, dit le docteur; tout cela est votre ouvrage, et s'il y a quelque mal, vous en supporterez tout le blâme.

— Jouez autre chose qu'un atout, miss Sarah, et nous gagnons... Vous avez bien raison, Ned, dit Dunscomb en jetant le paquet de cartes, l'accusation n'a pas eu le succès que je redoutais. Cette mistress Pope était un témoin dont j'avais peur, mais son témoignage en lui-même se réduit à très-peu de chose; et ce qu'elle a dit a été joliment ébranlé par son impuissance à reconnaître la pièce.

— Je commence réellement à espérer que cette dame infortunée est innocente, dit le docteur.

— Innocente! s'écria Sarah; à coup sûr, oncle Ned, vous ne pouvez jamais en avoir douté.

Mac-Brain et Dunscomb échangèrent des regards significatifs, et le dernier allait répondre, quand, levant les yeux, il aperçut une forme étrange qui se glissait à la dérobée dans la pièce, et se plaçait dans un coin obscur. C'était la figure d'un homme court et trapu, ayant dans son extérieur et son habillement tous les signes d'une malpropreté misérable qui d'ordinaire dénote l'imbécillité. Il semblait désirer de se cacher, et il y réussit en mettant plus de la moitié de sa personne sous un châle de Sarah, avant d'être aperçu par aucun membre de la société, si ce n'est par Dunscomb. Celui-ci crut tout d'abord que c'était l'être qui plus d'une fois l'avait ennuyé par son bruit, et que mistress Horton avait fait passer pour un fou, bien qu'elle eût gardé un silence assez singulier pour elle, touchant l'histoire de son hôte. Elle croyait qu'il avait été amené à la Cour par ses amis, afin d'obtenir quelque jugement; il était possible que sa visite eût quelque chose à démêler avec le nouveau Code, que Dunscomb blâmait si durement.

Un petit cri poussé par Sarah instruisit bientôt la société de la présence de cet objet repoussant. Elle arracha son châle, laissant l'idiot ou le fou tout à fait exposé aux regards, et se mit elle-même derrière la chaise de son oncle.

— Je crois que vous vous êtes trompé de chambre, mon ami, dit Dunscomb avec douceur. Celle-ci, vous le voyez, est occupée par des joueurs de cartes; vous ne jouez pas, j'en suis sûr.

Un regard malicieux laissa très-peu de doute sur la nature

de la maladie dont ce malheureux était affligé. Il empoigna les cartes, rit, puis recula, et se mit à murmurer :

— Elle ne me laissera pas jouer, balbutia l'idiot, elle ne le voulait jamais.

— Qui voulez-vous dire par elle? demanda Dunscomb. Est-ce une femme de cette maison, mistress Horton, par exemple?

Autre regard malicieux avec un mouvement de tête, pour répondre négativement.

— Êtes-vous l'esquire Dunscomb, le grand avocat d'York? demanda l'inconnu avec intérêt.

— Dunscomb est certainement mon nom, quoique je n'aie pas le plaisir de connaître le vôtre.

— Je n'en ai pas. On peut me le demander du matin au soir, je ne le dirai pas. Elle ne le permettra pas.

— Par *elle*, encore une fois, vous voulez dire mistress Horton, je suppose?

— Non, ce n'est pas cela. Mistress Horton est une brave femme; elle me donne à manger et à boire.

— Dites-nous alors qui vous désignez?

— Vous n'en direz rien?

— Non, à moins qu'il ne soit pas convenable de garder le secret. Qui appelez-vous *elle*?

— Eh bien, *elle*.

— Mais qui?

— Marie Monson. Si vous êtes le grand avocat d'York, comme on le prétend, vous devez savoir tout ce qui concerne Marie Monson.

— Ceci est bien extraordinaire! dit Dunscomb, regardant son compagnon avec surprise. Je connais quelque chose sur Marie Monson, mais pas *tout*. Pouvez-vous m'apprendre quelque chose?

Ici l'étranger avança un peu hors de son coin, écouta comme s'il redoutait d'être surpris, puis mit un doigt sur sa lèvre, et d'un ton mystérieux fit « chut! »

— Prenez garde qu'elle ne vous entende; si cela arrive, vous pourriez vous en repentir. C'est une sorcière!

— Pauvre diable ! Elle semble en effet vous avoir ensorcelé, comme elle l'a fait, j'imagine, de plus d'un autre.

— Serait-il vrai ? Je désire que vous disiez ce que j'ai besoin de savoir, si vous êtes réellement le grand avocat d'York.

— Posez vos questions, mon ami ; je tâcherai d'y répondre.

— Qui mit le feu à la maison ? Pouvez-vous me le dire ?

— C'est un secret encore à découvrir ; en sauriez-vous quelque chose par hasard ?

— Si j'en sais quelque chose ? je le crois. Demandez-le à Marie Monson, elle peut vous le dire.

Tout cela était si étrange que toute la compagnie se regarda réciproquement dans un muet étonnement, Mac-Brain fixant ses regards avec plus d'attention sur l'inconnu, afin de s'assurer de la véritable nature de la maladie mentale dont il était évidemment affecté. Sous certains rapports, l'infirmité paraissait être de l'idiotisme ; puis il y avait dans la physionomie des éclairs qui dénotaient une folie complète.

— Vous êtes d'avis, alors, que Marie Monson sait qui a mis le feu à la maison ?

— Certainement, elle le sait. Je le sais aussi, mais je ne le dirai pas. Ils pourraient bien me pendre aussi bien que Marie Monson, si je le disais. J'en sais trop pour faire cette folie-là. Marie Monson m'a dit qu'ils me pendraient, si je le dis. Je n'ai pas besoin d'être pendu.

Un frémissement de Sarah traduisit l'effet de ces paroles sur les auditeurs, et mistress Mac-Brain se leva à ce moment avec l'intention d'envoyer chercher sa fille, qui était alors dans la prison, occupée à consoler par les doux et rassurantes paroles de l'amitié la prisonnière, qu'elle croyait fermement méconnue et outragée. Un mot du docteur l'engagea, néanmoins, à se rasseoir, et à attendre le résultat avec un peu plus de patience.

— Marie Monson, à ce qu'il paraîtrait, est une très-prudente conseillère, reprit Dunscomb.

— Oui ; mais elle n'est pas le grand conseiller d'York ; vous êtes ce monsieur, à ce qu'on me dit.

— Puis-je vous demander qui vous a parlé de moi ?

— Mistress Horton et Marie Monson aussi. Mistress Horton m'a dit que si je faisais tant de bruit, je troublerais le grand conseiller d'York, et qu'il pourrait me faire pendre pour cela. Je ne chantais que des hymnes, et on dit que c'est bon pour les gens dans la peine, de chanter des hymnes. Si vous êtes le grand conseiller d'York, je désire que vous me disiez une chose : qui s'est emparé de l'or qui était dans le bas?

— Savez-vous par hasard quelque chose de ce bas ou de l'or?

— Si je sais! regardant d'abord par-dessus une épaule, puis par-dessus l'autre, mais hésitant à continuer; me pendront-ils, si je le dis?

— Je ne le crois pas, quoique je ne puisse que vous donner une opinion. Ne répondez pas, si cela ne vous est pas agréable.

— Je sens le besoin de parler. Je sens le besoin de *tout* dire, mais j'ai peur. Je ne veux pas être pendu.

— Eh bien, parlez hardiment, et je vous promets que vous ne serez pas pendu. — Qui s'est emparé de l'or qui se trouvait dans le bas?

— Marie Monson. Voilà comment elle possède tant d'argent.

— Je ne puis consentir à laisser un instant de plus Anna en pareille compagnie! s'écria la mère inquiète. Allez, Mac-Brain, et amenez-la ici directement.

— Vous êtes un peu prompte dans votre jugement, fit froidement observer Dunscomb. Cet homme est faible d'esprit, et l'on ne doit pas attacher trop d'importance à ses paroles. Écoutons-le jusqu'au bout.

Il était trop tard. Le pas de mistress Horton fut entendu dans le passage; et cet être extraordinaire disparut aussi soudainement et aussi furtivement qu'il était entré.

— Quel parti tirer de ces révélations? demanda Mac-Brain après un moment de réflexion.

— Aucun, Ned; peu m'importe que Williams en soit entièrement informé. Le témoignage d'un tel homme ne peut être écouté un instant. Nous avons tort d'y accorder une seconde pensée, bien que je vous voie le faire. La moitié du mal est produite par de fausses idées surgissant d'une foule innombrable de causes;

l'une d'elles, c'est cette disposition à faire beaucoup de peu. Déclarez-vous cet homme un idiot ou un fou?

— Il n'est pas évident pour moi qu'il soit l'un ou l'autre. Il y a quelque chose de particulier dans son cas, et je vous demanderai la permission d'y regarder. Je présume que nous avons fini avec les cartes. Irai-je chercher Anna?

La mère inquiète donna son assentiment sur-le-champ, et Mac-Brain alla de son côté, tandis que Dunscomb se retira dans sa chambre, non sans s'arrêter devant la porte de son voisin qu'il entendit marmotter et menacer à l'intérieur.

Les deux petits salons, dont nous avons parlé, offraient un aspect bien différent de celui que nous quittons. Là on chiquait, on fumait, on buvait, on jouait, le tout avec rudesse et acharnement. A des choses très-innocentes en elles-mêmes, les membres de cette société donnaient une apparence coupable par leurs manières. Les portes étaient fermées à clef, au milieu des plus grossières plaisanteries, de propos licencieux, de juremens révoltants; ils étaient inquiets et sur leurs gardes, comme s'ils craignaient d'être découverts. Il n'y avait rien de franc et de digne dans le maintien de ces hommes. La chicane, les détours, la friponnerie, mêlés au débordement et à la crudité des manières, tout cela formait un spectacle dégradant. Tout était brusque et offensant : attitudes, juremens, conversation, liqueurs, et jusqu'à la manière de les boire.

Il est à peine nécessaire de dire que Williams et Timms faisaient partie de cette société.

— Dites donc, Timms, beugla un attorney du nom de Crooks, vous avez joué atout, Monsieur. — C'est bien. — Allez de l'avant. — En voici un de première qualité. — Bien joué, cela. — Le mien est fricassé. Ah çà, Timms, vous allez sauver de la corde le cou de Marie Monson. Quand je suis venu ici, je croyais que l'affaire était faite, mais l'accusation a été misérable.

— Que dites-vous à cela, Williams? dit le partner de Crooks, qui fumait, jouait, buvait et jurait en même temps : — Je coupe, Monsieur, avec votre permission — Que dites-vous à cela, Williams?

—Je dis que nous ne sommes pas ici à la Cour, et qu'une épreuve comme celle d'aujourd'hui doit suffire à un homme raisonnable.

— Il a peur de montrer son jeu, ce que je ne redoute pas, moi, dit un autre en découvrant ses cartes, comme il parlait. Williams a toujours quelques atouts en réserve, pourtant, pour se tirer de toutes les difficultés.

— Oui, Williams a un atout en réserve, et le voici qui me donne le tric, répondit l'effronté avocat, aussi froidement que s'il était engagé dans un procès diffamatoire. Ce sera à peu près par le même procédé que je l'emporterai sur Timms demain.

— Alors vous ferez plus que vous n'avez fait aujourd'hui, maître Williams. Cette mistress Pope peut être un atout, mais elle n'est pas l'as. Je n'ai jamais vu un témoin échouer plus complétement.

— Nous trouverons moyen de la remettre demain sur ses pieds.

— Je crois que ce valet est à vous, Green; oui, je vois mon jeu maintenant, je dois le prendre avec la dame; — absolument comme je vous battrai demain, Timms. Je garde toujours mon atout pour le dernier coup, vous savez.

— Allons, allons, Williams, dit le membre le plus âgé du barreau, homme dont les passions s'étaient refroidies par le temps, et qui avait plus de gravité que la plupart de ses compagnons; allons, allons, Williams, ceci est un jugement capital, et toute plaisanterie est assez déplacée.

— Je ne crois pas qu'il y ait ici de juré, monsieur Marvin; c'est toute la réserve qu'exige la loi.

— Quoique la loi puisse tolérer cette légèreté, la pudeur ne la tolère pas. La prisonnière est une charmante femme; et pour ma part, bien que je ne veuille rien dire qui puisse influencer l'opinion de qui que ce soit, je n'ai jusqu'ici rien entendu qui justifiât une accusation, beaucoup moins encore une condamnation.

Williams posa les cartes, se leva, étendit les bras, bâilla, et prenant Timms par la main, il l'entraîna hors de la pièce. Non content de cela, le rusé membre de la loi continua à marcher, jusqu'à ce que son compagnon et lui fussent en plein air.

— Il vaut toujours mieux parler de secrets au dehors qu'au

dedans d'une maison, fit observer Williams, sitôt qu'ils furent à une certaine distance de la porte de l'auberge. Il n'est pas encore trop tard, Timms ; vous devez voir combien nous sommes faibles, et avec quelle bêtise l'attorney du district a emmanché l'affaire. La moitié des jurés dormiront ce soir avec la pensée qu'on s'est conduit sévèrement à l'égard de Marie Monson.

— Ils peuvent faire de même demain soir, et tous les soirs du mois, répondit Timms.

— Non, à moins que nous ne nous arrangions. Nous avons assez de témoignages pour pendre le gouverneur.

— Montrez-nous votre liste de témoins, alors, afin que nous en puissions juger pour notre compte.

— Cela est impraticable. On pourrait les acheter avec la moitié de l'argent que nous demandons pour nous retirer du champ de bataille. Cinq mille dollars ne peuvent être une grande affaire pour une pareille femme et ses amis.

— Qui supposez-vous être ses amis, Williams ? Si vous les connaissez, vous êtes mieux renseigné que son propre conseil.

— Oui, et ce sera là un joli point, quand on le fera valoir contre vous. Non, non, Timms ; votre cliente a été mal avisée, ou elle est d'une opiniâtreté inexplicable. Elle a des amis, bien que vous puissiez ignorer qui ils sont, et des amis qui peuvent, qui voudraient la secourir sur-le-champ, si elle voulait consentir à demander leur assistance. En vérité, je soupçonne qu'elle a au moins assez d'argent pour nous acheter tous.

— Cinq mille dollars forment une grosse somme, Williams, et on ne la trouve pas souvent dans la prison de Biberry. Mais si Marie Monson a ces amis, nommez-les, afin que nous puissions implorer leur secours.

— Écoutez, Timms ; vous n'êtes pas un homme tellement ignorant de ce qui se passe dans le monde, qu'il soit nécessaire de vous apprendre les lettres de l'alphabet. Vous savez qu'il y a dans ce nouveau monde des associations très-étendues de fripons, aussi bien que dans l'ancien.

— Quel rapport ceci a-t-il avec Marie Monson et avec notre cause ?

— Un rapport capital. Cette Marie Monson a été envoyée ici pour s'emparer de l'or de cette vieille sotte, qui n'a pas su cacher son trésor après l'avoir amassé. Elle fit de son bas la cachette de son trésor, et montra les pièces, comme toute autre thésauriseuse. Beaucoup de personnes aiment à les regarder, ne serait-ce que pour en réjouir leurs yeux.

— Un plus grand nombre pour mettre la main dessus, et vous êtes de ce nombre, Williams!

— J'en conviens. C'est une faiblesse générale dans la profession, je crois. Mais c'est parler pour ne rien dire, et nous perdons un temps très-précieux. Voulez-vous ou ne voulez-vous pas faire un nouvel appel à votre cliente au sujet de l'argent?

— Répondez-moi franchement à une question ou deux, et je ferai ce que vous désirez. Vous savez, Williams, que nous sommes de vieux amis, et que nous n'avons jamais eu de sérieuses difficultés ensemble depuis que nous avons abordé le barreau.

— Oh! assurément, répondit Williams avec un sourire ironique que, fort heureusement pour la négociation, l'obscurité cacha à Timms; excellents amis, depuis le commencement, et je l'espère, devant continuer de même jusqu'à la fin. Des hommes qui se connaissent aussi bien que vous et moi, doivent être dans les meilleurs termes. Pour ma part, je n'ai jamais, au barreau, gardé une rancune dans mon esprit cinq minutes après avoir quitté la cour. Maintenant, voyons votre question.

— Assurément vous n'avez jamais considéré Marie Monson comme le bouc émissaire d'une bande de voleurs d'York!

— Qui ou quoi peut-elle être, si ce n'est cela, monsieur Timms? Elle est bien élevée et appartient aux fripons de la haute volée; mais elle fait partie d'une société de fripons. Eh bien! ces coquins sont plus fidèles entre eux que ne l'est le corps des citoyens de par la loi; les cinq mille dollars arriveront aussitôt qu'on les demandera.

— Parlez-vous sérieusement en cherchant à me faire croire que vous pensez ma cliente coupable?

Ici Williams ne put s'empêcher de rire aux éclats. Il est vrai qu'il fit cesser le bruit sur-le-champ, dans la crainte qu'il n'attirât l'attention; mais quant à rire il ne s'en fit pas faute, et à cœur joie.

— Allons, Timms, vous m'avez posé votre question, et je vous laisse y répondre vous-même. Il est une chose néanmoins que je vous dirai en guise d'avis, et la voici : nous établirons demain contre elle des charges telles, qu'elles feraient pendre un gouverneur, comme je vous l'ai déjà dit.

— Je crois que jusqu'ici vous ne vous êtes rien épargné en ce sens. Pourquoi ne pas me laisser connaître les noms de vos témoins?

— Vous en savez la raison. Nous voulons toute la somme pour nous-même, et nous n'avons pas la fantaisie de la répartir sur tout le comté de Dukes. Je vous jure sur l'honneur, Timms, et vous savez si j'en ai, je vous jure sur l'honneur que nous tenons de formidables témoignages en réserve.

— Dans lequel cas l'attorney du district produira les témoins à la barre, et nous ne gagnerons rien, après tout, à votre retraite.

— L'attorney du district m'a laissé toute la cause en grande partie. J'ai préparé son dossier et je me suis ménagé les moyens de faire tourner la balance. Si je me retire, Marie Monson sera acquittée; si je reste, elle sera pendue. Un pardon en sa faveur ne sera certainement pas accordé; elle est trop haut placée parmi les privilégiés pour s'attendre à cela; d'abord elle n'est pas anti-rentière.

— Je m'étonne que les voleurs ne complotent pas aussi bien que les autres, et ne contrôlent pas les votes.

— Ils le font; ces anti-rentiers appartiennent à des bandes, et ont déjà leurs représentants dans les hautes places. Ce sont des « pirates de terre », tandis que votre cliente s'en va escamoter les vieux bas. La différence en principe n'est d'aucune importance, comme peut le voir tout homme un peu clairvoyant. Il se fait tard, Timms.

— Je ne puis croire que Marie Monson soit la sorte de personne que vous supposez! Williams, je vous ai toujours considéré et traité comme un ami. Vous pouvez vous rappeler combien je vous ai soutenu dans le procès de Middlebury.

—Assurément; vous fîtes noblement votre devoir à mon égard dans cette circonstance, et je ne l'ai pas oublié.

— Eh bien, alors, soyez mon ami dans cette affaire. Je serai honnête avec vous, et reconnaîtrai que, pour ce qui regarde ma cliente, j'ai eu (pourvu qu'elle soit acquittée, et que sa réputation soit honorable), que j'ai eu, et que j'ai encore ce qu'on...

— Appelle des vues ultérieures. Je vous comprends, Timms, et je m'en doute depuis dix jours. Cela dépend beaucoup de ce que vous considérez comme réputation honorable. En envisageant sa situation sous le plus beau côté, Marie Monson aura été mise en jugement pour meurtre et incendie.

— Non pas, si elle est acquittée sur le premier chef. J'ai la promesse de l'attorney du district qu'il consentira à un « nolle prosequi » pour la dernière accusation, si nous sortons triomphants de la première.

— Dans lequel cas Marie Monson aura été jugée pour meurtre seulement, reprit Williams en souriant. Croyez-vous réellement, Timms, que votre cœur soit assez tendre pour recevoir et garder une empreinte aussi profonde que celle qui est faite par le sceau de la Cour?

— Si je pensais, comme vous, que ma cliente ait encore ou ait eu des rapports avec des voleurs fieffés et des faussaires, je ne songerais pas un instant à en faire ma femme. Mais il y a une immense différence entre une personne surprise par une tentation soudaine, et celle qui pèche par calcul et par habitude. Eh bien, pour mon compte, quelquefois j'ai mal agi, oui, je vais jusque-là.

— C'est complétement inutile, dit Williams sèchement.

— Il est contraire à la doctrine chrétienne de revenir sur les vieux péchés, quand le repentir les a lavés.

— Ce qui signifie, Timms, que vous épouserez Marie Monson, quoiqu'elle puisse être coupable, pourvu toujours que deux éventualités très-importantes tournent bien.

— A quelles éventualités faites-vous allusion, Williams? je n'en connais pas.

— L'une, c'est qu'elle veuille de vous; l'autre, c'est qu'elle ne soit pas pendue.

— Quant à la première, je n'ai pas grande appréhension ; des femmes qui ont paru devant une Cour, pour être jugées sur un crime capital, ne sont pas très-difficiles. De mon côté, il me sera assez aisé de persuader au public que, comme conseil dans une cause très-intéressante, je fus à même par cette intimité d'apprécier les vertus de l'accusée, que je fus touché de ses malheurs, captivé par sa beauté et ses perfections, et finalement séduit par ses charmes. Je ne pense pas, Williams, qu'une semblable explication manquât son effet. Les hommes sont toujours favorablement disposés à l'égard de ceux qu'ils croient dans une position de fortune meilleure que la leur. Le capital est en grande partie basé sur ce principe.

— Je n'en sais trop rien. Aujourd'hui les élections en général roulent plus sur les principes publics que sur la conduite privée. Les Américains sont le peuple le plus porté à pardonner, si ce n'est quand vous leur dites leurs vérités. Cela, ils ne vous le pardonneront pas.

— Pas plus qu'aucune nation, j'imagine. La nature humaine se révolte à cette seule pensée. Mais donnez-moi la *nomination*, et je suis aussi sûr de mon siége au sénat, que, dans les contrées du vieux monde, le premier-né est certain de monter sur le trône de son père.

— C'est assez sûr en règle générale, j'en conviens ; mais il y a des exceptions, et parfois les nominations échouent.

— Non pas quand elles sont régulières, et qu'elles reposent sur les principes convenables. Une nomination vaut presque autant que la popularité.

— Souvent mieux ; car l'esprit de parti dépasse fréquemment le but qu'il veut atteindre. Mais pendant tout ce temps la nuit se passe. Si je me rends à la Cour le matin, il sera trop tard. La chose doit être arrêtée dès maintenant, et cela de la manière la plus explicite.

— Je voudrais savoir ce que vous avez recueilli concernant la vie passée de Marie Monson, dit Timms comme un homme qui luttait contre le doute.

— Vous avez entendu le bruit public aussi bien que moi-même,

Quelques-uns prétendent qu'elle est déjà mariée, tandis que d'autres la croient une riche veuve. Mon opinion, vous la connaissez : je la crois le bouc émissaire d'une bande d'York et la soupçonne de n'être après tout que ce qu'elle mérite d'être.

C'était un langage bien cru à adresser à un amoureux, et Williams le fit avec intention. Il avait pour Timms cette sorte d'égard qui provient d'une communauté de fonctions, et il était disposé à regretter qu'un homme avec lequel il avait été lié depuis si longtemps, soit comme associé, soit comme antagoniste, épousât une femme dont la carrière avait été marquée par les indignes manœuvres que, dans sa conviction, il attribuait à Marie Monson.

Messieurs du barreau ne doivent pas plus être jugés sur les apparences que le reste des hommes. Ils se querelleront, et sembleront prêts à tirer l'épée, à un moment donné, et un instant après on les trouvera travaillant de concert dans un autre procès. C'est sous l'impression d'un sentiment de cette nature que Williams avait une sorte d'amitié pour son compagnon.

— J'essaierai, Williams, dit Timms en se dirigeant vers la prison. Oui, je ferai encore une tentative.

— Faites-la, mon cher; et surtout, rappelez-vous bien une chose : c'est que vous n'épouserez jamais une femme qui aura été pendue.

CHAPITRE XXIV.

Le temps est précieux, et j'irai droit au but.
LE COMTE D'ESSEX.

La prison offrait une scène bien différente. Un calme solennel régnait dans la galerie, et la bonne mistress Gott elle-même, fatiguée de l'émotion du jour, s'était retirée pour prendre quelque repos. Une simple lampe brûlait dans la cellule ; et des formes sombres étaient obscurément visibles dans le passage, sous l'influence directe de ses rayons. Deux ombres étaient assises, tandis qu'une troisième arpentait d'un pas lent et tranquille le plancher de pierre que recouvrait un tapis. Les premières étaient les formes fuyantes d'Anna Updyke et de Marie Moulin; la dernière était celle de Marie Monson. Pendant une demi-heure la prisonnière était restée à genoux, demandant de la force pour supporter un fardeau plus lourd qu'elle ne s'y attendait; et comme il arrive à ceux qui s'adressent au ciel pour en obtenir du secours, surtout si ce sont des femmes, elle recueillait le fruit de sa prière. Cependant elle n'avait pas proféré une syllabe, depuis qu'elle avait quitté la cellule. Sa voix douce, mélodieuse et distinguée se fit entendre pour la première fois :

— Ma situation est des plus extraordinaires, Anna, dit-elle ; elle est presque au-dessus de mes forces. Ce jour-ci a été terrible, toute calme que j'aie pu paraître ; et je crains que celui de demain ne soit encore plus dur à supporter. Il y a dans les yeux de ce Williams une expression qui m'alarme et me révolte à la fois. Je dois m'attendre à trouver en lui un implacable ennemi.

— Pourquoi, alors, ne pas vous soustraire à des scènes pour lesquelles vous êtes si peu faite, et ne pas abandonner à lui-même cet impudent Williams et ses projets de butin ?

— Cela ne pourrait me convenir. Plusieurs raisons importantes me font une loi de rester. Si je profitais des clés que j'ai en ma possession et que je quittasse la prison pour n'y plus revenir, la bonne mistress Gott et son mari seraient probablement pendus tous deux. Bien qu'ils ignorent ce que l'argent et l'adresse ont fait pour moi, il serait difficile de faire croire au monde qu'ils sont innocents ; mais une raison plus élevée encore m'engage à demeurer : c'est que je veux réhabiliter ma réputation.

— Personne ne songera à vous confondre avec Marie Monson ; et en vous rendant à l'étranger, comme c'est, dites-vous, votre intention, vous échapperiez même au soupçon.

— Vous connaissez peu le monde, ma chère. Je vois que toutes les utiles leçons que je vous ai données comme un tendre Mentor, sont déjà oubliées. Les six années de différence entre votre âge et le mien m'ont donné une expérience qui me défend d'agir de la sorte. Rien ne nous suit plus infailliblement qu'une mauvaise renommée, quoiqu'on oublie assez facilement la bonne. Sous le nom de Marie Monson j'ai été accusée de ces crimes graves; sous le nom de Marie Monson je veux en être acquittée. Je sens une affection pour ce rôle, et je ne le dégraderai pas par une action aussi basse que la fuite.

— Pourquoi, alors, ne pas recourir aux autres moyens que vous possédez, pour obtenir un prompt triomphe en pleine Cour ?

Comme Anna posait cette question, Marie Monson se trouva sous la lumière et s'arrêta. Sa belle figure fut éclairée, et son amie y vit une expression qui la chagrina. Elle ne dura qu'un instant; mais cet instant fut assez long pour qu'Anna désirât n'en avoir pas été témoin. Déjà dans plusieurs occasions cette même expression l'avait mise mal à l'aise; mais le méchant regard était vite effacé par une élégance de manières qui empruntait son charme à une physionomie aussi douce d'ordinaire qu'un beau ciel de septembre. Avant de reprendre sa marche, Marie Monson secoua la tête en signe de dissentiment à la proposition de son amie; sa forme obscure et gracieuse se refléta de nouveau dans la galerie.

— Ce serait prématuré, dit-elle, et je manquerais mon but. Je ne priverai pas cet excellent M. Dunscomb de son honnête triomphe. Quel air calme et distingué il avait aujourd'hui ! quelle fermeté et quelle ardeur il a déployées, quand il l'a fallu !

— L'oncle Tom est la bonté même ; nous l'aimons comme un père.

Une pause suivit, pendant laquelle Marie Monson parcourut toute la longueur de la galerie, plongée dans ses pensées.

— Votre avenir, à vous, promet d'être heureux, ma chère, dit-elle. D'âges bien assortis, ainsi que de caractères, de rangs, de pays, oui de pays ; car une Américaine ne devrait jamais épouser un étranger.

Anna Updyke ne répliqua pas ; il se fit un silence, qui fut interrompu par le grincement de la clé dans la porte extérieure.

— C'est votre nouveau père, Anna, qui vient vous reconduire chez vous. Merci, bonne et généreuse jeune fille. Je sens les sacrifices que, votre amie et vous, vous faites pour moi, et j'en emporterai le souvenir au tombeau. De sa part, je n'y avais pas de droits, et de la vôtre, je n'en avais que de bien légers. Vous avez été pour moi, en vérité, les plus tendres amies; toutes deux vous m'avez été d'un grand secours, quand j'en avais le plus besoin. Je ne sais comment j'aurais pu faire sans vous. Mistress Gott est la complaisance et la douceur personnifiées; mais pour mille choses elle est si différente de nous, que j'en ai souvent été affligée. Dans mes rapports avec vous, quelle différence! Malgré tout ce que vous savez, vous ne cherchez pas à rien pénétrer : pas une question, pas un regard pour m'embarrasser; avec une confiance si absolue et si divine en mon innocence, j'aurais été votre sœur, que votre appui n'eût pas été plus ferme et plus dévoué.

Suivit une courte pause pendant laquelle cette singulière femme sourit, et sembla se parler à elle-même, elle continua, après avoir embrassé sa compagne de la manière la plus affectueuse, et en marchant avec elle jusqu'à la porte de la galerie, où l'on annonça que le docteur attendait sa belle-fille.

— Je voudrais savoir si la famille partage la même confiance. Monsieur John Wilmeter, par exemple?

— Oh! il est persuadé de votre entière innocence. Ce fut lui qui excita en moi tant d'intérêt en votre faveur, avant que j'eusse la moindre idée de vous avoir jamais rencontrée auparavant.

— C'est un jeune homme d'un noble cœur, et doué d'une foule d'excellentes qualités; un peu romanesque, mais ça n'en est pas plus mal, ma chère, comme vous finirez par vous en convaincre. Hélas! hélas! ces mariages bâtis sur une inscription de rente ou sur un inventaire, auraient besoin, pour être heureux, de quelque chose de bien différent de ce qu'ils procurent. M. Wilmeter m'a dit que *nul témoignage* ne pourrait le faire croire à ma culpabilité. C'est là une confiance, Anna, bien digne de toucher le cœur d'une femme, si les circonstances le permettaient. J'aime aussi ce Michel Millington; le nom m'est cher, comme la race dont il sort. N'importe; le monde va son train, malgré nos regrets et nos plaintes. Et l'oncle Tom, Anna, que pensez-vous de son opinion réelle? m'est-elle favorable, ou non?

Anna Updyke avait découvert dans Dunscomb une disposition au doute, et elle avait naturellement de la répugnance à communiquer à son amie un fait si déplaisant. Lui donnant un baiser affectueux, elle s'éloigna au plus vite à la rencontre de Mac-Brain, qui l'attendait dehors. En quittant l'habitation annexée à la prison, le docteur et Anna rencontrèrent Timms, qui hâtait le pas afin d'obtenir une entrevue avec sa cliente avant qu'elle se retirât pour se reposer. Sur sa demande, on permit au membre de la loi d'entrer.

— Je suis venu, miss Marie, nom que Timms donnait maintenant à sa cliente, chargé d'un message qui, je le crains, sera inutile; mais j'ai cru de mon devoir de vous en informer, comme étant votre meilleur ami et l'un de vos conseillers légaux. Vous avez déjà entendu ce que j'avais à vous dire au sujet d'une proposition faite par le proche parent de se retirer de l'accusation, ce qui vous délivrera en même temps de ce Williams dont vous êtes tout à fait dégoûtée, j'imagine, à l'heure qu'il est. Je viens en ce moment vous dire que l'offre est renouvelée avec beaucoup d'instance, et que vous avez encore l'occasion de diminuer, au moins de moitié, la force de vos ennemis. Williams peut compter pour plus de moitié dans tout ce qui se machine dans ce procès au nom de l'État.

— La proposition doit être faite en termes plus formels, et il faut que je voie distinctement ce qu'on attend de moi, monsieur Timms, avant de pouvoir donner aucune réponse, dit Marie Monson. Mais peut-être désirez-vous être seul avec moi, avant d'être plus explicite. Je vais dire à ma suivante d'aller dans l'intérieur de la cellule.

— Il pourrait être plus prudent d'aller nous-mêmes dans l'intérieur de la cellule, et de laisser votre domestique dehors. Ces galeries portent le son comme des cornets acoustiques, et nous ne savons jamais quel peut être notre proche voisin dans une prison.

Marie consentit tranquillement à la proposition, priant en français sa suivante de rester dehors, dans l'obscurité, tandis qu'elle profitait de la lumière de la lampe dans la cellule.

Par la grandeur, la forme et les matériaux, la cellule de Marie Monson était nécessairement semblable à celle de chaque habitant de la prison. Mais le goût et l'argent avaient converti même cet endroit en une pièce confortable sous tous les rapports, si ce n'est sous celui de l'étendue. Deux cellules ouvrant sur la galerie, grâce aux bons offices de mistress Gott, avaient été appropriées à l'usage exclusif de la belle prisonnière; l'une avait été meublée comme une chambre à coucher, tandis que celle où Timms était reçu en ce moment avait plutôt l'air d'un boudoir. Elle était recouverte d'un beau tapis, et avait une foule de ces petites élégances dont les femmes d'un goût cultivé et d'une belle fortune aiment à s'entourer. La harpe qui avait occasionné tant de scandale, et avec elle, une guitare se trouvait là; des chaises de formes différentes, et commodes chacune dans son genre, encombraient la pièce, peut-être jusqu'au superflu. Comme c'était la première fois que Timms était admis dans la cellule, il était tout yeux, regardant avec un secret plaisir toutes ces marques de la richesse étalées devant lui. Après qu'on l'eut prié de s'asseoir, il se passa une minute avant qu'il répondît à l'invitation, tant sa curiosité était vivement éveillée. Ce fut pendant cette minute que Marie Moulin alluma quatre bougies, qui étaient déjà arrangées dans des candélabres de bronze, et qui produisirent dans cette petite pièce une lumière éclatante. Ces bougies étaient en blanc de baleine, substance qui remplace la cire en Amérique. Rien de ce qu'il vit alors, ou de ce qu'il avait jamais vu dans ses rapports avec sa cliente, ne fit sur Timms une si profonde impression que ce luxe de lumière. Accoutumé à lire ou à écrire avec deux mesquines chandelles de suif, quand il ne se servait pas d'une lampe, il crut voir, dans son imagination frappée, quelque chose de royal dans cet appareil éblouissant.

Était-ce une réponse que Marie Monson voulait donner en faisant à Timms une réception si extraordinaire, c'est ce que nous laisserons à la sagacité du lecteur à deviner; mais les circonstances pourraient bien conduire à cette conclusion. Il y avait en elle un air de satisfaction, quand elle promena ses regards dans la cellule et en embrassa tous les arrangements, qui justifierait assez cette supposition. Néanmoins son maintien fut parfaitement calme, et ne trahit nullement ce malaise inquiet d'une personne de basse condition, pouvant craindre que tout ne fût pas convenable. Toutes les dispositions furent laissées au soin de la servante; et lorsqu'à la fin Marie Moulin quitta la cellule et ferma la porte derrière elle, toute pensée de la pièce et de son ameublement sembla s'évanouir de l'esprit de son extraordinaire maîtresse.

— Avant que vous commenciez à me communiquer l'objet de votre visite, monsieur Timms, dit Marie Monson, je vous demanderai la permission de vous poser quelques questions de mon chef sur l'état de notre cause. Avons-nous gagné ou perdu par la procédure d'aujourd'hui?

— Évidemment nous avons gagné, comme le confirmera l'opinion de tout membre du barreau.

— Telle a été ma manière de voir; et je suis aise d'apprendre qu'elle est corroborée par des juges si compétents; j'avoue que l'accusation ne me paraît pas faire usage de la force qu'elle possède réellement. Cette Jeanne Pope a échoué misérablement au sujet de la pièce d'or.

— Elle n'a pas fait, à coup sûr, grand bien à nos adversaires.

— Comment le jury est-il disposé, monsieur Timms?

Quoique cette question fût posée d'une manière si directe, Timms l'entendit avec malaise. Il n'aima pas non plus l'expression des yeux de Marie Monson, qui semblait le regarder avec une finesse qui pouvait impliquer de la défiance. Mais il fallait répondre, et il le fit avec circonspection, de manière à ne pas se compromettre.

— Assez bien, dit-il, quoique pas tout à fait aussi ennemi des peines capitales que je l'avais espéré. Nous avons récusé d'emblée un des plus rusés garnements du comté, et nous avons mis à sa place un homme dont je dispose assez à mon gré.

— Et les histoires, les bruits ont-ils bien circulé?

— Un peu trop bien, j'en ai peur. Celle qui concerne votre mariage avec un Français, et votre séparation d'avec lui, s'est propagée dans toutes les villes inférieures du comté de Dukes comme un vaste incendie. Elle est même venue aux oreilles de l'esquire Dunscomb, et se trouvera demain dans les journaux d'York.

Un petit tressaillement trahit la surprise de la prisonnière; il fut accompagné d'un regard qui sembla marquer le déplaisir de ce qu'un conte mis en circulation par elle-même, selon les apparences actuelles, se fût étendu si au loin.

— Monsieur Dunscomb! répéta-t-elle d'un air rêveur, l'oncle Tom d'Anna Updyke; c'est un homme à qui une pareille histoire peut donner beaucoup à penser. Je voudrais qu'elle ne lui fût pas parvenue, à *lui*, moins qu'à personne, monsieur Timms.

— Si je puis juger de ses opinions par des actes et des expressions insignifiantes qui lui ont échappé, je suis porté à croire qu'en somme il ajoute foi à l'histoire.

Marie Monson sourit; et, conformément à son habitude quand elle réfléchissait sérieusement, ses lèvres s'agitèrent; quelques mots qu'elle murmura à voix basse purent être entendus d'une personne aussi près d'elle que l'était son compagnon.

— Il est temps maintenant, monsieur Timms, de mettre l'autre histoire en circulation, dit-elle avec vivacité. Qu'un rapport suive l'autre; cela divisera les croyances du peuple. Il nous faut ici déployer de l'activité.

— Il y a moins de nécessité à nous remuer dans cette affaire, vu que Williams s'en est emparé d'une manière ou d'une autre, et que ses agents la répandront partout, longtemps avant que la cause vienne devant le jury.

— C'est heureux! s'écria la prisonnière, applaudissant avec délice de ses jolies mains gantées. Une histoire aussi terrible que *celle-là* doit produire une réaction puissante, quand on viendra à en démontrer la fausseté. Je regarde ce conte comme la plus savante de nos manœuvres, monsieur Timms.

— Mais oui, c'est vrai; je crois, miss Marie, qu'elle peut passer pour *la plus hardie*.

— Et cet effronté Williams, comme vous l'appelez, s'en est déjà emparé, et le croit vrai?

— Ce n'est pas surprenant ; il est accompagné d'une foule de petits faits si probables.

— Je suppose que vous connaissez le nom que Shakspeare donne à une semblable invention, monsieur Timms? dit Marie Monson en souriant.

— Cet auteur ne m'est pas très-familier. Madame. Je sais qu'il exista un tel écrivain, et qu'il fut en grand renom, de son temps ; mais je ne puis dire l'avoir jamais lu.

La charmante prisonnière tourna sur son compagnon ses grands yeux bleus si expressifs d'un air ébahi ; mais son éducation l'empêcha de formuler sa pensée et son sentiment.

— Shakspeare est un écrivain très-généralement estimé, répondit-elle après avoir balbutié un moment et s'être retenue un autre ; je crois qu'on le place d'ordinaire à la tête de notre littérature anglaise, sinon à la tête de celle de tous les temps et de toutes les nations ; Homère, peut-être, excepté.

— Quoi ! plus haut, vous croyez, miss Marie, que Blackstone et Kent?

— Ce sont là des auteurs dont je ne connais rien, monsieur Timms. Mais, voyons, Monsieur, je suis prête à écouter votre message de ce soir.

— C'est l'ancienne affaire. Williams m'a reparlé au sujet des cinq mille dollars.

— Monsieur Williams a ma réponse. Si cinq mille oboles suffisaient pour l'acheter, il ne les recevrait pas de moi.

Ceci fut dit avec un froncement de sourcils ; et alors l'observateur eut occasion de remarquer sur un visage d'ailleurs si beau les lignes qui indiquaient l'opiniâtreté et un esprit rebelle à toute espèce de contrôle.

— C'est ce que je lui ai dit, miss Marie, répondit Timms ; mais il ne paraît pas disposé à prendre « non » pour une réponse. Williams suit un dollar à la piste.

— Je suis tout à fait certaine d'un acquittement, monsieur Timms ; et ayant tant souffert et tant hasardé, je n'aime pas à rejeter le triomphe de ma prochaine victoire. Il y a dans ma position quelque chose de puissamment excitant, et j'aime l'excitant jusqu'à la faiblesse peut-être. Non, non; il ne faut pas ternir l'éclat de mon succès par quelque marché ténébreux. Je n'écouterai pas la proposition un seul instant.

— A ce que je comprends, le fait de vous procurer la somme demandée ne formerait pas précisément un obstacle à cet arrangement? demanda Timms d'un air d'indifférence qui cachait l'intérêt réel qu'il prenait à la réponse.

— Pas le moins du monde. L'argent pourrait être dans ses mains avant la réunion de la Cour demain; mais il n'en aura jamais de moi. Que M. Williams le sache d'une manière définitive; et dites-lui de mettre tout en œuvre contre moi.

Timms fut un peu surpris, et fort mal à l'aise à la déclaration de cette bravade et de ce défi; il n'en pouvait résulter rien de bon et beaucoup de mal. Tandis qu'il était enchanté d'entendre pour la quatrième ou cinquième fois combien il serait facile à sa belle cliente de disposer d'une somme aussi considérable que la somme demandée, il résolut en secret de ne pas faire connaitre à l'homme qui l'avait envoyé la manière dont son message avait été accueilli. Williams était assez dangereux sans cela, et Timms vit qu'il hasardait beaucoup à envenimer son ressentiment.

— Et maintenant que cette affaire est conclue, monsieur Timms, car je désire qu'on n'en fasse plus désormais mention, reprit l'accusée, disons encore un mot de notre nouvelle manœuvre. Votre agent a fait circuler une histoire, d'après laquelle j'appartiens à une bande de voleurs qui s'associent pour piller la société, et c'est à ce titre que je suis venue dans le comté de Dukes pour accomplir un de ces criminels méfaits, n'est-ce pas?

— C'est la substance du bruit que nous avons propagé d'après votre désir; quoique je pusse désirer qu'il n'eût pas si bien pris, et que nous eussions plus de temps pour la réaction.

— La force d'une rumeur fait son grand mérite; quant au temps, nous en avons suffisamment pour l'accomplissement de nos desseins. La réaction est le grand levier de la popularité, comme je l'ai entendu dire mille fois. C'est toujours celui qui agit le plus puissamment, quand tourne le vent de la faveur. Que le public soit bien pénétré de l'idée qu'un bruit aussi injurieux a été mis en circulation aux dépens d'une femme dans ma cruelle position, il y aura un courant de sentiments contraires d'un entraînement irrésistible.

— J'adopte l'idée, miss Marie; mais, excellente dans certains cas, elle est un peu hasardeuse dans celui-ci. Supposez qu'on fût convaincu que ce bruit vient de nous?

— C'est impossible, si on a pris les précautions que j'ai indiquées. Vous n'avez pas négligé mes conseils, Timms?

L'avocat n'y avait pas manqué; et grande avait été sa surprise en voyant la malice et la finesse déployée par cette femme singulière, pour répandre un bruit qui lui aurait certainement été préjudiciable, si on ne l'avait arrêté et réfuté au moment le plus critique pour son sort à venir. Néanmoins, par déférence pour les ordres absolus de Marie Monson, cette mesure hasardée avait été prise, et Timms attendait avec impatience le moment d'être instruit des moyens qu'il fallait mettre en jeu pour contrebalancer le tort qu'on s'était fait volontairement, et en faire, au moyen de la réaction, des instruments de réhabilitation.

Après avoir terminé ces deux points préliminaires au sujet des bruits et de la proposition de Williams, Timms crut l'instant favorable pour faire une ouverture. Il n'osait pas encore parler directement d'amour, bien que depuis quelque temps il eût, à mots couverts, fait entrevoir sa passion. Outre le motif de cupidité, motif très-important aux yeux d'un pareil homme, le cœur de Timms, tout grossier qu'il était, avait réellement subi l'influence de la beauté de Marie Monson, de ses manières, de ses talents, de ses connaissances, toutes choses qui sont le privilége d'une classe plus élevée que celle qu'il fréquentait, et qui, pour lui, étaient des sujets d'étonnement, sinon d'adoration. Cet homme avait un cœur comme un autre; et tandis que John Wilmeter n'avait éprouvé qu'une inclination purement passagère, produite autant par l'intérêt qu'il prenait à la position d'une inconnue que par tout autre motif, le pauvre Timms était devenu amoureux d'heure en heure. C'est un tribut payé à la nature, que cette passion puisse être et soit sentie par tous. Malgré la pureté de ce sentiment, les gens corrompus et impurs peuvent en éprouver la puissance et, à un degré plus ou moins grand, en subir l'influence, bien que leur hommage soit vicié par des éléments plus grossiers en harmonie avec leur nature. Nous aurons l'occasion de montrer plus loin comment l'inculte avocat de Marie Monson réussit dans sa passion pour sa belle cliente.

CHAPITRE XXV.

> Depuis que je respire, interrogez ma vie;
> Je la livre aux méchants, à la haine, à l'envie.
> Dans ses plis et replis, sans relâche cherchez;
> Et venez me flétrir alors, si vous pouvez!
> *L'Orpheline.*

Il est à présumer que Timms trouva moyen, le lendemain matin, de communiquer à Williams le refus de son offre avant la réunion de la Cour, car ce dernier déploya un zèle inusité à accomplir des devoirs que la plupart des hommes trouvent pénibles, et qu'il fut captieux, incisif et mal intentionné.

Au moment où Marie Monson parut dans l'intérieur de la barre, on remit une lettre à Dunscomb : il en brisa tranquillement le cachet, la lut deux fois, puis il la mit dans sa poche d'un air si calme, qu'un simple spectateur n'en aurait jamais soupçonné l'importance. La lettre était de Millington, et annonçait qu'il avait complétement échoué dans sa mission. On ne pouvait obtenir aucun renseignement sur l'endroit où se trouvait M. de Larocheforte, et les personnes quelque peu au courant de ses pérégrinations étaient d'avis qu'il voyageait dans l'ouest, accompagné de sa jeune et riche moitié. Aucun de ceux qui auraient naturellement pu entendre parler d'un événement aussi important qu'une séparation ne pouvait dire s'il s'était accompli. Millington lui-même n'avait jamais vu sa parente à cause de la froideur de longue date qui existait entre les deux branches de la famille, et ne pouvait donner que peu ou pas de renseignements à ce sujet.

En un mot, il lui avait été impossible de rien découvrir qui lui servît à confirmer les bruits qui circulaient, tandis que, d'un autre côté, il avait trouvé bon nombre de gens très-disposés à ajouter foi à la rumeur propagée par Marie Monson elle-même, à savoir qu'elle était le bouc émissaire d'une bande de maraudeurs, et, sans aucun doute, coupable de tout ce dont on l'accusait. Millington, néanmoins, devait rester en ville un jour de plus, et s'efforcer de pousser ses recherches assez loin pour obtenir quelque utile résultat. Froid, sagace, et nullement romanesque, ce jeune homme était le meilleur agent qu'on pût employer dans cette circonstance; Dunscomb le savait bien, et il se vit contraint d'attendre patiemment les découvertes qu'il pourrait réussir à faire. Pendant ce temps, le procès continua.

— Monsieur le greffier, dit Son Excellence, faites l'appel du jury.

Les lèvres de Marie Monson s'agitèrent, tandis qu'un sourire dissimulé éclairait sa physionomie; car ses yeux devinèrent la sympathie exprimée sur les visages de plusieurs des hommes graves appelés par le sort à être les arbitres de sa vie ou de sa mort. Il fut évident pour elle que son sexe, sa jeunesse, peut-être son extérieur et sa beauté, lui conciliaient des amis, et qu'elle pouvait beaucoup compter sur ces hommes peu nombreux, mais influents. Quelques-unes de ses combinaisons semblaient réussir. Le conte qui faisait d'elle un bouc émissaire avait été activement mis en circulation avec quelques additions et embellissements qu'il était très-facile de réfuter; une autre troupe d'agents s'était mise vivement à l'œuvre, toute la matinée, pour ébranler les circonstances collatérales qui d'abord avaient appuyé le gros de l'histoire, et qui, étant détruites comme de nulle valeur, ne manquaient pas d'envelopper tout ce bruit du doute le plus profond. Marie Monson comprenait probablement tout cela, et s'en réjouissait; il y avait dans sa nature mille tendances bizarres, qui la poussaient dans des directions différentes.

— J'espère qu'il n'y aura pas de retard provenant des témoins, dit le juge : le temps est très-précieux.

— Nous sommes armés de toutes pièces, Excellence, et disposés à amener l'affaire à une prompte conclusion, répondit Williams, jetant sur la prisonnière un de ces regards qui lui avaient justement attiré le sobriquet d' « impudent ». Crieur, appelez Samuel Burton.

Timms tressaillit. C'était porter le combat sur un autre terrain, et produire des témoignages qu'il redoutait beaucoup. Les Burton avaient été les plus proches voisins des Goodwin, et se trouvaient tellement à leur niveau, qu'ils avaient constamment vécu dans la plus grande intimité. Ces Burton se composaient du mari, de sa femme, et de trois sœurs non mariées. D'abord, ils avaient beaucoup causé avec Timms au sujet des meurtres; mais au grand déplaisir de ce dernier, depuis quelque temps ils avaient été tout à fait muets; cette circonstance l'empêcha d'anticiper sur le témoignage en dénaturant ces révélations prématurées des témoins, procédé assez en faveur de nos jours au barreau. S'étant vu si bien choyé dans ses premières entrevues, Timms était convaincu que les Burton soutiendraient la défense, et il s'était mis sur le meilleur pied avec les femmes, dont trois pouvaient raisonnablement aspirer à la main de l'intrigant avocat; mais peu de temps après il apprit que Williams, introduit dans la maison, était devenu un rival heureux. Davis, le neveu et le proche parent des Goodwin, n'était pas marié non plus, et il est probable que ses fréquentes visites à l'habitation des Burton eurent une puissante influence sur ses intérêts. Quelle qu'en soit la cause, l'effet fut évidemment de fermer la bouche à toute la famille : tous les moyens employés par les agents de Timms n'avaient pu amener aucun d'eux à proférer une syllabe sur un sujet qui dès lors paraissait réellement être interdit. Aussi lorsque Burton parut à la barre et eut prêté serment, les deux conseils pour la défense attendirent, avec un intérêt également vif, que celui-ci ouvrît la bouche.

Burton connaissait les défunts, avait vécu toute sa vie près d'eux, était chez lui la nuit du feu, avait couru au secours du vieux couple, avait vu les deux squelettes, ne doutait pas qu'ils ne fussent les restes de Pierre Goodwin et de sa femme, avait remarqué les effets d'un coup pesant sur les fronts des deux, qu'on pouvait voir encore, et il en concluait que ce coup les avait tués, ou tellement étourdis qu'il les avait mis dans l'impossibilité de se sauver du feu.

Ce témoin fut ensuite questionné au sujet du bas et du trésor de mistress Goodwin. Il n'avait vu le bas qu'une fois, en avait souvent entendu parler par ses sœurs, ne pensait pas que sa femme y eût jamais fait allusion, ignorait le montant de l'or, mais supposait qu'il pouvait être très-considérable, avait vu le bureau ouvert, et savait qu'il avait été impossible de trouver le bas. En un mot, son témoignage vint confirmer l'impression qui dominait relativement aux meurtres, quoiqu'il soit superflu de le répéter sous cette forme, vu que le contre-interrogatoire expliquera mieux les dépositions et les opinions des témoins.

— Burton, dit Dunscomb, vous connaissiez bien les Goodwin?

— Très-bien, Monsieur. Aussi bien que de proches voisins se connaissent l'un l'autre généralement.

— Pouvez-vous jurer que ce soient là les squelettes de Pierre et de Dorothée Goodwin?

— Je puis jurer que je les *crois* tels, sans en avoir le moindre doute.

— Désignez celui que vous croyez être le squelette de Pierre Goodwin.

Cette demande embarrassa le témoin. De même que tous ceux qui l'entouraient, il ne pouvait appuyer ces faits que sur les circonstances dans lesquelles on avait trouvé ces tristes restes, et il ne sut trop que répondre.

— Je suppose que le plus court des squelettes est celui de Pierre Goodwin, et le plus long celui de sa femme, répondit-il enfin. Pierre n'était pas aussi grand que Dorothée.

— Quel est le plus court de ces deux restes?

— C'est ce que je ne pourrais dire sans les mesurer. Je sais que Goodwin était moins grand que sa femme d'un demi-pouce, car je les ai vus se mesurer.

— Vous voulez dire alors que dans votre opinion le plus long de ces deux squelettes est celui de Dorothée Goodwin, et le plus court celui de son mari ?

— Oui, Monsieur ; c'est mon opinion, elle repose sur ce que je sais de plus formel. Je les ai vus se mesurer.

— La mesure était-elle exacte ?

— Tout à fait. Ils avaient l'habitude d'avoir des contestations au sujet de leur taille, et ils se mesurèrent différentes fois, en ma présence; généralement n'ayant que leurs bas, et une fois pieds nus.

— La différence était-elle d'un demi-pouce en faveur de la femme ?

— Oui, Monsieur, à peu près, car j'ai été tiers-arbitre plus d'une fois.

— Pierre Goodwin et sa femme faisaient-ils bon ménage ensemble ?

— Assez bon ; dans le genre des autres gens mariés.

— Expliquez ce que vous voulez dire par là.

— Eh bien ! il y a des hauts et des bas, je suppose, dans tous les ménages. Dorothée avait le sang chaud, et parfois Pierre était têtu.

— Voulez-vous dire qu'ils se querellaient ?

— Ils avaient des mots ensemble, de temps en temps.

— Pierre Goodwin était-il sobre ?

Le témoin parut embarrassé. Il regarda autour de lui, et rencontrant partout des visages sur lesquels on lisait : « Oui, » il n'eût pas le courage moral d'affronter l'opinion publique et de dire : « Non. » On ne saurait croire combien est grande la tyrannie que cette concentration d'esprits exerce sur ceux dont les idées ne sont pas très-nettes, et qui ne sont pas constitués moralement pour résister à son influence. Elle va jusqu'à contraindre ces personnes à ne pas croire au témoignage de leurs sens, et à s'en rapporter plutôt à ce qu'elles entendent qu'à ce qu'elles ont vu. Un des effets de cette disposition, c'est de ne voir que par les yeux des autres. Comme les « voisins, » au courant des détails d'intérieur et des habitudes domestiques, croyaient généralement Pierre un homme sobre, et qu'un bien petit nombre avaient une opinion contraire,

Burton ne sut que répondre. Plusieurs circonstances lui avaient révélé le défaut du vieillard, mais ses déclarations n'auraient pas été appuyées, eût-il dit toute la vérité, puisque Pierre avait réussi à cacher cette faiblesse aux yeux du public. A ceux d'un homme comme le témoin, il était plus facile de sacrifier la vérité que de se mettre en contradiction avec des voisins.

— Je suppose qu'il était comme beaucoup d'autres, répondit Burton après un délai qui causa quelque surprise; il était homme, il avait une nature d'homme. Dans les jours de repos et de réjouissances, je l'ai vu s'en donner plus que ne le permet la tempérance; mais je ne voudrais pas dire qu'il fût un homme déréglé.

— Alors, il buvait à l'excès de temps à autre?

— Pierre avait une tête très-faible, c'était son plus grand malheur.

— Avez-vous jamais compté l'argent renfermé dans le bas de mistress Goodwin?

— Jamais. Il y avait de l'or et du papier; combien? c'est ce que j'ignore.

— Vîtes-vous des étrangers dans la maison des Goodwin ou aux environs, le matin du feu?

— Oui; il y avait là deux hommes très-activement occupés à aider la prisonnière à sortir par la fenêtre. Ils mirent le plus grand soin à sauver les effets de Marie Monson.

— Ces étrangers se tinrent-ils près du bureau?

— Non que je sache. J'aidai moi-même à sortir le bureau, et plus tard j'étais présent à l'enquête lorsqu'on y chercha l'argent. Nous n'en trouvâmes pas.

— Que devinrent ces étrangers?

— Je ne puis vous le dire. Je les perdis de vue dans la confusion.

— Les aviez-vous jamais vus auparavant?

— Jamais.

— Ni depuis?

— Non, Monsieur.

— Voulez-vous avoir la bonté de prendre cette perche, et de

me dire quelle différence de grandeur il y a entre les deux squelettes.

— J'espère, Excellence, que c'est là un témoignage qu'on n'admettra pas, dit Williams. Le fait est devant les jurés, et ils peuvent en prendre connaissance pour leur compte.

Dunscomb sourit en répondant :

— Le zèle de mon savant adversaire l'emporte sur la connaissance qu'il a des règles de l'évidence. Compte-t-il que le jury mesurera les restes ; ou devons-nous démontrer le fait au moyen de témoins ?

— Ceci est un contre-interrogatoire, et c'est là un des points de l'enquête. Le témoin appartient à la défense si elle a le droit de poser la question.

— Je ne crois pas, Excellence. Le témoin a affirmé, à l'enquête, que ces restes, selon lui, sont ceux de Pierre et de Dorothée Goodwin : il a dit ensuite, dans ce contre-interrogatoire, que Dorothée avait un demi-pouce de plus que Pierre; nous désirons maintenant vérifier l'exactitude de la première opinion, en comparant les deux faits, c'est-à-dire la taille des deux époux telle qu'il la connaissait, avec la mesure d'aujourd'hui. On a dit que ces deu squelettes étaient à très-peu de chose près de la même taille; nous voulons qu'on voie la vérité.

— Le témoin répondra à la question, dit le juge.

— Je ne sais si la Cour a le pouvoir de contraindre un témoin à démontrer des faits d'une nature aussi irrégulière, répondit l'obstiné Williams.

— Vous pouvez faire toutes vos réserves, confrère Williams, répliqua le juge en souriant; quoiqu'il ne soit pas facile de voir quelles en seront les utiles conséquences. Si la prisonnière est acquittée, vous ne pouvez guère vous attendre à la faire juger derechef; et si elle est condamnée, l'accusation ne sera pas trop portée à vous suivre sur ce nouveau terrain.

Williams, qui avait résisté par entêtement plus que par tout autre motif, se soumit alors; Burton prit la perche et mesura les squelettes, ce qu'il aurait pu sans doute se refuser à faire s'il l'avait jugé à propos. Les spectateurs remarquèrent de la surprise sur sa physionomie, et on le vit mesurer de nouveau, avec évidemment plus de soin.

— Eh bien, Monsieur, quelle est la différence dans la grandeur de ces squelettes? demanda Dunscomb.

— Elle est à peu près d'un pouce et demi, si ces marques sont justes, répondit-il avec lenteur, prudence et réflexion.

— Dites-vous encore que vous croyez que ces squelettes sont les restes de Pierre et de Dorothée Goodwin?

— De qui le seraient-ils, sinon d'eux? On les trouva à l'endroit où le vieux couple dormait d'ordinaire.

— Je vous demande de répondre à ma question. Je ne suis pas ici pour répondre aux vôtres. Dites-vous encore que vous croyez que ce soient les squelettes de Pierre et de Dorothée Goodwin?

— Je suis fortement ébranlé par ce nouveau mesurage, bien que la chair, la peau et les muscles puissent avoir fait une différence considérable de leur vivant.

— Certainement, dit Williams avec un de ses sourires effrontés, sourires qui seuls avaient gagné plus d'une cause par leur impudence et leur sarcasme; chacun sait combien un homme a plus de muscles qu'une femme. C'est ce qui cause une grande différence dans leurs forces relatives. Quelques muscles en plus ou en moins au talon expliqueraient toute l'affaire.

— Combien de personnes habitaient dans la maison des Goodwin à l'époque du feu? demanda Dunscomb.

— Marie Monson y était, dit-on, et je l'y vis durant le feu; mais je ne l'avais jamais vue auparavant.

— Savez-vous s'il y logeait quelque autre personne outre le vieux couple et la prisonnière?

— Je vis une femme que je ne connaissais pas aller et venir dans la maison, une semaine ou deux avant le feu; mais je ne lui parlai jamais. C'était une Allemande, me dit-on.

— Ne vous occupez pas de ce qu'on vous *dit*, monsieur Burton, fit observer le juge, attestez seulement ce que vous savez.

— Avez-vous vu cette femme au moment du feu, ou après? demanda Dunscomb.

— Je ne puis dire l'avoir vue. Je me rappelle l'avoir cherchée sans la trouver.

— Parla-t-on alors de son absence, dans la foule ?

— On en dit quelques mots ; mais nous étions trop occupés du vieux couple pour parler beaucoup de cette étrangère.

Telle fut, en résumé, la déposition de Burton ; mais le contre-interrogatoire dura plus d'une heure, et Williams le recommença en sous-œuvre au nom de l'accusation. Cet intrépide praticien prétendait que la défense avait fait de Burton son propre témoin dans tout ce qui avait rapport au mesurage des squelettes, et qu'il avait droit à reprendre l'interrogatoire. Après toutes ces contestations, le seul fait de quelque importance qui ressortit du témoignage avait trait à la différence de stature entre Goodwin et sa femme.

Pendant ce temps, Timms s'assura que la dernière rumeur propagée par ses propres agents à l'instigation de Marie Monson elle-même, circulait activement ; et quoique entièrement opposé aux versions précédentes, ce conte extravagant était accueilli avec avidité. Timms fut effrayé de voir si bien réussir le projet de sa cliente, et sentit la nécessité de commencer dès lors la réaction. Il s'était chaudement opposé à ce dessein dès le principe, et en avait énergiquement repoussé l'adoption ; mais Marie Monson n'avait pas voulu écouter ses objections. Elle le menaça même d'employer un autre intermédiaire, s'il venait à lui faire défaut. Cette invention paraissait s'être vivement emparée de son imagination, et toute l'opiniâtreté de son caractère était venue en aide à cette étrange résolution. La chose était faite ; il restait maintenant à prévenir les funestes effets qu'elle était destinée à produire.

Pendant tout ce temps, la belle prisonnière gardait un silence des plus dignes, écoutant avec attention tout ce qu'on disait, et parfois prenant des notes. Timms s'était hasardé à lui dire avec précaution qu'elle ferait mieux de s'en abstenir, que cela lui donnait l'air d'en savoir trop, et pourrait la dépouiller de l'intérêt qui s'attache à une femme sans protection ; mais elle fit la sourde oreille, étant moins accoutumée à se laisser conduire par les autres qu'à suivre ses propres impulsions.

On interrogea ensuite les sœurs de Burton ; elles reproduisirent tous les faits connus, attestèrent tout ce qu'on avait dit du bas et de son contenu ; et deux d'entre elles reconnurent la pièce d'or trouvée dans la bourse de Marie Monson, pour être celle qui avait été autrefois la propriété de Dorothée Goodwin. Sur ce point le témoignage de chacune d'elles fut complet, catégorique et explicite : chacune d'elles avait souvent vu la pièce d'or et y avait remarqué une petite rainure ou entaille près du bord, laquelle rainure ou entaille était visible sur la pièce présentée en ce moment à la Cour. Le contre-interrogatoire ne put réussir à ébranler ce témoignage ; on avait en vain essayé de mettre la pièce au milieu d'autres pièces ; les femmes n'eurent pas de peine à reconnaître la vraie, grâce à l'entaille. Timms était confondu, Dunscomb avait l'air très-grave, Williams leva le nez plus haut que jamais, et Marie Monson fut frappée de surprise. A la première mention de l'entaille, elle se leva, avança assez près pour examiner la pièce, et mit la main sur son front comme si elle réfléchissait douloureusement à cette circonstance. Ce témoignage produisit une très-profonde impression sur tous les assistants, la Cour, le barreau, le jury. Toutes les personnes présentes, à l'exception de celles qui étaient dans la confidence immédiate de l'accusée, furent fermement convaincues de la culpabilité de Marie Monson ; peut-être que les seules autres exceptions à cette manière de penser étaient quelques praticiens exercés, à qui une longue habitude avait appris à peser les dépositions des deux parties avant d'arrêter un jugement dans une affaire de cette importance.

Nous ne suivrons pas Dunscomb dans son long et difficile contre-interrogatoire des sœurs de Burton, nous nous bornerons à reproduire quelques-unes des questions les plus remarquables qu'il posa à l'aînée des sœurs, et qui furent répétées aux deux autres quand elles parurent à la barre.

— Voulez-vous nommer les personnes qui habitaient dans la maison des Goodwin à l'époque du feu ? demanda Dunscomb.

— Il y avait les deux vieillards, Marie Monson ici présente, et une Allemande nommée Yatty (Jette), que la tante Dorothée avait prise pour servir ses locataires.

— Mistress Godwin était donc votre tante?

— Non, nous n'étions nullement parentes; mais étant si proches voisins, et elle si âgée, nous lui donnions le nom de tante à titre de compliment.

— Je comprends cela, dit Dunscomb; je suis appelé oncle par de charmantes jeunes personnes, d'après le même principe. Connaissiez-vous beaucoup cette Allemande?

— Je la voyais presque tous les jours, et causais avec elle à ma fantaisie; mais elle parlait très-peu anglais. Marie Monson était la seule personne qui pût s'entretenir avec elle à son aise, elle parlait sa langue.

— Étiez-vous en grande intimité avec la prisonnière présente ici à la barre?

— A peu près comme on l'est entre si proches voisins.

— Vos conversations avec la prisonnière étaient-elles fréquentes et confidentielles?

— Pour dire la vérité je ne lui ai jamais parlé de ma vie; Marie Monson était trop grande dame pour moi.

Dunscomb sourit : il savait combien il est commun aux gens de ce pays de dire qu'ils sont « en grande intimité » avec tel ou tel individu, quand tout ce qu'ils en savent est emprunté aux *on dit* vulgaires. On fait beaucoup de mal par ce moyen; mais un Américain, dans les classes ordinaires, qui admettra qu'il vit près de quelqu'un sans être en intimité avec lui, si cette intimité est supposée lui donner du crédit, forme une rare exception à une règle très-générale.

L'idée d'être « trop grande dame » était de nature à faire tort à la prisonnière et à diminuer l'intérêt qu'on lui portait; aussi Dunscomb crut-il que le meilleur parti à prendre était de pousser un peu le témoin sur ce point.

— Pourquoi pensiez-vous que Marie Monson était « trop grande dame » pour vous? demanda-t-il.

— Parce qu'elle en avait l'air.

— Quel air avait-elle donc? comment son air vous montrait-il qu'elle était ou qu'elle se croyait « trop grande dame » pour avoir des rapports avec vous?

— Tout cela est-il bien nécessaire, monsieur Dunscomb? demanda le juge.

— Je prie Votre Excellence de permettre à monsieur de continuer, dit Williams levant le nez plus haut que jamais, et regardant autour de la salle avec un air d'intelligence que le grand conseiller d'York n'aima pas. C'est un sujet intéressant, et nous autres gens du comté de Dukes, pauvres et ignorants que nous sommes, nous pouvons y gagner quelques idées utiles pour nous apprendre comment on a l'air « trop grand seigneur » et « trop grande dame. »

Dunscomb sentit qu'il avait fait un faux pas, et il eut assez d'empire sur lui-même pour s'arrêter.

— Eûtes-vous quelque conversation avec l'Allemande? continua-t-il faisant un léger salut au juge pour lui marquer sa déférence.

— Elle ne pouvait parler anglais; Marie Monson causait avec elle; je ne le faisais en aucune manière.

— Étiez-vous présente au moment du feu?

— J'y étais.

— Vîtes-vous quelque part cette Allemande pendant le feu ou après?

— Non, elle disparut sans qu'on sût comment.

— Depuis que Marie Monson vivait chez les Goodwin, visitiez-vous ces derniers aussi souvent que par le passé?

— Non; de grands airs et un grand raffinement de langage ne me plaisaient pas.

— Marie Monson vous a-t-elle jamais parlé?

— Je crois, Excellence, objecta Williams, qui n'aimait pas la question, que c'est sortir du réquisitoire.

— Laissez monsieur continuer; le temps est précieux, et une discussion nous en ferait perdre plus que de laisser continuer. Poursuivez, monsieur Dunscomb.

— Marie Monson vous a-t-elle jamais parlé?

— Jamais, à ma connaissance.

— Que voulez-vous dire alors par « un grand raffinement de langage? »

—Eh bien, quand elle parlait à la tante Dorothée, elle ne parlait pas comme j'avais l'habitude d'entendre parler les autres personnes.

— En quoi consistait la différence?

— Elle était plus relevée dans son langage et comme plus prétentieuse.

— Voulez-vous dire qu'elle avait le verbe haut?

— Non ; moins haut peut-être que le vulgaire, mais ça ressemblait plus à un livre ; ce n'était pas commun.

Dunscomb comprit tout cela à merveille, aussi bien que le sentiment qui dictait ces paroles ; mais il vit qu'il n'en était pas de même du jury, et il fut forcé d'abandonner les recherches sur ce point, comme il arrive souvent en pareille occasion, vu l'ignorance de ceux qui sont appelés à entendre le témoignage. Il renonça au contre-interrogatoire de la sœur de Burton ; l'accusation fit alors comparaître à la barre la femme de ce dernier.

Celle-ci, issue d'un sang différent, n'avait aucun des traits caractéristiques de ses belles-sœurs, qui étaient bavardes, hardies, assez empressées à porter témoignage : elle était silencieuse, réservée dans ses manières, pensive, et en apparence si craintive, qu'elle trembla de tout son corps en étendant la main sur le livre sacré.

Mistress Burton passait pour une excellente femme parmi toutes celles qui habitaient à Biberry ou dans les environs, et l'on accordait plus de confiance à ses révélations qu'à celles de ses belles-sœurs. Une grande modestie, pour ne pas dire une grande timidité, un air de candeur singulière, une voix faible et douce, une expression d'inquiétude dans la physionomie, comme si elle pesait la valeur de chaque syllabe, tout cela ne tarda pas à lui gagner la sympathie et la confiance des assistants. Chaque mot qu'elle proférait avait une influence directe sur la cause, d'autant plus qu'elle mettait une certaine répugnance à porter témoignage et semblait peu disposée à faire des révélations.

Le déposition faite par mistress Burton dans son interrogatoire lors de l'instruction ne différait pas matériellement de celles de ses belles-sœurs. A certains égards elle en savait plus que celles qui l'avaient précédée, tandis que sur d'autres points, elle en savait moins. Plus qu'aucun autre membre de la famille elle avait eu la confiance de Dorothée Goodwin, elle l'avait vue plus souvent, était plus au courant de ses affaires privées. Elle convint qu'elle avait une parfaite connaissance du bas et de son contenu. L'or s'élevait à plus de douze cents dollars ; elle l'avait compté de ses propres mains. Il y avait aussi du papier, mais elle n'en connaissait pas exactement le montant, vu que Dorothée gardait *cela* tout à fait pour elle. Elle savait toutefois que ses voisins parlaient d'acheter une ferme, dont le prix était de cinq mille dollars, somme que Dorothée avait souvent parlé de payer comptant. Elle croyait que les défunts devaient avoir cette valeur en argent ou en papier.

Au sujet de la pièce d'or trouvée dans la bourse de Marie Monson, mistress Burton donna son témoignage avec une grande discrétion. Chacun fit une comparaison très-flatteuse de sa réserve, de sa répugnance même, avec la vivacité et l'empressement de mistress Pope et de ses belles-sœurs. Ce témoin parut apprécier l'effet de toutes ses paroles, et exposa les faits qu'elle connaissait, d'une manière gracieuse qui donna un grand poids à son témoignage. Dunscomb vit que c'était le témoin que la défense avait le plus de raison de redouter, et il mit le plus grand soin à noter avec précision tous les mots qu'elle prononça.

Mistress Burton jura qu'elle reconnaissait la pièce d'or entaillée, quoiqu'elle tremblât beaucoup en donnant son témoignage. Elle savait que c'était bien la pièce qu'elle avait vue si souvent en la possession de Dorothée Goodwin ; elle l'avait examinée au moins douze fois, et l'aurait reconnue entre mille au moyen de sa marque particulière. Outre l'entaille, il y avait un léger défaut dans l'empreinte de la date. Ceci lui avait été signalé par Dorothée Goodwin elle-même qui lui avait dit que ce serait un bon moyen de reconnaître la pièce si on venait à la lui voler. Sur ce chapitre, la déposition du témoin fut ferme, claire et complète. Comme elle était corroborée par d'autres preuves frappantes, le résultat fut une impression profonde et générale de la culpabilité de la prisonnière.

Il était tard quand se termina le premier interrogatoire de mistress Burton. Elle déclara qu'elle était très-fatiguée et qu'elle souffrait d'un mal de tête violent; Williams demanda alors que la Cour voulût bien s'ajourner en faveur du témoin jusqu'au lendemain, avant que le contre-interrogatoire allât plus avant. Cette proposition entrait dans les vues de Dunscomb, car il savait que son adversaire pouvait perdre un avantage considérable en accordant une nuit au témoin pour coordonner ses pensées. Comme il n'y eut pas d'opposition de la part de la prisonnière à la demande de l'accusation, le juge, sans égard cette fois pour le temps précieux de la Cour, consentit à lever la séance à huit heures du soir au lieu de continuer jusqu'à dix ou onze heures. Il en résulta que les jurés se reposèrent dans leur lit au lieu de dormir sur leur banc.

Dunscomb quitta le Palais, abattu et comptant peu sur l'acquittement de sa cliente. Timms avait une meilleure opinion, et pensait qu'il ne s'était encore rien présenté qu'on ne pût réfuter avec succès.

CHAPITRE XXVI.

— Je ne l'ai pas outragée.
— Loin de moi de vous en accuser?
— Alors pourquoi ces reproches?
— Milord, ma nature est jalouse, il faut la supporter.
OTTWAY.

Sarah Wilmeter et Anna Updyke croyaient si fermement à l'innocence de leur amie que chaque incident du procès leur paraissait presque autant de pas faits vers un prochain acquittement. Il était peut-être assez singulier que la partie la plus intéressée, celle qui connaissait sa culpabilité ou son innocence, tombât dans l'abattement, et pendant la première demi-heure qui suivit la sortie du Palais, elle demeura pensive et silencieuse. La bonne mistress Gott était tout à fait au désespoir, et au moment où elle ouvrit la porte de la galerie pour faire entrer la société, elle retint Anna Updyke, avec qui elle avait établi une sorte d'intimité, afin de lui dire un mot sur le sujet le plus cher à son cœur.

— Oh! miss Anna, dit la femme du shériff, ça va de mal en pis; ça allait déjà assez mal hier soir, et c'est bien pis ce soir.

— Qui vous dit cela, mistress Gott? Bien loin de penser comme vous, je regarde le procès comme prenant une tournure des plus favorables.

— Vous devez avoir entendu ce que Burton a dit, et sa femme aussi. Ce sont là les témoins que je redoute.

— Oui, mais qui se souciera des assertions de pareilles gens! Je suis sûre que si cinquante messieurs et mistress Burton m'attestaient que Marie Monson a pris l'argent qui ne lui appartenait pas, je ne les croirais en rien.

— Vous n'êtes pas un jury du comté de Dukes, miss Anna; ces hommes croiront presque tout ce qu'on leur dira. Qu'on prête serment, et il n'y aura plus dès lors de limite à leur crédulité. Je ne crois pas plus à la culpabilité de Marie Monson qu'à la mienne; mais la loi est la loi, dit-on, et riches et pauvres doivent s'y conformer.

— Vous voyez la chose sous un faux jour, ma bonne mistress Gott, et après une nuit de repos, vous l'envisagerez différemment. Sarah et moi nous sommes enchantées du tour que prend l'affaire. Vous devez avoir remarqué que personne n'a dit avoir vu Marie Monson mettre le feu à la maison, faire du mal aux Goodwin, ou toucher à leurs effets ou leur causer un tort quelconque; il s'ensuit qu'elle doit être acquittée.

— Je voudrais qu'on n'eût pas trouvé dans sa poche la pièce d'or; voilà le fâcheux de l'affaire.

— Je ne m'en préoccupe pas, ma bonne amie; il n'y a rien d'étonnant à ce que deux pièces de monnaie aient la même marque; j'ai vu souvent cela moi-même. D'ailleurs Marie Monson explique tout cela, et sa déclaration vaut autant que celle de mistress Burton, j'imagine.

— Pas aux yeux de la loi, miss Anna; non, pas aux yeux de la loi. Au dehors elle peut valoir beaucoup mieux, et c'est probable, mais non au Palais, à ce qu'on m'assure. Gott prétend que la chose commence à prendre une teinte sombre, et que nous devons, nous ici, dans la prison, nous préparer aux plus tristes extrémités. Je lui ai dit que si j'étais à sa place, je résignerais mes fonctions avant d'exécuter une si charmante créature !

— Vous me faites frissonner avec ces horribles pensées, mistress Gott, et je vous prierai d'ouvrir la porte. Prenez courage, nous n'aurons jamais à gémir sur une semblable catastrophe, ni votre mari à accomplir un devoir si révoltant.

— J'espère que non ; oui, j'espère de tout mon cœur qu'il n'en sera rien. Je préférerais que Gott renonçât à tout espoir d'avancement, plutôt que de le voir chargé de ce ministère. On ne sait jamais, miss Anna, ce qui peut arriver dans la vie, quoique j'aie ressenti une joie d'enfant quand il fut nommé shériff. Si mes paroles ont quelque pouvoir sur lui, comme il le prétend souvent, je ne le laisserai jamais exécuter Marie Monson. Vous êtes jeune, miss Anna ; mais vous avez, sans aucun doute, entendu la voix de la flatterie, et vous savez combien elle est douce à l'oreille d'une femme.

Mistress Gott s'essuya les yeux d'une main, et de l'autre mit la clef dans la serrure. Anna rougit, et leva sa main gantée pour tourner la clef, comme si elle désirait se soustraire au regard animé de la matrone.

— C'est notre histoire à toutes, miss Anna, continua mistress Gott. Nous prêtons une oreille de plus en plus attentive, nous ajoutons une foi de plus en plus vive à ces douces paroles, jusqu'au jour où nous cessons d'être les heureuses créatures que nous étions pour devenir rêveuses, mélancoliques et inquiètes, au point d'oublier père et mère, et de nous envoler du toit paternel.

— Voulez-vous avoir la bonté de me laisser entrer dans la prison ? dit Anna de la voix sa plus aimable.

— Dans une minute, ma chère. — Je vous appelle ma chère, parce que je vous aime ; car je ne fais jamais usage de ce que Gott appelle « des mots à façon. » Voilà ce monsieur John Wilmeter, jeune homme aussi beau et aussi agréable qu'il en vint jamais à

Biberry. Il vient ici deux ou trois fois par jour ; il s'assied et cause avec moi de la manière la plus aimable, à tel point que je l'aime mieux qu'aucun jeune homme de ma connaissance. Il cause de vous une bonne moitié du temps, et quand il ne parle pas de vous, il pense à vous; j'en suis sûre, à la manière dont il regarde cette porte.

— Peut-être ses pensées se portent-elles sur Marie Monson, répondit Anna en devenant écarlate. Vous savez qu'elle est pour lui une sorte de cliente, et qu'il s'est mis à son service pendant quelque temps.

— Elle l'a à peine vu, presque jamais, si ce n'est à cette grille. Son pied n'a jamais franchi ce seuil, jusqu'à l'arrivée de son oncle; et depuis, il n'y a pénétré qu'une fois. Marie Monson n'est pas l'être qu'il adore.

— Je crois qu'il adore l'Etre que nous adorons tous, mistress Gott, reprit Anna en faisant de charmants efforts pour tourner la clef, et en y réussissant enfin. Ce n'est pas à nous, frêles créatures que nous sommes, à parler d'être adorées.

— Ou d'adorer, comme je dis à Gott, répliqua la femme du shériff en laissant partir sa compagne.

Anna trouva Marie Monson et Sarah marchant ensemble dans la galerie, et conversant avec vivacité.

— Il est singulier que nous n'apprenions rien de Michel Millington! s'écria Sarah, comme Anna entrelaçait son bras dans le sien et rejoignait la compagnie; il y a près de quarante-huit heures que mon oncle l'a envoyé à la ville.

— Pour mon affaire? demanda vivement Marie Monson.

— A coup sûr ce n'est pas pour une autre, bien que je n'aie pas été instruite du motif de son départ. J'espère que vous pourrez renverser tout ce que ces Burton ont dit, et réparer le mal qu'ils ont fait.

— Ne craignez rien pour moi, miss Wilmeter, répondit la prisonnière, d'un ton de fermeté singulière. Je vous dis comme je l'ai souvent dit à votre amie, *il faut que je sois acquittée;* que la justice ait son cours, dis-je, et que le coupable soit puni. J'entrevois maintenant toute l'histoire, je crois, et je dois me préparer pour demain. Quant à vous, excellentes et dévouées amies, quittez-moi, maintenant, et, à votre arrivée à l'auberge, envoyez M. Dunscomb ici le plus tôt possible. Non pas ce Timms, mais le noble, l'honnête, le vertueux M. Dunscomb. Embrassez-moi toutes deux et bonne nuit. Pensez à moi dans vos prières. Je suis une grande pécheresse, et j'ai besoin de vos prières.

Les désirs de Marie Monson furent satisfaits, et les jeunes dames quittèrent la prison. Dix minutes après, Dunscomb s'y présenta : on le fit entrer. Sa conférence avec sa cliente fut longue, d'un haut intérêt, et détruisit toutes les idées qu'il avait entretenues jusque là sur sa culpabilité. Elle ne lui révéla rien de sa vie passée, et ne s'engagea par aucune promesse à le faire; mais elle lui communiqua des faits d'une grande importance, en ce qui concernait le résultat du jugement. Dunscomb la quitta tard; ses vues étaient entièrement changées, ses espérances ranimées, et sa résolution aiguillonnée. Il fit de considérables modifications à ses conclusions, et ne posa la tête sur l'oreiller qu'à une heure avancée de la nuit.

La petite cloche du Palais sonna comme d'habitude le matin suivant, et juge, jurés, témoins, avocats et curieux en général, se réunirent comme précédemment, sans aucune cérémonie, quoique dans un calme convenable. La cause devenait maintenant si sérieuse qu'on la regardait comme une affaire de vie ou de mort; les journalistes eux-mêmes, obéissant à une impulsion d'humanité, envisagèrent l'ensemble du procès moins sous le point de vue d'une question d'argent que comme une décision qui pouvait envoyer dans l'autre monde une femme douée de qualités si surprenantes. On commença par faire comparaître mistress Burton à la barre, pour le contre-interrogatoire. Comme toutes les personnes intelligentes comprenaient que de son témoignage dépendait en grande partie le résultat, on aurait entendu tomber une épingle, tant était profond le désir de suivre ce qui allait se passer.

Le témoin paraissait calme, tandis que, pâle et inquiet, l'avocat avait l'air d'un homme qui a peu dormi.

Dunscomb arrangea ses papiers avec un soin étudié, fit chaque mouvement avec circonspection, serra les lèvres, et sembla amener ses pensées à un tel état d'ordre et de précision qu'il pût recourir à chacune d'elles en cas de besoin. Dans le fait, le vieux praticien sentait qu'une vie humaine dépendait en grande partie du résultat de ce contre-interrogatoire, et en homme consciencieux, il était disposé à faire son devoir jusqu'au bout. Il n'était donc pas étonnant qu'il s'arrêtât pour réfléchir, qu'il fût mesuré dans ses actes, et absorbé dans ses sentiments.

— Nous porterons d'abord notre attention sur cette pièce d'or, mistress Burton, commença avec douceur le conseil de la prisonnière, faisant signe au coroner, présent à l'audience, de montrer au témoin la pièce de monnaie si souvent examinée : êtes-vous tout à fait sûre que c'est bien là la pièce que vous vîtes en la possession de mistress Goodwin?

— Entièrement sûre, Monsieur. Aussi sûre que je le suis de quoi que ce soit au monde.

— Mistress Burton, je vous prie de vous rappeler que votre témoignage aura, selon toute probabilité, une grande influence sur la vie de la prisonnière ici à la barre. Ayez donc la bonté de mettre dans vos réponses beaucoup d'attention et de netteté. Persistez-vous à dire que c'est précisément la pièce que vous vîtes dans le bas de mistress Goodwin?

Le témoin parut soudainement frappé de la manière de l'avocat; il trembla de la tête aux pieds. Cependant Dunscomb parlait avec douceur, avec bonté même; et la question posée en ce moment était absolument la même que la précédente. Néanmoins, par une sorte de sympathie électrique, ressentie uniquement par la personne en contact avec Dunscomb, le témoin pénétra l'intention de l'avocat et lut dans sa pensée, Chose singulière! malgré sa soudaine alarme, et le changement survenu dans tout son maintien, mistress Burton répondit à la question comme auparavant; il y a plus, elle répondit avec vérité. La pièce d'or trouvée dans la bourse de Marie Monson, et maintenant en la possession du coroner, qui l'avait gardée avec soin, afin d'en établir l'identité, avait été dans le bas de Dorothée Goodwin.

— Tout à fait sûre, Monsieur. Je sais que c'est la même pièce que j'ai vue différentes fois dans le bas de mistress Goodwin.

— Cette pièce d'or a-t-elle jamais passé dans vos mains avant le jugement, mistress Burton ?

C'était là une question bien naturelle et bien simple ; selon toute apparence, le témoin devait s'y attendre, cependant mistress Burton parut mal à l'aise. La réponse toutefois fut donnée promptement, et, comme précédemment, se trouva entièrement conforme à la vérité.

— En plusieurs occasions, Monsieur ; je vis cette entaille et j'en causai avec mistress Goodwin plus d'une fois.

— Quelle était la substance des remarques de mistress Goodwin, par rapport à cette entaille ?

— Elle me demanda une fois si je croyais que le poids de la pièce en fût diminué ; et, dans ce cas, combien selon moi cela lui enlevait de sa valeur.

— Quelle fut votre réponse ?

— Je crois lui avoir dit qu'à mon avis cela ne pouvait faire grande différence.

— Mistress Goodwin vous dit-elle jamais comment et où elle eut cette pièce d'or ?

— Oui, Monsieur ; elle me dit qu'elle venait de Marie Monson.

— En paiement de son logement ? ou à quel sujet passa-t-elle d'une main dans l'autre ?

C'était là, aussi, une question bien simple, mais le témoin ne répondit plus sur-le-champ. Le lecteur se rappellera que Marie Monson avait dit devant le coroner, qu'elle avait deux de ces pièces, et qu'elle en avait donné une à la pauvre infortunée défunte, en laissant l'autre dans sa bourse. Cette réponse avait fait tort à la cause de l'accusée, en ce qu'il était très-facile de débiter un pareil conte, tandis que très-peu de monde à Biberry était disposé à croire que l'or avait passé franchement de main en main, sans aucune condition. Mistress Burton se rappelait tout cela, et pour une raison parfaitement connue à elle-même, elle recula un instant devant la réplique ; néanmoins elle répondit aussi à cette question, et en toute vérité.

— A ce que j'ai compris, la tante Dorothée m'a dit que Marie Monson lui avait fait cadeau de cette pièce d'or.

Ici Timms leva le nez en l'air et regarda autour de lui d'une manière significative. A parler franchement, cette réponse produisit une vive impression en faveur de l'accusée, et Dunscomb vit avec plaisir que sur ce point il avait réellement gagné du terrain. Toutefois il n'était pas homme à affecter des airs dramatiques; il s'arrêta simplement quelques instants, pour laisser produire tout son effet à cette réponse.

— Mistress Goodwin vous a, alors, avoué qu'elle tenait la pièce de Marie Monson, et que c'était un cadeau? demanda-t-il ensuite.

— Oui, Monsieur.

— Vous dit-elle que Marie Monson avait une autre pièce, semblable à celle qui est devant vous, et qui fut donnée par elle à Dorothée Goodwin?

Une longue pause suivit. Le témoin mit une main sur son front, et parut réfléchir. Sa réputation de taciturnité et de gravité était telle, que la plupart des assistants crurent qu'elle s'efforçait de rappeler le passé, afin de ne dire ni plus ni moins que la vérité. Dans le fait, elle était occupée à peser mûrement l'effet de ses paroles, car c'était une personne d'une grande prudence, et renommée par une grande probité de caractère. La réponse vint enfin. — Elle me parla à ce sujet, dit-elle, et m'affirma quelque chose de ce genre.

— Pouvez-vous vous rappeler ses propres paroles; en ce cas, répétez-les au jury; sinon ses propres expressions, leur substance du moins.

— La tante Dorothée avait une manière de parler à elle; ce qui fait qu'il est très-difficile de répéter précisément ses termes; mais, en substance, elle dit que Marie Monson avait deux de ces pièces d'or, dont une lui fut donnée *à elle*.

— Marie Monson, alors, garda l'autre?

— C'est ce que j'ai compris, Monsieur.

— Savez-vous quelque chose vous-même, à ce sujet? S'il en est ainsi, exposez-le au jury.

Autre pause, plus longue même que la précédente; de nouveau le témoin met la main sur son front. Puis s'exprimant avec une précaution extrême, elle semble chercher à se reconnaître au milieu des faits.

— Je crois avoir un peu — oui, quelque peu avoir vu la bourse de Marie Monson, et *je crois* y avoir vu une pièce d'or semblable à celle-ci.

— N'êtes-vous pas sûre du fait?

— Peut-être le suis-je.

Ici la figure de Dunscomb s'éclaira d'un sourire; évidemment il était encouragé.

— Fûtes-vous présente, mistress Burton, à l'examen de la bourse de Marie Monson, lors de l'enquête?

— Oui, Monsieur.

— En vîtes vous le contenu?

— Oui, Monsieur, dit-elle après une pause, la plus longue de toutes.

— Eûtes-vous cette bourse entre les mains, Madame?

Un nuage passa de nouveau sur son front; elle sembla mettre ses souvenirs à contribution.

— Je crois l'avoir tenue. Elle circula parmi nous, et je présume l'avoir touchée, comme les autres.

— En êtes-vous sûre?

— Oui, Monsieur. Maintenant que je réfléchis, j'en suis convaincue. La pièce d'or trouvée dans la bourse de Marie Monson passa de l'une à l'autre, et à moi parmi le nombre.

— C'était très-mal, fit observer le juge.

— C'était mal, Monsieur; mais pas à moitié aussi mal que les meurtres et l'incendie, fit remarquer Williams froidement.

— Continuez, Messieurs; le temps est précieux.

— Maintenant, mistress Burton, je désire vous poser une question très-essentielle, et je vous prie de me donner une réponse distincte et mûrement réfléchie. Eûtes-vous jamais la faculté de toucher cette pièce d'or trouvée, ou qu'on prétend avoir été trouvée dans la bourse de Marie Monson, sans compter la fois de l'enquête?

Il se fit une pause, la plus longue de toutes, et le front du témoin devint des plus sombres. La délibération intérieure dura tellement cette fois, qu'elle provoqua une légère rumeur parmi les spectateurs. Cependant il n'y avait que de la prudence à être circonspect, dans un cas de cette importance.

— Sans aucun doute, Monsieur, répondit-on à la fin. Je la vis plusieurs fois dans le bas de Dorothée Goodwin ; je l'eus dans ma main, et l'examinai. C'est ainsi que je vins à découvrir l'entaille. Nous en parlâmes, la tante Dorothée et moi, comme je l'ai déjà dit à la Cour.

— C'est très-vrai, Madame, nous nous le rappelons ; toutes vos réponses sont soigneusement enregistrées.

— Je suis sûre qu'on n'a pu rien enregistrer de ce que j'ai dit, qui ne fût vrai, Monsieur.

— Nous devons le supposer. Maintenant, Madame, permettez-moi de vous demander si vous avez jamais vu cette pièce d'or en toute autre occasion que celles que vous avez mentionnées? Soyez précise dans la réponse.

— C'est possible, dit-elle après une longue pause.

— Ne le *savez-vous* pas ?

— Non, Monsieur.

— Affirmerez-vous par serment que vous ne pouvez vous rappeler avoir vu et tenu cette pièce d'or d'autres fois que celles que vous avez mentionnées ?

— La fois que la tante Dorothée me la montra, puis devant le coroner, enfin ici à l'audience. Je ne m'en rappelle pas d'autres.

— Laissez-moi vous poser la question de nouveau, mistress Burton, vous faisant ressouvenir de la solennité du serment que vous avez prêté ; avez-vous ou n'avez-vous pas vu la pièce d'or en d'autres occasions que celles que vous avez mentionnées ?

— Je ne me rappelle pas l'avoir jamais vue une autre fois, répondit la femme avec fermeté.

Marie Monson tressaillit légèrement, et Dunscomb parut désappointé. Timms se mordit la lèvre et regarda le jury d'un air inquiet, tandis que Williams leva le nez de nouveau, et promena autour de lui des regards triomphants. Si le témoin avait dit la vérité, il était probable qu'elle s'y tiendrait; sinon, le témoin avait passé le Rubicon, et persisterait dans son mensonge avec plus de témérité encore qu'elle ne l'eût fait même pour la vérité. Le reste du contre-interrogatoire fut de peu d'importance.

Les limites de cet ouvrage ne nous permettent pas de donner un compte-rendu détaillé de toutes les preuves apportées en faveur de l'accusation. Tout ce qui avait été consigné dans l'enquête fut alors introduit, ordonné et disposé par Williams, procédure qui donna à ces documents une plus grande importance qu'ils ne semblaient le comporter. A la fin, ce fut au tour de la défense à faire son exposé; Dunscomb se chargea lui-même de cette tâche, car, à son jugement, Timms n'était pas digne de la remplir. Son exposé fut très-remarquable sous le rapport des arguments, quoique nécessairement peu concluant, le cas n'étant pas favorable à sa cliente.

Le public s'attendait à des révélations importantes sur la vie passée de la prisonnière; Timms en avait informé Dunscomb, mais Marie Monson s'était maintenue toujours dans sa réserve, et Millington n'était pas de retour. La cause était maintenant si avancée qu'il était peu probable qu'on pût obtenir des faits de cette nature pour en faire usage à temps, aussi le conseil vit-il la nécessité de donner une nouvelle tournure à ce point essentiel de la cause. En conséquence il se plaignit de ce que l'accusation avait négligé de montrer dans la vie passée de l'accusée quelque chose qui autorisât à la déclarer coupable des crimes dont elle était accusée. « Marie Monson apparaît ici, continua-t-il, avec une aussi bonne réputation qu'aucune autre femme de notre population. C'est une présomption de la loi, et vous aurez raison, Messieurs, de regarder la prisonnière comme innocente jusqu'à ce qu'on ait prouvé qu'elle est coupable. » La conséquence tirée du silence de l'accusation n'était pas absolument logique peut-être, mais Dunscomb voulait préparer le jury à entendre une défense qui ne s'expliquerait pas à ce sujet, et à laisser croire que ce silence devait être imputé à l'accusation. Tandis qu'il traitait cette partie de la question, Williams prenait rapidement des notes, et Timms prévit qu'il avait l'intention de s'en servir au moment voulu.

Dunscomb fut naturellement obligé de déclarer à la Cour et au jury que la défense s'appuyait surtout sur l'insuffisance des preuves de la partie adverse. Ceci était tout à fait circonstanciel, et les circonstances, comme il espérait pouvoir en convaincre le jury, étaient de nature à admettre plus d'un sens. Toutes les fois que ce cas se présentait, c'était le devoir du jury de donner à l'accusée tout le bénéfice du doute. Le reste de l'exposé fut dans la forme habituelle; c'était un appel à la sympathie et à la justice du jury, présenté avec beaucoup de sagesse et de convenance.

Le docteur Mac-Brain parut alors à la barre. Après avoir répondu aux questions ordinaires, il fut interrogé de la manière suivante :

— Avez-vous vu les deux squelettes ici présents, et qui, dit-on, ont été trouvés dans les ruines de la maison des Goodwin ?

— Oui, je les ai vus avant l'enquête, et je les ai de nouveau examinés ici, à l'audience.

— Que dites-vous quant à leur sexe ?

— Je les crois deux squelettes de femmes.

— Êtes-vous certain de ce fait ?

— D'après la raison, oui, mais non d'une manière absolue. On ne peut se prononcer avec une certitude complète dans un cas semblable, surtout quand les restes sont dans l'état où on les a trouvés. Nous sommes principalement guidé par la grandeur comparative des os, et comme les os sont modifiés par l'âge du sujet, il y aurait témérité à être positif. Tout ce que je puis dire, c'est que je les crois tous deux des squelettes de femmes, le plus court surtout.

— Avez-vous mesuré les squelettes ?

— Je l'ai fait, et je trouve l'un un peu plus d'un pouce et demi plus court que l'autre. Le plus long a cinq pieds dans l'état actuel, tandis que le plus court a un peu moins de quatre pieds dix pouces et demi. Si ce sont des femmes, toutes deux étaient d'une grande taille, surtout la première. Je crois que les os des squelettes indiquent que ce sont ceux de deux femmes, et j'aurais eu la même opinion si je n'avais rien su des rapports parvenus à mes oreilles au sujet des personnes dont ce sont les restes présumés.

— Quand vous vous êtes d'abord formé une opinion sur le sexe des personnes dont voici les restes, aviez-vous appris qu'une Allemande demeurait dans la maison des Goodwin à l'époque du feu?

— Je ne le crois pas, quoique j'aie tenu si peu compte de ces rumeurs que je ne sais trop où je fus la première fois instruit de cette circonstance. Je me rappelle néanmoins que j'étais sous l'impression que ces restes étaient sans contredit ceux de Pierre Goodwin et de sa femme quand je *commençai* à les examiner, et je me souviens parfaitement de ma surprise quand la conviction traversa mon esprit que c'étaient deux squelettes de femmes. D'après la nature de ce sentiment, je suis assez porté à croire que je puis bien n'avoir pas entendu parler de l'Allemande à cette époque.

Le contre-interrogatoire du docteur Mac-Brain fut très-long et méticuleux, mais il n'affectait pas essentiellement la substance de son témoignage, au contraire, il le fortifiait plutôt, puisqu'il avait été à même de s'expliquer plus catégoriquement dans l'interrogatoire de Williams qu'il ne pouvait le faire dans l'enquête. Toutefois il ne put aller plus loin que de donner son opinion, refusant de se prononcer positivement sur le sexe de l'un ou de l'autre individu dans l'état où se trouvaient les restes.

Quoiqu'on n'obtînt rien de positif par ce témoignage, l'esprit des jurés se porta avec attention sur la circonstance de la disparition soudaine et inexplicable de l'Allemande; ce qui permettait d'élever des doutes sérieux concernant le sort de cette personne.

C'était une chose triste à penser qu'indépendamment du témoignage de Mac-Brain, on ne pouvait guère présenter d'autres preuves positives en faveur de l'accusée. Il est vrai que l'insuffisance de celles qu'avait produites l'accusation pouvait être d'un grand secours à la prisonnière, et Dunscomb vit bien que sur ce point reposait tout espoir d'acquittement, mais il ne put s'empêcher de regretter, et cela avec amertume, que la résolution inébranlable de sa cliente de rien faire connaître de sa vie passée dût nécessairement affaiblir la cause, si Marie Monson était innocente, et dans la supposition contraire, fortifier l'accusation. Un ou deux autres médecins furent interrogés pour appuyer l'avis de Mac-Brain; mais les restes étaient dans un tel état qu'ils rendaient tout témoignage discutable. Un témoin alla même jusqu'à dire, il est vrai, qu'il croyait pouvoir distinguer certains signes indubitables du sexe dans la longueur des membres inférieurs, et autres preuves de cette nature; mais Mac-Brain lui-même fut forcé de convenir que de semblables distinctions étaient très-vagues et peu satisfaisantes. Son opinion, à lui, reposait plutôt sur la petitesse des os en général que sur toute autre preuve.

Ce fut le cœur gros et non sans avoir jeté plus d'un avide regard vers la porte, dans l'espoir de voir entrer Michel Millington, que Dunscomb déclara que la prisonnière n'avait pas d'autres témoignages à présenter.

Le résumé de part et d'autre offrit un débat grave et solennel. Ici Williams fut mis de côté, et, dans une occasion aussi sérieuse, l'attorney du district préféra remplir lui-même son devoir. Dunscomb fit un noble appel à la justice de la Cour et du jury, les avertissant tous deux du danger de se rendre trop facilement à une évidence circonstancielle. C'était la meilleure preuve possible, il en convenait, quand les circonstances étaient suffisamment claires, quand on montrait suffisamment qu'elles étaient hors de doute. Que Marie Monson habitât avec les Goodwin, qu'elle fût dans la maison à l'époque de l'incendie et du meurtre, si jamais pareils crimes avaient été commis; qu'elle se fût échappée et que ses effets eussent été sauvés, tout cela en soi n'avait aucune valeur. En effet, sur plusieurs de ces points les dépositions étaient plutôt favorables que contraires. Les témoins pour l'accusation avaient démontré qu'elle était dans sa chambre sous le toit quand l'incendie avait éclaté, qu'elle avait été sauvée avec peine. Cela était un fait essentiel, et Dunscomb en tira grand parti. Une incendiaire irait-elle se mettre dans une position où sa propre vie serait en danger, et cela dans des circonstances qui ne rendaient nullement cette mesure nécessaire ? Puis tous les faits concernant la résidence et les habitudes de Marie Monson parlaient en sa faveur. Pourquoi serait-elle demeurée si longtemps dans le cottage, si son dessein n'avait été que de voler? L'idée de la faire appartenir à une bande qui l'avait envoyée à la découverte pour l'exécution de ses plans était absurde; car qui aurait empêché un homme de cette troupe d'exécuter ces crimes d'une manière plus expéditive et sans la moindre perte de temps ? Non, si Marie Monson était coupable, sans aucun doute elle l'était pour son compte; elle avait agi dans un but incertain et avec une main de femme. Le jury devait écarter toute idée de complicité et ne tenir compte des dépositions que pour ce qui regardait les actes de l'accusée. Des complices, surtout de la nature qu'on les supposait, auraient beaucoup simplifié toutes ces misérables menées, ils eussent rendu inutiles le meurtre et l'incendie; les hommes hardis et forts ne commettent ces crimes que quand la résistance les y oblige. Évidemment il n'y avait pas eu de résistance, comme le démontrait la position où les squelettes avaient été trouvés. Si un meurtre avait été commis directement, ce devait être par suite du coup qu'on remarque sur les têtes, et on priait le jury de considérer si une femme délicate comme Marie Monson avait même la force physique nécessaire pour frapper un tel coup, avec quelque instrument qu'il fût donné. On n'avait rien trouvé près des cadavres, et aucune preuve d'un pareil coup n'était devant le jury. Un témoin avait déclaré que le soc d'une charrue gisait près des restes, et on avait montré que Pierre Godwin gardait de semblables objets dans un grenier au-dessus de sa chambre à coucher. Il avait insinué la possibilité que le feu eût commencé dans ce grenier où aboutissait le tuyau d'un poêle. Selon lui, il pouvait se faire que le feu eût consumé les poutres du plancher, et que le soc de la charrue fût alors tombé et eut frappé les têtes du couple endormi d'un coup qui les aurait étourdis, s'il ne les avait pas tués, les rendant ainsi incapables de se soustraire à l'action de l'élément destructeur.

Mac-Brain avait été interrogé sur ce point ; nous n'en avons pas fait mention alors pour éviter des répétitions ; lui et les deux autres docteurs favorables à la défense avaient essayé de placer le soc de la charrue sur les crânes, et ils furent d'avis que les coups pouvaient bien avoir été assénés par ce soc ; mais Marie Monson ne pouvait faire usage d'un semblable instrument, cela ne faisait pas l'ombre d'un doute. Si le soc de la charrue avait porté le coup (et le témoignage à ce sujet méritait toute considération), Marie Monson était alors innocente de tout meurtre commis par des moyens *directs*, mais si elle avait mis le feu à la maison, elle était probablement coupable du meurtre aussi bien que de l'incendie. Mais l'eût-elle fait sans pourvoir à sa sûreté ? Or, on avait démontré jusqu'à l'évidence qu'elle avait été retirée au moyen d'une échelle et à travers une fenêtre, et qu'il n'y avait pas d'autres moyens de se sauver. Dunscomb raisonna sur ces différents points avec beaucoup de force et d'adresse, ses déclarations étaient si nettes, ses déductions si logiques, sa manière d'argumenter si franche, qu'il avait produit un grand effet avant de terminer cette partie de son sujet. Il est vrai qu'il lui restait encore une difficulté plus grande à résoudre, et il ne l'aborda pas sans crainte.

Nous voulons parler de la pièce d'or qu'on alléguait avoir été trouvée dans la bourse de Marie Monson. Dunscomb n'eut pas de peine à se débarrasser de la frétillante veuve Pope ; mais la famille Burton lui donna plus de mal. Cependant c'était son devoir de chercher à s'en délivrer, ou du moins d'affaiblir assez leur témoignage pour donner à sa cliente le bénéfice du doute. Il n'y avait en vérité qu'une manière de le faire, c'était de faire entendre au jury qu'il était probable que la pièce avait été changée en passant de main en main. Il est vrai qu'il n'était pas facile d'insinuer quelque raison plausible qui aurait poussé à commettre cette tromperie, mais c'était un point légal et important de montrer que cette pièce n'avait pas été constamment sous l'œil et le contrôle du coroner. S'il y avait possibilité d'échange, le fait parlerait et devait parler en faveur de sa cliente. Mistress Burton avait sur ce point fait des révélations qui donnaient à la prisonnière le droit d'insister sur ce fait devant les jurés, et son conseil ne manqua pas de le faire avec clarté et énergie. Après tout c'était là le point le plus délicat de la cause, et il était difficile d'obtenir une solution tout à fait satisfaisante.

La péroraison de Dunscomb fut digne, touchante, éloquente même; il montra cette femme, si jeune, seule et sans défense, entourée d'étrangers et traînée à la barre sous le poids de charges aussi graves; il fit ressortir tout ce qu'il y avait de noble et de distingué, de délicat et de charmant dans sa tenue, sa personne et ses manières; et il demanda s'il était quelqu'un qui, avec l'âme et les sentiments d'un homme, pût croire qu'un être semblable eût commis les crimes imputés à Marie Monson.

L'appel fut puissant et dura juste assez pour produire un effet complet et favorable. Tous, juges, membres du barreau, jurés, auditeurs, étaient en larmes. La prisonnière seule resta l'œil sec, mais sa figure était émue et animée : son empire sur elle-même était presque surnaturel.

CHAPITRE XXVII.

Je veux à ma colère
Donner enfin, Phœnice, une libre carrière;
Tu verras devant moi s'abaisser son orgueil.
La Mère en détresse.

L'ATTORNEY du district était vivement pénétré de l'importance du devoir qui lui était dévolu. Quoique tous les jours nous ayons de toutes parts des preuves de la vérité de cette remarque de Bacon : « Personne ne s'élève au premier rang dans l'État sans un mélange de grandes et de viles qualités, » ce favori du peuple avait ses bons côtés comme un autre. Il était humain, et contrairement à l'attente générale, et au grand désappointement de Williams, il prit sur lui la charge de faire le réquisitoire.

Le fonctionnaire public commença d'un air calme et doux, manifestant par le ton de sa voix une certaine répugnance pour son pénible devoir : mais il fut ferme et digne.

Il fit d'abord un exposé sommaire des faits. Une femme inconnue, ayant de hautes prétentions personnelles, s'était logée dans une humble habitation. Cette habitation contenait une somme d'argent plus ou moins forte, d'après tel ou tel témoin, mais, en tout cas, considérable; c'était une tentation pour les gens avides et mal intentionnés. Ce logement était peu assorti aux habitudes de la locataire; mais elle l'endure pendant plusieurs semaines. Un incendie a lieu, et la maison est consumée. Les restes du mari et de la femme sont trouvés comme le jury les voyait, avec des marques de violence sur les crânes. Un coup mortel avait été frappé par quelqu'un. On trouva le bureau qui contenait l'argent fermé à clef, mais l'argent avait disparu. On connaissait une pièce de cet argent, et on la découvre dans la bourse de la locataire. Cette étrangère est arrêtée, et d'après sa manière de vivre dans la prison, d'après ses dépenses de toutes sortes, elle montre les habitudes et la profusion d'une femme en possession de sommes considérables. Sans aucun doute un grand nombre de bruits en circulation étaient faux; l'exagération accompagne toujours chaque rumeur dans un événement extraordinaire; mais il restait assez de preuves pour démontrer que Marie Monson avait à sa disposition de fortes sommes. D'où venaient ces fonds? Fortune mal acquise se dépense mal. On exhortait le jury à rejeter toute influence qui ne s'appuyât pas sur les faits. Il ne fallait faire attention qu'aux témoignages incontestables.

On n'avait nul désir d'affaiblir la force de la défense. Cette défense avait été adroitement, éloquemment présentée; et à quoi se réduisait-elle? La déposition positive et formelle de mistress Burton, pour ce qui était à sa connaissance de la pièce d'or et de tout ce qui s'y rapportait, cette déposition soutenue par toutes les autres affirmations, y compris celles du coroner, était là, et on y avait répondu par quoi? *par une conjecture!* Cette conjecture était accompagnée d'une insinuation qui, suivant l'interprétation de quelques-uns, avait trait au témoin principal; mais ce n'était qu'une insinuation. Il y avait deux manières légales d'attaquer la foi qu'on doit accorder à un témoin. L'une consistait à montrer chez lui une habitude de mensonge; l'autre, à prouver par l'évidence même, que le témoignage ne pouvait être vrai. Avait-on employé l'une ou l'autre dans le cas actuel? L'attorney du district ne le pensait pas. L'une, celle à laquelle on a recours d'ordinaire, n'avait pas même été tentée. Des insinuations plutôt que de légitimes déductions (il était forcé de le dire, malgré sa haute considération pour le conseil adverse), telle avait été la marche adoptée. Ce conseil avait prétendu que les circonstances n'étaient pas suffisantes pour justifier un verdict de culpabilité. C'était là une assertion dont le jury seul était juge. Si l'on ajoute foi aux dépositions de mistress Burton, appuyées par tant d'autres témoignages, on doit admettre que l'argent de Dorothée Goodwin fut trouvé dans la bourse de Marie Monson. C'était le point capital de la question. Tout dépendait de ce fait. Il le soumettait au jury, à son bon sens, à sa conscience.

De la part de la défense, on avait fortement appuyé sur cette circonstance que Marie Monson elle-même n'avait été retirée des flammes qu'à grand'peine. Sans assistance elle aurait probablement péri. L'attorney du district ne voulait rien nier de ce qui pouvait loyalement concourir à prouver l'innocence de la prisonnière. Le fait, sans contredit, s'était passé ainsi. Sans assistance, Marie Monson *aurait pu* périr. Mais l'assistance ne fit *pas* défaut; car des étrangers se trouvèrent tout à fait à point, et lui rendirent ce service signalé. Ils restèrent jusqu'à ce que tout fût fini, et disparurent. Personne ne les connaissait : d'où venaient-ils, où allaient-ils? Après avoir prêté leur puissant secours pour sauver une vie, ils étaient partis sans récompense, et ils n'avaient pas même été nommés dans les articles des journaux à ce sujet. Les journalistes généralement disent plus qu'il n'est arrivé; dans cette circonstance, ils avaient été muets.

Quant au danger couru par la prisonnière, il pouvait résulter d'une foule d'incidents qui n'affectaient en rien sa culpabilité ou son innocence. Après avoir commis les meurtres, elle pouvait s'être retirée dans sa chambre, et, sans s'y attendre, avoir été entourée par les flammes, ou le tout pouvait bien avoir été arrangé à l'avance, afin de donner le prétexte de sa situation périlleuse comme une preuve de son innocence. Des circonstances aussi secondaires ne devaient pas obscurcir les faits essentiels sur lesquels reposait l'accusation.

Le jury devait se poser cette autre question si importante. Si Marie Monson n'a pas commis ces crimes, quel en est l'auteur? On a donné à entendre que le feu pouvait bien avoir pris à la maison par accident, et que le soc de la charrue était la cause réelle de la mort des deux époux. S'il en était ainsi, le soc de la charrue a-t-il soustrait l'argent? Le soc de la charrue a-t-il mis la pièce entaillée dans la bourse de Marie Monson?

Telle est l'esquisse de la manière dont l'attorney du district débattit les faits. Son réquisitoire fit une profonde impression; la modération qu'il mit à démontrer la culpabilité de l'accusée parla fortement contre elle. Il ne dit pas un mot de l'aristocratie, ou de la harpe, ou des manières, ou de tout ce qui ne touchait pas directement à la question.

Le résumé du juge fut excessivement impartial. Ce magistrat fit un exposé complet de tous les témoignages, en signala la portée légitime, en disséqua les parties faibles. Quant à l'opinion de Mac-Brain et de ses deux confrères, la Cour la jugea digne d'une grande considération. Il y avait plusieurs hommes de l'art du caractère le plus honorable, certifiant qu'à leur jugement les squelettes étaient ceux de deux femmes. L'Allemande avait disparu; qu'était-elle devenue? Dans tous les cas, la disparition de cette femme était très-importante. Elle pouvait avoir commis les crimes et s'être cachée, ou l'un des squelettes pouvait bien être le sien. Il était évident que Pierre Goodwin et sa femme ne faisaient pas toujours très-bon ménage; il pouvait avoir mis la main sur l'argent, qui probablement lui appartenait aux yeux de la loi, et être parti. Il n'avait pas paru depuis le feu. Le jury devait prendre tous ces faits en considération, et prononcer d'après sa conscience.

Ce résumé sembla favorable à l'accusée. Chaque mot était empreint de l'humanité du juge; il appuya tout à fait Dunscomb dans ce qu'il dit des dangers que courut Marie Monson pour échapper aux flammes, et s'appesantit sur le fait que la pièce d'or n'avait pas été suffisamment observée pour qu'on pût établir un cas absolu d'identité. Quand il eut fini, l'impression la plus générale fut que l'accusée serait acquittée.

Comme il était présumable qu'une affaire de cette importance retiendrait le jury longtemps, la Cour permit à la prisonnière de se retirer. Elle quitta l'audience, accompagnée de ses deux amies, toutes deux en larmes, tandis que Marie elle-même semblait peu émue. L'attentive mistress Gott lui avait préparé des rafraîchissements, et pour la première fois depuis le commencement du procès, la belle prisonnière mangea de tout cœur.

— Je ne devrai mon triomphe, mes chères amies, s'écria-t-elle, une fois à table, ni à l'argent, ni à mes amis, ni au talent de mon conseil, mais à la vérité. Je n'ai pas commis ces crimes, et, d'après le seul témoignage de l'État, le jury aura à le reconnaître. Aucune tache ne restera sur ma réputation, et je pourrai paraître devant mes amis avec le front pur de l'innocence. C'est pour moi un moment bien précieux que celui-ci ; je ne le donnerais pas pour tous les honneurs que la richesse et le rang peuvent conférer.

— Quelle chose étonnante que vous, entre toutes les femmes, ma chère amie, dit Anna en l'embrassant, vous soyez accusée de crimes si horribles pour acquérir un peu d'argent; car cette pauvre mistress Goodwin ne pouvait avoir une grosse somme après tout, et vous êtes si riche!

— Tant pis pour moi de n'avoir pas fait un meilleur usage de ma fortune. Vous êtes à envier, jeunes filles, en ayant une honnête aisance et rien de plus. Je crois qu'il vaut mieux pour notre sexe avoir simplement de l'indépendance que de la richesse. Pour l'homme ou la femme, l'argent est une chose dangereuse quand nous venons à le considérer comme une partie naturelle de notre existence; car il nous pousse à nous imaginer que l'or donne des droits contre lesquels s'élèvent la nature et la raison. Je présume que j'aurais été beaucoup plus heureuse, si j'avais été plus pauvre.

— Mais il n'est guère probable que les gens riches aillent voler?

— Non, ma chère, assurément, dans le sens que vous l'entendez. Envoyez Marie Moulin quelque part, Anna; je désire vous dire à vous et à Sarah ce que je pense de ce feu et des morts pour lesquels je suis maintenant en jugement.

Anna obéit, et la belle prisonnière, regardant d'abord autour d'elle avec précaution comme pour s'assurer qu'on ne l'entendait pas, exposa ainsi son opinion :

— En premier lieu, je ne doute pas que le docteur Mac-Brain n'ait raison, et que ces squelettes ne soient ceux de deux femmes. L'Allemande était devenue très-intime avec mistress Goodwin; et, comme les deux époux se querellaient souvent et avec acharnement, je crois qu'il est probable qu'elle prit cette femme dans son lit, où elles périrent ensemble. Je serais portée à penser que le feu est purement accidentel, sans la disparition du bas.

— C'est précisément ce qu'a dit l'attorney du district, s'écria Anna innocemment. Qui peut alors avoir mis le feu à la maison?

Marie Monson se parla à elle-même, et elle sourit comme si quelques étranges pensées surgissaient dans son cerveau; mais personne ne fut instruit de l'objet de ses réflexions. Elle les garda pour elle-même, et continua :

— Oui, cette disparition du bas rend le crime d'incendie probable. La question est de savoir qui en est l'auteur, moi ou mistress Burton?

— Mistress Burton! s'écrièrent les deux jeunes filles à la fois; mais sa réputation est excellente; personne ne l'a jamais soupçonnée! Vous ne pouvez supposer qu'elle soit la personne coupable!

— C'est elle ou c'est moi; laquelle des deux, je vous le laisse à juger. Je savais parfaitement que la pièce d'or avait une entaille, car j'ai été sur le point de donner l'autre pièce à mistress Goodwin, mais je préférai garder pour moi un modèle irréprochable. La pièce entaillée doit avoir été dans le bas jusqu'après le feu; elle fut changée par quelqu'un tandis qu'on examinait ma bourse.

— Et vous supposez que c'est mistress Burton qui l'a fait?

— J'avoue que j'ai des soupçons à ce sujet. Quelle autre personne pouvait le faire ou l'aurait fait? J'ai fait part de cette pensée à M. Dunscomb, et son contre-interrogatoire s'est réglé sur ce fait, quoiqu'on n'ait rien obtenu de satisfaisant. Après mon acquittement, on fera des démarches pour pousser les recherches plus loin.

Marie Monson continua de discuter cette question pendant près d'une heure, encouragée par les questions successives de ses compagnes étonnées. Au bout de ce temps, M. Gott apparut pour dire que le jury était réuni de nouveau dans la salle d'audience, et que c'était son devoir d'amener la prisonnière devant lui.

Marie Monson n'eut jamais un air plus charmant qu'à ce moment. Elle était vêtue avec une grande simplicité, mais avec un soin excessif; l'animation lui donnait les plus riches couleurs; l'espoir, la joie même, brillaient dans ses yeux, et un air de triomphe rayonnait dans toute sa personne. Il n'y a pas de sentiment plus général que la sympathie du bonheur. Après le résumé du juge, peu de gens doutaient du résultat, et de tous côtés, sur son chemin, pendant qu'elle se dirigeait vers sa place d'un pas ferme et léger, la prisonnière lut dans les regards bonté, sympathie et allégresse. Après tout ce qui avait été dit, après toutes les préventions qu'on avait éveillées, Marie Monson allait être acquittée! Les journalistes eux-mêmes s'humanisèrent un peu; ils avaient une plus juste idée que le vulgaire des droits de leurs semblables; jamais assemblée plus souriante, plus bienveillante, ne fut réunie dans cette enceinte. En quelques minutes le silence fut obtenu, et on fit l'appel des jurés. Chacun d'eux répondit à son nom, et le calme profond de l'attente plana sur l'assemblée.

— Levez-vous, Marie Monson, et écoutez le verdict, dit le greffier avec un léger tremblement dans la voix. Messieurs, que dites-vous? la prisonnière est-elle coupable, oui ou non?

Le chef des jurés se leva, arrangea avec soin quelques cheveux gris épars çà et là, et d'une voix qu'on eut peine à entendre, il prononça le mot terrible : « coupable. » Si une bombe avait éclaté tout à coup dans la salle, elle n'aurait pu produire un plus grand étonnement, une plus morne consternation. Anna Updyke s'élança, et d'un bond entrelaça Marie Monson dans ses bras.

— Non, non! s'écria cette généreuse jeune fille sans avoir la moindre conscience de l'inconvenance de son action, elle n'est pas coupable. Vous ne la connaissez pas. Je la connais, moi; c'est elle qui m'apprit à lire. C'est une femme comme il faut, elle ne peut être coupable de crimes semblables. Non, non, Messieurs, vous reviendrez à un meilleur sentiment, et vous changerez votre verdict; peut-être y a-t-il erreur, et avez-vous voulu dire « non coupable. »

— Quelle est cette jeune dame? demanda le juge d'une voix tremblante; une parente de la prisonnière?

— Non, Monsieur, répondit la jeune fille exaltée, je ne suis pas sa parente, mais une amie très-intime, ce fut elle qui jadis m'apprit à lire, et je sais qu'elle n'est point une personne capable de voler, d'assassiner et de mettre le feu aux maisons. Sa naissance, son éducation, sa réputation, tout la met au-dessus de ces soupçons. Vous reviendrez à un meilleur sentiment, Messieurs, et vous changerez votre verdict. Allons, mettez-vous à l'œuvre, et modifiez-le, ou vous pouvez la pousser au désespoir.

— Y a-t-il quelqu'un qui connaisse cette jeune dame? demanda Son Excellence d'une voix de plus en plus tremblante.

— Je suis Anna Updyke, maintenant fille du docteur Mac-Brain, et nièce de l'oncle Tom, répondit Anna sachant à peine ce qu'elle disait. Mais ne vous occupez pas de moi; c'est Marie Monson, ici présente, qui a été jugée, et si à tort trouvée coupable : elle n'a jamais commis ces crimes. Je vous le dis, Monsieur, elle est incapable de les commettre, et n'avait pas de motif pour les commettre; oh! je vous en conjure, mettez fin à cette procédure avant de la pousser assez loin pour qu'il soit difficile de revenir. Dites dès ce moment aux jurés de changer leur verdict. Non, non, Marie Monson n'a pas assassiné! elle n'aurait pas plus voulu faire du mal aux Goodwin, ou toucher à une parcelle de leur or, qu'aucun de nous tous. Vous ne la connaissez pas, Monsieur; si vous la connaissiez, vous souririez de la méprise du jury, car tout cela est une cruelle méprise. Allons, mon cher monsieur, priez-les de se retirer de nouveau, et dites-leur d'être plus raisonnables.

— On ferait mieux d'éloigner cette jeune dame, dit le juge en s'essuyant les yeux : de pareilles scènes peuvent être naturelles, et la Cour les regarde avec indulgence ; mais le temps est précieux, et mon devoir m'oblige à interposer mon autorité pour maintenir l'ordre de la procédure. Que quelques dames éloignent la jeune personne, elle est trop délicate pour être saisie par un constable ; mais le temps est précieux.

Le juge n'avait pas précisément conscience lui-même de ce qu'il disait, quoiqu'il connût en somme le but de ses paroles. Il se moucha plus d'une fois pendant qu'il parlait, et Anna fut écartée par les soins de Marie Moulin, de Sarah Wilmeter, et de la bonne mistress Gott. Cette dernière sanglotait comme un enfant, tandis que les deux autres se représentaient difficilement les conséquences du mot capital qu'on venait de prononcer. Dunscomb eut soin que tout le groupe quittât le Palais et se rendît à l'auberge.

Si le barreau et les spectateurs en général avaient été surpris de l'extérieur calme conservé par la prisonnière avant le verdict, leur étonnement s'accrut considérablement à la vue du maintien de l'accusée après qu'il fut prononcé. La beauté de Marie Monson brilla d'un éclat nouveau quand la justice de son pays parut menacer de plus en plus son existence, et à ce moment surtout que le départ de ses compagnes la laissait seule, bien des assistants s'imaginèrent qu'elle grandissait sous le coup du malheur. Ce fut à coup sûr un rare spectacle que celui de la physionomie inspirée, de l'attitude superbe et de l'air offensé avec lequel une faible femme, si jeune et si charmante, entendit un si terrible arrêt. Quant au jury, elle n'y fit pas la moindre attention : son œil était fixé sur le juge qui s'efforçait de recueillir un courage suffisant pour prononcer la dernière décision de la loi.

— Avant que la Cour prononce la sentence, monsieur Dunscomb, fit observer ce fonctionnaire, elle sera bien aise d'entendre tout ce que vous avez à présenter en faveur de la prisonnière, et elle entendra la prisonnière elle-même ; il vaut mieux de toute manière que je me décharge dès maintenant de mes pénibles devoirs, afin que la prisonnière puisse recourir aux deux voies de miséricorde qui lui sont ouvertes désormais, celles de la terre et du ciel. Je ne puis, vous le voyez, reculer devant mon devoir, et plus tôt il sera accompli, mieux cela vaudra peut-être pour les parties intéressées. Je mettrai tous mes soins à ce que la condamnée ait le temps de faire tous ses appels, soit aux autorités d'ici-bas, soit à la puissance plus redoutée d'en haut.

— Je suis tellement surpris, Excellence, répondit Dunscomb, du verdict qu'on vient de rendre sur un témoignage très-douteux, pour ne pas dire plus, que je sais à peine quelle mesure adopter. Cependant, comme la Cour est disposée à l'indulgence, et que nous aurons le temps de considérer le côté légal de la cause ainsi que d'adresser nos pétitions et nos réclamations à l'autorité d'Albany, je ne ferai aucune objection ; et, comme le remarque avec raison Votre Excellence, puisque votre pénible devoir doit être accompli, mieux vaut peut-être qu'il le soit dès maintenant.

— Prisonnière à la barre, reprit le juge, vous avez entendu la décision du jury dans votre cause ; un verdict de culpabilité a été rendu, et il est de mon devoir de prononcer la terrible sentence de la loi. Si vous avez quelque chose à dire avant que je remplisse le dernier et le plus pénible de mes devoirs, la Cour prêtera à vos paroles une oreille attentive et bienveillante.

Au milieu d'un silence qui semblait surnaturel, la voix douce et mélodieuse de Marie Monson fut entendue ; d'abord faible et basse, mais devenant de plus en plus forte à mesure qu'elle parlait, jusqu'à ce qu'elle fût claire, distincte et argentine. Il est peu de choses plus attrayantes qu'une voix harmonieuse, et la prisonnière avait un organe qui, malgré sa douceur et sa délicatesse, avait une richesse et une profondeur qui dénotaient une grande puissance dans l'art du chant ; en cette occasion solennelle elle n'était même pas tremblante.

— Je crois vous comprendre, Monsieur, commença Marie Monson : j'ai subi un jugement, et l'on m'a déclarée coupable d'avoir assassiné Pierre et Dorothée Goodwin, après les avoir volés et avoir mis le feu à leur maison.

— Vous avez été jugée pour le meurtre de Pierre Goodwin seulement, vu que les actes d'accusation pour le second meurtre et pour l'incendie n'ont pas encore été signifiés. La Cour a été obligée de séparer les cas, de crainte que la justice ne se trouvât paralysée par suite de pures formalités. Ce verdict rend toute procédure ultérieure peu nécessaire, et les deux actes d'accusation qui restent ne seront probablement jamais présentés.

— Je crois vous comprendre encore, Monsieur, et je vous remercie sincèrement de la manière obligeante avec laquelle vous m'avez communiqué ces faits, aussi bien que des égards et de la douceur que vous avez déployés dans tout ce procès. C'est une noble conduite, Monsieur, et quel que soit le résultat de cette affaire, Dieu se la rappellera et vous en récompensera.

— La Cour vous entendra, Marie Monson, si vous avez quelque chose à dire avant que la sentence soit prononcée.

— Peut-être pourrais-je dire et faire beaucoup pour modifier votre décision, Monsieur, reprit la prisonnière, appuyant pour un moment son joli front sur sa main ; mais il y aurait peu de satisfaction pour moi. Mon désir était d'être acquittée d'après le témoignage de l'État. J'espérais que le jury n'aurait pas vu de preuves de culpabilité dans les témoignages qui ont été portés contre moi, et j'avoue que je trouverai peu de plaisir à tout autre acquittement. A ce que je comprends, si j'étais acquittée pour ce qui concerne Pierre Goodwin, je dois encore être jugée pour ce qui regarde sa femme, et en dernier lieu pour avoir mis le feu à la maison.

— Vous n'êtes pas acquittée pour le meurtre de Pierre Goodwin, dit le juge en intervenant avec douceur ; la décision de la Cour est précisément le contraire.

— Je le sais, Monsieur. Il y a des hommes, et des hommes haut placés, qui seraient enchantés de voir le grand exemple de paix, d'ordre et de prospérité que ce pays a jusqu'ici donné au monde, renversé par nos vices, et le mauvais usage que fait le peuple des dons de la Providence. Je n'ai plus pour la justice de mon pays le respect que j'eus autrefois ; c'est impossible désormais. Je vois maintenant que ses agents n'ont nullement le caractère dont ils devraient être revêtus ; je vois que la justice, loin d'être aveugle seulement à cause de son impartialité, est aussi aveugle par son ignorance. Pourquoi me trouve-t-on coupable de ce crime ? Sur quelles preuves, ou même sur quelle probabilité ? Toute la preuve roule sur ce qui concerne la pièce d'or. Mistress Burton a affirmé que mistress Goodwin elle-même était convenue que je lui avais donné cette pièce ; précisément ce que je dis au coroner, et ce qui ne fut pas cru alors, à ce que je vis ; car mon malheur a été d'être jugée par des personnes qui ne me connaissaient pas. Ces messieurs se demanderont-ils à eux-mêmes pourquoi j'ai commis le crime dont ils m'ont trouvée coupable ? Ce ne pouvait être pour l'argent, vu que j'en ai, à moi, plus qu'il ne m'en faut, plus, peut-être, qu'il n'est bon pour moi d'en posséder.

— Pourquoi ces faits n'ont-ils pas été exposés au jury à temps et dans les formes voulues, s'ils sont vrais ? demanda le juge avec bonté. Ils sont très-importants, et auraient eu une influence sur le verdict.

Les jurés n'étaient plus en fonctions, mais aucun d'eux n'avait quitté son banc. Un ou deux se levèrent alors, et des regards de doute et d'indécision errèrent sur leurs physionomies. Ils avaient été influencés par un ami de Williams, son confident politique, qui avait amené les indécis à son opinion. Nous ne voulons pas dire que cet homme se parjura, ou qu'il eut lui-même conscience de l'étendue du mal qu'il faisait, mais son esprit avait été perverti par le conte envenimé mis en circulation, et il avait jugé la cause sous l'influence des rumeurs populaires. C'était un cas où le doute était permis, tout le monde en conviendra ; mais au lieu de faire profiter l'accusée du bénéfice de ce doute, comme il y était tenu par la loi et la raison, il s'était laissé guider par des influences extérieures, puis avait donné aux autres cette direction, si bien que par la simple force du nombre, les jurés qui flottaient encore furent entraînés dans un coin et ne tardèrent pas à capituler. De plus, il y a un misérable plaisir dans l'esprit de certains jurés à se mettre en contradiction avec le résumé du juge. C'est là une une espèce d'indépendance agréable à quelques hommes, qui se laissent guider par leur vanité, quand ils s'imaginent n'être conduits que par leur conscience. Ces malignes influences leur étaient inconnues à eux-mêmes ; car aucun des douze n'était absolument corrompu, mais aucun n'était digne, ni par sa nature, ni par son éducation, de prononcer dans une cause où une vie humaine était en jeu.

— Je ne savais pas, reprit Marie Monson, qu'on fût encore obligé, en Amérique, d'étaler ses livres de compte, et de montrer ses inscriptions de rentes ou ses hypothèques, pour ne pas être pendu. On m'a dit que le crime devait être prouvé d'une manière tout à fait incontestable pour entraîner condamnation. Qui peut dire qu'une semblable preuve ait été produite dans ma cause ? On n'a même pas établi comme une certitude qu'un homme eût été tué. Des témoins très-respectables ont attesté que, selon eux, ces tristes restes de notre pauvre humanité étaient ceux de deux femmes. On n'a pas démontré non plus qu'il y eût eu quelqu'un d'assassiné. Le feu peut avoir été accidentel, et la mort une simple conséquence du feu, sans que personne ait été coupable.

— Vous oubliez, Marie Monson, dit le juge, que le vol et la pièce d'or trouvée dans votre bourse donnent une vraisemblance à la supposition du crime. Les jurés ont été sans aucun doute influencés par ces faits, qui, après tout, sont des faits importants. Personne ne peut le nier ; et je crois que vous ne tenez pas compte de ce point de vue dans votre cause. Cependant si votre conseil a quelque bonne raison à présenter, qui autorise à différer la sentence, la Cour l'entendra avec plaisir. La justice n'est pas impatiente ; elle aime mieux retirer son bras que de l'étendre. Peut-être, Marie Monson, feriez-vous bien de laisser à votre conseil le soin de nous proposer vos objections, et de nous les présenter dans les formes voulues.

— Je ne vois pas grande utilité à différer la sentence, fit remarquer Dunscomb avec assez de calme, vu la circonstance ; elle doit être prononcée, et toute question légale, vînt-il à s'en offrir une à mon esprit, quoique j'avoue n'en entrevoir aucune en ce moment, peut aussi bien être soulevée après cette formalité qu'avant.

— Je suis disposé à attendre, si on a une bonne raison pour insister sur le délai. Je reconnais que c'est une cause enveloppée de doute et d'incertitude, et je suis très-porté à faire tout ce que la loi sanctionnera. Cependant, je vous laisse à décider la marche que vous voulez suivre.

— A mon jugement, s'il plaît à Votre Excellence, nous devons nous adresser au pouvoir exécutif; peut-être vaudrait-il mieux terminer la partie la plus pénible de la cause, tandis que l'accusée...

— La condamnée, monsieur Dunscomb; c'est une triste distinction à établir, mais on ne peut maintenant s'empêcher de la faire.

— Je demande pardon à la Cour; la condamnée...

— Oui, dit Marie Monson d'un ton solennel, je suis condamnée, et cela pour le crime révoltant d'assassinat. Toutes mes espérances d'un glorieux acquittement sont déçues; et quel que soit le résultat de cette étrange affaire, une tache restera toujours sur mon nom. Monsieur, je suis aussi innocente de ce crime qu'un enfant à la mamelle. Je puis avoir été opiniâtre, imprudente, exagérée dans mes idées et mes jugements, avoir eu cent autres défauts; mais je n'ai jamais fait de mal ni à Pierre ni à Dorothée Goodwin. Je n'ai pas été longtemps dans la maison sans découvrir que le vieux couple vivait en mésintelligence. Ils se querellaient souvent, et cela avec aigreur. La femme était maîtresse dans la maison, impérieuse, d'une avarice sordide, tandis que, lui, il employait chaque shelling qu'il pouvait se procurer à acheter des liqueurs fortes. Son esprit se ressentait de ses excès; c'était un idiot. C'est en cet état qu'il est venu vers moi chercher des sympathies et des conseils.

Il y avait des endroits dans ma vie passée, toute courte qu'elle est, qui me disposaient à compatir au sort d'un homme malheureux en mariage. Peu importe quelle a été mon expérience; j'avais de la sympathie pour ce pauvre homme. Loin de vouloir lui faire du mal, je désirai lui faire du bien. Je lui conseillai de quitter la maison, de vivre séparé de sa femme, pour un temps, du moins; il y consentit, à condition que je lui en fournirais les moyens. Je le lui promis, et afin qu'il ne pût souffrir, ayant une tête si faible, aussi bien que pour l'empêcher de boire, je priai deux de mes agents de venir au cottage de bon matin, précisément le jour où l'incendie éclata, afin qu'ils pussent transporter Pierre Goodwin dans une autre résidence, où il serait caché et en sûreté, jusqu'à ce que sa femme se repentit de ses mauvais traitements à son égard. Il fut heureux pour moi que j'eusse agi ainsi. Ce furent ces deux hommes, mes propres domestiques, en costume de campagnards, qui me sauvèrent la vie; sans leur secours, j'aurais péri dans les flammes. Ce qu'ils firent, comment le firent-ils? il serait prématuré de le dire aujourd'hui. Hélas! hélas! je n'ai pas été acquittée comme je désirais l'être, et une teinte sombre restera éternellement étendue sur mon nom.

Pour la première fois un doute traversa l'esprit du juge: la prisonnière était-elle dans son bon sens? Ce qui éveilla en lui cette défiance, ce fut moins l'incohérence de son langage que l'éclat de ses yeux, l'animation de ses joues, un air de fourberie et de malice. Cependant l'accent de Marie Monson était sincère, son langage choisi et très-convenable, et ses explications n'étaient pas dénuées de force. Il y avait néanmoins quelque chose de si étrange dans une partie de ses déclarations, quelque chose de si peu d'accord avec une judicieuse discrétion, que ces révélations, se combinant avec le peu qu'on connaissait sur la vie passée de cette femme singulière, suscitèrent un doute.

— Peut-être vaudrait-il mieux, monsieur l'attorney du district, dit le juge, différer la sentence.

— Comme Votre Excellence le jugera à propos. L'État n'a pas soif de condamnation.

— Que dites-vous, monsieur Dunscomb? différerons-nous, ou prononcerai-je la sentence?

— Comme la sentence *doit* être prononcée, le plus tôt sera le mieux. Nous ne pouvons avoir gain de cause, puisque le jury est juge des faits. Notre principal espoir repose sur la bonne volonté du gouverneur.

— Marie Monson, continua le juge, traitant évidemment la chose comme une affaire de pure forme, vous avez été jugée pour avoir insidieusement privé de la vie Pierre Goodwin...

— Jamais, interrompit la prisonnière, d'une voix si basse qu'elle en était mélodieuse, et cependant aussi claire et facile à entendre que le son du clairon. Ces hommes ont été influencés par les rumeurs qu'ils ont entendues, et ils n'étaient pas faits pour être mes juges. Les hommes qui s'asseyent sur ce banc devraient être au-dessus des simples rumeurs.

— Mon devoir est de prononcer la sentence de la loi. Après un jugement équitable, autant qu'il nous le paraît, un jury impartial vous a trouvée coupable. Pour des raisons d'un poids suffisant à mes yeux, je n'insisterai pas sur le caractère du changement terrible que vous aurez à subir, si ce décret s'exécute, et je me borne simplement à mon devoir, qui est de prononcer la sentence de la loi, ainsi qu'il suit :

— Vous serez reconduite à la prison, et y serez gardée jusqu'à vendredi, 6 du mois de septembre prochain, jour où vous serez transportée, entre midi et deux heures, à l'endroit de l'exécution, et pendue par le cou jusqu'à ce que mort s'ensuive ! — et Dieu ait pitié de votre âme !

Un frisson passa dans l'auditoire, en entendant un tel langage appliqué à une personne de l'extérieur de Marie Monson, de son éducation et de son sexe. Ce sentiment se serait manifesté plus vivement, si mistress Horton n'eût attiré l'attention sur elle, en se frayant un chemin à travers la foule, jusqu'à ce qu'elle fût arrivée au dedans de la barre. Ici la bonne femme, accoutumée à échanger des paroles avec ses hôtes, ne se fit pas scrupule de faire connaître sa présence à la Cour en s'écriant :

— On me dit, Excellence, que Marie Monson a été reconnue coupable du meurtre de Pierre Goodwin ?

— C'est vrai, ma brave femme ; mais le procès est terminé. Monsieur le shériff, emmenez la prisonnière ; le temps est précieux.

— Oui, Excellence, et l'éternité aussi. Marie Monson n'est pas plus coupable que moi-même d'avoir tué Pierre Goodwin. J'ai toujours pensé qu'un grand discrédit était réservé à nos jurés, et maintenant ma prophétie va se justifier. Le comté de Dukes a

perdu sa réputation. Constable, laissez entrer ce pauvre homme dans l'intérieur de la barre.

L'idiot qui avait pénétré dans le salon de Mac-Brain s'avança en chancelant, et vingt voix prononcèrent tout haut le nom de « Pierre Goodwin ! » Tout ce qu'avait dit Marie Monson se trouvait justifié !...

CHAPITRE XXVIII.

> C'est maintenant, Marie,
> Qu'il te faut rassembler toute ton énergie ;
> Jamais en aucun temps tu n'en eus plus besoin.
>
> ADDISON.

Juge, membres du barreau, jurés, témoins et auditeurs, restèrent stupéfaits. Le procès avait été conduit avec la bonne foi la plus entière ; et pas un être humain, à l'exception de ceux qui sentaient toute la force du témoignage de Mac-Brain, ne mettait en doute la mort de l'individu qui en ce moment apparaissait vivant en pleine Cour. Le lecteur peut s'imaginer mieux que nous ne pouvons le décrire, l'effet d'une résurrection si inattendue !

Quand la confusion naturellement produite par une scène de cette nature se fut apaisée ; quand tous eurent vu, quand quelques-uns même eurent touché l'homme qu'on avait supposé assassiné, l'ordre se rétablit, et la Cour et les membres du barreau commencèrent à réfléchir sur la marche qu'ils avaient à suivre.

— Je suppose, monsieur l'attorney du district, fit observer Son Excellence, qu'il n'y a pas de méprise dans la personne de cet individu ; mais il vaudrait mieux avoir une ou deux dépositions sous serment. Voulez-vous venir près de moi, Monsieur ?

Une longue conférence particulière eut lieu alors entre l'accusateur public et le juge. Chacun d'eux exprima son étonnement du résultat, aussi bien que son indignation de la déception pratiquée sur la Cour. Cette indignation fut un peu adoucie par l'impression, maintenant commune à tous deux, que Marie Monson n'était pas absolument dans son bon sens. Il y a tant de ruses, néanmoins, mises en usage parmi les personnes accusées de crimes, et qui sont affectées de cette maladie, que des fonctionnaires publics étaient nécessairement très-circonspects dans l'admission de ce prétexte. Le côté le plus fâcheux de toute l'affaire était le discrédit qui retombait sur toute la justice du comté de Dukes. Il n'était pas naturel à ces hommes d'être insensibles à la sorte de défaveur que la réapparition de Pierre Goodwin jetait sur le comté et sur les juges, et ils étaient naturellement très-désireux d'effacer cette tache. La conférence dura jusqu'à ce que les dépositions sur l'identité de Pierre Goodwin fussent prêtes. • • •

— Si ces dépositions avaient été présentées plus tôt, dit Son Excellence, immédiatement après la lecture des papiers, la sentence n'aurait pas été prononcée. Le cas est nouveau, et je demanderai un peu de temps pour réfléchir sur le parti que je dois prendre. Il faut nous débarrasser de la sentence d'une manière ou d'une autre, et je m'en occuperai avec soin. J'espère, confrère Dunscomb, que le conseil pour l'accusée n'a pas participé à cette déception.

— Je suis aussi surpris que peut l'être Votre Excellence, répliqua vivement Dunscomb ; je ne soupçonnais pas le moins du monde l'existence de l'homme qu'on prétendait avoir été assassiné ; autrement nous vous eussions épargné toute cette procédure. Quant à la marche à suivre désormais, je serais assez d'avis en tout respect d'examiner le Code. C'est une *Collection universelle*, et il doit contenir quelque article qui nous dira comment nous pourrons défaire tout ce qui a été fait.

— Il vaudrait mieux pour toutes les parties qu'il en fût ainsi. Il y a encore deux actes d'accusation pendants contre Marie Monson : l'un, au sujet de l'incendie ; l'autre touchant le meurtre de Dorothée Goodwin. Monsieur l'attorney du district sent la nécessité de juger ces causes, ou une du moins, pour venger la justice de l'État et du comté ; et je suis porté à croire que, dans tous les cas, ce serait le parti à prendre. J'espère que nous n'aurons plus de surprises, et qu'on fera avancer de suite Dorothée Goodwin, si elle est encore vivante. Le temps est précieux !

— Dorothée Goodwin est morte, dit Marie Monson, d'un ton solennel ; elle a été enlevée tout à coup, et en état de péché. Il y a peu à craindre qu'elle revienne ici déjouer votre justice.

— Vous feriez bien, monsieur Dunscomb, de tenir en garde votre cliente contre des paroles piquantes et inconsidérées. Que l'accusée soit assignée, et un jury constitué. Quelle accusation préférez-vous suivre, monsieur l'attorney du district?

Dunscomb vit que Son Excellence était blessée, et très-pressée d'agir. Il était blessé lui-même et à moitié disposé à se décharger de son ministère ; mais il fut touché de la position d'une jeune femme sans défense. Ses doutes sur le bon sens de sa cliente commencèrent à prendre alors un caractère de certitude, et il vit combien il serait odieux d'abandonner un être frappé de ce malheur. Il fit entendre son soupçon à la Cour ; mais on lui répondit que dans tous les cas, le fait regardait expressément le jury. Après réflexion, l'avocat résolut de ne pas renoncer à sa mission.

Nous passerons sur toutes les formalités préliminaires. On constitua un jury sans beaucoup de difficulté, aucune récusation n'ayant eu lieu. Il était composé, en partie, de ceux qui avaient été nommés pour le premier jugement, en partie, d'hommes nouveaux. Ils avaient tous un air empressé et affairé qui déplut à Timms ; mais il était trop tard pour faire des récusations. A dire vrai, l'avocat principal se souciait bien moins du résultat que précédemment, très-convaincu que sa réclamation à Albany serait prise en grande considération.

Tous les faits majeurs exposés dans la première épreuve furent reproduits dans celle-ci. Quand les médecins de campagne furent appelés à donner leur opinion touchant le résultat du coup, il leur fallut nécessairement subir le contre-interrogatoire de Dunscomb, qui ne les épargna guère.

— Avez-vous été interrogé, Monsieur, dans le dernier jugement de Marie Monson, au sujet du meurtre de Pierre Goodwin? demanda le conseil de la prisonnière au premier de ces modernes Galien qui comparut à la barre?

— Oui, Monsieur.

— Que dites-vous en cette occasion (et il regarda ses notes du précédent jugement), touchant le sexe des personnes dont ces squelettes étaient les prétendus restes?

— J'ai dit que *je croyais*, non pas que *je savais*, mais *que je croyais* que c'étaient les restes de Pierre et de Dorothée Goodwin.

— N'employâtes-vous pas des termes plus énergiques?

— Je ne me le rappelle pas ; je puis l'avoir fait, mais je ne me le rappelle pas.

— N'avez-vous pas dit que *vous ne doutiez pas* que ce ne fussent les restes de Pierre et de Dorothée Goodwin?

— Je puis avoir été jusque là. Maintenant que vous mentionnez les mots, je présume les avoir dits.

— Est-ce votre opinion maintenant?

— Non, assurément. Je ne puis avoir cette opinion, après ce que j'ai vu.

— Connaissez-vous Pierre Goodwin, personnellement?

— Très-bien. J'ai exercé plusieurs années dans ce voisinage.

— Quel est alors, selon vous, ce malheureux ici présent, que nous voyons en vie, quoique idiot? Qui est-il réellement?

— Pierre Goodwin, celui qu'on croyait assassiné. Nous sommes tous sujets aux méprises.

— Vous avez attesté dans votre premier interrogatoire qu'à votre avis, les deux personnes dont nous avons les restes ici devant nous, ont été étourdies, au moins, sinon complétement tuées par le coup qui, selon vous, fractura les deux crânes. Maintenant je vous demande si vous croyez la prisonnière, ici à la barre, douée de la force physique nécessaire pour frapper un tel coup?

— Cela dépendrait de l'instrument dont on s'est servi. Un crâne humain peut assez facilement être entamé par un coup modéré donné avec un instrument pesant.

— Quelle espèce d'instrument, par exemple?

— Un sabre, une barre de fer, ou tout autre ustensile qui a du poids et de la force.

— Croyez-vous que ces fractures aient été faites par le même coup?

— Oui, par un seul et même coup.

— Pensez-vous que Marie Monson ait la force nécessaire pour faire ces deux fractures d'un simple coup?

Le témoin n'avait pas d'opinion à ce sujet.

— Les fractures sont-elles profondes?

— Certainement; elles doivent être le résultat d'un coup violent.

Ce fut tout ce qu'on put tirer des témoins sur ce point important. Quant à Mac-Brain, il fut ensuite interrogé sur les mêmes faits. Dunscomb tira bon parti de ce témoin, qui commandait alors le respect de tous les assistants. En premier lieu, il fut adroitement présenté au jury comme l'habile praticien qui, tout d'abord, avait exprimé l'opinion que les squelettes étaient ceux de deux femmes, et cela à la face de tous les savants réunis du comté de Dukes; opinion si probable maintenant qu'elle équivalait presque à une certitude. Dunscomb croyait fermement que ces restes étaient ceux de Dorothée Goodwin et de l'Allemande qui avait disparu.

— Avez-vous examiné ces squelettes, docteur Mac-Brain? demanda Dunscomb.

— Oui, Monsieur, et avec grand soin depuis le précédent jugement.

— De quelle manière, selon vous, les personnes dont nous voyons les squelettes vinrent-elles à mourir?

— Je trouve des fractures sur les deux crânes. S'ils sont étendus dans la position qu'ils avaient quand on découvrit les restes (fait attesté par plusieurs témoins), je suis d'avis qu'un simple coup les a frappés en même temps; il est possible que ce coup ne fût pas suffisant pour produire la mort; mais il doit avoir produit la stupeur ou l'insensibilité, qui aurait empêché les victimes de chercher un refuge contre les effets des flammes.

— Le savant témoin est-il venu ici pour résumer la cause? demanda Williams avec un de ces sourires diaboliques qui, parfois, lui faisaient gagner un verdict. Je désire le savoir, afin de pouvoir prendre des notes sur la suite de ses arguments.

Mac-Brain se retira, blessé de ce sarcasme. Il avait une défiance naturelle en toute chose, si ce n'est pour ce qui regardait les femmes, comme son ami en convenait d'ordinaire. Le juge n'aima pas ce sourire de Williams, et cela d'autant moins que, comme tous les assistants, il était pénétré d'un grand respect pour le savoir du témoin. Il avait très-peur de l'avocat, il est vrai, et redoutait son influence aux votes; mais il avait réellement trop de conscience pour se soumettre aveuglément à tous ses caprices. Un juge peut encore avoir une conscience, si le Code veut bien le lui permettre.

— Ceci est très-irrégulier, monsieur Williams, pour ne pas dire inconvenant, fit observer Son Excellence avec douceur. Le témoin n'a rien dit de plus qu'il n'en a le droit, et la Cour doit le protéger. Continuez d'exposer votre témoignage, Monsieur.

— J'ai peu de chose à ajouter, s'il plaît à la Cour, reprit Mac-Brain, trop froissé pour reprendre tout de suite son empire sur lui-même.

Comme c'était tout ce que voulait Williams, il le laissa poursuivre; et tout ce que le docteur avait à dire fut bientôt raconté au jury. Le conseil pour l'accusation, eut le tort de ne pas faire subir à ce témoin un contre-interrogatoire. Mais le point important de ce jugement, ce furent les preuves concernant la pièce d'or. Comme l'existence de l'entaille était maintenant généralement connue, il fut assez facile de reconnaître la pièce qu'on avait trouvée dans la bourse de Marie Monson; cette circonstance privait l'accusée d'un des moyens les plus simples et les meilleurs de démontrer l'ignorance des témoins. L'entaille, néanmoins, était le grand signe de mistress Burton, ce qui donnait à son témoignage, cette fois comme la précédente, une grande importance.

Dunscomb était sur le point de commencer le contre-interrogatoire, quand la voix claire et mélodieuse de Marie Monson elle-même se fit entendre pour la première fois depuis le commencement du jugement.

— M'est-il permis *à moi* de poser des questions à ce témoin? demanda la prisonnière.

— Certainement, répondit le juge; c'est le droit de quiconque est assigné par le pays. Posez toutes les questions qu'il vous plaira.

C'était là une décision quelque peu libérale quant au droit du contre-interrogatoire, et l'accusée s'en servit aussi largement qu'il lui avait été accordé. Quant au témoin, il était évident qu'elle avait peu de goût pour l'examen minutieux qu'elle prévoyait devoir subir; sa contenance, son attitude, ses manières, tout trahissait la répugnance qu'elle avait pour toute la procédure.

— Mistress Burton, dit Marie Monson, je désire que vous disiez à la Cour et au jury *quand* vous avez vu pour la première fois la pièce d'or entaillée?

— Quand je l'ai vue pour la première fois? Je la vis pour la première fois, quand la tante Dorothée me la montra pour la première fois, répondit le témoin.

Bien des personnes auraient été mécontentes de cette réponse, et auraient probablement répété la question sous une autre forme; mais Marie Monson parut satisfaite, et continua son interrogatoire, absolument comme si elle avait obtenu des réponses en harmonie avec ses vues.

— L'avez-vous bien examinée?

— Aussi bien que je le désirais. Rien ne m'empêchait de le faire.

— L'avez-vous reconnue immédiatement en la voyant dans ma bourse?

— Assurément, dès que je vis l'entaille.

— Mistress Goodwin vous fit-elle remarquer l'entaille, ou la lui fîtes-vous remarquer?

— Ce fut elle qui me la fit remarquer; elle craignait que l'entaille ne diminuât la valeur de la pièce.

— J'ai entendu tout cela précédemment; mais je vous le demande maintenant, au nom de l'Être dont l'œil est partout, n'avez-vous pas mis vous-même cette pièce d'or dans ma bourse quand elle passa de main en main, après en avoir enlevé celle où il n'y avait pas d'entaille? Répondez-moi, par le salut de votre âme!

Une semblable question était tout à fait hors des règles, et s'éloignait de l'interrogatoire habituel des témoins, puisqu'une réponse affirmative incriminait sur-le-champ celui qui la ferait, mais la manière animée, le ton solennel, et nous pouvons ajouter la physionomie inspirée de Marie Monson, firent tant d'impression sur le témoin qu'elle perdit ses droits tout à fait de vue, si jamais elle les avait connus. Ce qu'il y eut de plus remarquable, c'est qu'aucun des conseils pour l'accusation n'éleva une objection. L'attorney du district voulait que la justice eût son cours, et Williams commença à croire qu'il serait prudent de manifester moins d'acharnement que par le passé dans une cause où la partie assassinée était ressuscitée.

— Je crois avoir autant de souci du salut de mon âme qu'aucun des voisins en a du sien, répondit mistress Burton d'un ton de mauvaise humeur.

— Que votre réponse nous l'apprenne. Avez-vous ou n'avez-vous pas changé la pièce d'or?

— Peut-être l'ai-je fait; c'est dur à dire quand on a tant dit et tant fait.

— Comment vîntes-vous à posséder l'autre pièce, avec laquelle vous avez fait l'échange? Répondez, Sarah Burton, au nom de la crainte de Dieu.

Le témoin trembla comme la feuille du peuplier. La scène était si imposante, que nul ne songea à intervenir; mais le juge, les membres du barreau et le jury parurent d'accord pour abandonner les deux femmes à elles-mêmes; c'était, selon eux, le moyen le plus efficace d'obtenir la vérité. Les couleurs de Marie Monson devinrent plus vives; son maintien et sa physionomie semblaient s'inspirer du moment, tandis que le visage de Sarah Burton devint de plus en plus pâle, à mesure que chaque question était posée et qu'on pressait la réplique.

— Je puis avoir de l'argent, j'espère, aussi bien que d'autres, répondit le témoin.

— Ceci n'est pas une réponse. Comment vîntes-vous en possession de la pièce d'or entaillée, pour pouvoir l'échanger avec celle qui ne l'était pas, et qui fut la seule qu'on trouva réellement dans ma bourse? Répondez-moi à cela, Sarah Burton, ici où nous sommes placées toutes deux en présence de notre grand Créateur.

— Vous n'avez pas besoin de presser le monde d'une manière si terrible; je ne crois pas que ce soit légal.

— Je répète la question, ou j'y répondrai pour vous. Quand vous mîtes le feu à la maison...

La femme poussa un cri, et leva les mains pour manifester son horreur.

— Je n'ai jamais mis le feu à la maison, s'écria-t-elle; il prit au tuyau du poêle dans le grenier, où il avait pris déjà deux fois précédemment.

— Qu'en savez-vous, à moins de l'avoir vu? Comment le voir, à moins d'être présente?

— Je n'y étais pas, et je ne l'ai pas vu; mais je sais que le grenier a pris feu deux fois au tuyau du poêle. La tante Dorothée avait le tort d'être très-négligente sur ce point.

— Et les coups sur la tête! Qui frappa ces coups, Sarah Burton?

— Comment puis-je vous le dire? Je n'y étais pas; il n'y a qu'un fou capable de croire que vous ayez eu, *vous*, la force de le faire.

— Comment alors cela arriva-t-il? Parlez. Je lis dans votre pensée.

— J'ai vu le soc de la charrue étendu sur les têtes des squelettes; et je vis Mores Steen le jeter de côté, dans sa précipitation à déblayer les décombres. Mores se le rappellera probablement, si on l'envoie chercher et qu'on le questionne.

Ce fait de la plus haute importance fut dévoilé sous l'impulsion d'une justification personnelle; une expression de surprise y répondit dans l'auditoire et se trahit par un murmure. L'œil de Marie Monson brilla d'un air de triomphe, et elle continua avec des forces nouvelles et un plus grand pouvoir sur la volonté et la conscience du témoin.

— C'est bien, Sarah Burton; c'est là une réponse droite et telle que vous deviez la faire. Vous pensez que le feu fut accidentel, et que la fracture des crânes provint de la chute du soc de charrue?

— Oui; je sais que ce soc se trouvait au grenier, absolument au-dessus du lit, et que le tuyau du poële était tout près. Il y avait un coude à ce tuyau, et le danger provint de ce coude.

— C'est bien ; et l'œil d'en haut vous regarde plus favorablement, Sarah Burton.

Après que Marie Monson eut prononcé ces paroles, le témoin leva timidement ses regards vers le ciel, comme pour s'assurer du fait.

— Dites la sainte vérité, et il ne tardera pas à devenir pour vous bienveillant et miséricordieux. Dites-moi maintenant comment vous vîntes en possession du bas et de son contenu ?

— Le bas ! dit le témoin en tressaillant, et devenant aussi pâle qu'un linge. Qui dit que j'ai pris le bas ?

— Moi. Je le sais, grâce à cette secrète intelligence qui m'a été donnée de découvrir la vérité. — Parlez donc, Sarah, et dites à la Cour et au jury la vérité, toute la vérité, rien que la vérité.

— Personne ne m'a vue le prendre, et personne ne peut dire que je l'aie pris.

— Ici vous êtes dans l'erreur. On vous vit le prendre. Je vous vis, moi d'abord ; mais il y en eut un autre qui vous vit de son œil pénétrant, toujours attaché sur nous. Parlez donc, Sarah, et ne cachez rien.

— Ce ne fut pas dans une mauvaise intention, si je le pris. Il y avait tant de gens çà et là, j'avais peur que quelque étranger ne mît la main dessus. Voilà tout.

— On vous a vue ouvrir les tiroirs, pendant que vous vous teniez près du bureau, au milieu de la confusion et de l'émoi occasionné par la découverte des squelettes. Vous le fîtes à la dérobée, Sarah Burton.

— J'avais peur qu'on n'enlevât le bas. J'ai toujours eu l'intention de le remettre, sitôt que la loi en aurait déclaré le propriétaire. Davis le demande, mais je ne suis pas sûre qu'il lui appartienne.

— De quelle clef fîtes-vous usage ? Ne dissimulez rien.

— D'une clef à moi. Mes clefs ouvraient beaucoup de tiroirs de la tante Dorothée. Elle le savait, et ne le trouva jamais mauvais. Pourquoi en eût-elle été formalisée? ses clefs ouvraient les miens.

— Un autre mot : Où est ce bas? où en est le contenu?

— L'un et l'autre sont en sûreté dans le troisième tiroir de mon propre bureau, dont voici la clef, dit-elle en en tirant une de son sein. Je les mis là pour raison de sécurité, et personne n'ouvre ce tiroir que moi.

Timms prit la clef de la main de la femme, qui ne fit pas de résistance, et suivi de Williams, de Davis, et d'un ou deux autres, il quitta la salle d'audience. A ce moment Sarah Burton s'évanouit. Au milieu de la confusion causée pour la transporter dans une autre pièce, Marie Monson alla reprendre son siége.

— Monsieur l'attorney du district, vous n'avez guère l'intention de pousser plus loin cet acte d'accusation? fit observer le juge en s'essuyant les yeux, et ravi du résultat inattendu de l'affaire.

Le fonctionnaire interpellé fut assez aise d'être débarrassé de son pénible ministère, et signifia sur-le-champ son désir de proposer un « *nolle prosequi* » pour le cas d'incendie, et d'accepter un acquittement s'il n'y avait pas d'opposition. Après un court résumé fait par le juge, le jury donna un verdict d'acquittement séance tenante, et cette décision venait d'être rendue quand Timms et ses compagnons revinrent apportant avec eux le bas dont on avait tant parlé.

Il fallut bien des mots pour éclaircir toute cette affaire; mais le lecteur est déjà au fait, et il nous suffira d'exposer sommairement les circonstances nouvelles qui vinrent à être successivement connues.

Le feu avait été accidentel; Goodwin avait quitté sa femme la nuit qui précéda l'incendie, et elle avait partagé son lit avec l'Allemande. Le plancher du grenier au-dessus des deux femmes ayant été consumé, la charrue tomba, et le soc asséna le coup qui fut cause de leur mort. Cette partie de la maison fut consumée la première, et les squelettes furent trouvés côte à côte. Dans la confusion qui suivit, Sarah Burton n'eut guère de peine à ouvrir le tiroir et à soustraire le bas. Elle s'imaginait n'avoir pas été vue; mais Marie Monson observait ses mouvements, quoiqu'elle n'eû pas idée de ce qui avait été dérobé. L'infortunée délinquante maintint que son intention dans le moment fut innocente, ou que son seul objet fut de mettre l'or en sûreté ; mais elle fut obligée d'avouer que la possession du trésor excita peu à peu sa cupidité, jusqu'à ce qu'elle commençât à espérer que le magot pourrait éventuellement devenir son bien. Après avoir regardé dans le bas, elle vit la pièce entaillée et la mit dans sa poche. Quand la bourse de Marie Monson fut examinée, Sarah Burton, profitant de l'émoi, échangea la pièce entaillée contre celle qui était sans imperfection, ne se croyant pas observée, comme nous l'avons dit ; mais l'œil vigilant de Marie Monson était sur elle. La première fois qu'elle l'avait regardée, c'était par pur hasard ; mais le soupçon une fois soulevé, il était assez naturel de ne pas perdre de vue la femme sujette à caution. L'accusée vit la fraude, et au moment qu'elle jugea convenable, la circonstance fut produite à la barre lors du jugement. Sarah Burton affirma que d'abord elle n'avait songé qu'à un simple échange, et que plus tard elle avait juré le contraire, sans trop se préoccuper des conséquences.

Grand fut l'étonnement, innombrables furent les articles de journaux que fit naître l'issue inattendue des « grands meurtres de Biberry. » Le nom de Marie Monson passa d'un bout de l'Union à l'autre, et mille personnes entendirent parler de cette femme singulière, et lurent son histoire sans se douter le moins du monde de son caractère réel et de sa position sociale. Combien il y eut peu de gens qui réfléchirent aux défauts du système qui la condamnait à être pendue sur d'insuffisants témoignages, ou qui, par des préjugés contraires, l'auraient acquittée quand même elle aurait été coupable !

Il y eut à Biberry une sorte d'effervescence populaire qui voulait forcer Marie Monson à se donner en spectacle public. Le droit de faire cette ovation, ainsi que tout autre abus de ce genre, paraît dériver « de la simplicité républicaine » qui semble gouverner le pays avec une verge de fer. Malheureusement pour ce sentiment, l'objet de cette sympathie momentanée n'était pas disposé à autoriser une semblable licence. Parce qu'elle avait été victime des faits les plus outrageants, elle ne se crut pas tenue de se soumettre à tous les caprices qu'une sotte vulgarité jugerait convenable de lui infliger ; elle chercha la protection de la bonne mistress Gott et de sa prison, quelques formalités étant encore nécessaires avant qu'on pût légalement annuler la sentence de mort. En vain les fenêtres de la prison furent de nouveau encombrées par la foule avec le vertueux désir de voir la physionomie de Marie Monson alors qu'elle était acquittée, absolument comme elle s'était précédemment rassemblée, afin de juger de sa physionomie lorsqu'elle courait le danger d'être condamnée à être pendue. Ce qu'il y eut de plus extraordinaire dans cette affaire, c'est que la harpe devint populaire. La foule ramassée autour des fenêtres de la prison quelques heures après l'acquittement, mourait d'envie d'entendre jouer et chanter la prisonnière, et elle aurait volontiers toléré la harpe « et une langue étrangère » pour jouir de ce plaisir.

Mais Marie Monson était à l'abri des intrus sous les verrous de la joyeuse mistress Gott. Cette excellente personne couvrit la prisonnière de baisers quand elle la fit pénétrer dans la galerie, puis elle sortit un instant, et fut heureuse de répéter à plusieurs personnes des plus respectables dans la foule combien tout d'abord elle avait été persuadée de l'innocence de son amie.

— C'est le plus absurde procès qui ait eu lieu dans le comté de Dukes, dit la bonne femme du shériff, bien qu'on m'assure que d'absurdes procès ne sont que trop communs. Cela me donna une fière peur, j'en conviens. Lorsque Gott fut élu shérif, j'espérais qu'il échapperait à toutes les exécutions, si ce n'est aux exécutions pour dettes ; de celles-là, plus il en a, mieux cela vaut. Il est bien assez triste d'escorter des voleurs à Sing-Sing, mais pendre est un pauvre métier pour un homme qui se respecte un peu, et puis pour première exécution avoir celle de Marie Monson, qui est autant au-dessus de ce châtiment que la vertu est au-dessus du vice ! Quand j'entendis ces terribles mots, je crus sentir la corde autour de mon cou. Mais j'eus foi en elle jusqu'au bout ; Marie m'a toujours dit qu'elle serait acquittée, et sa prédiction s'est réalisée.

— Savez-vous, mistress Gott, lui dit une de ses amies, que

cette femme, ou cette dame, car c'est le nom qu'on doit lui donner maintenant, je suppose, avait l'habitude, à ce qu'on rapporte, de quitter la prison chaque fois qu'elle le jugeait à propos ?

— Chut ! voisin Brookes, il est inutile d'alarmer le comté. Je crois que vous avez raison, quoique tout se passât à mon insu, autrement je ne l'aurais jamais permis ; cela prouve seulement la puissance de l'or. Les serrures sont aussi bonnes que pas une dans l'État, et pourtant Marie trouva moyen de les ouvrir ; on ne peut appeler cela briser ses fers, puisqu'elle revenait chaque fois ! J'eus une fière peur la première fois que je l'appris ; mais l'habitude nous réconcilie à tout. Je ne mis jamais Gott dans le secret, quoiqu'il soit, selon son expression, responsable de tous ses prisonniers.

— Allons, quand une affaire tourne bien, cela ne vaut rien de toujours en causer.

Mistress Gott fit un signe d'assentiment, et dans ce cas comme dans cent autres, la fin justifia les moyens. Mais Marie Monson formait une exception à toutes les règles, et l'on ne se sentait nullement disposé à éplucher davantage ses actions. Son innocence avait été établie d'une manière si triomphante, que chacun regardait avec indulgence ses folies et son étrange conduite.

Au moment même où mistress Gott haranguait ses voisins à la porte de la prison, Dunscomb était enfermé à l'auberge avec Michel Millington, le jeune homme n'étant revenu en toute hâte qu'après l'audience. Il avait réussi, malgré son premier désappointement, et avait pris les renseignements les plus certains sur tout ce qui concernait la mystérieuse habitante de la prison de Biberry. Marie Monson était, comme le soupçonnait Dunscomb, Mildred Millington de naissance, madame de Larocheforte par mariage ; elle était la petite-fille de la femme à qui, dans sa jeunesse, il avait été fiancé. Sa folie n'était pas nettement reconnue, ne pouvait jamais être légalement établie peut-être, bien qu'un grand nombre de ceux qui la connaissaient intimement l'en soupçonnassent fortement, et que ce fût une source de grandes contrariétés pour tous ceux qui portaient intérêt à son bien-être. Son mariage avait été malheureux, et l'on supposait qu'elle s'était logée dans le cottage des Goodwin pour se soustraire à son mari. Sa grande fortune lui donnait le pouvoir d'agir à sa fantaisie, et quoique le souffle de la calomnie n'eût pas encore flétri son nom, elle était répréhensible sur bien des points qui sont des devoirs aussi sérieux que celui d'être chaste. Les lois vinrent en aide à ses folies et à ses caprices, en lui permettant l'usage désordonné de ses richesses, et en autorisant sa révolte contre le pouvoir conjugal.

CHAPITRE XXIX.

> Pourquoi donc ajouter aux tourments que j'endure,
> Des maux qui ne sont pas la nouvelle torture?
>
> CATON.

La scène doit être maintenant transportée à Rattletrap. Biberry était désert. Les rumeurs mêmes, dont ses rues avaient été inondées, étaient déjà oubliées. Personne n'a une mémoire aussi fragile que les bavardes. Biberry en offrait en ce moment la preuve. A peine aurait-on pu y rencontrer une personne qui voulût convenir avoir cru un instant Marie Monson coupable.

C'est le moment d'ajouter ici qu'on ne fit aucune poursuite contre Sarah Burton. Elle était évidemment coupable; mais la loi, dans ces temps de progrès, réserve son indulgence pour les méfaits notoires. Quelle nécessité, en effet, d'afficher ceux dont tout le monde peut signaler la faute? Non; ce sont les innocents qui ont le plus de raison de redouter la loi : on peut les soumettre, eux, à des ennuis, à des vexations, à des amendes, lorsqu'on ne parvient pas à les condamner absolument!

Nos personnages, à l'exception de Mac-Brain et de sa femme, étaient réunis à Rattletrap. Dunscomb s'était assuré de tout ce qu'il était nécessaire de connaître au sujet de Mildred, et il avait fait toutes les démarches voulues pour la protéger. Il ne douta pas un instant de sa folie, quoiqu'elle fût si bien cachée sous les brillants dehors de l'éducation et sous les grâces d'un raffinement coquet que peu de personnes s'en apercevaient, et qu'un plus petit nombre encore voulaient en convenir. Sur bien des points, cette malheureuse jeune dame ne manquait pas de netteté d'esprit et d'intelligence, surtout au sujet de l'argent; car, malgré son luxe, ses profusions, ses largesses, elle faisait preuve d'une singulière sagacité dans l'administration de ses biens. C'était cette circonstance qui rendait si difficile toute démarche tendant à la dépouiller de cette gérance, quoique Dunscomb en eût vu assez dans le cours du procès pour se convaincre que l'adoption d'une telle mesure serait dans l'intérêt même de sa cliente.

C'était par la malice et par tous les misérables penchants qui dérivent de ce triste défaut que Mildred Millington (comme elle voulait maintenant qu'on l'appelât) trahissait le plus son infirmité. Nous en avons incidemment rapporté une foule d'exemples dans le cours de ce récit.

Avant de quitter Biberry, Timms fut généreusement payé et remercié. Dunscomb lui ayant expliqué la position de sa belle cliente, sans lui parler de l'état de son esprit, le rusé avocat avait sur-le-champ entrevu la chance d'un divorce. Parmi « les mœurs du jour », la manie de délier les nœuds du mariage est devenue surtout à la mode. Ni les années, ni les devoirs, ni les enfants, ne semblent y opposer un puissant obstacle ; et, si nos propres lois ne donnent pas toutes les facilités requises, celles de quelques-uns de nos libéraux voisins y suppléent. Timms se pénétra de ce principe, et il ruminait en ce moment les moyens qu'il emploierait pour délivrer son ex-cliente de ses chaînes et lui en préparer d'autres de sa façon. Il est à peine nécessaire d'ajouter que Mildred se préoccupa très-peu de ces projets en herbe en ce qui regardait ce prétendant inconnu.

Les sarcasmes de Williams furent d'abord le côté le plus amer du désappointement de Timms. Tous deux garçons et rivaux en tout, ces dignes praticiens aspiraient depuis longtemps à des mariages avantageux. Chacun d'eux eut la sagacité de voir que ses chances de contracter une union de plus en plus relevée augmentaient de jour en jour, et que c'était un grand point pour un homme qui s'élève de monter toujours sans traîner après soi une femme prise sur les derniers degrés de l'échelle sociale. Pour l'un de ces aspirants aux sourires des dames, c'était une bonne trouvaille que de découvrir que son rival était amoureux d'une femme mariée, d'autant plus que la perspective des succès de Timms, fondée sur son apparente intimité avec la belle prisonnière, avait donné à Williams des craintes sérieuses. Mille fois ils avaient trahi leur mutuelle jalousie, et maintenant qu'un d'eux s'était placé dans une position si fausse, pour ne pas dire si ridicule, l'autre ne manquait pas de jouir de son désappointement. C'était de cette manière que l'impudent Williams prenait sa revanche de sa défaite légale.

Mistress Gott était aussi à Rattletrap. Dunscomb avait reporté sur Mildred beaucoup de la tendresse première qu'il avait ressentie pour la grand'mère, et il se prêtait à tous ses désirs. Entre autres fantaisies, la prisonnière délivrée avait prié Dunscomb de lui permettre de témoigner sa reconnaissance à la femme du shérif pour toutes les bontés qu'elle en avait reçues. En conséquence, Gott dut, pour quelque temps, se soigner lui-même, tandis que sa gentille compagne fut transportée sur une scène qu'elle trouva toute nouvelle, dans la résidence coquette d'un homme comme il faut. La bonne nature de Sarah, ses soins domestiques, ses attentions, sa parure, ses attraits, auraient été autant de sujets d'admiration pour la bonne femme, si Anna Updyke, alors en visite à Rattletrap, n'était venue à temps pour en avoir sa part. Mistress Gott les aimait toutes deux d'une tendresse infinie.

Un jour, après le déjeuner, Mildred passa son bras sous celui d'Anna, et conduisit sa jeune amie dans un des sentiers touffus, qui s'étendent le long des rives de l'Hudson ; ce sentier aboutissait à un kiosque, d'où l'on jouissait d'une vue ravissante. En cela, il n'y a rien de remarquable ; car l'œil se repose rarement sur une partie quelconque des bords de ce noble fleuve sans y rencontrer des beautés qui l'enchantent. Mais nos deux charmantes jeunes femmes furent, pour le moment, insensibles à ce séduisant tableau, de même qu'elles ne se doutaient guère que leurs formes gracieuses, se glissant parmi des bocages aussi ravissants qu'elles-mêmes, ajoutaient beaucoup à la beauté de la scène. Mildred, dans son allure, était vive, sinon ardente, et légèrement animée ; Anna était calme, quoique impressionnable, changeant sans cesse de couleur, à mesure que ses pensées se rapprochaient de l'objet important qui allait décider de son existence.

— Votre oncle m'a apporté des lettres de la ville, hier soir, chère Anna, commença Mildred. L'une vient de M. de Larocheforte ; n'est-ce pas étrange ?

— Qu'y a-t-il de si étrange à ce qu'un mari écrive à sa femme ? Cela me paraît la chose la plus naturelle du monde.

— En vérité ? Je suis surprise de vous entendre parler ainsi, vous, Anna, que je regardais comme ma sincère amie. J'ai congédié M. de Larocheforte, et il doit respecter mon bon plaisir.

— Il eût mieux valu le congédier avant le mariage qu'après, ma chère institutrice, répondit Anna.

— Ah ! votre chère institutrice, en vérité ! Oui, j'ai été votre institutrice, Anna, et il eût été préférable pour moi de finir mon éducation dans mon pays. J'aurais évité ainsi ce malheureux mariage. Ne vous mariez pas, Anna ; croyez-moi, ne vous mariez jamais. Le mariage n'est pas fait pour des femmes comme il faut.

— Depuis combien de temps êtes-vous de cette opinion, ma chère amie ? demanda la jeune fille en souriant.

— Depuis que j'ai été à même de comprendre combien un pareil engagement brise l'indépendance d'une femme, combien il lui donne un maître absolu, combien enfin est humiliant et dégradant le lien qui l'enchaîne. Ne sentez-vous pas la force de mes raisons ?

— J'avoue que je ne la saisis pas, répondit Anna d'une voix basse, quoique claire et distincte. Je ne vois rien d'humiliant ni de dégradant dans la soumission d'une femme à son mari. C'est la loi de la nature, et pourquoi voudrions-nous la changer ? Ma mère m'a inculqué ces principes, et vous m'excuserez de vous dire qu'ils s'accordent avec ceux de la Bible.

— La Bible ! oui, c'est un bon livre, bien qu'on le lise peu en

France, je le crains. Oh! la France, je voudrais ne l'avoir jamais vue! Je n'aurais jamais été madame de Larocheforte, vicomtesse de par l'ancienne loi; c'est à ce vain titre, je crois, que je me suis laissée prendre. Combien n'eût-il pas été plus honorable pour moi d'être tout simplement mistress John Smith, ou mistress John Brown, la femme d'un campagnard, s'il fallait, à tout prix, que je me mariasse!

— Choisissez au moins des noms plus distingués, dit Anna en riant. Pourquoi pas mistress Van-Rensselaer, ou mistress Livingston, ou mistress telle ou telle, d'une de nos bonnes familles anciennes?

— Familles, dites-vous? Savez-vous, enfant, qu'il y a trahison à parler de familles dans ces temps d'anti-rentisme. Ignorez-vous donc que, par le seul fait de sortir d'une bonne maison, on se voit fermer le chemin des dignités publiques?

— Je ne sais rien de tout cela, et j'aimerais autant à parler de choses que je comprenne.

— Vous voulez dire du mariage et de ses soucis! Non, ma chère, vous comprenez peu ce que c'est que le mariage, et par combien d'humiliations on nous fait acheter ce titre d'épouse; autrement vous ne songeriez jamais à vous marier.

— Je ne vous ai jamais dit que je songe à me marier; du moins que je sache.

— Alors c'est votre nature honnête qui a parlé pour vous, et qui ne vous a pas permis même l'apparence d'une déception involontaire. C'est ce qui m'a tant attachée à vous, quand vous étiez enfant. Car si je ne suis pas très-franche moi-même, je puis admirer cette qualité chez une autre.

— Cet aveu ne prouve pas exactement la vérité de vos paroles, dit Anna en souriant.

— N'importe; parlons de mariage. John Wilmeter a-t-il demandé votre main?

C'était une question à bout portant. La jeune fille tressaillit. Cependant, après un instant de réflexion, la candeur naturelle d'Anna Updyke prit le dessus, et elle convint du fait.

— Merci de votre confidence; mais il faut aller plus loin. Rappelez-vous que je suis votre amie de cœur. Le jeune homme a-t-il votre agrément?

Une charmante rougeur suivie d'un signe de tête fut la réponse.

— Je suis fâchée de n'avoir pas été consultée avant que tout cela arrivât, quoique j'aie gouverné si mal mes propres affaires que j'ai peu de droits à votre confiance. Vous savez à peine ce que vous entreprenez, mon enfant.

— J'entreprends de devenir la femme de Jack Wilmeter, répondit la fiancée d'une voix basse mais ferme, et j'espère le rendre heureux. Avant tout, je demande à Dieu d'être obéissante et soumise.

— Non, pas à un homme, Anna; non, pas à un homme! C'est leur rôle de se soumettre à nous, et non pas nous à eux!

— Ce n'est pas ainsi que j'entends la grande règle de conduite de la femme. D'après ma manière d'envisager nos devoirs, le rôle de la femme est d'être affectionnée, douce, patiente, et de savoir pardonner au besoin. Je suis convaincue qu'à tout prendre une pareille femme ne peut manquer d'être heureuse, autant qu'il nous est donné de l'être sur terre.

— Savoir pardonner! reprit Mildred, l'œil étincelant; oui, c'est un mot souvent employé; mais combien peu le mettent réellement en pratique! Pourquoi pardonnerais-je à un homme qui m'a offensée? Notre nature nous dit d'avoir du ressentiment, de punir, et s'il le faut, de nous venger!

Un léger frisson passa dans les membres d'Anna, et elle s'éloigna instinctivement de sa compagne, bien que leurs bras restassent entrelacés.

— Il doit y avoir une grande différence entre la France et l'Amérique, si l'on y enseigne la vengeance à une femme comme une partie de ses devoirs, répondit Anna avec une vivacité qu'elle n'avait pas encore montrée jusqu'alors. Ici le christianisme nous en défend même la pensée, et place le pardon au premier rang de nos devoirs. Oui, notre divin maître nous ordonne de bannir loin de nous le ressentiment, et d'aimer nos semblables, qui souffrent des mêmes besoins, et sont soutenus par les mêmes espérances!

— Est-ce cette sorte d'amour qui vous pousse à accorder votre main au jeune Wilmeter ?

Anna devint toute rouge et resta confuse; mais le pouvoir de l'innocence vint la soutenir, et elle reprit son calme et sa fermeté.

— Non, ce n'est pas par un sentiment pareil que j'épouserai John, dit-elle. Je ne prétends pas faire violence à la nature, et je ne m'efforcerai pas d'être supérieure aux personnnes de mon sexe et de ma condition. J'aime John Wilmeter, je l'avoue, et j'espère le rendre heureux.

— En femme pénétrée de ses devoirs, n'est-ce pas? douce, obéissante, étudiant à jamais les goûts et les caprices de son mari !

— Je ne vois rien de dégradant pour une femme à ce qu'elle remplisse la place que la nature et le christianisme lui ont assignée, et à ce qu'elle accomplisse ses devoirs d'épouse.

— Ce ne sont pas mes sentiments, à moi; mais plusieurs personnes m'ont dit que je n'aurais jamais dû me marier; je sais moi-même qu'il eût mieux valu me marier en Amérique qu'en France.

— J'ai entendu dire qu'on donne plus de latitude à notre sexe en France que dans ce pays.

— Ce n'est vrai qu'en partie. Rien ne surpasse la retenue d'une jeune fille en France, tandis qu'en Amérique c'est un point qui laisse souvent à désirer. Mais ici, une femme mariée n'a aucun privilége, pas même dans la société; en France, au contraire, sous un air de grande dépendance, elle agit complétement à sa fantaisie. C'est une erreur pourtant de supposer que des épouses fidèles et des mères dévouées, ces dernières surtout, soient difficiles à trouver dans toute l'Europe, et particulièrement en France.

— Je suis bien aise de le savoir, s'écria Anna d'un air réellement joyeux; je suis enchantée chaque fois que j'entends dire que les personnes de notre sexe se conduisent comme elles doivent le faire.

— Comme elles doivent le faire ! Je crains, Anna, qu'il n'y ait un reproche caché dans cette remarque. L'appréciation que nous faisons de la conduite de nos amies dépend nécessairement des idées que nous avons de nos propres devoirs. Maintenant écoutez mon raisonnement. Sous le rapport physique, l'homme est fort, la femme est faible! tandis qu'au point de vue moral la femme est forte et l'homme est faible. Vous admettez mes prémisses?

— La première partie, sans contredit, dit Anna en riant, et quant à la seconde, je me déclare incompétente.

— Vous ne croyez pas, à coup sûr, que John Wilmeter soit aussi pur, aussi candide, aussi bon que vous l'êtes vous-même?

— Je ne vois pas de raison pourquoi il ne le serait pas. Je ne sais même pas trop si John n'est pas meilleur que moi.

— Il est inutile de discuter cette question avec vous. Le principe d'orgueil n'existe pas en vous, et sans lui vous ne pouvez jamais entrer dans ma manière de voir.

— Je suis bien aise qu'il en soit ainsi. Je m'imagine que John n'en sera que plus heureux. Ah! chère amie, je n'ai jamais vu rien de bon provenir de ce que vous appelez « le principe d'orgueil. » On nous dit d'être humbles, et non orgueilleuses. Il vaut mieux pour nous autres femmes que nous ayons des guides dans les personnes de nos maris.

— Anna Updyke, épousez-vous John Wilmeter dans la pensée qu'il doit vous guider? Vous tenez peu de compte des progrès des temps, des « mœurs du jour, » enfant, si vous avez une semblable faiblesse. Regardez autour de vous, voyez comme chacun, presque comme chaque chose tend à devenir indépendante. Autrefois, et ce que je dis je le tiens de la bouche de personnes âgées, si une femme était malheureuse dans son intérieur, elle était forcée de souffrir jusqu'au bout. La querelle durait toute la vie. Aujourd'hui on ne songe plus à être si misérable. Non, ni la femme outragée, ni même la femme molestée (M. de Larocheforte prise abominablement, oui, abominablement), ni aucune femme, en un mot, à cette époque d'indépendance et de raison, n'est obligée d'endurer un mari qui prise.

— Non, dit tout à coup Dunscomb, débouchant d'un sentier voisin, elle n'a qu'à faire un paquet de son argenterie et à s'enfuir. Le Code ne peut jamais l'atteindre. Votre serviteur, Mesdames ; j'ai entendu malgré-moi plus de votre conversation qu'il n'en était réservé pour mes oreilles peut-être ; ces sentiers s'entrelacent si près les uns des autres, et puis vous étiez si animées ! Maintenant je vais profiter du privilége d'un vieillard, et vous dire ma façon de penser. Je m'occuperai d'abord du côté agréable. Anna, ma chère, John est un heureux garçon, plus heureux qu'il ne le mérite. Vous avez des idées justes sur le mariage. C'est le droit du mari d'être le chef de la famille, et la femme qui résiste à son autorité n'est ni sage ni chrétienne. Il peut en abuser, c'est vrai ; mais même dans ce cas, tant qu'il n'y a rien de criminel, la soumission est encore le meilleur parti. J'approuve toutes vos paroles, et je vous en remercie au nom de mon neveu. Et maintenant, Mildred, au nom de l'amour que j'eus pour votre grand'mère, et de la sincère affection que je vous porte, permettez-moi de vous dire ce que je pense de vos principes, et de l'état de choses qui de plus en plus prend pied dans ce pays. D'abord, ce n'est pas un ami de votre sexe qui vous enseigne cette doctrine d'indépendance. Je serais assez porté à croire (je suis garçon, il est vrai, et je n'ai pas à citer mon expérience à l'appui de mon opinion) qu'une femme qui aime vraiment son mari doit être enchantée de sa dépendance.

— Oh ! certainement ! s'écria Anna, se mordant aussitôt les lèvres, et rougissant de sa témérité.

— Je vous comprends, enfant, et vous approuve de nouveau ; mais voici venir John, et vous mériteriez que j'allasse lui dénoncer vos abjects sentiments de servitude. Allez, allez, son bras est déjà tendu. Courage, jeunes gens, et rappelez-vous que le Code renferme une nouvelle maxime morale : les principes dépendent des circonstances ; c'est la règle de conduite d'aujourd'hui, ainsi que « l'anti-rentisme et la simplicité républicaine, » et la loi sur les femmes, et le bienheureux Code tout entier !..

Dunscomb s'arrêta pour reprendre haleine, ce qui donna au jeune couple l'occasion de se promener à l'écart. Quant à Mildred, elle prit un air composé, avec un léger degré de hauteur dans l'expression de sa physionomie.

— Et maintenant, Monsieur, que nous sommes seuls, dit-elle,

vous me permettrez de vous demander quelle sera *ma part* dans votre sermon? J'espère que vous vous souviendrez toutefois que si je suis Mildred Millington par la naissance, la loi, pour laquelle vous avez tant de respect et d'admiration, a fait de moi madame de Larocheforte.

— Vous voulez dire que j'ai l'honneur de parler à une femme mariée?

— C'est cela même, monsieur Dunscomb.

— Je vous comprends, Madame, et je respecterai votre position. Vous n'allez pas devenir ma nièce, et je n'ai aucun droit à dépasser les bornes de l'amitié.

— Mais non, mon cher Monsieur, vous ne m'avez pas comprise. Vous avez tout droit à me donner des conseils. Vous avez été pour moi un ami ferme et judicieux, et cela dans les circonstances les plus critiques. Je suis prête à vous entendre, avec déférence, Monsieur, sinon avec cette humilité que vous chérissez tant.

— Ce que j'ai à vous dire, Mildred, n'a rapport qu'à votre bonheur. Votre retour en Amérique a été, je le crains, des plus inopportuns. Au milieu des autres innovations qui se font jour de tous côtés autour de nous, a été proclamée la liberté des femmes. Ai-je besoin de vous dire quel est le pas qui reste à faire sur cette pente déplorable?

— Dites, monsieur Dunscomb; je ne vous comprends pas. Quel est ce pas?

— La licence des femmes. Nulle femme ne peut secouer ses devoirs les plus sacrés sur la terre, et espérer s'affranchir du sort de son sexe. Le nombre des séparations est incalculable. Il se passe à peine un mois sans qu'on entende parler d'une femme qui a quitté son mari, s'est cachée avec un enfant peut-être dans quelque ferme, comme vous l'avez fait, prenant un faux nom, et luttant pour ses droits, à ce qu'elle s'imagine. Croyez-moi, Mildred, tout cela est aussi contraire à la nature qu'aux devoirs imposés par elle. Cette chère enfant parlait tout à l'heure suivant l'élan de son cœur. Une excellente mère — oh! c'est là pour les personnes de votre sexe un présent du ciel, un bonheur inappréciable! — une excellente mère l'a instruite de tous les devoirs en harmonie avec son sexe. Je dois être franc avec vous, Mildred, vous n'avez pas eu cet avantage. Privée de votre mère dès le berceau, renommée pour votre fortune, et transplantée sur un sol étranger, votre éducation a été confiée à des mains mercenaires, à des flatteurs, à des gens indifférents, qui n'ont cherché qu'à vous instruire de ce qui frappe les yeux et provoque l'admiration. Sous ce rapport, leur succès a été complet.

— Tandis que, selon vous, ils ont moins bien réussi dans les points essentiels? dit la jeune dame avec hauteur.

— Permettez-moi d'être sincère. Vous le devez à nos rapports, à votre grand'mère, au passé, au présent. Je connais le sang qui coule dans vos veines, Mildred; vous êtes volontaire par votre race, riche par héritage, indépendante par la folie de nos législateurs. Le hasard vous a ramenée dans votre patrie au moment où de nouvelles lois faisaient bon marché des intérêts les plus sacrés; et ne consultant que votre penchant naturel, vous vous êtes hasardée à vous séparer de votre mari, à vous cacher dans un cottage, mesure, j'imagine, assez en harmonie avec votre amour du romantique.

— Nullement, Monsieur; j'étais mal à l'aise, ennuyée, malheureuse chez moi, et j'ai cherché un refuge dans ce cottage. M. de Larocheforte a une passion pour le tabac, il prise nuit et jour.

— Alors suivirent les graves conséquences qui vous ont enveloppée dans de si terribles dangers.

— C'est vrai, interrompit Mildred, mettant avec vivacité sa jolie main gantée sur le bras de Dunscomb, c'est très-vrai, mon cher monsieur; mais avec quelle adresse j'ai su échapper à tout! comme j'ai fait aller toutes ces marionnettes, votre monsieur Timms, la bonne mistress Gott, le shériff tout bouffi de sa dignité, cet abject Williams aussi, dont la main a senti tout le poids de mon or. Oh! l'émotion de ces deux derniers mois a été pour moi le paradis, et, pour la première fois depuis mon mariage, j'ai connu le vrai bonheur!

Dunscomb se tourna vers sa compagne d'un air étonné et la regarda en face. Jamais sa physionomie ne lui avait paru plus charmante, jamais son œil n'avait été plus brillant, ni sa joue plus animée ; jamais son air, son attitude, son maintien n'avaient décelé plus de charmes et de grâces ; mais l'œil observateur de l'avocat pénétra plus avant, et il découvrit le malin esprit qui s'était caché sous une si séduisante enveloppe : l'expression de la physionomie dénotait le triomphe de la malice. Ah! mille fois malheureux les êtres ainsi constitués ! mieux vaudrait pour eux n'avoir jamais vu le jour !...

Trois jours plus tard, Mildred Millington fut dans un état qui ne laissa aucun doute sur sa maladie mentale. Les intervalles lucides revenaient souvent, et alors ses idées étaient claires et justes sur tous les points, à l'exception d'un seul. Le divorce était sa passion, et pour y parvenir elle mettait en jeu toutes les ressources d'un esprit malicieux et fécond. Timms fut appelé de nouveau à l'insu de Dunscomb, qui n'aurait jamais consenti aux mesures qu'il s'agissait de prendre, quoiqu'elles fussent tout à fait dans le goût des « mœurs du jour. »

Muni d'une procuration en forme, Timms se ménagea une entrevue avec M. de Larocheforte, débauché d'un certain rang qui, pour avouer la vérité, avait des défauts plus graves que celui de prendre du tabac. Malgré les charmes personnels de Mildred, c'était pour son argent qu'il l'avait épousée, et c'est ainsi que se font la plupart des mariages dans l'ancien monde parmi les personnes de condition : l'amour est destiné à suivre le mariage et non à le précéder. Mildred avait appris cette leçon à ses dépens, et grand fut son désappointement. Le tabac lui sauta aux yeux. M. de Larocheforte (M. le vicomte, comme il avait été, et comme il sera, selon toute probabilité, toujours en dépit de la simplicité républicaine en France), M. le vicomte fut directement abordé par Timms qui lui proposa le divorce moyennant un prix stipulé. M. de Larocheforte rejeta une si vile proposition à titre de Français et de noble. Le mari ne crut pas que cet indigne marché eût été mis en avant à l'instigation de sa femme, et il força Timms d'en convenir. Ce digne praticien fut surpris de ce résultat, et dans une de ses confidences à Williams, il lui exprima son étonnement d'avoir rencontré tant de délicatesse chez un homme comme il faut, dont les principes pourtant étaient loin d'être élevés.

Heureusement pour les vues de Timms et de sa belle cliente, on n'est jamais embarrassé dans ce pays quand il s'agit d'arriver à un divorce ; la loi a toujours quelque article, plus ou moins clair, qu'on peut invoquer en pareil cas, et bientôt les noms de Gabriel-Jules-Vincent-Jean-Baptiste de Larocheforte plaidant contre Mildred de Larocheforte, coururent dans les journaux au grand contentement de ceux qui cherchaient matière à médisance.

A cette nouvelle, Dunscomb éclata en reproches, mais il était trop tard pour reculer ; il dit à Mildred ainsi qu'à Timms que des liens formés dans un pays ne pouvaient être déliés dans un autre aussi facilement qu'on se l'imaginait ; mais l'argent est un levier puissant qui renverse bien des obstacles. Personne ne pouvait prédire la fin de cette affaire, et comme le vicomte, auprès duquel on pouvait recourir à des moyens plus délicats que ceux employés par Timms, était aussi fatigué de cette union que sa femme, et qu'il avait un très-vif désir d'avoir une plus large part dans la fortune que celle que lui allouait la loi, il n'était nullement improbable que cette contestation ne dût se terminer par un quasi-divorce qui permettrait à chacune des deux parties d'agir à sa guise sans crainte d'être molestée par l'autre.

Millington s'était marié peu de temps après le jugement. S'il n'y avait pas longtemps que cette union était décidée, le jeune couple se connaissait du moins intimement depuis des années. Sous un rapport, l'époux était le chef de sa famille, bien qu'il ne possédât pas la plus grande partie de la fortune. A ce titre, il était naturellement chargé des intérêts de sa belle parente. Quoique aussi opposé que Dunscomb à la conduite de Mildred, il ne recula pas devant les devoirs que lui imposaient les liens du sang ; il est bien entendu que sa maison était celle de Mildred quand elle venait à la ville. Rattletrap ouvrit sa porte hospitalière à cette femme infortunée toutes les fois qu'elle voulut y rendre visite ; et Timbully ne fut pas non plus oublié.

Le jour où Michel et Sarah furent unis, Dunscomb annonça son intention de se retirer des affaires à la fin de l'année. Pendant cet intervalle, John Wilmeter et son nouveau neveu devinrent ses associés, et le digne avocat est occupé en ce moment à leur transférer la liste aussi respectable qu'avantageuse de tous ses clients. Ses conseils sont promis, en tous temps, à ses anciens amis ; et comme pas une objection n'a été faite, et que les deux jeunes gens sont animés des meilleures intentions, il y a toute raison d'espérer qu'un travail utile et profitable les mettra en peu de temps sur la voie de la fortune.

CHAPITRE XXX.

> Quelque curé a formulé cette invention, et tu l'as apprise pour la répéter.
> MASSINGER.

Le jour fixé pour le mariage de John Wilmeter et d'Anna Updyke arriva enfin. La cérémonie devait avoir lieu dans une petite église, d'une simple et modeste architecture, qui était dans le voisinage immédiat de Timbully. Dans un petit temple, élevé par nos pères aux jours de la monarchie, alors que, sous bien des rapports, il régnait parmi nous une plus grande simplicité républicaine qu'aujourd'hui, s'étaient réunies de bonne heure les deux familles des nouveaux mariés. Les assistants, du reste, n'étaient pas nombreux. Dunscomb en faisait partie, ainsi que Millington et sa femme ; le docteur et mistress Mac-Brain s'y trouvaient aussi naturellement, et deux ou trois parents du côté du père de la fiancée, sans compter Mildred. C'était une noce intime, ce qui ne se voit plus guère de nos jours. L'extravagance et la parade ont pris tellement racine parmi nous que de jeunes couples se considèrent à peine comme légalement unis, à moins qu'il n'y ait à leur noce six filles d'honneur du côté de la mariée, et une en particulier « pour ôter le gant, » et autant de garçons d'honneur du côté du marié, et de trois à quatre cents amis le soir pour faire des salutations et des compliments aux deux époux, et débiter une foule de niaiseries qu'ils colportent ainsi de mariage en mariage.

Il n'y avait rien de semblable à Timbully, à la noce dont nous parlons. Dunscomb et son neveu vinrent de Rattletrap de bon matin, à l'heure où les prairies sont brillantes de rosée, et ils furent rejoints à un détour de la route par Millington et sa femme. L'endroit du rendez-vous était à l'église même ; c'est là que se dirigèrent les différentes voitures. Dunscomb arriva juste à temps pour donner la main à Mildred descendant d'une voiture de voyage dont les chevaux étaient couverts d'écume. En dernier lieu apparut Stephen Sloof, conduisant le respectable véhicule de mistress Mac-Brain. Stephen était fier de ses fonctions ce jour-là. Il aimait sa nouvelle maîtresse, et surtout miss Anna. Ses chevaux avaient une plus rude besogne que par le passé, sans doute, mais il n'en était pas fâché, après avoir vécu sous les régimes des deux premières mistress Mac-Brain. Il était doublement satisfait parce que son attelage était encore tout frais, tandis que celui de Madame (nom que tous les domestiques donnaient maintenant à Mildred) était blanc d'écume. Stephen ne tenait pas compte de la différence de distance, et il était convaincu qu'un cocher attentif aurait pu s'arranger pour arriver à l'heure dite, sans toute cette précipitation. Il connaissait peu la maîtresse que son confrère avait à servir. Elle payait bien, et était servie à souhait.

Anna pensait que Stephen n'avait jamais mené si vite que ce matin-là. Le docteur lui offrit la main quand elle descendit de voiture, et il la conduisit avec sa femme droit à l'autel. Ils y trouvèrent John et son oncle, qui se décorait plaisamment du titre de garçon d'honneur. Les liens du mariage sont encore beaucoup plus vite formés que rompus, malgré toutes les facilités que cette dernière opération rencontre de plus en plus. En cinq minutes, on eut prononcé les mots sacramentels : que John Wilmeter et Anna Updyke ne feraient « qu'une chair. » Cinq minutes après, John emmenait dans son tilbury sa douce fiancée, heureuse et souriante à travers ses larmes, et ils se dirigeaient vers une charmante petite propriété qu'il possédait à Westchester, et qui était préparée pour les recevoir. Les chevaux semblaient comprendre leur impatience, et ils emportèrent rapidement, loin des regards, les joyeux époux.

— Voilà de terribles trotteurs, dit Stephen en voyant le phaéton de John Wilmeter s'éloigner de l'église, et si miss Anna n'en est pas mécontente avant peu, je ne connais rien à un attelage. Je suis bien aise néanmoins que le jeune homme se soit marié dans notre famille, car il aime le cheval, et celui qui aime le cheval, aime ordinairement sa femme.

Sa remarque fut entendue de Dunscomb, quoiqu'elle ne fût destinée qu'aux oreilles du cocher de l'avocat. Elle provoqua naturellement une réponse :

— Je suis bien aise que vous approuviez le mariage, Stephen, dit le conseiller d'un ton de bonne humeur; c'est une grande satisfaction de savoir que mon neveu va au milieu d'amis.

— D'amis, Monsieur! d'admirateurs est un mot plus juste. Je suis un admirateur déclaré de M. John et de ses goûts; toujours avec son chien, son fusil ou son cheval quand il est à la campagne; en ville, toujours avec ses livres; j'imagine.

— Pas tout à fait, Stephen. Je voudrais qu'il en fût ainsi; mais la vérité me force d'avouer que le jeune fripon pense autant aux bals, aux soupers, aux tailleurs et à l'opéra qu'à Blackstone et à Kent.

— Eh bien, c'est mal, répondit Stephen, et je ne soutiendrai pas un homme quand il agit mal, du moment que je puis faire mieux. Je connaissais ces deux chevaux de course, et j'ai entendu de bons juges prétendre que, dans son temps, Kent était arrivé de front avec le vainqueur, si justice avait été faite. M. John s'améliorera, et sera dans la vérité avant peu; il le devra au mariage. Ah! c'est que le mariage, Monsieur, est d'un grand secours pour les chercheurs de la vérité!

— C'est pourquoi vous en avez tant à Timbully, j'imagine, répliqua Dunscomb, faisant un signe familier à son ami le docteur qui avait entendu toute la conversation. Si le mariage redresse de cette façon, vous devez être trois fois redressé chez vous, Stephen.

— Oui, Monsieur, répondit le cocher faisant un signe d'assentiment, et quand on s'améliore de plus en plus chaque fois qu'on essaie, il n'y a pas grand mal à essayer ; M. John se bonifiera avec le temps.

— Je l'espère, Stephen, quand il aura renoncé à ses goûts, bien que le scélérat prétende aimer le Code, et, ce qui est plus fort, ait l'impudence de dire qu'il le comprend.

— Oui, Monsieur, en tout cela il a tort, je présume ; mais miss Anna le mettra dans la bonne voie, elle s'y entend mieux que personne.

— J'en suis enchanté, Stephen, et j'y compte bien. Mais pendant que nous causons, nous faisons attendre mistress Mac-Brain. Stephen reconduira une personne de moins qu'il n'en a amené, ma chère dame.

— J'espère que non. M. Mac-Brain m'a donné à entendre que nous aurons le plaisir de votre compagnie. Votre neveu m'a emmené ma fille, c'est le moins que vous puissiez faire de venir me consoler.

— Que va devenir alors cette chère et malheureuse jeune femme ? dit Dunscomb en jetant les yeux sur Mildred.

— Elle va avec ses parents, les Millington. La semaine prochaine, nous devons tous nous réunir à Rattletrap, vous savez.

La semaine suivante, la réunion eut lieu comme il avait été convenu.

— Me voilà de nouveau ici, s'écria Dunscomb, vraiment et finalement garçon ! maintenant commence le règne du trouble, de la négligence, de la confusion dans mon ménage. Sarah m'a délaissé, ainsi que John, et Rattletrap ne tardera pas à devenir le séjour du désordre et du cynisme.

— Du cynisme ! jamais, j'aime à le croire, répondit gaiement madame de Larocheforte, tant que vous en serez le propriétaire. Mais pourquoi resteriez-vous seul ici ? ne puis-je venir tenir votre maison ?

— L'offre est tentante, venant d'une personne qui ne sait pas tenir la sienne. Mais vous songez à retourner en Europe, je présume ?

— Jamais; du moins tant que mon pays sera si indulgent pour les femmes.

— Mon Dieu! oui, vous avez raison en cela, Mildred. En un sens, c'est bien ici le paradis de la femme, quoiqu'on fasse moins attention à leur faiblesse et à leurs besoins que dans d'autres pays. Dans toute contrée chrétienne, à l'exception de celle-ci, je crois, on peut forcer une femme à faire son devoir. Ici elle est libre comme l'air qu'elle respire, tant qu'elle a soin de ne pas être répréhensible sur le seul point essentiel. Vous avez raison de rester dans votre patrie, dans la position où vous êtes, c'est-à-dire si vous persistez encore à vouloir jouir d'une fausse indépendance, condition que la nature n'a jamais destinée à votre sexe.

— Et vous-même, Monsieur, la nature ne vous a-t-elle pas destiné au mariage comme un autre?

— C'est vrai, répondit Dunscomb d'un ton solennel, et j'aurais satisfait à cette obligation si cela eût été en mon pouvoir. Vous savez bien pourquoi je n'ai pas été époux, l'heureux père d'une heureuse famille.

Les yeux de Mildred se remplirent de larmes; elle avait appris l'histoire de sa grand'mère, et avait justement apprécié le malheur de Dunscomb. Elle prit la main de son compagnon par un mouvement inattendu et la porta à ses lèvres. Dunscomb tressaillit, et jetant un rapide regard sur la figure de Mildred, il y lut tout son repentir et ses regrets. C'était par ces marques soudaines de jugement droit et de sensibilité vraie que madame de Larocheforte parvenait à maintenir sa position. Les preuves de sa folie étaient si restreintes, les accès avaient lieu si rarement, maintenant que Mildred était entourée de personnes qui lui portaient intérêt, non pas pour de l'argent, mais par amitié pour elle, que ses sentiments s'étaient adoucis, et qu'elle ne considérait plus les hommes et les femmes comme des êtres placés auprès d'elle pour l'exploiter et la persécuter. En donnant ainsi carrière à ses affections, son esprit se redressa peu à peu, et son état physique s'améliora. Mac-Brain crut qu'avec des soins et une grande attention à éloigner d'elle les émotions vives et les contrariétés, sa raison ne tarderait pas à reprendre son empire.

L'époque fixée pour la visite du jeune ménage arriva enfin. Désireux de voir autour de lui des visages joyeux, Dunscomb avait réuni à Rattletrap Mildred, les Mac-Brain et les Millington; la bonne mistress Gott n'avait pas été oubliée, et le hasard amena Timms à la grille, au moment où toute la société, y compris John et sa gentille compagne, était assise à déjeuner. Le conseiller accueillit avec bonté son agent toujours prêt à tout faire; car l'habitude nous rend moins difficiles dans nos relations qu'on ne se l'imagine d'ordinaire.

Timms se perdit en compliments adressés au jeune couple, et spirituels à sa manière.

— Que dites-vous de Williams qui se marie, esquire Dunscomb? demanda l'avocat. Voilà un homme bâti pour le mariage! lui qui regarde les femmes et les nègres comme des êtres inférieurs.

— Et vous, Timms, de grâce, comment les regardez-vous? Vous ne rangez que les femmes dans cette catégorie, je suppose?

— Oh! non, en vérité, Esquire; bien loin de là. Je suis plein de respect pour les dames, sans lesquelles nous serions dans cette vie...

— Garçons, voulez-vous dire; n'est-ce pas? Oui, c'est une remarque des plus judicieuses; sans les femmes, nous serions à jamais de vieux garçons. Mais, Timms, le moment est venu d'être franc avec vous. Il est possible que Mildred de Larocheforte s'arrange pour obtenir un divorce au moyen de quelque finesse de la loi; mais dût-elle être déclarée libre, au son des trompettes, elle ne vous épouserait jamais, *vous*.

— Vous êtes mordant avec moi ce matin, Monsieur; il n'y a que la personne intéressée qui puisse dire *cela*.

— Vous êtes dans l'erreur. Je le sais; et je suis prêt à vous donner les raisons de ce que j'avance.

— J'aimerais à les entendre, Monsieur. Je respecte toujours votre puissance de raisonnement, quoiqu'à mon avis nul homme ne puisse dire qui une femme épousera ou n'épousera pas.

— D'abord, elle ne vous aime pas. C'est là une raison suffisante, Timms.

— Elle peut surmonter sa répugnance, Monsieur.

— Ses goûts sont très-raffinés. Elle ne peut souffrir son mari actuel, surtout parce qu'il prise.

— Mais elle a dû s'en apercevoir avant le moment fatal.

— Non pas, de la manière dont les choses se passent en Europe. Là, le soupirant n'a pas la permision d'embrasser sa fiancée, comme cela arrive souvent parmi nous; et elle n'eut pas occasion de reconnaître combien l'odeur du tabac est désagréable. Vous chiquez et vous fumez; elle ne peut souffrir ni l'un ni l'autre.

— Je renoncerai à tout au monde plutôt que de ne pas faire plaisir à ma chère Marie Monson.

— Ah ! mon pauvre Timms, je vois que vous en tenez plus que je ne le croyais. Mais je vous remettrai entre les mains de mistress Gott, qui a promis d'avoir une explication avec vous, et qui, je présume, parlera d'autorité.

Timms ne fut pas peu surpris de voir son vieux maître le quitter sans cérémonie, et la femme du shériff prendre sa place.

— Esquire Timms, dit la dernière sans hésiter un moment, nous vivons dans un monde étrange, il faut en convenir. Gott va jusqu'à dire cela, et Gott a ordinairement raison. Il a toujours affirmé qu'il ne serait jamais appelé à pendre Marie Monson.

— M. Gott est un homme très-prudent, mais il ferait bien de faire plus d'attention à ses clefs.

— Je n'ai pas été capable de découvrir comment cela s'était fait. Marie se met à rire quand je le lui demande, et elle me dit que ç'a été par sorcellerie. Je suis parfois tentée de croire que ce doit avoir été quelque chose de ce genre.

— Ce fut l'argent, mistress Gott, qui retint Goodwin caché jusqu'au dernier moment, et qui occasionna la moitié de ce qui est arrivé.

— Vous saviez que Pierre Goodwin était en vie, et caché chez mistress Horton ?

— Je fus aussi surpris que qui que ce fût, quand je le vis entrer dans la salle. Ma cliente a machiné seule tout cela; elle et son or.

— Eh bien! vous en avez la gloire, Timms, permettez-moi de vous le dire, et bien des gens dans le pays disent que ce fut un tour admirable. Je suis votre amie, et l'ai toujours été. Vous avez bravement soutenu Gott; à son élection, et je vous en remercie. Aussi vais-je vous donner une grande preuve de mon amitié. Renoncez à toutes vos idées sur Marie Monson; elle ne vous épousera jamais.

— Quelles raisons avez-vous pour tenir ce langage?

— D'abord, elle est déjà mariée.

— Elle peut obtenir un divorce. D'ailleurs son mari actuel n'est pas citoyen de notre république. Si je parviens à être sénateur, mon intention est de proposer une loi pour empêcher de se marier quiconque ne sera pas citoyen. Si des étrangers veulent des femmes, qu'ils se fassent naturaliser.

— Vous parlez comme un écolier! Une autre raison pour laquelle vous ne devriez pas penser à Marie Monson, c'est que vous n'êtes pas fait pour être son mari.

— Sous quel rapport, s'il vous plaît?

— Oh! sous plusieurs. Vous avez tous les deux trop de finesse d'esprit, et ce serait une source continuelle de querelles entre vous dès le premier mois, reprit mistress Gott en riant. Croyez-moi, Timms, jetez les yeux sur quelque jeune femme du comté de Dukes, d'une nature plus en rapport avec la vôtre.

Timms grommela en signe de dissentiment à cette proposition très-rationnelle, et la discussion continua encore quelque temps. A la fin la bonne femme fit impression sur lui, et quand il quitta la maison, il rabattit beaucoup de ses espérances, et son zèle au sujet du divorce fut grandement attiédi.

Sous un rapport, la situation de madame de Larocheforte était des plus étranges. Par goût et par affection, elle fréquentait beaucoup les jeunes ménages; mais si l'amitié rendait ces relations douces à son cœur, l'image du bonheur conjugal dont elle était le témoin, était pour elle un sujet de réflexions bien amères. Leurs jours coulaient si purs et si radieux!... L'amour répandait tant de charmes sur leur existence!... Mildred n'avait rien connu de tout cela; elle avait fait un mariage de raison. Elle vit alors combien elle avait perdu; et son chagrin n'en fut que plus profond.

— Vous semblez bien heureuse, dit-elle un jour à Anna comme elles parcouraient ensemble un des sentiers de Rattletrap.

— John est si bon pour moi! Le seul reproche que j'aie à lui faire, c'est de m'aimer plus que je ne le mérite. Je lui dis que je tremble que notre bonheur ne dure pas.

— Jouissez-en pendant que vous le pouvez. Il est si rare de trouver des personnes mariées si complétement dévouées l'une à l'autre, que c'est un spectacle qu'on aime à contempler. Je n'ai jamais connu cela, moi, Anna!

— Je suis affligée de l'apprendre, ma chère amie; il faut que vous vous y soyez mal prise. On devrait avoir un solide attachement l'un pour l'autre avant de recevoir la bénédiction nuptiale; alors, avec un cœur droit et de bons principes, je crois que toute femme serait contente de son sort.

— C'est possible, reprit Mildred avec un profond soupir; je suppose qu'il en doit être ainsi. Nous sommes créées par Dieu pour remplir ces tendres devoirs, et pour aimer nos maris; quand le résultat est différent, on est nécessairement coupable. Pour ma part, je n'aurais jamais dû me marier. Mon esprit est trop indépendant pour le mariage.

Anna garda le silence, car elle aurait pu répondre peut-être qu'au lieu de trop indépendant c'était « trop entêté » qu'il fallait dire. Mildred eut assez de pénétration pour voir que la charmante jeune femme n'admettait pas complétement l'opinion qu'elle venait d'émettre.

— Vous n'êtes pas de mon avis? demanda-t-elle vivement en fixant ses regards sur Anna.

— Comment puis-je partager vos idées sur ce point? Nous ne sommes pas nées pour tant d'indépendance; mais Dieu nous a placées sur la terre pour l'honorer et contribuer à notre bonheur réciproque. Je voudrais... mais je suis bien hardie, moi si jeune, si inexpérimentée...

— Parlez sans réserve. Je vous écoute avec plaisir, pour ne pas dire avec curiosité.

— J'ai peur, ma chère amie, qu'on n'étudie pas en France, autant qu'on le devrait, le grand mobile de la conduite humaine. Ce mobile, ce doit-être toujours l'humilité. Sans l'humilité nous ne sommes rien, nous ne pouvons être chrétiens, nous ne pouvons aimer nos semblables comme nous-mêmes, nous ne pouvons même aimer Dieu, comme c'est notre devoir.

— Cette remarque est bien étrange, Anna, venant d'une personne de votre âge. Est-ce qu'en Amérique les jeunes filles sont dans l'habitude de raisonner et de penser de cette manière?

— Peut-être pas; quoique cela arrive plus souvent qu'on ne suppose. Vous vous rappellerez quelle mère j'ai le bonheur de posséder, et puisque vous désirez que je vous parle franchement, laissez-moi terminer ce que j'ai à vous dire. J'ai toujours trouvé que la meilleure manière de *triompher de l'erreur, c'est de nous comporter avec humilité.* Ah! ma chère amie, si vous pouviez comprendre combien les humbles finissent par devenir forts, vous renonceriez à cette indépendance que vous aimez tant, et vous rechercheriez d'autres moyens pour assurer votre bonheur.

Mildred fut aussi frappée des circonstances dans lesquelles ce reproche ou ce conseil était donné que de l'avis lui-même. Il produisit néanmoins son effet, et Dunscomb venant en aide à sa nièce, cette singulière femme se défit peu à peu des idées exagérées qu'elle avait entretenues jusque-là au sujet de ses droits appliqués à ses devoirs.

Dunscomb eut plusieurs entrevues avec le vicomte qu'il trouva de plus agréable compagnie qu'il ne s'y attendait, quoique réellement il eût le tort de priser. Il l'instruisit des hallucinations mentales de sa femme, et ne lui cacha pas que c'était une maladie héréditaire. M. de Larocheforte convint qu'il s'était marié pour perpétuer sa race, et qu'il n'avait nulle envie d'avoir des enfants fous. Dunscomb le trouva raisonnable, et fit un arrangement avec lui au moyen duquel Mildred devint virtuellement maîtresse de ses actions. M. de Larocheforte accepta une bonne partie de la fortune, et ne se fit pas prier pour retourner en Europe, partie du monde plus agréable que notre heureux pays pour les personnes de sa condition.

Nous avons très-peu de chose à dire des autres personnages. Timms est toujours lui-même, il se glorifie des honoraires que lui a rapportés le grand procès de Marie Monson. Ses chances de succès pour arriver au sénat sont loin d'être mauvaises, et s'il est assez heureux pour y parvenir, nous nous attendons à l'entendre parler d'or « sur la simplicité républicaine, » et décrier l'aristocratie, mot qui pour lui signifie avoir une chemise blanche, les ongles propres, ne pas chiquer, ne pas se moucher avec les doigts, et ne pas être partisan de l'anti-rentisme. Il est capable de ce tour de force.

Williams est actuellement marié, et en réponse aux fanfaronnades de Timms, à propos de ses honoraires, il donne à entendre que le fantôme de Pierre Goodwin n'eût point apparu s'il avait été au courant de cette comédie.

Les Mac-Brain semblent très-heureux ; si la femme n'a que l'amour d'un vieillard, elle n'est pas non plus de la première jeunesse. Dunscomb continue à l'appeler « la veuve » à l'occasion, mais rien ne peut troubler l'harmonie qui existe entre ces vieux amis : elle est fondée sur une estime mutuelle.

Michel et Sarah prospèrent à merveille. Il y a déjà dans la famille un petit garçon, à la grande satisfaction du grand-oncle.

Nous nous occupons peu de John Wilmeter, quoique, à tout prendre, ce soit un bon garçon ; Anna l'aime pourtant, et cette considération lui donne à mes yeux un intérêt qu'il n'aurait pas autrement. Sa charmante femme perd de jour en jour de son ardent enthousiasme, pour s'attacher aux réalités de la vie, et ses bons et généreux instincts se développent à mesure qu'elle se défait des folles chimères de son imagination.

FIN DES MŒURS DU JOUR.

www.ingramcontent.com/pod-product-compliance
Lightning Source LLC
Chambersburg PA
CBHW071910230426
43671CB00010B/1544